미국의
한국 정치
개입사 연구
4
**전두환
제거 구상 편**

미국의 한국 정치 개입사 연구 4
전두환 제거 구상 편

지은이 | 이완범

제1판 1쇄 발행일 | 2022년 12월 30일

발행인 | 안병우
발행처 | 한국학중앙연구원 출판부

출판등록 | 제1979-000002호(1979년 3월 31일)
주소 | 경기도 성남시 분당구 하오개로 323
전화 | 031-730-8773 **팩스** | 031-730-8775
전자우편 | akspress@aks.ac.kr **홈페이지** | www.aks.ac.kr

ⓒ 한국학중앙연구원 2022

ISBN 979-11-5866-707-8   03340

이 책의 저작권은 한국학중앙연구원에 있습니다.
이 책 내용의 전부 또는 일부를 재사용하려면 반드시 저자와 발행처의 서면 동의를 받아야 합니다.
값은 뒤표지에 있습니다. 잘못된 책은 바꿔드립니다.
이 책은 2018년 한국학중앙연구원 연구사업 모노그래프과제로 수행된 연구임(AKSR2018-M03)

미국의 한국 정치 개입사 연구 4

전두환 제거 구상 편

이완범 지음

한국학중앙연구원출판부

책머리에

반공을 위해 희생된 한국의 민주주의

화해는 과거의 정의롭지 못했던 유산을 청산하기 위해
함께 노력하는 것이다.
– 넬슨 만델라(1995)

전두환은 민주화를 요구하는 국민들을 유혈 진압한 후 권좌에 오를 수 있었다. 전두환의 집권 과정은 정통성과 정당성이 결여된 것이었으므로 그에 대한 암살 모의는 국민적 저항의 당연한 귀결이었다. 이러한 암살 모의는 여럿 있었으며 다양한 시도로 구체화되었다. 1980년 5·18 민주화운동 26년 후인 2006년 4월부터 연재된 강풀 작가의 웹툰과 이를 영화화한 조근현 감독의 「26년」(2012년 개봉)[1]은 모두 픽션이지만 실제 상황도 그렇게 다르지 않았다. 실제로 전두환은 대통령 재임 당시 광주를 방문할 때 신변에 위협을 느꼈으므로 엄중한 경비 아래 관공서 건물 안에 있어야만 했다. 이런 맥락에서 북한은 자신들이 저지른 1983년 10월 9일 아웅산 테러(전두환 대통령이 방문할 예

---

[1] 김명희, 「한국 이행기 정의의 감정동학에 대한 사례연구: 웹툰〈26년〉을 통해 본 5·18 부인(denial)의 감정생태계」, 『기억과 전망』 34(2016년 여름), 58쪽.

정이던 미얀마 양곤 소재 아웅산 묘소에서 발생)를 남한 사람들이 벌인 일이라며 발뺌했다.[2]

북한과 대한민국 사람들의 전두환 암살 시도 외에도 미국이 조종해 그를 '제거'하려고 시도한 경우가 있었다. 미국이 전두환의 최고 지도자 '등극'을 방관하면서도 전두환 제거를 구상해 실행 직전까지 여러 차례 검토했다는 것이 이 책의 내용이다. '제거'라는 용어는 암살을 포함해 역쿠데타(counter-coup, 쿠데타 이전의 상태로 되돌리려는 시도) 등으로 권좌에서 물러나게 하는 것을 지칭한다.

1945년 9월 미국이 남한에 진주한 이래 한국 현대사에 미친 영향은 심대했다. 특히 정치 지도자들은 미국의 영향권에서 자유로울 수 없었다. 미국은 1948년 대한민국 정부 수립 과정에서 가장 큰 영향력을 행사했다. 또한 그 이후 갈등 관계에 있던 한국의 최고 지도자들을 권좌에서 몰아내는 것을 비교적 지속적으로 검토했다. 이러한 미국의 한국 지도자 제거 공작을 시간순으로 보면, 1952년부터 지속된 이승만 제거 작전(4·19로 우회적 결실을 맺음), 1950년대 이범석 제거 공작, 1960년 말 이후 장면 총리 제거 공작(5·16으로 우회적 결실을 맺음), 1960년대 초 김종필 제거 공작(두 차례의 외유로 반미적 태도를 순화시킴), 1970년대 후반 박정희 제거 공작(10·26으로 우회적 결실을 맺

---

[2] 실제로 아웅산 테러 직후, 미얀마 정부는 남한의 자작극 또는 남한 내 반정부 세력의 소행일 가능성에 무게를 실었다. 이런 사실이 한국에 소문으로 전해지면서 자작극 음모론을 뒷받침했다. 그러나 수사 당국이 엄밀하게 조사한 결과, 북한의 소행이라는 점이 명백해졌다. 당시 미얀마는 비동맹 국가로서 한국 또는 미국의 눈치를 볼 처지가 아니었으므로 미얀마 수사 당국의 조사 결과를 의심할 필요는 없다. 성현석, 「전두환 노린 남자의 삶, 박근혜에게 권한다!」, 〈프레시안〉(2013.11.29).

음), 1980년 초 전두환 장군 제거 구상(1986~1987년 친위쿠데타 견제와 1987년 6·29 선언 유도로 우회적 결실을 맺음) 등이 우선 눈에 들어온다.

이러한 미국의 구상 중 이승만·박정희·전두환에 대한 공작은 독재자 교체가 목적이었다. 한편 각각 2인자로 부상하고 있던 이범석과 김종필은 민족주의적이며 반미적인 성향 때문에 정계를 떠나게 만들려고 했던 것인데 당시 최고 지도자(이승만과 박정희)가 이를 수용해 미국의 구상은 성공적으로 관철되었다. 장면 제거 작전의 경우는 집권 이후 시위가 계속되던 상황에서 북한에 유리한 정세가 조성될까 봐 미국이 군부(장도영)와 연합해 쿠데타를 추진한 '합헌정부 전복 기도'였다.

이 모든 공작의 이면에 냉전이 배경으로 깔려 있다. 냉전 시대 미 외교 정책의 최고 목표는 소련 공산주의 세력을 봉쇄하는 것이었으며 북한과 대치하고 있는 한국은 냉전의 최전방이었다. 6·25 전쟁 당시 이승만의 전횡에 비판적이었던 미국은 이승만 제거를 구체적으로 검토했다. 그러나 냉전 시대에 한국에서 소련에 맞서 '공산주의에 대한 방벽을 쌓는다'는 현실주의적 최고 목표에 압도당해 이승만 제거 작전을 포기했다. 극단적 방법은 사회불안을 야기해 공산주의자를 이롭게 할 우려가 있었으므로 폐기했던 것이다. 한반도에서 안정을 최우선시했던 미국에게는 '개량적 민주화 추구'가 허용 가능한 최대치였다. 1970년대의 박정희, 1980년의 전두환 제거 공작 추진 보류도 민주주의의 신장을 유보하고 안정을 택한 것이라는 점에서는 마찬가지였다. 따라서 미국의 정책은 비교적 일관적이었다.

그런데 미국이 한국의 독재정부를 묵인해 왔기 때문에 한국에서는 장기 집권을 통한 권위주의의 공고화와 시위의 '단속적 유지'라는 불안정한 상태가 이어졌다. 한국의 권위주의 정부는 개량적 민주화로 가는 길을 막았으므로 결국 4·19와 부마항쟁이라는 국민적 저항(소요 사태)을 초래했다. 1960년 4·19 당시 광범위한 소요의 지속이 북한의 침략을 불러일으킬지 모른다고 판단한 미국은 내정간섭 우려에도 불구하고 비밀리에 직접 나섰다. 매카너기 주한 미국대사는 1960년 4월 26일 이승만에게 퇴진을 강권해 성공했다. 1979년 가을에는 간접적이었지만 김재규의 10·26에 영향을 미쳐 정권 교체 공작을 우회적으로 달성했다. 당시 정권 교체의 원천은 민중으로부터 연원했으므로 미국의 힘은 부차적으로 보였지만 '장기적 공작의 우회적 결실' 정도는 되는 것이었다.

합헌적 민주정부였던 장면 정권을 무너뜨리고자 했던 미 정보기관의 목적도 역시 공산화 방지였다. 제2공화국 당시 소요가 지속되어 공산화가 될 일말의 가능성이 있다고 판단한 미국은 민주주의를 희생하고 안정과 효율을 추구할 수 있는 군부 지배를 대안으로 고려했다. 미국 정보기관은 비밀리에 장도영 육군참모총장과 모의했으며 박정희가 5·16 군사 쿠데타를 일으키자 우여곡절과 심사숙고 끝에 장면을 버리고 대신 박정희 체제 묵인을 선택했다. 결국 장면 정부 교체 비밀 공작은 우회적인 결실을 맺었다고 할 수 있다.

미국에게 민주주의는 결코 무시할 수 없는 가치이지만 냉전 시대에는 공산화 방지라는 목표가 우선이었다. 내정간섭 논란을 피해 가기 위해서 비밀리에 은밀히 움직였으며 최악의 경우에는 내정간섭도 감수할 정도로 공산화 방지가 최우선 목표였다. 민주주의와 안정(공산화 방지) 두 개의 목표를 병행해 추구하는 것이 이상적인 방향이었지만 하나를 선택해야 한다면 우선순위는 언제나 안정 뒤에 민주주의였다. 단기적으로는 안정을 추구하고 민주화는 장기적인 차후 과제였던 것이다.

전두환 제거 구상은 적어도 외견상으로는 미국이 민주주의 수호에 나섰기 때문에 입안한 사례로 보인다. 그렇지만 이면을 들여다보면 정통성 없는 정부의 등장이 민중들의 대규모 소요를 초래하여 공산주의자들을 이롭게 할 가능성을 우려해 개입을 검토했던 경우이다. 제거 구상은 민주주의를 위한 것이라기보다는 반공의 보루로서 대한민국 정부를 유지하기 위한 수단이었던 것이다. 그런데 1980년에 미국이 한국 내정에 미칠 수 있는 힘은 1950년대나 1960년대 초보다 약화되어 있었고 신군부(1960~1970년대 군부에 대비되는 1980년대 집권 세력)를 포함한 한국 정부의 힘은 상대적으로 강화되어 있었다. 따라서 1980년 초 전두환 제거 구상은 말 그대로 도상작전(paper plan)에 그쳤다.

실제 소요 사태가 1980년 '서울의 봄'과 광주민주화운동 등으로 비화되었을 때 미국은 전두환 정부에 대한 지지 철회를 보다 구체적으로 검토했다. 그러나 전두환 정부가 거리로 진출한 시위대를 강경 진압해 안정 도모에 성공하자 인위적 정권 교체와 같은 방안은 검토하지 않고 개량적 민주화를 계속 추구했다. 또한 1980년 하반기부터 1981년 초까지 김대중 사형 집행이 쟁점으로 등장한 국면에서 카터는 1980년 초부터 대안으로 간직하고 있던 전두환 제거를 다시 검토했다. 이에 미국의 의중을 잘 알고 있던 신군부의 효과적인 견제로 인해 한국 정부는 미국을 견인하고 한미 간 힘의 균형(세력 균형)을 도모할 수 있었다. 미국의 힘에 한계가 있어서 전두환 제거 구상이 실행되지 않았다기보다는 신군부가 미국을 견인할 수 있는 힘을 적절하게 구사해 이를 막을 수 있었던 것이다. 1960년 4·19 때와는 달리 한국 정부의 힘이 상대적으로 성장한 결과였다. 물론 한국 정부가 광주와 같은 무장 소요 사태를 막지 못해 전국적으로 확산시켰다면 미국은 4·19 때와 같이 다시 압도적인 힘을 동원해 정권을 교체하고 상황을 진정시켜 북의 도발을 막으려 했을 것이다.

한편 1986~1987년 정권 교체기에 미국은 전두환의 친위쿠데타를 비밀리에 직접 견제해 저지했다. 또한 1987년 6월민주항쟁의 국면에서 미국은 공개적 성명 발표와 비공개적 직접 압박을 병행해 평화적 정권 이양과 노태우 민정당 대표의 6·29 선언에 의한 직선제 수용을 달성하여 민중의 정치 참여를 더 이상 급진적으로 확산시키지 않고 개량화하는 데 성공했다. 결국 1986~1987년 전두환의 친위쿠데타를 통한 집권 연장 기도를 미국이 직접 막음으로써 1980년의 전두환 제거 구상이 우회적, 간접적으로 결실을 맺었다고 해석할 수 있다.

미국은 한 정부가 민주적이건 권위주의적이건 공산화가 될 가능성이 있는 경우 정권 교체 공작을 입안했다. 때로는 그 공작을 숨기지 않고 실행한 경우도 있지만 내정간섭 논란을 피해 가기 위해 대개 비밀리에 추진했다. 따라서 직접적이기보다는 간접적이고 우회적 결과를 도모했던 경우가 더 많았고 공산화 우려가 불식된 경우에는 이를 폐기했다.

1960년 4·19 직후인 4월 26일 미국이 이승만 하야를 비밀리에 강권해 정점에 이르렀던 미국의 대한(對韓) 영향력은 그 하향세가 현재까지 유지되고 있다. 반면 한국의 대미 자율성은 상대적으로 계속 증대되고 있다. 따라서 미래의 한미 관계는 좀 더 평등한 동반자적 관계를 지향할 것으로 예측된다.

지금까지의 통설은 안정을 선호하는 미국이 12·12와 1980년 서울의 봄 이후 광주항쟁 등에도 불구하고 비교적 일관되게 전두환 정부를 지지했으며 전두환 제거와 같은 무리수는 검토하지 않았다는 것이다. 그러나 이 책에서는 전두환 제거 구상이라는 사실 발굴을 통해 미국이 전두환의 권력 장악을 그렇게 호의적으로 보지 않았음을 확인할 수 있다. 전두환 제거 계획에 대한 사실 확인이 이루어졌으므로 정설은 수정될 수 있다. 이는 한미 관계의 실상을 파악하는 데도 도움이 될 것이다.

관작봉 우거에서
2022년 12월
이완범 씀

일러두기

1. 인터넷 자료를 인용한 경우, 자료명을 「 」 안에, 웹사이트명을 〈 〉 안에, 자료 업로드 일자를 ( ) 안에 밝힌다. 해당 인터넷 페이지 URL과 검색일 정보는 위의 정보가 불분명한 경우에만 밝힌다.

2. 『월간조선』, 『신동아』 등 월간지의 경우 통권 번호를 적지 않고 발간 연월을 ( ) 안에 표시한다.

3. 카터 라이브러리 원격 아카이브 캡처(Remote Archives Capture) 프로젝트에 의한 자체 문서 검색 시스템을 RAC로 약칭한다. RAC는 인터넷으로 연결되어 있지 않고 내부 인트라넷에서만 볼 수 있다.

4. 대한민국 외교부 공개 외교문서 자료의 출처는 "「문서명」(작성일자), 『문서철명』(담당과, 생산년도), 대한민국 외교부 공개 외교문서(공개연도)"의 형식으로 표시한다. 해당 자료의 상세 정보는 〈외교부 외교사료관〉 https://diplomaticarchives.mofa.go.kr/new/main/ 에서 문서철명으로 검색할 수 있다.

미국의 한국 정치 개입사 연구 1~6
전체 목차

박정희 제거 공작 편 (1~3)

전두환 제거 구상 편 (4~6)

1부 12·12 쿠데타적 사건과 미국의 대응
2부 미국의 전두환 암살 공작과 역쿠데타 검토
3부 1980년 서울의 봄, 신군부의 부상
4부 광주민주화운동과 미국의 대응
5부 쿠데타를 완성한 전두환
6부 김대중 구명을 위한 전두환 제거 구상
7부 6월민주항쟁 이후 한미 관계

4권 목차

책머리에 반공을 위해 희생된 한국의 민주주의   5

머리말 실행되지 않은 미국의 전두환 제거 구상   17

1부 12·12 쿠데타적 사건과 미국의 대응

1장 10·26 이후 과도기 권력 재편   43
1. 최규하의 우유부단한 리더십   44
2. 급부상한 전두환과 신군부   51
3. 선거 이후로 미뤄진 유신헌법 개정   59
4. 과도 대통령이 된 최규하   67

2장 신군부의 군권 장악 모의   78
1. 정승화 세력과 전두환 세력의 대결   79
2. 신군부의 정승화 강제 연행 계획   89
3. 12·12 거사 정보를 사전 입수한 미국   93

3장 12·12사태의 전개 과정   101
1. 12월 12일, 반란군과 진압군   101
2. 그날 전두환이 주최한 두 건의 장군 모임   113

   3. 반란군 측 제1공수여단의 서울 진입   120
   4. 노재현 국방장관의 미8군 벙커 피신   131
   5. 위컴 사령관의 신중론   140
   6. 정승화 불법 연행에 대한 최규하의 사후 재가 과정   147

4장 12·12 군사반란에 대한 평가   153
   1. 12·12는 쿠데타인가 아닌가   153
   2. 하나회가 이끈 군 노장파 제거   162
   3. 역사의 심판 또는 사법적 단죄   166

5장 12·12사태에 대한 미국의 입장 변화   172
   1. 미국을 10·26 배후로 의심한 전두환   172
   2. 12·12를 쿠데타로 간주한 미국의 전두환 퇴역 압박   179
   3. 쿠데타를 묵인하는 방향으로 선회한 미국   186
   4. 글라이스틴 대사와 전두환의 만남   195
   5. 한미연합사의 작전통제권 문제   200
   6. 북한, 일본 등 주변국의 반응   205
   7. 최규하 대통령에게 전달된 카터의 메시지   209

2부 미국의 전두환 암살 공작과 역쿠데타 검토

1장 1980년 초 미국의 전두환 제거 구상   227
   1. 12·12 직후부터 검토된 역쿠데타 지원   227
   2. 미국 단독의 전두환 제거 구상   233
   3. 미국이 신군부에게 제시한 12·12 묵인 조건   240

2장 미국에 지원을 요청한 역쿠데타 세력　　　　　　245
　　1. 위컴 사령관을 찾아간 역쿠데타 세력　　　　245
　　2. 역쿠데타 움직임에 대한 미국의 입장　　　　250
　　3. 역쿠데타 계획을 설명한 한국군 장군　　　　259
　　4. 이범준 장군과 위컴 사령관의 만남　　　　　264
　　5. 역쿠데타 지원 거부 의사를 밝힌 미국　　　　271
　　6. 미국이 역쿠데타를 지지하지 않은 이유　　　275

3장 신군부의 대미 보안 조치와 철회된 역쿠데타 계획　　280

4장 역쿠데타 모의 주동자는 누구였을까　　　　　298
　　1. 이범준 중장　　　　　　　　　　　　　　　307
　　2. 안종훈 장군　　　　　　　　　　　　　　　316
　　3. 그 밖의 장성들　　　　　　　　　　　　　　326
　　4. 역쿠데타 모의 그룹 추정　　　　　　　　　355

머리말

실행되지 않은
미국의 전두환 제거 구상

가장 우려되는 부분은 군 내부의 갈등 그 자체이다. 전두환은 아마도 역쿠데타를 봉쇄하기 위해 우리에게 도움을 요청할 것이다. 우리는 군부의 단결의 중요성을 쉽게 강조할 수도 있겠지만, 향후 수 주 동안 매우 교활한(tricky)¹ 선택들에 직면하게 될 것이다.²

---

1   'tricky choices'라는 표현의 연원이 된 12월 15일자 글라이스틴의 보고서에 의하면 "전두환은 정승화에게 속았다는 비난을 감내해야 하기에 어렵다고 했다. 또한 미국의 통제하에 있다는 비난도 가중되는 등 어려운 상황에 처했다는 사실을 스스로 확인했다며 글라이스틴 대사에게 호소하면서 경고조로 말했다.(Chon warned that he also finds himself in a difficult position since some are accusing him of having been tricked by Chong and being under U.S. control.)" "Telegram from Gleysteen to Vance: Korea Focus – Discussion with MG Chon Tu Hwan," O 150834Z Dec 79, Seoul 18885, Secret, NODIS Cherokee, 〈5·18민주화운동기록관〉. 정승화가 대통령 살해사건에 연루된 사실이 없다며 이 사건 수사를 책임진 전두환을 속인 사례(전두환의 일방적 주장)에서 '트릭'이라는 용어를 사용했던 것으로 보인다. 아니면 전두환을 한직으로 전출시키려는 정승화의 공작을 지칭한 것으로 보인다. 이 책에서는 트릭 고유의 공작적 성격에 주목해 '교활한'으로 번역하고자 한다. '까다로운' 혹은 '어려운,' '곤란한'으로 번역하기도 하는데, 이는 당시 상황에 대한 인식을 반영하지 못한 최소한의 직역이다.

2   "Memorandum for the Secretary of Defense (Harold Brown) from the Deputy Assistant

이 인용문은 1979년 12월 15일 아머코스트 미 국방차관보가 브라운 국방장관에게 보낸 메모랜덤에 있는 구절이다. 12·12 쿠데타(하극상)를 감행한 전두환은 정승화 측의 역쿠데타를 두려워했다. 이러한 상황에서 미국은 수 주 동안 쿠데타를 방관하면서 역쿠데타도 방조하는 듯한 매우 교활한 선택을 보였다. 이 문서는 이러한 상황을 정확하게 예견하고 있다.

이 책은 선택하기 어려운 상황에 직면한 미국이 '방관(관망)을 가장한 비밀공작 추구'라는 교활하면서도 이중적인 노선을 취했음을 기술하고자 했다. 안정과 민주주의 양자를 동시에 추구하고자 '교활한 선택'을 하면서 헤매야 했던 당시 미국의 대한 외교 정책 작동 양상을 사실적으로 규명하고자 했다.

1945년 광복 직후부터 미국이 한국 현대사에 끼친 영향은 거의 절대적이었다. 대한민국은 미국이 만든 정부라고 해도 과언이 아니다. 정치적 민주주의와 경제적 자본주의 모두 미국으로부터 수입했다. 한국 국내 정치의 구조와 운영 시스템도 대부분 미국으로부터 수입된 것이다. 한국 정치 지도자들도 미국의 영향권에서 자유로울 수 없었다. 미국은 자국과 갈등 관계에 있던 대한민국 최고 지도자들을 권좌에서 몰아내는 것을 비교적 지속적으로 검토했다. 1948년 8월 15일 대한민국 정부 수립 과정에서부터 1950년대까지 단속적으로 검토된 이승만 제거 계획, 1960년 4·19, 1961년 5·16, 1979년 10·26, 1979년

Secretary of Defense(Michael H. Armacost), Subject: Developments in Korea," December 15, 1979, Secret, https://nsarchive.gwu.edu/document/22888-document-14-memorandum-secretary (검색일: 2017.6.4).

말부터 1980년 초 사이 정권 교체기 등의 한국 정치 최고 지도자 교체 구상 등이 있었다. 그러나 미국과 한국 등의 문서를 교차 비교하며 이를 엄밀하게 실증한 연구는 아직까지 없었으며, 특히 전두환에 대한 미국의 공작을 단일 주제로 삼아 연구한 것은 없다. 이 책은 이러한 연구 공백을 메우려는 시도이다.

전두환 시대 초기의 한미 관계를 연구하는 데 필수적인 미국 자료는 1986년 조지아주 애틀랜타에 개관한 카터 대통령 기념도서관(내셔널아카이브 체계에 의해 운영됨)[3] 자료와 워싱턴 D.C. 근교 메릴랜드주 칼리지파크의 내셔널아카이브(the National Archives, 국립문서보관소)[4] 분관의 기밀문서이다. 미국 내셔널아카이브는 한 세대(25~30년)가 지나는 시점 전후로 공개한다는 관례에 따라 1950년대와 1960년대에 해당하는 한국 관계 비밀 자료를 1970년대 이후에 공개했다. 1970~1980년대 자료 등은 2000년대에는 공개했다. 1970년대 중반 박정희 정부의 핵개발 의지를 제어했던 포드 행정부의 비밀 문건은

---

[3] *Historical Materials in the Jimmy Carter Library, 1st ed.* (Atlanta, Georgia: Jimmy Carter Library, National Archives and Records Administration, 1992). 이 목록과 웹사이트를 검색해 보면 한국 관계 문서의 비밀 해제는 주로 1990년대 이후 이루어졌음을 알 수 있다. https://www.usg.edu/search?q=korea&site=Jimmy_Carter_#t=All&sort=relevancy (검색일: 2011.3.8).

[4] *Guide to the National Archives of the United States* (Washington, DC: National Archives and Records Administration, 1987). 정식 명칭은 the National Archives and Records Administration이며 약칭은 NARA 혹은 NA이다. 정확한 번역은 '국립문서기록관리청'이다. 우리 학계에서는 '국립문서보관소'라고 부르며 방선주 선생은 국가기록보존소(National Records Center, 메릴랜드주 수틀랜드 소재)와 구별하기 위해 '국립공문서관'으로 번역한다. 방선주, 「美國 國立公文書館 國務部文書槪要」, 『국사관논총』 79(1998) 참조. 미국에서는 '내셔널아카이브'라고 부른다. 본 연구에서도 '내셔널아카이브'라는 원어를 주로 사용하고자 한다.

1998년에 비밀 해제되었으며,[5] 이후로 2011년에는 1980년 미국 기밀 문서가 공개되어 본 연구의 자료적 기반이 마련되었다. 한편 1982년 카터 대통령 기념도서관과 같은 경내에 에모리대학과 협력하여 설립한 카터센터에도 카터 대통령 퇴임 이후 자료가 보관되어 있다.

미국 DNSA(Digital National Security Archive)는 한국전쟁 60주년인 2010년 6월에 프로퀘스트(ProQuest)를 통해 1,800건에 육박하는 문건 모음집인 『미국과 남북한, 1969~2000(The United States and the Two Koreas, 1969-2000)』을 출시하였다.[6] 후속편인 『미국과 남북한, 2부: 1969~2000(U.S. and the Two Koreas, Part II: 1969-2010)』는 1기 오바마 행정부까지 1,634건의 기록물을 모아 놓은 자료집으로 주목할 만하다.[7] 이는 미국 조지워싱턴대학 겔만 도서관의 국가안보문서보관소(the National Security Archive)에서 제공한 자료를 기반으로 하고 있다. 또한 같은 국가안보문서보관소에 소재한 전 『워싱턴포스트』 기자인 오버도퍼의 자료(Don Oberdofer Files)에도 카터 행정부 시기 한미 관계 자료, 박정희 암살과 신군부 집권 관련 자료가 존재한다.[8]

---

5   Department of State, "Telegram," October 1974-January 1976, National Archives; 「최근 비밀 해제된 美 외교문서에 나타난 朴正熙 核 개발 저지 공작」, 『월간조선』(1998.11), 166~185쪽.
6   유희연, 「프로퀘스트, 한반도 외교정책 담은 美 외교문서 공개」, 〈뉴시스〉(2010.7.1); Robert Wampler, "How Do You Solve A Problem Like Korea?" National Security Archive Electronic Briefing Book No. 322, Posted-June 23, 2010, https://nsarchive2.gwu.edu/NSAEBB/NSAEBB322/index.htm (검색일: 2019.11.24).
7   https://media2.proquest.com/documents/brochure-dnsa.pdf (검색일: 2019.11.24).
8   홍석률, 「미 국립기록관리청 및 국가안보문서관 소장 박정희 정권기 한국관련 자료 현황 및 개요」, 국사편찬위원회 편, 『미국소재 한국사 자료 조사보고 IV』(국사편찬위원회, 2004), 221~225쪽.

필자는 오버도퍼 자료를 문서 생산 연도로부터 30년이 경과하기 전에 각 부서에 공개 요청하여 개인적으로 받아 보았는데 극비나 2급 비밀 자료는 드문 편이다. 이 파일 중 한국 관계 주요 문서는 홍석률 교수가 수집해 대한민국 국사편찬위원회에 소장되어 있다.

한편 미 국무장관 밴스(Cyrus R. Vance)는 10·26 사건 10일 후인 1979년 11월 6일 주한 미국대사관과 국무부 간에 앞으로 특별히 민감한 전문을 보낼 때 이용할 특수 전문철을 만들었다.⁹ 그러면서 일반적인 배포 금지(NODIS, no distribution) 전문(電文)과 구별하기 위해 'NODIS Cherokee'로 분류할 것이며 'Korea Focus ~'로 시작하라고 지시했다.¹⁰ 이것이 '체로키 파일(Cherokee Files, 정책 결정을 위

---

9 소위 '체로키 파일(Cherokee files)'이 10·26 이후 한국 상황을 점검하고 비상사태에 대비하려고 파일한 것이라는 기존의 통설과 달리, 남·북·미 3자 회담을 준비하기 위해 만들어졌다는 주장도 있다. 미국 국무부는 1979년 6월 8일을 기해 3자 회담 관련 모든 전문들에 'Cherokee'라는 분류 캡션을 넣으라고 지시했다는 것이다. 보안 등급이 높은 한반도 담당 고위관리만 3자회담 전문을 읽고 토론하며 회담의 성사를 진행하도록 사실상의 태스크 포스가 이즈음 시작된 것이다. 체로키 팀은 최소 13명의 고위관리들로 이뤄져 있었다고 한다. 설갑수, 「5.18과 1980년 한반도 주변 역학 관계: 광주 학살은 어떻게 냉전 해체를 가로막았나?」, 2017년 5·18 기념재단 심포지엄 발표 원고 재수록, 〈프레시안〉(2019.2.20).

10 "Cable from AmEmbassy Seoul to SecState: Korea Focus - Establishment of Series," O 060031Z Nov 79, US National Archives, http://timshorrock.com/wp-content/uploads/CHEROKEE-FILES-Establishment-of-Korea-Series-November-1979.pdf (검색일: 2011.7.26). 한편 '배포 금지'라는 문서의 기밀 등급은 정치 참사관 등 주한 미국대사관 소속 외교 관리가 작성하는 것이 아니라 글라이스틴 대사 본인이 직접 작성해 국무부로 보내는 문서이며, 국무부 행정 서기의 허락 없이는 복사본을 만들 수 없도록 되어 있다는 견해가 있다. 이흥환, 「전두환, 정권 승인 대가로 美에 핵포기, 전투기 구매 약속」, 『신동아』 539(2004.8), 488~501쪽. 그런데 주한 미 대사관에서 보내는 배포 금지 문서를 모두 글라이스틴이 작성했던 것은 아니다. 일반 배포 금지 문서는 글라이스틴 외에 다른 인사가 작성한 경우도 있었다. 다만 민감한 문제가 포함된 것은 대사가 직접 작성했다.

한 한국특별팀의 암호명 체로키 파일)"[11]이며 한국 관계 정책 결정에 관여했던 글라이스틴, 밴스, 홀브룩, 카터 등이 교환한 전문들을 포함하고 있다. 각각의 문서철은 다른 파일과 중복되는 부분이 있지만 교차 비교의 대상이 될 수 있어 귀중하다. 또한 Declassified Documents Reference System (DDRS), Gale Cengage Learning도 국립중앙도서관, 서울대학교 도서관을 통해 이용할 수 있다.[12]

필자는 기존에 발굴된 자료 외에 미 국립문서보관소 분관에서 1970년대 후반과 1980년 문서 등을 새로 발굴했으며 카터 대통령 기념도서관에서 자료 조사와 연구를 병행했다. 이러한 작업을 통해 숨

---

11 U.S. Department of State, "The Collection of Telegrams between U.S. Department of State and U. S. Embassy in Seoul, South Korea," 1979-1980, Filed by Tim Shorrock, the Gwangju Documents Collection, Government Documents and Information Center, Mudd Library, Yale University. 이는 미국 『커머스 저널(Journal of Commerce)』의 팀 셔록(Tim Shorrock) 기자가 정보공개법에 따라 입수한 비밀 문서이다. 셔록은 이 문서의 일부를 『시사저널』 1996년 2월 28일자 등에 공개하기도 했으며, 그가 수집한 문서는 그의 웹사이트 〈The Shorrock Files〉에 공개되어 있다. 그는 1996년 미 정보공개법에 따라 비밀이 해제된 2천 여 건의 기밀문서를 바탕으로 아래 기사를 작성했다. Tim Shorrock, "The US Role in Korea in 1979 and 1980," revised web edition, in https://www.kimsoft.com/ (검색일: 2004.4.15). 이 문서철은 아래에 설명되어 있다. Don Oberdorfer and Robert Carlin, *The Two Koreas: A Contemporary History*, revised and updated third ed. (New York: Basic Books, 2014); 돈 오버도퍼·로버트 칼린, 이종길·양은미 공역, 『두개의 한국』(길산, 2014), 211쪽; Don Oberdorfer, *The Two Koreas: A Contemporary History*, revised and updated (Basic Books, 2001), p. 130; 돈 오버도퍼, 이종길 역, 『두개의 한국』(길산, 2002), 207쪽; Don Oberdorfer, *The Two Koreas: A Contemporary History* (Reading, Mass.: Addison-Wesley, 1997), p. 130; 돈 오버도퍼, 뉴스위크 한국판 취재팀 역, 『북한국과 남조선: 두개의 코리아』(중앙일보, 1998), 131쪽. 셔록은 선교사의 아들로 어린 시절을 한국에서 보냈다. 그는 1991~1996년 정보공개 청구를 통해 암호명 '체로키'로 묶인 광주 관련 문서들을 1996년 2월 공개했다. 당시 전두환·노태우 재판을 앞두고 미국 정부가 약 3,600쪽 분량의 광주 관련 외교문서를 한국에 전달하는 계기를 만들었다.

12 〈U.S. Declassified Documents Online〉, gale.com/intl/c/us-declassified-documents-online (검색일: 2019.2.23).

겨진 새로운 사실을 발견하고자 했다.

한편 대한민국 외교부 문서 중 1979년 관련 부분은 2010년에 주로 공개되었다. 대한민국 외교부는 '외교문서 공개에 관한 규칙'(외교부령)에 따라 30년이 경과한 문서를 공개해 왔다. 1994년 1월에 1948~1959년도 자료부터 시작해 2007년 3월 30일에는 1975~1976년 문서를, 2008년 1월 15일과 2009년 2월 11일, 2010년 2월 22일, 2011년 2월 20일, 2012년 3월 19일, 2013년 3월 31일, 2014년 3월 26일, 2015년 3월 30일, 2016년 4월 17일에는 각각 1977년과 1978년, 1979년, 1980년, 1981년, 1982년, 1983년, 1984년, 1985년의 문서를 공개했다. 2015년에는 1,597권(26만여 쪽), 2016년에는 1,602권(25만여 쪽)의 외교문서를 공개했으므로 1994년부터 30년이 지난 외교문서를 중심으로 총 23차에 걸쳐 2만 2,000여 권 285만여 쪽의 외교문서를 공개했다.[13] 2017년에는 1986년도 문서를 중심으로 1,474권(23만여 쪽)의 외교문서를 원문 해제와 함께 2017년 3월 31일자로 공개했다. 2017년 24차까지 2만 3,600여 권(320만여 쪽)을 공개했다.[14] 2018년에는 1987년 문서를 중심으로, 2019년에는 1988년 문서를 중심으로 공개했다. 제27차 공개 연도인 2020년에는 1989년 문

---

13 「전두환, 美에 '護憲지지' 요구하다 퇴짜…25만쪽 외교문서 공개」, 〈연합뉴스〉(2016.4.17). 『연합뉴스』 기사에 의하면 1994년 이래 공개된 양이 2만여 권, 270만여 쪽이라고 나오는데, 외교부의 2016년 보도자료에는 2015년까지 공개된 양이 그렇다고 나오므로 외교부의 보도자료 문맥을 잘못 읽은 『연합뉴스』의 오보라고 할 수 있다. 「30년전 우리 외교의 현상: 제23차(1985년도) 외교문서 공개」(2016.4.17), 〈외교부〉. 〈외교부 외교사료관〉 외교문서공개, 외교문서목록, 연도별 공개목록에서 상세 목록을 확인할 수 있다.

14 「제24차 외교문서 공개 [보도자료]」(2017.4.11), 〈외교부 외교사료관〉 열린마당, 공지사항.

서 1,577권(약 24만 쪽)을 공개했다.[15] 1994년부터 2020년까지 총 27차에 걸쳐 공개해 왔던 것이다.

대통령기록관과 국가기록원도 이러한 대한민국 외교문서 외에 별도의 문서를 공개하고 있다. 이로 인해 한국의 문서를 다른 여러 나라 사료와 교차 비교할 수 있는 기반이 조성되었으며, 한국 현대사 연구의 중심을 한국에 세울 수 있게 되었다.

이 책은 위와 같은 대한민국과 미국의 외교문서 등 다국적 외교·통치 사료를 교차 비교하여 격동기인 1980년 전후와 1980년대 한미 간 갈등의 원천인 1979년 12·12 사태, 1980년 초 전두환 제거 구상, 광주민주화운동, 1987년 6월항쟁 등에 대한 사실을 규명하고자 한다. 문서자료 외에 정책 결정자 등의 인터뷰 자료도 활용했는데, 당시 미국의 최고 지도자 카터의 회고담이나 회고록·일기, 카터 대통령 기념 도서관 소장 인터뷰 기록을 참조하였다. 이외에 미국의 '외교연구·교육학회(The Association for Diplomatic Studies and Training)'의 외교관계 구술사 프로젝트(Foreign Affairs Oral History Project)에서 채록한 녹취문은 물론 한국 외교관의 구술자료도 참조하였다.

그런데 개인 면담을 통해 구술자료를 수집할 때에는 피면접자의 기억 오류와 편견, 선택적이고 과장된 진술, 공명심[16], 자화자찬[17], 그

---

15 최종일, 「89년 외교기밀문서 24만쪽 공개… '임수경 방북 사건'은 없어」, 〈뉴스1〉(2020.3.31).
16 신복룡, 「[서평] 도진순(탈초·교감), 정본(定本)『백범일지』(돌베개, 2016, 463쪽)」, 『한국정치외교사논총』 40-2(2019.2), 122쪽.
17 "자서전은 수치스러운 점을 밝힐 때만 신뢰를 얻을 수 있다. 스스로 칭찬하는 사람은 십중팔구 거짓말을 하고 있다."라는 조지 오웰의 말이 있다.

리고 자신의 불미스러운 사건 연루나 실책에 대해 부인하거나 은폐하려는 경향 등을 이해하고 사전에 치밀하게 준비해 인터뷰해야 한다. 그리고 인터뷰 후에는 다른 자료와의 교차 비교를 통한 사료 비판이 필수적이다. 구술자료는 상황 변화에 따라 윤색되어 당시성(當時性)을 상실할 가능성이 높다. 화자가 유리한 기억만을 불러들여 사실을 자의적으로 재구성하려 하므로 '선택적 기억'에 그치게 되며 왜곡의 가능성도 있다. 인터뷰 자료는 없는 것보다는 낫지만 사실을 은폐·왜곡한 인터뷰는 없는 것보다 못하다는 주장도 있다.[18]

회고록이나 자서전류는 당시 시대상을 당대인의 목소리로 생생하게 전달할 수는 있지만 한편으로는 자신에게 유리한 부분은 과장하고 불리한 부분은 은폐하고자 하는 자기 검열에 의한 기만성을 내재적으로 지니고 있다는 한계가 있다. 따라서 회고록류는 객관성이 손상될 수밖에 없는 주관적인 자료라는 점을 항상 유념해야 한다. 자서전류에는 '문자화되지 않는 그림자'가 숨어 있을 가능성이 있으므로 '숨은 퍼즐'을 찾는 심정으로 은폐된 진실을 찾으려고 노력할 필요도 있다. 말하고 싶지 않은 과거나 알리고 싶지 않은 쓸쓸한 체험, 문자

---

[18] 그렇더라도 회고록을 쓰고 공개하는 것이 좋다. 여러 주장을 교차 비교할 수 있는 근거가 되고, 거짓이 있는 경우에는 왜 그런 거짓을 기술했는지 배경을 알 수도 있기 때문이다. 이러한 작업을 통해 허구 뒤에 은폐되어 있는 사실에 좀 더 다가갈 수 있다. 고세훈 교수는 영국에서 연구하는 동안 수많은 정치인들이 펴낸 회고록과 일기, 전기, 자서전 등의 큰 도움을 받았다면서 영국 노동당 정치의 산 역사이며 대모격인 바바라 카슬이 "정치인이 기록을 남기지 않는 것은 범죄에 해당한다"고 단언했다고 말한다. 고세훈, 『영국 노동당사: 한 노동운동의 정치화 이야기』(나남, 1999). 한편 김종필 전 총리는 출판기념회를 기해 자신이 쓴 것은 회고록이 아니라 증언록이라고 주장했다. 남의 전언은 담지 않고 자신이 직접 보고 경험한 사실성 질은 장면들만 기록했기에 회고록이 아니라 증언록이라는 것이다. 최준호, 「"나는 정치와 장엄하게 이별하고 싶었다"」, 『중앙일보』 2016년 3월 8일, 23면.

화하고 싶지 않은 내용이 당연히 은폐되어 있을 것이다.[19]

그런데 구술자료나 회고록·자서전류를 이용하는 이유는 권위주의 시대의 공식 문서가 가진 한계 때문이다. 이들 문서자료는 통제된 상황에서 자의적 해석을 가미해 실상을 왜곡해서 반영했을 가능성이 높다. 따라서 공식 문서 등의 경성자료(hard data)는 회고록·구술자료 등의 비공식 연성자료(soft data)에 의해 보완·수정될 필요가 있다.

이외에 당시 한국과 미국 등에서 발간된 신문 등을 참조하였다. 그런데 당시 한국 내에서 발간된 신문과 잡지 등은 계엄 당시 신군부의 통제 아래서 사실을 정확하게 담아내지 못하고 왜곡했을 가능성이 있으므로 역시 사료 비판을 통해 숨겨진 사실을 찾아내야 할 것이다.

카터는 대한민국에 중대한 영향을 미쳤던 미국 대통령들 중 하나이다. 따라서 카터와 박정희·전두환의 관계는 한국 현대 정치사에서 가장 중요한 주제들 중 하나이다. 카터는 1976년 11월 미국 대통령 선거에서 전임 대통령 포드와 경쟁해서 승리한 이후 1977년 1월 20일부터 1981년 1월 20일까지 재임하면서 제3세계와의 외교에서 인권 문제를 강력히 제기했다. 이에 제3세계 국가들은 민족주의적 경향을 지닌 외교로 미국에 대응했다. 카터는 한국 유신체제의 인권 탄압 상황에 특히 주목하여 이를 강하게 비판하면서 특유의 도덕외교(moral diplomacy)를 수행했다.[20] 이에 더하여 주한 미군 철수 문제까지 제기

---

19 기타쿠라 케이코(北村桂子), 「자서전을 통한 자이니찌(재일 한인)의 정체성에 관한 연구」, 서울대학교 석사학위논문(2006), 7쪽; 이종인, 「5·18 광주민주화운동 관련인물의 미국에 대한 인식: 윤한봉과 윤상원을 중심으로」, 『사회과학연구』 36-2(2012), 105쪽.
20 정용석, 「도덕정치」, 『카터와 남북한』(단국대학교 출판부, 1979), 175~195쪽.

해 한국 정부를 압박했고[21] 이에 박정희가 핵무기 개발로 맞서면서 한미 관계는 1945년 광복 이후 최악의 국면으로까지 악화되었다.

1979년 6월 말 카터가 대한민국을 방문해 박정희와 정상회담을 가진 이후 주한 미군 철수를 포기하면서 갈등이 다소 완화되는 기미를 보였으며, 10월 26일 박정희 대통령이 서거하면서 한미 갈등은 진정되었다. 그러나 1980년 '서울의 봄' 이후 전두환의 등장으로 다시 갈등을 보이다가[22] 1980년 11월 4일 선거에서 카터가 레이건에게 패배한 이후[23] 1981년 한미 관계는 다시 밀월에 이르게 되었다.

그런데 미국이 10·26과 신군부 집권 초기 전환기에 어떤 영향력을 행사했는지는 아직 베일에 가려져 있다. 박정희 시대 한미 관계와 10·26 등은 이 책의 1~3권 '박정희 제거 공작 편'에서 논했으므로 4~6권 '전두환 제거 구상 편'에서는 1979년 12·12 전후 신군부가 정권을 탈취하려 한 시기부터 1980년 정권을 장악한 시기까지의 정

---

21 최규장, 『미국의 대외정책 결정과정에 관한 연구: 주한미군 철수과정의 변화과정(1976-79)를 중심으로』, 고려대학교 박사학위논문(1991); 최규장, 『외교 정책 결정 과정론: 카터의 주한미군 철수 백지화 과정 연구』(을유문화사, 1993)에 의하면 카터의 철군 결정은 트루먼의 한국전쟁 파병 결정과 달리 공개적인 논의를 거친 공개 외교의 결과였다.

22 카터는 1976년 11월 미 대통령 선거에서 승리해 1977년 1월 20일부터 1981년 1월 20일까지 대통령을 역임했다. 따라서 10·26과 1980년 '서울의 봄' 시절에 미 대통령으로서 전두환 제거 구상에 관여했을 것으로 추정된다. 박정희 대통령 서거 후 민주 회복을 바랐으나 신군부(전두환)의 등장으로 문제가 생기자 전두환 제거 구상을 입안했다고 할 수 있다.

23 Austin Ranney, *The American elections of 1980* (Washington, D.C.: American Enterprise Institute for Public Policy Research, 1981); Jack Germond and Jules Witcover, *Blue smoke and mirrors: How Reagan won and why Carter lost the election of 1980* (New York: Viking, 1981); Clark Raymond Mollenhoff, *The President who failed: Carter out of control* (New York: Macmillan, 1980); Garland A. Haas, *Jimmy Carter and the politics of frustration* (Jefferson, N.C.: McFarland & Co., 1992).

권 교체기를 주요 탐구 대상으로 삼았다. 이 시기 한미 관계를 역사적으로 조망한 연구는 많지 않은데 특기할 만한 것으로는 박선원 박사의 2000년도 영국 워릭대학교 박사학위논문이 있다.[24] 카터 행정부 시대의 한미 관계에 대해서는 김명섭 교수의 저작을 참고할 수 있다.[25] 또한 정일준 교수와 박태균 교수의 연구도 주목해야 한다.[26] 신현익 박사의 저작들 외에 김동택 교수의 연구, 마상윤 교수, 전재호 박사의 연구 등도 있다.[27] 이외에도 조정관과 김하영의 박사학위논문

---

24 Sun-won Park, "The Dynamics of Triangular Intra-alliance Politics: Political Interventions of the United States and Japan toward South Korea in Regime Transition 1979-1980." 또한 그의 "Belief Systems and Strained Alliance: The Impact of American Pressure on South Korean Politics and the Demise of Park Regime in 1979," *Korea Observer*, Vol. 34, No. 1 (Spring 2003), pp. 87-112; 박선원, 「냉전기 한일협력의 국제정치: 1980년 신군부 등장과 일본의 정치적 영향력」, 『국제정치논총』 42-3(2002.10), 249~271쪽도 있다.

25 김명섭, 「1970년대 후반기의 국제환경변화와 한미관계: 카터행정부의 외교정책을 중심으로」, 한국정신문화연구원 편, 『1970년대 후반기의 정치사회변동』(백산서당, 1999), 11~91쪽; 김명섭, 「한·미 관계에 있어서의 1980년대」, 이해영 편, 『1980년대 혁명의 시대』(새로운 세상, 1999).

26 정일준, 「미국 개입의 선택성과 한계: 전두환·노태우-레이건·부시 정부 시기」, 『역사비평』 편집위원회 편, 『갈등하는 동맹: 한미관계60년』(역사비평사, 2010), 94~128쪽; 정일준, 「총론」, 정일준 외, 『한국의 민주주의와 한미관계』(대한민국역사박물관, 2014). 박태균, 「광주는 누구의 책임인가」, 『우방과 제국: 한미관계의 두 신화』(창비, 2006), 345~363쪽.

27 신현익, 「전두환 군부정권 성립과정에서의 미국의 역할」, 고려대학교 박사학위논문(2006); 신현익, 「박정희 대통령 서거 직후 미국의 대한정책」, 『유라시아연구』 18(2010.9), 233~258쪽; 김동택, 「5·18의 국제적 배경: 한미관계를 중심으로」, 광주광역시 5·18사료편찬위원회 편, 『5·18민중항쟁사』(광주광역시 5·18사료편찬위원회, 2001), 163~190쪽; 마상윤, 「박정희 시대 한국의 민주주의와 한미관계(1961-1979)」, 정일준 외, 『한국의 민주주의와 한미관계』(대한민국역사박물관, 2014); 전재호, 「전환기 한국 민주주의와 한미관계(1980-1997)」, 정일준 외 (2014), 위의 책. 이외에 신욱희의 『순응과 저항을 넘어서: 이승만과 박정희의 대미정책』(서울대학교출판문화원, 2010)도 있으나 이는 1950년대 중반 이후의 이승만과 한일회담, 1960년대 후반~1970년대 초반의 박정희와 주한 미군 철수 문제를 둘러싼 대미 정책을 사례로 다루고 있다.

이 있다.[28]

　그런데 이들 기존 연구에서는 정권 교체기 한미 관계에 대해 1차 자료를 기반으로 한 심화된 탐구가 이루어지지 않았다. 최근 박원곤 교수의 연구에서 원자료에 근거한 해석이 나오고 있지만,[29] 카터 대통령 기념도서관 소장 자료에 대한 본격적인 조사를 수행하지는 않았다. 장준갑 교수는 한국 외교문서에 치중해 1980~1981년 김대중 재판과 정치 및 인권 탄압 행위에 대한 미국의 행동과 그에 대응하는 신군부의 행동 양식을 논의하고 있다.[30] 그러나 역시 카터 문서 등 미국 문서를 본격적으로 천착하지는 않았다.

　1979년 12·12 사태 직후부터 1980년 초까지 한국 국내에서 역쿠데타 논의에 연계된 미국의 전두환 장군 제거 계획이 수립된 사실에 대해서는 당시에 극비였으므로 알려진 바가 별로 없었으며 지금도 그 전모가 규명되지 않고 있다. 따라서 원자료를 바탕으로 전두환 제거 계획에 대한 사실을 규명한 연후에 박정희 제거 공작, 이승만 제거

---

[28] Jung-Kwan Cho, "From Authoritarianism to Consolidated Democracy in South Korea," ph. D. dissertation, Yale University, 2000.; Hayoung Kim, "Violent Political Process and the Failure of Democratization in South Korea, 1979-1980," ph. D. dissertation, University of Hawaii, 1997.

[29] 박원곤, 『카터 행정부의 대한정책 1977~1980: 도덕외교의 적용과 타협』, 서울대학교 박사학위 논문(2008); 「1979년 12·12 쿠데타와 카터 미 행정부의 대응: 도덕외교의 타협」, 『국제정치논총』 제50집 4호(2010), 81~102쪽; 「5.18 광주 민주화 항쟁과 미국의 대응」, 『한국정치학회보』 제45집 5호(2011), 125~145쪽. 또한 마상윤·박원곤, 「데탕트기의 불편한 동맹: 박정희-닉슨·카터 정부 시기」, 역사비평 편집위원회 편, 『갈등하는 동맹: 한미관계60년』(역사비평사, 2010), 68~92쪽도 있다.

[30] 장준갑, 「제5공화국 출범과 한미관계」, 『서양사학연구』 28(2013), 231~252쪽; 장준갑·김건, 「1980년대 초반(1980-1981) 한미관계 읽기」, 『미국사연구』 38(2013), 191~218쪽.

작전 등과 통시적으로 비교한 다음 다른 나라들에 대한 미국의 개입 사례와 교차 비교하는 것이 필요하다. 세계 각국에 미친 미국의 세계 전략과 한국의 최고 지도자에 대한 공작의 비교 연구는 전무한 상황이다. 따라서 본 연구에서는 미국과 한국의 외교문서 등 1차 자료에 기반하여 사실을 규명한 뒤에 비교의 시각에서 의미를 끌어내는 디딤돌의 역할을 시도할 것이다.

우선 12·12 쿠데타적 사건, 1980년 1월 말~2월 초의 전두환 제거 검토, 카터의 김대중 구명 노력과 전두환 제거 구상 등을 중점적으로 탐구할 예정이다. 또한 레이건 행정부 시절인 1987년 6월 전두환의 친위쿠데타 기도를 미국이 견제하면서 6·29 선언을 유도하는 과정도 살펴볼 것이다. 1980년 카터식 전두환 제거 구상이 1987년에 레이건식으로 간접적이고 우회적인 결실을 보았기 때문이다.

카터 재임 중 한미 갈등은 1979년 10·26과 뒤이은 서울의 봄으로 상징되는 한국 민주화로 가라앉는 듯했으나 이후 권력을 쟁취한 전두환 보안사령관 중심의 신군부가 민주주의를 탄압하면서 갈등이 되살아났다. 특히 1979년 12·12 당시 주한 미군 사령관의 승인을 받지 않고 부대를 이동한 것에 대해 주한 미군 사령관을 비롯한 미국 지도자들은 전두환 장군 등에게 항의했으며 전두환을 대화 상대자로 인정하지 않으려 했다. 미국은 1980년 1월 말부터 2월 초 사이 비밀리에 한국 군부 지도자들과 연합해 전두환 제거 구상을 계획했으나 내정간섭 우려 때문에 도상작전에 그치고 말았다. 결정적 국면에서는 민주주의보다 안정을 선호하는 미국의 기존 정책도 영향을 미쳤다. 그 후 1980년 5월 한국의 신군부가 광주민주화운동을 탄압하는 과정에서 한국인들은 미국이 신군부의 편을 들어 한국의 민주주의와 인권을 유린하고 있다고 생각해 반미감정을 가지기 시작했다.

카터 대통령에 대해 미국인들은 한국을 비롯한 제3세계의 민주주의를 옹호하고자 노력했다고 평가하지만, 한국인들은 그가 한국의 권위주의 군부의 지배를 묵인했다고 평가한다. 카터는 민주주의를 옹호하려 했지만 내정간섭의 우려 때문에 영향력을 행사하지 못했을까 아니면 처음부터 안정을 선호했을까? 필자는 박정희 시대의 종식을 꾀한 10·26과 전두환 정부 초기인 1980년 초 상황을 통해 한국 권위주의 정권에 대한 미국 카터 행정부의 태도를 살펴보고자 한다. '민주주의 수호자'와 '권위주의 묵인자'라는 양극단의 기존 평가 가운데 어느 쪽이 사실에 더 부합하는지 1차 자료에서 발굴한 사실을 바탕으로 점검하려고 한다. 이를 통해 정권 교체기 한국에 대한 미국의 영향력과 그 한계를 검토해 보는 것이 이 연구의 목적이다.

이 책에서는 '사료의 분석을 통한 실증적 검증'을 주요한 방법으로 삼는 역사적 접근법을 통해 1980년대 한미 관계를 보고자 한다. 우리가 설정한 주제에 대한 사실 확인이 아직 미흡한 상태이므로 미간행 내부 문서와 공간된 외교문서, 증언 등에 의존한 '역사적 고증' 방법과 연대기적 서술, 서사적 방법이 가장 설득력 있고 유용한 방법론이라고 생각한다.[31] 역사적 연구 방법은 과거에 일어났던 일을 문헌자료

---

31 편년체적 역사 구성은 단순한 방법적 특성 때문에 복잡·정교한 몰역사적 분석 기법이 흔히 범하기 쉬운 '인과관계 혼동의 오류'를 범하지 않는다는 장점이 있다. 서사적-이야기체식 서술 방법은 기원전 5세기경 역사가 투키디데스(Thucydides)가 『펠로폰네소스 전쟁사』를 서술했을 때부터 등장했다. 사회구조적 역사와 계량적인 과학적 역사학이 주류적 접근의 위치를 가지고 경쟁

를 중심으로 찾아내고 그것을 비판적으로 평가해서 어떤 일이 일어났는가를 정확히 기술하는 동시에 그 일들 사이의 관계성을 추출해내는 방법이다.[32] '정치인의 역할'과 '저력(심층 동인)' 등을 연구하는 '국제관계사 방법론'[33]이나 실증주의적인 '이론적 분석'의 유용성은

하고 있는 현재 시점에도 여전히 논의되는 대안적 접근이다. 이야기체식 접근은 사회구조적 접근과 계량적인 과학적 역사학 모두를 비판하지만 이 방법에 어떤 뚜렷한 방법론적 지향이 있는 것은 아니다. 사료를 경험적 방법으로 분석하기보다는 연대기적으로 재구성·서술하여 진실을 복원하는 방법 이상의 것이 아니기 때문이다. Lawrence Stone, "The Revival of Narrative: Reflection on a New Old History," *Past and Present: A Journal of Historical Studies*, No. 85 (Nov. 1979); Lawrence Stone, The Past and the Present (London: RKP, 1981), pp. 74~96에 재수록; 로렌스 스톤, 이광주·오주환 공편, 「서술식 역사의 부활: 낡은 신사학에 대한 반성」, 『역사이론』(문학과지성사, 1987), 181~212쪽; Larry J. Griffin, "Narrative, Event – Structure Analysis, and Causal Interpretation in Historical Sociology," *American Journal of Sociology* Vol. 98, No. 5 (March 1993), pp. 1097-1098.

32 그렇다고 이론적 방법론이 추구하는 인과관계 등을 밝히는 것은 아니고 사실관계를 확인하는 차원에 치중한다. 독립변수(x)가 종속변수(Y)의 원인이 되었다는 인과론(Y=f(x))을 실제 역사에서는 적용하기 어렵다는 주장이 있다. 실제로는 거의 모든 변수들이 복잡하게 얽혀 있어 독립변수를 분간하기 어렵다는 것이다. 경험주의적인 사회과학 분석에서는 원인을 독립변수와 종속변수로 나누어 설명하려는 경향이 있지만 실제 역사의 전개 과정에서 다른 요인들에 영향을 받지 않고 독립적으로 존재하는 변수라는 것은 존재하기 어렵다. 존 루이스 개디스, 강규형 역, 『역사의 풍경』(에코리브르, 2004), 87~112쪽. 따라서 단선론적인 인과관계 설정은 무리가 있으며 기껏해야 여러 요인들의 서열 정하기 정도가 가능할 뿐이다. 홍석률 교수는 인과관계 설정은 물론 어떤 원인들이 더 중요한지를 판가름해 서열을 정하는 것도 문제가 있다고 판단해 병존하고 있는 다양한 원인들을 추출하고 그것들이 서로 연결되는 측면을 드러내는 선에서 연구를 마무리했다. 홍석률, 「한반도 냉전·분단의 장기지속: 그 원인과 효과」, 한국학중앙연구원 20세기 한국현대사팀 공동연구 결과발표회 발표논문집(2021.4.24), 255쪽. 역사에서 독립변수 설정이 가능하지 않은 경우가 많다는 주장에 동의하는 필자도 경험적 설명은 지양하고 사실 발견과 기술에 주력하고자 한다. 그렇지만 엄밀한 검증이 요구되는 인과관계가 아닌 상관관계를 잠정적으로 추정할 수는 있다고 생각한다.

33 국제관계사 방법론의 입문서라고 할 수 있는 Pierre Renouvin et Jean-Baptiste Duroselle, *Introduction à l'Histoire des Relations Internationales* (Paris: Librairie Armand Colin, 1964); 이기택 역, 『국제정치사이론』(박영사, 1987), v쪽에 의하면, 외교사가 정부 간의 관계에 치중하는 데 비해 국제관계사적 방법은 외교에 심층적으로 작용하는 영향력, 즉 심층 동인을 중시한다. 심층 동인은 르누뱅의 의도에 충실하게 '국가의 저력'이라고 의역할 수 있다. 홍순호, 「국제관계사연구의 방법론」, 『한국국제관계사이론: 시대상황의 역학구조』(대왕사, 1993), 37~57쪽 참

인정할 수 있지만, 이들 방법론은 역사 연구의 초보적 전제인 사실 확인 작업을 마친 연후에 적용해야 한다. 철저한 자료 수집을 토대로 사실관계를 발굴하고 체계적으로 정리하여 균형 있는 해석, 실증적인 분석에 이르는 것이 그 무엇보다도 선행되어야 한다.

사료 장악에 그치지 말고 다양한 사회이론을 원용해야 한다는 주장도 있다. 김영민 교수는 '이론에 관심이 없으니 사료만 보고 연구하겠다'는 것은 이론을 업데이트하지 않겠다는 말과 동의어이며 혹은 '개념을 엉성하게 사용하고 내러티브를 대충 구축하겠다'는 말과 동의어라면서 이론으로부터 독립적인 연구는 불가능하다고 주장한다. 역사 연구에서 사료는 불가결한 요소이지만 이론으로부터 완전히 자유로운 사료 독해는 없다는 것이다.[34] 또한 베버의 영향을 받은 김덕영 교수는 "이론이 없는 경험은 맹목적이고 경험 없는 이론은 공허하다"고 주장한다.[35] 그렇다면 이 책은 다소 맹목적으로 보일 수도 있다. 그럼에도 불구하고 사실 확인이 충분하지 않은 상태에서 이론에 치중한다면 사실을 왜곡할 가능성이 있으므로 현 단계에서는 지양하고자 한다.

문제는 진실이 객관적 사료에 드러나지 않고 숨겨져 있는 경우가 종종 있다는 점이다. 확실한 물증이 발굴되어 새로운 해석이 가능하

고. 외교사, 국제정치사, 국제관계사 개념의 차이점에 대해서는 홍순호, 「한국외교사의 연구방법과 방향」, 한국정치외교사학회 편, 『한국정치학에 있어서의 역사적 접근의 현황과 방향』(대왕사, 1993), 200~202쪽 참고.

[34] 김영민, 「'한국이란 무엇인가': 마르크스주의에 의지한 '역사발전단계론' 버려야 한국학이 산다」, 『한국일보』 2020년 6월 8일, 24면.

[35] 최원형, 「김덕영 "사회학자, 베버처럼 스스로 작은 체계 이뤄야"」, 〈한겨레〉(2021.7.23).

다면 좋겠지만 물증 아닌 방증이나 정황 증거밖에 없다면 부득이 이들 증거의 배후에 숨겨진 의미와 뜻을 추출해야 한다. 연구 대상이 '제거 구상'과 같은 음모의 성격을 가진 것이라면 문서와 같은 물증을 남겼을 가능성은 희박하다. 이 경우에는 사실 확인을 위해 다른 방법론을 도입해야 하는데 주관적 방법론인 '비판적 해석'이 적합하다. 해석학적 방법은, 주관적인 행동과 객관화된 사실 뒤에 실재하면서도 숨겨진 의미와 진실을 규명해내는 도구이다.[36] 그러나 이러한 '주관적 이해'의 방법은 어디까지나 보조적 방법으로 채택해야 한다. 이러한 방법의 남용은 학문적 업적 자체를 상대화하고 객관적 자료의 신빙성을 의심하게 하므로 우선 문서를 통해 실증한 연후에 진실이 은폐되었다는 확증이 있을 때 제한적으로 적용해야 한다.

이 책은 사료만을 숭배하는 사료 만능주의적 연구는 아니며, 사료와 선행 연구를 보완적으로 검토하였다. 연구의 프레임워크가 없는 상태에서 원사료만을 고집하는 것도 문제가 있으며, 우선 선배 학자들의 기존 연구부터 검토한 후 문서고를 뒤지는 것이 바른 순서라고 생각한다. 또한 문서고에서 추출된 사료라고 해도 전적으로 신뢰할 수 있는 것은 아니다. 사료의 수집보다 비판이 더 중요할 때도 있

---

[36] 해석학자들은 각 개인의 상이한 역사·문화 경험에 의해 형성된 전이해(선입견, 원초적 인식)에 영향을 받은 주관적 행동을 해석을 통해서 이해하려 한다. 사회과학의 탐구 대상은 적극적·주체적·사회적 행동이므로 소극적·객관적 행태의 차원으로 환원시킬 수 없다는 것이다. *Elementarkurs Philosophie* (Düsseldorf: Econ Verlag, 1977); 백승균 역, 『철학적 해석학』(경문사, 1982); Otto Pöggler, *Hermeneutische Philosophie* (1972); 박순영 역, 『해석학의 철학』(서광사, 1993); Josep Bleicher, *Contemporary Hermeneutics as Method, Philosophy and Critique* (London: RKP, 1980); Mark E. Kann, 한홍수·김영래 공역, 『현대정치학의 이해: 정치이론과 연구방법』(대왕사, 1986), 20~21쪽.

다.³⁷ 예를 들어 정기적으로 발행된 정보문서의 경우 신뢰도를 고려해야 한다. 자료를 인용할 때에는 사료 비판과 함께 다른 자료와의 상관적 검토가 행해져야 한다. 이렇게 심층적으로 분석하고 재해석한다면 정보들에서 작성자의 의도를 분리·탈각하여 '사실에 입각한 연구'를 할 수 있게 된다. 미국 등 개별 국가가 비밀 자료를 공개할 때는 자신의 정책을 합리화하려는 의도에서 선택적으로 공개한다. 따라서 특정 국가의 자료를 맹신한다면 그들의 공개 의도에 말려들어 그 국가 정책의 합리화에 동원될 수 있다. 사료 비판을 통해 정확성을 담보하고 다른 나라의 자료 등을 비교하는 교차 사료 분석 등을 거쳐야 할 것이다.

카터 대통령 시기 한미 관계 문서자료를 수집한 후 정교한 사료 비판을 거쳐 엄밀한 연구를 행한다면 사실 자체에 도달할 수는 없어도 사실에 조금 더 가까이 다가갈 수 있지 않을까 한다. 사실 자체는 알 수 없으며 한술 더 떠 사실 자체가 없다는 포스트 모던적이며 상대적인 인식에 입각한다면 이러한 작업은 그다지 의미가 없다. 그렇지만 최대한 균형을 잡으려고 노력하면서 비판적 시각을 견지한다면 최소한 다른 연구보다 더 공감을 얻을 수 있지는 않을까 기대한다.

1979~1980년 대한민국의 정치적 격변기에 미국의 대통령이었던

---

37 프랑스 역사학자 블로크(Marc Bloch)는 "철저한 대조야말로 훌륭하게 수행된 역사 연구의 제1차적 필요성이다"라고 말했다. Marc Bloch, *The Historian's Craft*, translated by Peter Putnam with a foreword by Peter Burke (Manchester, GB: Manchester University Press, 2004), pp. 53-54; 차하순, 「사료의 비판」, 『역사의 본질과 인식』(학연사, 1988), 76쪽에서 재인용.

카터는 한국 민주주의에 대해 애매한 태도를 보였고, 이는 후일 대한민국 일각에서 고조된 반미운동의 한 원인이 되었다. 미국은 1979년 12·12 사건 직후에 이를 쿠데타라며 비난했으나, 곧 신군부의 실세 전두환을 승인하는 입장으로 선회한 것으로 여겨졌다. 특히 1980년 5·18 광주민주화운동 때에는 군부의 무력 진압을 묵인했다고 간주됐다. 보다 구체적으로 1980년 5월 당시 카터 행정부가 미 군함을 파견해 전두환 독재정부를 견제하기보다는 오히려 비호했다는 평가가 있었다. 1980년대 후반 독재정부를 지원하는 미국에 실망해 반미주의가 한국 사회에 처음으로 본격 등장했다. 이렇듯 반미주의 등장의 계기가 1980년에 만들어졌으므로 반미라는 차원에서 보면 1980년의 상황은 매우 중요하다.

  1960년 4월 이승만 하야 당시 미국은 민주주의 수호자로 간주되었으며 미국대사가 한국인들의 존경을 받았던 것에 비하면 그 후 20년 동안 한국인들은 미국에 대한 환상에서 깨어나 현실을 인식했다고 할 수 있다. 냉전 시대 소련과 대치하고 있던 미국은 냉전의 최전선인 한반도에서 민주주의보다 안정을 택할 수밖에 없었으며 상대적으로 민주주의와 인권에 강조점을 두었던 카터 행정부도 예외일 수 없었다는 것이 정설이다.

  그런데 당시 미국의 한국 문제 담당자들은 1979~1980년 정권 교체기에는 이전 시기와 상황이 달라서 방관할 수밖에 없었다고 사후 변명을 했다. 위컴(John Adams Wickham, Jr.) 한미연합사령관은 1979년 10·26 직후의 상황이 1961년 5월 박정희가 권력을 잡던 때와 사뭇 달랐다고 평가했다. 카터 대통령이 미군 철수와 인권을 구호로 박정희 대통령을 압박했으므로 한국 국민들은 미국의 안보 공약을 의심스럽게 바라보면서 불안해했고 보수적인 정치 지도자들로부터도 반감을 샀다고 위컴은 평가했다.

미국은 한미상호방위조약에 따라 한국의 안보 유지에 최선을 다해야 하는 의무를 가지고 있으며, 한국과 미국 공동의 안보를 위협하는 행동에 미국이 제재를 가하는 것은 지극히 당연하다는 것이 12·12 당시에도 상식이었다. 그런데도 미국은 12·12 쿠데타를 막을 수 없었다. 막을 수 있었다고 생각하는 것은 당시의 상황을 잘 모르는 시대착오적인 사고라는 것이다. 위컴은 이렇게 당시 미국의 방관적 자세에 대해 변명하면서 한국이 미국을 아버지처럼 따르던 시대는 1979년 말에 이미 서서히 끝나가고 있었다고 1999년에 회고했다.[38] 미국의 영향력이 축소된 상태였다는 일종의 자기 합리화이다.

글라이스틴(William H. Gleysteen, Jr.) 주한 미국대사도 비슷한 맥락에서 변명했다. 그는 박정희 대통령 암살 사건 직후인 1979년 10월 28일 본국에 보낸 보고서에서 "1979년의 한국은 미국이 집권 초기 박정희 정권에 개헌을 강요할 수 있었던 1960년대 초의 한국과는 다르다는 사실을 명심해야 한다"고 기술했다. 1960년대에 미국은 초기 박정희 정권에 대해서 헌법 개정을 강요하여 이를 성사시켰지만, 1979년 10월 28일 당시 한국은 상황이 달라졌다고 평가했던 것이다.

---

38   John Adams Wickham, Jr., *Korea on the Brink, 1979-1980: From the '12/12' Incident to the Kwangju Uprising* (Washington, DC: National Defense University Press, 1999), pp. 64-65; 존 위컴, 김영희 감수, 유은영 외 공역, 『12·12와 미국의 딜레마: 전 한미연합사령관 위컴 회고록』(중앙 M&B, 1999), 108~110쪽.

한국 내정에 대한 강경한 압력이 반미를 불러올 것이라면서 조급해 하지 말 것을 건의하면서 나온 평가였다.[39]

글라이스틴이 이 대목에서 1960년대에는 미국이 직접적으로 개입했음을 인정한 것이라고 볼 수 있다. 박정희가 쿠데타를 일으킨 것은 6·25 전쟁이 끝난 지 불과 8년이 지났을 무렵이었으므로 박정희는 적어도 집권 초기에는 미국의 의견에 귀를 기울여야 했다는 것이다. 위컴은 박정희가 미국의 충고를 받아들여 경제성장을 이룩했다고 평가했다. 또한 박정희 집권 초기인 1960년대 초반에는 1979년보다 훨씬 더 많고 강력한 미군 병력이 서울에 주둔하고 있었다. 2개 사단과 남한 전역의 공군 기지에 배치되어 있는 대규모 공군 사단도 포함되어 있었다.

그런데 1980년대에는 상황이 변화해 방관할 수밖에 없었다는 방관설은 미국이 독재정권을 지지했다는 비판을 피해 가기 위한 책임 회피적인 변명이다. 미국은 자국의 세력권 아래 다른 제3세계 국가들을

---

[39] "Cable from Amembassy Seoul (Gleysteen) to SecState: Initial Reflection on Post-Park Chung Hee Situation in Korea," O 280919Z Oct 79, Seoul 16370, National Security Affairs-Brzezinski Material, Collection # 16: Cables File, Folder: Far East, 9-11/79, Box 13, Jimmy Carter Library; "Telegram from Gleysteen to Secretary of State: Initial Reflection on Post-Park Chung Hee Situation in Korea";「글라이스틴이 국무장관급에 보낸 전문: 박정희 서거 후의 한국상황에 관한 1차 소견」(1979.10.28), in William H. Gleysteen, Jr., *Massive Entanglement, Marginal Influence: Carter and Korea in Crisis* (Washington, DC: Brookings Institution Press, 1999), p. 207; 윌리엄 H. 글라이스틴, 황정일 역, 『알려지지 않은 역사: 전 주한미국대사 글라이스틴 회고록』(중앙 M&B, 1999), 290쪽. 글라이스틴은 회고록의 제목을 '얽힌 것은 많고 영향력은 적고(Massive Entanglement, Marginal Influence)'라고 정했는데 복잡한 한국 국내 정치 상황과 미국 능력의 한계라는 실상을 언급한 것이지만, 그보다는 광주민주화운동 이후 야기된 한국인의 반미 감정에 대해 '영향력이 적어 미국으로서도 어쩔 수 없었다'는 일종의 해명성 제목이라고 할 수 있다.

놓으려 했을 때처럼 한국 정치 지도자에 대해서도 정권 교체기와 전환기적 상황에서 모종의 영향력을 비밀리에 행사하려 했다. 1980년 미국의 전두환 제거 구상을 밝혀 미국의 이러한 비밀스러운 탈방관자적 역할을 규명할 수 있다. 필자는 방관설의 고의적인 유포가 비밀공작 수행을 은폐하기 위한 수단에 불과한 것이라는 주장을 펼치고자 한다.

한국 현대사에서 미국이 입안했던 최고 지도자 제거 공작들은 대부분 도상작전에 그쳤지만 실제로 실행된 경우도 있다. 그러나 실행된 경우들은 대부분 베일에 가려져 있다. 1979년 10·26의 경우도 미국의 이러한 역할의 증거가 남아 있지 않은 편이다. 이 시기에는 방관자적 입장으로 철저히 위장해 비밀공작을 단행했는데, 그 공작은 성공적이지 않았고 직접적 결실을 맺지도 못했으므로 적극적인 역할을 수행했다는 증거는 철저히 은폐되어 드러나지 않았다.

한편 도상작전에 그쳤던 1980년 전두환 제거 구상의 경우 위컴과 글라이스틴 등이 1990년대 말에 회고록에서 증언했으므로 증거의 단서가 남아 있어 확실한 사실 규명을 기다리고 있는 상태이다. 이렇듯 이승만과 전두환 제거 등 실패한 공작의 경우는 회고담 등 일부 자료들이 공개되어 있다. 실행되지 않았으면서 자료의 일단이 남아 있으나 아직 완벽하게 규명되지 않아 베일에 가려져 있는 사례인 미국의 전두환 제거 구상을 구체적으로 살펴보는 것은 전환기 미국의 영향력 규명과 반미주의 등장 상황을 비판적으로 이해하는 차원에서 의미가 있다. 또한 방관한 것처럼 보였던 미국이 실제로는 결코 방관하지 않았음을 전두환 제거 구상에 대한 사실 규명을 통해 증명할 수 있다.

November 25, 1980

1부

THE SECRETARY OF STATE
WASHINGTON

12·12 쿠데타적 사건과 미국의 대응

~~SECRET~~

MEMORANDUM FOR: THE PRESIDENT

FROM: Edmund S. Muskie

GDS 11/25/86

DECLASSIFIED
E.O.12958, Sec.3.6

◀
12·12 사태 관련 중앙청 전경(1979.12.13). 국가기록원 소장

1장

10·26 이후 과도기 권력 재편

카터 대통령 재임 시에는 한미 관계가 불편한 편이었다. 카터 행정부는 1978년 대한민국에 대한 조선민주주의인민공화국의 위협에 대비해 한미연합사를 창설하면서, 1982년까지 3단계에 걸친 주한 미군 철수 계획을 입안했다. 그러나 주한 미군 사령부와 정보기관·의회의 반대에 부딪혀 주한 미군의 완전 철수 대신 6,000명을 감축하는 데 그쳤다.[1] 박정희 정부와는 인권 문제 논란 등으로도 불협화음을 냈는데, 1979년 6월 말에 카터 대통령이 한국을 방문하여 갈등이 다소 완화되기는 했으나 4개월도 채 되기 전인 1979년 10월 26일에 박정희 대통령이 살해되었다. 카터는 장례식에 직접 참석하지 않고 사이러스 밴스(Cyrus R. Vance) 국무장관을 조문 사절로 파견했다. 한국은 정권 교체라는 당면 과제를 헤쳐 나가야 했고 미국은 이에 대비하려 했다.

---

1 이완범, 『카터 시기의 주한미군 철수 협상』(국립외교원, 2020).

1. 최규하의 우유부단한 리더십

미국은 과도기 한국에서 박정희 이후 시대의 질서 회복을 모색했다. 미국은 최규하 대통령 권한대행을 지지하면서[2] 그에게 한국인의 정치적 자유를 신장시킬 수 있는 조치를 취하라고 권고했다. 홀브룩 미 국무부 동아시아·태평양 담당 차관보는 10·26 사건 직후 최규하 권한대행 체제와 긴밀히 협력하면서 이러한 주문을 전달했다. 최규하는 홀브룩의 권고를 받아들여 유신헌법에 대한 비판을 억제하기 위해 박 대통령이 선포했던 긴급조치를 해제하고, 감옥에 있거나 가택연금에 처해졌던 민주인사들을 석방했다. 또한 10·26 직후 미 정부는 권한대행을 맡은 최규하에게 과도기 1년만 대통령직을 맡겠다는 뜻을 공포하라고 충고했다. 이것은 미국의 온건한 개혁 방향에 입각한 충고였다.[3] 그러나 최규하는 '굴러 들어온 권력'에 대한 욕심 때문인지 아니면 군부 세력들이 자신을 밀고 있다고 착각해서인지 그 충고에 따르기보다는 임기를 공식적으로 제한하지 않는 애매한 태도를

---

2 강인섭, 『4·19 그 이후: 군-정계-미국의 장막』(동아일보사, 1984), 300쪽.
3 한국 사회에 일종의 시류로 형성된 급진적 개혁 분위기에 직면한 서울 주재 미국 외교관들은 과도기를 1년이나 끄는 것에 대해 한국인들이 인내하지 못할 것이라고 보고했지만, 워싱턴은 1979년 11월에 1년이라는 한시적 대통령임을 공포하는 것을 머뭇거리는 최규하에게 오히려 이보다 8개월 연장된 20개월을 개헌을 위한 과도기의 시한(1981년 6월까지)으로 보장함으로써 무명의 장군 전두환이 정권을 잡을 수 있는 여유를 제공하는 실책을 범했다는 주장이 있다. 샘 제임슨, 「항쟁지도부 벽에 새겨졌던 '세계평화'」, 한국기자협회·무등일보·시민연대모임 공편, 『5·18 특파원리포트』(풀빛, 1997), 109~110쪽; Sam Jameson, "Reflections on Kwangju," Henry Scott-Stokes and Lee Jai Eui, eds., *The Kwangju Uprising: Eyewitness Press Account of Korean's Tiananmen* (Armonk, NY: M.E. Sharpe, 2000), p. 80.

보였다.[4]

　1979년 10·26 사건 직후인 밤 8시 30분 청와대에 들어간 최규하는 김계원으로부터 김재규가 범인이라는 사실을 보고받고도 김재규 체포를 즉각 지시하지 않고 머뭇거렸다. 최규하는 박정희 살해범 김재규의 배후 세력이 누군지 몰랐으며 그런 거사를 일으켰다면 김재규가 최고의 실력자가 되려고 한 것이었으므로 문약한 최규하로서는 '무신란'의 주동자가 무서워 주도적으로 체포를 지시하지 못했을 수도 있다.

　전두환 보안사령관은 이런 최규하가 김재규의 편이 아닌지 의심했다. 신현확의 증언에 의하면 신군부는 김재규 전 중앙정보부장이 국가 권력을 장악하려 시도한 것을 방조한 죄목으로 최규하 대통령을 체포하려 했다는 것이다.[5] 1979년 12월 6일 통일주체국민회의에서 제10대 대통령에 선출된 최규하는 12월 7일 신현확 부총리를 국무총리로 지명했다. 신현확은 "헌법에 따라 선출된 대통령을 누가 무슨 권한으로 체포한다는 말이냐"라며 전두환 측에 반대했다고 한다. 신현확의 아들 신철식 전 국무조정실 정책조정실장은 2017년 9월 20일 신현확의 회고록 출간 간담회에서 "1979년 12·12 쿠데타를 앞두고 전

---

[4] 최규하는 미국의 충고를 일축했다고 평가된다. Don Oberdorfer and Robert Carlin, *The Two Koreas: A Contemporary History*, revised and updated third ed. (New York: Basic Books, 2014); 돈 오버도퍼·로버트 칼린, 이종길·양은미 공역, 『두개의 한국』(길산, 2014), 190쪽; Don Oberdorfer, *The Two Koreas: A Contemporary History*, revised and updated (Basic Books, 2001), p. 116; 돈 오버도퍼, 이종길 역, 『두개의 한국』(길산, 2002), 186쪽; Don Oberdorfer, *The Two Koreas: A Contemporary History* (Reading, Mass.: Addison–Wesley, 1997), p. 116; 돈 오버도퍼, 뉴스위크 한국판 취재팀 역, 『북한국과 남조선: 두개의 코리아』(중앙일보, 1998), 117쪽.

[5] 신현확·신철식, 『신현확의 증언: 아버지가 말하고 아들이 기록한 현대사의 결정적 순간들』(메디치미디어, 2017).

두환 당시 보안사령관은 '최규하 대통령을 체포하겠다'고 말했다. 이후 신군부는 총리직을 수행 중이던 내 부친을 대통령으로 추대하려고 했다"고 말했다. "아버지는 전두환 사령관을 만난 자리에서 '대통령을 맡아 주셔야 되겠다'는 말을 듣고는 '네가 뭔데 일국의 재상에게 대통령을 맡으라 마라 하느냐, 건방진 놈'이라고 호통을 쳤다"고 했다.(신군부와 내각 일각에서 신현확 총리에게 통일주체국민회의를 통해 대통령직을 맡아 줄 것을 제의했으나 거부했다고도 회고록에 적었다.) 최광수 당시 최규하 대통령 비서실장의 증언에 따르면 최 대통령은 정치적 경험과 인맥이 부족했으므로 신현확 총리와 긴밀히 협의했고 신 총리의 의견을 많이 반영했다고 한다. 그리고 신 총리는 권력에 대한 야심은 없었다고 증언했다.[6]

그런데 1980년 4월 전두환이 독자적 집권에 박차를 가하자 신현확은 '내가 대권을 잡으면 군부를 막을 수 있을까' 하는 생각에서 대통령직 도전을 고민했다고 한다. 신현확은 12·12에서 '서울의 봄'에 이르는 5개월 동안 3김이 가장 견제했던 인물은 전두환이 아니라 자신이었다고 증언했다. 최규하 대통령은 신군부와 뜻을 같이하려 했으며 군이 최규하 자신을 지지하고 있다고 착각해 1980년 8월 사퇴 요구를 거절하려 했다는 것이다.[7] 따라서 전두환이 최규하를 전폭적으

---

[6] 「구술: 최광수」, 연세대학교 국가관리연구원 편, 『한국대통령통치구술사료집 1: 최규하 대통령』 (선인, 2014).

[7] 신현확·신철식(2017), 앞의 책; 손택균, 「대통령 맡아달라는 전두환사령관에 … 아버지 '네가 뭔데, 건방진 놈' 호통」, 〈동아일보〉(2017.9.21); 이가영, 「신군부, 최규하 체포 뒤 신현확 대통령 추대하려 했다」, 『중앙일보』 2017년 9월 21일, 27면.

로 밀지는 않았다고 할 수 있다.

만약 신현확의 증언대로 신군부가 신현확을 대통령으로 세우려 했다면 얼굴마담으로 이용할 요량이었을 것이며, 신현확은 이를 눈치채고 거부했을 것이다. 신현확 회고록을 통해 재확인할 수 있는 내용은 최규하의 10·26 직후 행적이 전두환 측은 물론 신현확에게도 다소 기회주의적으로 비쳤다는 것이다. 이는 주로 최규하의 결단력 부족 때문이지만(신현확도 증언집에서 최규하가 우유부단한 태도를 보였으며 자신이 특유의 결기와 고집으로 상황을 이끌었다고 주장했다.) 시해를 결단한 김재규 측의 눈치를 본다는 정략적인 요소가 개입된 것은 아닌지 의심할 여지도 있다.

그런데 전술한 바와 같이 김계원 비서실장은 1979년 10월 26일 밤 8시 30분쯤 청와대로 급히 들어온 최규하 국무총리에게 "차 실장과 김 부장이 싸우다가 김 부장의 총탄에 각하가 돌아가셨습니다."라고 보고했다. 따라서 최규하가 김재규의 범행을 의도적인 시해가 아니라 단순 오발사고로 여겨 우유부단했을 가능성도 있다. 김계원도 거짓말을 한 것이 아니라 거사 후 육군본부에서 김재규를 만나 혁명위원회 운운하는 이야기를 들을 때까지는 김재규가 차 실장을 쏜다는 것이 잘못하여 대통령을 돌아가시게 했다고 잘못 알고 있었다.

12·12 사태 당시 최규하가 전두환 측의 요구를 전폭적으로 들어주지 않고 견제한 것에도 여러 복합적인 요인이 있다. 최규하 대통령의 원칙론이 가장 중요한 요인이지만 전두환을 믿지 못한 측면도 있었으며, 실제로 신군부의 무력을 두려워했을 가능성도 있다. 전두환은 김재규를 구속했으며 정승화뿐만 아니라 최규하까지 의심했다. 이러

한 의구심을 직감적으로 알고 있었던 최규하는 신군부 측에 강경하게 대응하지 못했고 결국 축출당했다. 만약 신현확의 증언대로 12·12 전후에 신현확이 옹립되었다면 나름의 리더십을 가지고 신군부를 제어했을 가능성도 있지만 옹립자의 눈치를 보아야 하므로 그렇게 하지는 못했을 것이며, 최규하와 마찬가지로 언젠가는 축출되었을 것이다. 또한 신현확이 1980년 4월에는 생각을 바꾸어 대권에 나서려 했다는 증언은 그가 정치적 야심이 전혀 없지 않은 정치인이었다는 것을 증명하고 있다.

1979년 11월 3일 열린 박정희 대통령 국장에 미국 정부의 공식 조문 사절로 참석한 밴스 국무장관[8]은 서울에 입국하면서, 미국은 대한민국의 정치발전이 '사회·경제적 발전에 상응할' 것을 기대한다고 공개적으로 논평했다. 그는 최규하 대통령 권한대행이 이끄는 정부가 민주화의 방향으로 나갈 것을 강력히 주장하면서 반정부 세력에게는 자제를 부탁했다. 글라이스틴 대사가 이끄는 미국대사관은 그 후 몇

---

[8] 밴스 국무장관과 브레진스키 백악관 안보보좌관은 모두 먼데일 부통령을 한국 시간으로 1979년 11월 3일 예정된 박정희 대통령 국장 조문 사절 단장으로 추천했다. 일본의 오히라 수상과 격이 맞는다는 것이 그 이유 중 하나였다. "Memorandum of Cyrus Vance to the President," 10-27-79, National Security Affairs, Collection # 6, Brzezinski Material, Country File, Folder: Korea, Republic of: President Park Assassination, 5/79-10/27/79, Box 45, Jimmy Carter Library. 따라서 「미 조문사절단장으로 먼데일 부통령 올 듯」, 『동아일보』 1979년 10월 29일, 1면과 같은 '소식통'에 의한 추측 기사까지 나왔던 상황이었다. 그러나 카터 대통령은 밴스나 브라운 국방장관, 슐레진저 중 한 인물과 자신의 차남 칩을 같이 보내라고 10월 29일경 지시했다. "Memorandum of Zbigniew Brzezinski to the President: US Delegation to the State Funeral for Korean President Park," October 29, 1979, National Security Affairs, Collection # 6, Brzezinski Material, Country File, Folder: Korea, Republic of, 7-12/79, Box 44, Jimmy Carter Library. 결국 먼데일 부통령은 오지 않고 밴스 국무장관이 대통령의 아들 칩 카터를 데리고 왔다.

주에 걸쳐 한국 정부에 "헌법 개정, 긴급조치 9호 해제, 정치범 석방, 계엄령으로 문이 닫힌 국회 개원, 검열 완화, 계엄령 해제 등"을 조언했고, 재야 세력에게도 "과도한 요구와 과격한 시위는 민주화를 앞당기기보다 오히려 정부 태도를 강경하게 만들 뿐"이라고 경고했다.⁹ 전재호 박사는 이에 대해 박정희 대통령 사후 미국이 한국 내정에 상당히 깊숙이 개입했음을 보여 준다고 해석했다.¹⁰

1979년 11월 3일 밴스 장관과 홀브룩 차관보는 박동진 외무장관과 면담했다. 밴스 장관이 당시 상부에 보고한 문서에 의하면 박동진 외무장관은 "나의 판단은 매우 개인적인 것이고, 나의 언급이 비판적이라고 여겨질 수도 있지만 이해하기를 바란다"고 전제하면서 최규하 대통령 권한대행의 리더십을 언급했다. 박 장관은 "박정희 대통령 아래서 4년 가까이 국무총리로 일한 최 대통령 권한대행은 상황을 이끌어 가기보다는 따라가는 스타일의 비교적 소극적인 인물"이라고 평한 뒤 "그러나 솔직하고 진실되며 성실한 분"이라고 말했다. 그는 "박 대통령이 워낙 강했기 때문에 최 대행은 목소리를 내는 것을 삼갔고, 개입하는 것을 꺼렸다"며, "하지만 지금 전혀 예상치 못하게 막중한 책임이 그의 어깨에 놓이게 됐다"고 말했다. "최 대행은 현재 회의를 소집해서 협의를 통해 결정하는 방식으로 그의 책무를 수행하고 있

---

9   William H. Gleysteen, Jr., *Massive Entanglement, Marginal Influence: Carter and Korea in Crisis* (Washington, DC: Brookings Institution Press, 1999), p. 68; 윌리엄 H. 글라이스틴, 황정일 역, 『알려지지 않은 역사: 전 주한미국대사 글라이스틴 회고록』(중앙 M&B, 1999), 108~109쪽.
10 전재호, 「전환기 한국 민주주의와 한미관계(1980-1997)」, 정일준 외, 『한국의 민주주의와 한미관계』(대한민국역사박물관, 2014), 227~228쪽.

다"며 "그는 적극적인 인물은 아니지만, 오히려 주도권(이니셔티브)을 쥐지 않으려 하고 합의에 따르려는 점 때문에 실수는 하지 않을 것" 이라고 평가했다. 그는 "(10·26 사건 이후) 지난 일주일 동안 최 대행과 노재현 국방장관, 정승화 육참총장, 김종환 합참의장 등 5~6명이 참석하는 조찬 모임이 매일 열렸다"며 이 모임을 통해 10·26 이후 사후 조치들이 결정됐다고 설명했다.

밴스의 한국 방문을 보고했던 외교전문에는 박 장관의 이 발언과 관련해 '박 장관과 가진 다른 협의에서 그는 7~8명이 조찬 모임에 참석했다고 언급했으며, 자신도 그 모임의 멤버임을 시사했다'는 정보가 부연 설명되어 있다.[11] 박 장관은 "조찬 모임이 지금까지 질서 있는 방식으로, 전혀 불편함 없이 진행돼 왔고, 최 대행은 이 회의에서 채택된 입장을 취하고 있으며 이러한 일처리 방식은 유용하며 계속될 것"이라고 설명했다.[12] 이른바 협의에 의한 집단지도체제였던 것이다.

---

11 "Cable from AmEmbassy Seoul to SecState: Korea Focus-Secretary's Discussion with Foreign Minister Park Tong-jin November 3, 1979," O 080759Z Nov 79, Cherokee File, US National Archives, http://timshorrock.com/wp-content/uploads/korea-foia-_1-nov-1979.pdf (검색일: 2011.7.14).
12 성기홍,「박동진 "최규하는 소극적 인물" 美에 전달」,〈연합뉴스〉(2010.10.26).

2. 급부상한 전두환과 신군부

밴스, 홀브룩과의 만남에서 박동진 장관은 10·26 이후 정국 안정을 위해 반드시 피해야 할 3대 악으로 정치적 보복, 군부의 권력 장악, 유신체제 존속을 꼽았다.[13] 그는 "야당 세력이 정권을 장악하면 보복할 위험이 있다"고 말했다. 그러면서도 군부 집권과 유신체제 존속을 국민들이 반대한다고 적시했다. 보복 때문에 야당의 집권은 막아야 하며 여당(민주공화당)이 유신 이후에도 집권해야 함을 암시한 보수적 의견이었다. 박 장관은 특히 최규하 권한대행을 비롯한 과도정부가 10·26 이후 북한의 유사시 대응, 경제 혼란 차단 등을 위한 여러 문제들에 대응하고 있지만 "정치적 문제에 대해서는 깊이 있는 논의를 하지 못한 상태"라며 헌법의 개정 방식과 시기, 대통령 선출 방식, 군부와 야당 대응 방안 등 정치적 해법을 밴스 장관과 협의했다.

박동진 장관은 만약 혼란이 발생하면 군이 정권을 장악할 위험성도 있다고 말했다. 이것은 한국의 이익을 해치게 될 것이라면서, 군부가 즉각적으로 개입할 수 있는 혼란을 막는 것이 정치인들의 책무라고 강조했다. 그런데 다른 한편에서는 야당 세력들이 지금은 새 시대이며 자신들이 집권할 수 있다고 믿고 있다고 했다. 이에 밴스는 군부

---

13 "Cable from AmEmbassy Seoul to SecState: Korea Focus-Secretary's Discussion with Foreign Minister Park Tong-jin November 3, 1979," O 080759Z Nov 79, Cherokee File, US National Archives, http://timshorrock.com/wp-content/uploads/korea-foia-_1-nov-1979.pdf (검색일: 2011.7.14).

가 권력 장악에 나서는 혼란이 생기지 않도록 "야당과의 접촉 때에 절제를 당부할 것"이라고 말했다. 리처드 홀브룩 동아시아·태평양 차관보는 "존 위컴 한미연합사령관은 '군부 쪽에서는 권력 장악에 나설 의향이 없는 것으로 보인다'고 보고해 왔다"며 당시 한국 군부 동향에 대한 미국의 평가를 전했다. 그러나 박 장관은 이에 대해 "한국 군부는 매우 크고, 많은 파벌이 있다"며 군부가 권력 장악 의사가 없다는 미국의 판단에 우회적으로 문제를 제기했다. 박 장관은 군부와 야당이 모두 문제이며 자신이 몸담고 있는 정부와 여당이 문제를 해결해야 함을 암시했다고 할 수 있다.

아직 12·12 사태 이전이었으므로 미국은 신군부의 등장을 예측하지 못했고 군부의 정치 관여가 심각한 수준도 아니었다. 밴스 미 국무장관은 유신헌법 개정을 통한 민간정부 수립을 희망하면서, 대체로 군부 세력이 권력 장악에 나설 뜻이 없다고 판단했는데 아직 전두환의 신군부가 부상하지 않았던 상황을 반영한 평가였다. 사실 미국은 일본군에서 훈련받은 박정희에 비해 미국 모델에 따라 미국의 후원 아래 훈련받은 젊은 장군들이 상대적으로 정치적이기보다는 전문성이 뛰어나다고 평가했다.[14] 그러나 이러한 판단은 미국식 군사교육 모델을 과대평가한 오판이었다.

실제로 이미 10·26 직후부터 군부 내 원로들의 직업주의와 신군부

---

14 "Korea After Park," *The New York Times*, November 1, 1979, Carter Presidential Papers–Staff Offices, National Security Affairs, Collection # 4: Brzezinski Material, Trip File, Folder: Brzezinski, Algeria, 10/31/79–11/3/79: SITTO 1–40, Box 40, Jimmy Carter Library(NLC–4–40–2–29–0).

의 신직업주의는 미묘한 대립을 표출하고 있었다. 1979년 10월 27일 오후 2시 노재현 국방장관은 정승화 육군참모총장 겸 계엄사령관을 비롯해 김종환 합참의장, 김종곤 해군참모총장, 윤자중 공군참모총장, 류병현 한미연합사 부사령관 등 군 수뇌부를 모두 배석시킨 가운데 국방부 회의실에서 기자회견을 열고 "군은 정치에 관여하지 않을 것이며 민주주의는 국민에게 돌려주겠다"는 대국민 성명서를 발표했다. 그러나 이 성명서는 정승화의 책『12·12사건 정승화는 말한다』(까치, 1987), 65~67쪽에만 나올 뿐 전혀 보도되지 않았다. 전두환이 장악한 보안사령부의 언론 검열 때문일 수 있다. 그런데 미국『뉴욕타임스』11월 2일자에 실린 11월 1일자 서울발 기사는 '한국장성들 유신헌법 폐지에 동의'라는 제목이었다.[15]

한국 군부의 50명이 넘는 고위 장성들이 29일과 30일 국방부 내에서 비밀 회합을 갖고 박정희가 1972년에 개정한 유신헌법은 10월 26일 박정희를 살해한 범인을 살리지 못할 것이라고 비공식적으로 동의했다. […] 53세의 정승화 육군참모총장 겸 계엄사령관이 이끄는 남한 장군들은 언제 유신헌법을 폐기할 것인지 결정하지는 않았지만 문제는 폐기 여부가 아니라 어떻게 언제 폐기할 것인가라는 점이다. 그러나 박 대통령에 대한 충성심이 강한 젊은 장군들은 박정희 권력의 상징이 갑자기 버려지는 것을 원치 않을 것이다. 그들은 이것이 모욕일 뿐만 아니라 상처까지 더할 일이라고 생각할 것이다. 박정희와 개인적

---

15 김영택,『5월 18일, 광주』(역사공간, 2010), 179~180쪽.

으로 친했던 47세의 전두환 합동수사본부장은 유신헌법의 조기 해체를 반대하는 육군 내 강경파 인물 중 하나이다.

이렇듯 미국 일각에서도 신군부라는 표현을 쓰지는 않았지만 '젊은 장군들(younger generals)'이라는 용어를 통해 신군부와 군 원로들 간의 대립을 이미 의식하고 있었다. 10월 28일 오후 4시 전두환 합동수사본부장이 박 대통령 암살 사건의 중간 수사 발표를 했으며 그의 사진이 신문 1면 톱기사를 통해 당일 전파되었으므로[16] 그의 존재가 이미 부각되고 있었다. 하나회와 정규 육사 최초의 기수인 육사 11기 그룹의 리더 전두환의 배후에는 당시 대령급이던 육사 17기가 있었다. 그들은 정규 육사 4년제 출신 가운데 피난육사를 제외하면 자신들이 진짜 육사이고 최고 엘리트 그룹이라고 자처했다.[17] 그런데 육사 5기의 정승화 총장 다음으로 육사 7기(이건영 3군 사령관 등), 8기(이희성 육참차장, 이재전 경호실 차장 등), 9기, 10기(황영시, 신현수 군단장 등)가 줄줄이 버티고 있었으므로 이들이 총장을 하고 나면 11기는 최소 8년, 소장 7년, 중장 6년을 기다려야 했다.[18] 따라서 육사 11기가 전면

16 「전 중앙정보부장 김재규 은연중 계획한 범행, 대통령의 불신과 힐책에 인책해임우려: 계엄사 발표」, 『동아일보』 1979년 10월 28일, 1면; 「김재규의 계획범행: 계엄사 합동수사본부 중간발표」, 『경향신문』 1979년 10월 29일, 1면.

17 김충식, 『남산의 부장들 2: 정치공작사령부 KCIA』(동아일보사, 1992), 355쪽; 강준만, 『한국 현대사 산책 1970년대편 3: 평화시장에서 궁정동까지』(인물과 사상사, 2002), 301쪽.

18 박보균, 『청와대 비서실 3』(중앙일보사, 1994), 158~159쪽; 강준만(2002), 위의 책, 302쪽. 12·12 당일 합수부 측 행동대였던 1990년대 군 지휘부의 핵심 장군은 다음과 같이 증언했다. "10·26 후 '정승화계가 군을 장악하면 10년은 더 해먹을 것이고 그렇게 되면 11기부터 17기까지는 10년을 더 기다려야 하거나 별 볼 일 없이 끝나고 만다'는 불만이 있었다. 정 총장이 계엄사

에 나서고 17기가 백업해 12·12로 선배들을 타도하고 5·17 이후 군인사법(軍人事法)을 손댄 배후에는 기존 군부와 신군부의 대립이 있었다고 할 것이다.

일본의 『마이니치신문』 1979년 11월 1일자도 "전두환 계엄사 합동수사본부장, 한국의 실권을 잡다"라는 기사를 실어 신군부의 부상에 주목했다. 전두환 등 군의 소장파 엘리트를 여러 명 배출하고 있는 육사 11기가 수도권 주변 실전부대 사단장을 맡고 있고, 전두환은 10·26 사건 수사의 최고 책임자로서 군 질서 유지의 중심인물이라는 점을 들어 군의 실권은 정승화 계엄사령관이 아닌 전두환 보안사령관에게 있다고 일찍이 보도했던 것이다.[19] 이 보도에 주목한다면 10·26으로부터 42일 후에 일어난 12·12는 필연적인 사건이었다고 볼 수도 있다. 그런데 신군부의 배후에 하나회라는 군부 내 사조직이 있다는 사실이 위 신문에서는 아직 부각되지 않았다. 이를 인지하지 못한 정승화도 신군부에 대해 강력하게 대응하지 않았다.

한편 전두환은 1979년 11월 초순부터 정승화 제거 계획을 수립했다고 한다. 후술하는 바와 같이 12월 13일 전두환은 동해안경비사령

령관으로 클로즈업되고 군 지휘부가 정 총장 계열로 구성되고 그들만의 판이 될 낌새가 있어 군단장급 이상은 상부 지시에 공공연히 반발하는 등 명령 체계가 안 서고 혼란에 빠졌다. 특히 영관급 장교들은 장군들에 대해 노골적으로 불평을 했다." 12·12는 영관급 중에서도 17기의 혁명이라고 할 수 있다고 당시 거사 주체 일원이 밝혔다. 당시 미국 TV 방송 토크쇼에서도 국무부 관리들과 베테랑 기자들이 비아냥거렸다. 당시 주미대사관 근무 외교관 H는 "한국군에서는 항상 커널(대령)이 문제다. 5·16 때도 커널이 앞장서서 나서더니 12·12도 마찬가지로 대령들의 쿠데타 아닌가. 방법이 있다. 한국에서 쿠데타를 영원히 막으려면 대령이라는 계급 편제를 없애버리면 어떨까"라고 말했다. 김충식, 『남산의 부장들』(개정증보판)(폴리티쿠스, 2012), 767~768쪽.

19　김영택(2010), 앞의 책, 186쪽.

관으로 전보가 예정되어 있었다. 이를 알아차린 전두환은 선수를 쳐 12월 13일 신현확 국무총리 취임 후 열릴 국무회의에서 10·26 사건 수사의 중요 부분을 보고하기 전인[20] 12월 12일에 정승화를 연행했다. 당시 정승화는 전두환이 자신을 얼굴마담으로 이용해 정권 찬탈에 나서고 있다고 나이브하게 생각했다. 그러나 그것이 잘 되지 않을 것 같아 자신을 제거한 것이라고 정승화는 회고했다.[21] 김종필은 사람 좋은 정승화가 결단력 부족으로 전두환 세력의 움직임을 감지하고도 우유부단한 태도로 처신해 화(하극상이며 불법인 12·12 군사반란)를 불렀다고 2015년에 평가했다.[22]

10·26 직후 박정희 대통령 장례식의 격에 대해 우왕좌왕하던 상황에서 전두환 보안사령관이 국장으로 하자고 주장해 관철시켰다는 회고도 있다.[23] 국가 위기 상황에서 보안사령관이라는 핵심 요직에 있던 전두환의 경우는 '자리가 사람을 만든다'는 말을 떠올릴 수 있는 적확한 사례라고 할 수 있다.

다시 밴스와 박동진 외무장관의 면담으로 돌아가면, 밴스는 "미 행정부가 (10·26 이후) 한국에서 민간 통제가 지속되고 있는 점을 인상적으로 느끼고 있고, 이 부분은 미국과 전 세계가 주목하고 있다"

---

20 보안사령부 편, 『第5共和國 前史(1979.10.28~1981.4.11) 3』(보안사령부, 1982), 1023쪽; 김영택(2010), 위의 책, 192쪽.
21 정승화·이경식, 『정승화 자서전: 정승화 대한민국 군인』(휴먼앤북스, 2002), 404쪽; 김영택(2010), 위의 책, 188쪽.
22 전영기·최준호, 「[김종필의 '소이부답'] 〈77〉 전두환과 12·12」, 『중앙일보』 2015년 9월 4일, 13면.
23 「황진하(전두환 보안사령관 수석 부관)의 증언」, 미국 Johns Hopkins University-한국 KDI 합동 Conference(서울, 2019.12.19).

고 언급했다. 박 장관은 이 면담에서 향후 한국의 정치체제를 결정할 5대 요인으로 군부, 야당 세력, 대학생과 지식인, 최규하 권한대행을 비롯한 과도정부, 미국[24]을 꼽으며 "이들 요인들이 종합적으로 한국의 미래에 영향을 미칠 것이며, 한국 국민들은 미국이 현 사태의 전개 과정에 어떤 태도를 취하느냐를 주시하고 있다"고 말했다. 박 장관은 "국민들은 유신헌법이 잘못된 헌법이라고 여기고 있다"며 개헌의 필요성을 제기했고, 밴스 장관은 군부와 야당이 '냉각기'를 갖는 동안 절제된 태도를 보일 수 있도록 하기 위한 최규하 권한대행체제의 정국 안정화 방안과 스케줄을 물어보고, 다음 주로 예정된 최 권한대행의 대국민 담화 내용에 대해서도 상의했다. 박 장관은 대통령 선출 절차와 과도 대통령의 권한 등을 둘러싼 여러 방안에 대해서도 설명하며 조언을 구했고, 특히 다음 주로 예정된 최 권한대행의 대국민 담화 초안을 미국 측에 미리 전달할 것이라고 말했다. 밴스 장관도 사전 협의가 중요하다고 말했다.

과도기에 한국의 여론은 물론 미국 정부도 빠른 개헌을 절대적으로 지지했다. 그러나 한국 정부와 군부 지도자들은 개헌을 통해 대통령 자유경선제를 도입하기보다는 기존 방식대로 유신헌법의 절차에 따라 대통령을 선출하자고 주장해 이를 관철시켰다. 밴스와의 대화에서 박동진 장관은 3개월 내에 유신헌법에 따라 선출될 대통령은 헌

---

24 "Cable from AmEmbassy Seoul to SecState: Korea Focus-Secretary's Discussion with Foreign Minister Park Tong-jin November 3, 1979," O 080759Z Nov 79, Cherokee File, US National Archives, http://timshorrock.com/wp-content/uploads/korea-foia-_1-nov-1979.pdf (검색일: 2011.7.14).

법 개정을 추진하고 임기 전에 퇴임하는 방안을 제시해 밴스가 옳은 판단이라고 논평하는 등 양측은 어느 정도 서로 공감했다. 박 장관은 국민들은 즉각적인 진전보다는 조심스러운 진전을 원하고 있다고 주장했다.[25] 일종의 냉각기·과도기가 필요하다는 것이었다.

밴스 장관은 정국 수습을 위한 한미 양국 간 긴밀한 협의의 필요성을 제기하면서도 미국의 정국 개입에 대한 반발을 의식해, "우리는 여론의 비판에 휘말리지 않도록 주의해야 한다"며 '은밀한 협의'를 강조하고 현안에 대해 윌리엄 글라이스틴 주한 미 대사 및 위컴 사령관과 상의할 것을 당부했다. 또한 박동진 장관은 헌법 개정과 관련해 1979년 11월 2일 글라이스틴·홀브룩과 토의했던 것보다 구체적인 두 가지 옵션을 11월 3일 밴스와 논의했다. 하나는 유신헌법에 따라 대통령을 선출한 후 임기를 제한해 개혁과 헌법 개정만을 논의하게끔 하는 방안이었다. 다른 대안은 최규하 대행에게 3개월(헌법에 규정됨)보다 더 긴 임기를 보장해 헌법 개정을 하게끔 하는 방안이었다.[26]

---

25   위의 자료.
26   위의 자료.

3. 선거 이후로 미뤄진 유신헌법 개정

박동진과의 만남 직후 밴스는 같은 날 최규하 대통령 권한대행을 예방했다. 이날의 회담에서도 "대통령께서 필요하다면 언제든 미국으로부터 조언을 구할 수 있다"며 "결정은 한국 정부가 내려야 할 몫이지만 도움이 필요하면 글라이스틴 대사와 위컴 사령관이 지원할 것"이라고 말했다. 그는 "미국과의 협의 과정에 대해서는 보안을 유지해 여론의 비판에 노출되지 않도록 할 것"이라고 강조했다.[27]

최 대행은 자신의 정부가 혁명적인 행동을 하는 것은 부적당하다면서 면밀한 연구를 거친 후에 현행 법률과 규정이 적당하지 않다면 개선할 것이라고 말했다. 그러나 너무 서두르면 심각한 실수가 생길 수 있으므로 정부 지도자들과 어떤 점이 개선되어야 하는지 면밀히 상의한 후 국회를 통해 발효되게 할 것이라고 언급했다. 어떤 경우에도 질서와 안정 유지가 중요하다고 주장했다. 또한 그는 "현행 헌법에 의하면 대통령 유고시 3개월 이내인 1980년 1월 24일까지 새 대통령을 선거해야 한다"면서 헌법 조항들을 통하지 않고는 이 문제와 맞싸울 다른 방법은 없다고 말했다. 시간이 너무 짧으며 장차 무엇이 필요

---

27 "Cable from AmEmbassy Seoul to SecState: Korea Focus – Secretary's Discussion with Acting President Choi Kyu-ha November 3, 1979," O 080710Z Nov 79, Cherokee File, US National Archives, http://timshorrock.com/wp-content/uploads/korea-foia-_2-nov-1979.pdf (검색일: 2011.7.17); 성기홍, 「美, 10.26 직후 정치일정 깊숙이 관여」, 〈연합뉴스〉(2010.10.26).

한지는 새 대통령의 몫이 될 것이라고 했다. 자신의 임기는 3개월이 안 되며 자신의 임무는 내년 1월까지 새 대통령을 선출하는 것이라고 말했다.

밴스는 헌법 개정의 문제를 포함해 어떤 변화가 필요한지 최 대행이 결정하기 위해 다양한 정치 스펙트럼을 가진 인사들과 만남을 주도적으로 가질 것을 희망한다고 말했다. 이에 최 대행은 자신의 정치적 이너서클들은 물론이고 다양한 정파들과 조용한 방법으로 의전에 맞게 논의를 개시할 생각이라면서 만약 이러한 일을 공개적으로 하면 대중의 혼란을 조장할 가능성이 있다고 대응했다. 그러나 밴스가 최 대행이 가까운 시일 내로 공개적 입장 표명을 할 것이라는 얘기를 들었다고 말하자 주 중반에 이 정부의 일반적인 방향에 대한 성명 발표를 고려 중이라고 답했다.

다시 밴스가 월요일에 국회를 소집할 것이라는 얘기들 들었다고 말하자 최 대행은 그 문제를 알려줄 참이었다면서 자신은 자의적인 수단을 동원하기보다는 국회를 통하는 것을 선호하며 그러한 인식에 따라 11월 5일 월요일에 국회를 소집할 것이라고 말했다. 자신은 국회가 동의하기를 희망한다고 언급했다. 논의할 시간이 필요하므로 11월 12일에 논의를 시작할 수 있을 것으로 양인은 전망했다. 야당의 의원직 사퇴서는 11월 5일에 반려될 예정이며 여당도 (야당의 의원직) 사퇴서를 받지 않는다는 결정을 할 것이라고 최 대행은 말했다. 그는 조용한 협의가 시작되기를 희망했다. 만약 차이가 존재한다고 해도 국회의 범위 내에서 비밀이 유지되어야 한다고 주장했다. 국회를 통하는 것이 거리에서 발표되는 것보다 훨씬 좋다는 평가를 첨언했다.

밴스도 그것이 훨씬 좋다고 맞장구를 쳤으며 대화가 거의 마무리되었다.[28] 한미 양국 리더의 보수적 시각이 공유된 대화였다. 실제로 신민당은 1979년 11월 5일 월요일 국회에서 사퇴서가 반려된 후 11월 9일 등원을 결정했다.[29]

밴스는 1979년 11월 3일 한국을 떠나면서 발표한 성명에서 한국 군부가 민간정부를 지지하고 있으며 "합법적인 방법으로 민간정부의 권위하에서 질서정연한 방법으로 나아갈 것이라는 결의는 장래에 대해 좋은 전망을 약속하는 것"이라고 말했다. 미국은 대한민국의 정치적 안정과 발전을 바란다는 것을 마지막에 강조했다.[30] 입국 당시 언급했던 정치발전을 다시 강조한 것이다. 그런데 안정 속에서 정치발전을 동시에 성취하는 것은 당시 여건에서 결국 어려운 일이 되고 말았다.

냉전 시대 한국에서 미국은 공산화 방지를 자신들의 안보 이익에 직결된 가장 중요한 과제로 생각했으므로 민주적 정권을 무너뜨린 권위주의적 군부 쿠데타(5·16)를 결과적으로 지지하기는 했지만, 자본주의-민주주의의 본보기로 만들려는 미국 정부의 공식적인 목표도 외면할 수 없어[31] 처음부터 공개적으로 지지하지는 않았다. 그 이

---

28 "Cable from AmEmbassy Seoul to SecState: Korea Focus – Secretary's Discussion with Acting President Choi Kyu-ha November 3, 1979," O 080710Z Nov 79, Cherokee File, US National Archives, http://timshorrock.com/wp-content/uploads/korea-foia-_2-nov-1979.pdf (검색일: 2011.7.17).

29 「신민 등원결정」, 『동아일보』 1979년 11월 12일 석간, 1면.

30 「밴스 이한 성명: 한국군부, 민간정부 지지」, 『동아일보』 1979년 11월 5일, 1면. 또한 밴스는 한국의 "경제성장에 알맞은 정치의 성장을 희망한다"고 말했다.

31 미국 의회 내에는 5·16 당시 군사 쿠데타에 부정적인 의원들이 많아 원조법안의 통과를 위해서라도 미국 정부는 그들의 눈치를 보아야 했다. 한배호, 「군부권위주의정권의 형성과 변화」, 『한국

후 유신정권의 출범 등으로 더욱 권위주의화하는 박정희를 견제하려 했다. 10·26 직후 카터 행정부는 남한 내부의 정치적 분열과 북한으로부터의 군사적 위협이 염려스러워 한국 해역에 항공모함을 보냈고 밴스 국무장관을 조문 사절단으로 보내 "정치적 안정을 희망"한다는 뜻을 표명했다. 밴스는 미국이 남한의 민주화 이행에 책임지기를 거부한다는 뜻을 분명히 했다.

한편 미 국방부 관계자는 기자들에게 박정희 서거 직후 실제적인 권력을 지닌 유일한 기관이라고 생각되는 한국의 군부(당시 정승화 계엄사령관이 군부 최고 책임자였다.)를 믿는 것이 최상이라고 말했다.[32] 미 국방부 관계자가 군부 출신이었기에 군부의 역할을 부각했던 점도 있었겠지만, 글라이스틴도 10월 28일 "핵심 인물들은 여전히 이전의 집권 세력, 특히 군부"[33]라고 파악했으므로 미 국무부 측도 군부를 주목했다고 할 수 있다. 1979년 11월 3일 밴스·홀브룩·글라이스틴과 만난 박동진 외무장관은 "미국이 야당과 군부에게 모두 온건하

현대정치론 II: 제3공화국의 형성, 정치과정, 정책』(오름, 1996), 36쪽.

32 *The New York Times*, November 4, 1979; Bruce Cumings, *Korea's Place in the Sun: A Modern History* (New York: W. W. Norton, 1997); 브루스 커밍스, 김동노 외 역, 『한국현대사』(창작과 비평사, 2001), 538쪽.

33 "Cable from Amembassy Seoul (Gleysteen) to SecState: Initial Reflection on Post-Park Chung Hee Situation in Korea," O 280919Z Oct 79, Seoul 16370, National Security Affairs-Brzezinski Material, Collection # 16: Cables File, Folder: Far East, 9-11/79, Box 13, Jimmy Carter Library; "Telegram from Gleysteen to Secretary of State: Initial Reflection on Post-Park Chung Hee Situation in Korea"; 「글라이스틴이 국무장관급에 보낸 전문: 박정희 서거 후의 한국상황에 관한 1차 소견」(1979.10.28), in William H. Gleysteen, Jr., *Massive Entanglement, Marginal Influence: Carter and Korea in Crisis* (Washington, DC: Brookings Institution Press, 1999), p. 205; 윌리엄 H. 글라이스틴, 황정일 역, 『알려지지 않은 역사: 전 주한미국대사 글라이스틴 회고록』(중앙 M&B, 1999), 288쪽.

게 대응하라고 권고한다면 도움이 될 것"이라고 말했다. 이는 밴스
가 '야당에게 온건하게 대응할 것을 권유할 것'이라고 말한 것을 상기
시키며, 글라이스틴이 이미 미 대사관 직원들이 야당 정치인들과 접
촉해 온건 대응을 권유하고 있다고 말한 데 대한 박 장관의 대응이었
다.[34] 밴스는 박동진과의 만남 직후 최규하 대통령 권한대행과 만난
자리에서도 미국인들은 야당 지도자들과 만나 온건하게 대응할 것을
권유할 것이라고 약속했다. 이에 최 대행은 온건을 권유하는 것은 매
우 도움이 될 것이라고 말했다.[35] 현 정부와 야당, 군부 3자가 서로 간
의 잠재적인 권력투쟁을 모두 자제해 정국이 안정적으로 운영되기를
바라는 미국의 희망이 묻어나오는 대목이다. 이러한 미국의 온건 대
응 촉구는 이후 고비 때마다 반복되었다.

최규하 대통령 권한대행은 1979년 11월 10일 오전 9시 30분 중앙
청 제1회의실에서 '시국에 관한 특별담화'를 발표했다.[36] 현행 유신헌
법에 규정된 시한(10월 26일 부터 3개월 – 인용자)인 1980년 1월 25일

34 "Cable from AmEmbassy Seoul to SecState: Korea Focus – Secretary's Discussion with Foreign Minister Park Tong-jin November 3, 1979," O 080759Z Nov 79, http://timshorrock.com/wp-content/uploads/korea-foia-_1-nov-1979.pdf (검색일: 2011.7.14).

35 "Cable from AmEmbassy Seoul to SecState: Korea Focus – Secretary's Discussion with Acting President Choi Kyu-ha November 3, 1979," O 080710Z Nov 79, Nodis Cherokee File, US National Archives, http://timshorrock.com/wp-content/uploads/korea-foia-_2-nov-1979.pdf (검색일: 2011.7.17).

36 "Cable from AmEmbassy Seoul (Gleysteen) to SecState: Text of Statement to be Made by ROK Acting President November 10," O 091002Z Nov 79, Seoul 17172, National Security Affairs-Brzezinski Material, Collection # 16: Cables File, Folder: Far East, 9-11/79, Box 13, Jimmy Carter Library에 의하면 박동진 외무장관은 글라이스틴 대사에게 최 대행의 담화 전문을 사전에 건네주었다.

이전에 통일주체국민회의에서 제10대 대통령을 뽑고 새 대통령이 빠른 기간 안에 헌법을 개정하여 그에 따라 선거를 실시할 것이라고 선언했다. 새 대통령은 헌법에 규정된 잔여 임기를 채우지 않고 현실적으로 가능한 한 빠른 시일 내에 각계각층의 의견을 광범하게 들어서 헌법을 개정하고 그 헌법에 따라 선거를 실시한다는 것이었다.[37] 새 대통령의 임무는 최 대행이 아니라 새로 선출될 대통령이 말할 사항이었으므로 형식상으로 보면 월권이었다. 아마도 최규하 대행 자신이 새 대통령에 출마하겠다는 마음을 먹고 있었기 때문에 이러한 담화가 가능했을 것이다. 최 대행이 11월 3일 밴스에게 말한 바와 같이 자신의 임무는 "국법이 정하는 절차에 따라 대통령 선거를 실시하여 새로 선출되는 대통령에게 정부를 이양"하는 것(현 정부의 방침)이라고 말하면서도 차기 정부의 임무까지 언급했던 것이다. 이에 『동아일보』는 새 정부가 헌법 개정과 선거를 관리할 과도적인 성격을 띠게 될 것이라고 논평했다.

또한 원래 이 담화 초안은 '헌법 개정' 대신에 '헌법 심의'라고 표현했다가 민심을 의식해 하룻밤 사이에 수정했다고 한다.[38] 이 초안은 역시 최 대행 정부의 보수적인 성격을 드러내 주는 것이었다. 더 극단적으로 표현하면 유신 잔당 같았다고 할 수 있다. 한편 박동진 외무장관으로부터 담화 내용을 사전에 통보받은[39] 미 국무부는 최 대행

---

37 「최대행 담화전문」, 『경향신문』 1979년 11월 10일, 1면; 「최대행 시국담화: 헌법 빠른 기간내 개정」, 『동아일보』 1979년 11월 10일 석간, 1면.

38 강성재, 「미니 해설: 새 정치질서개막의 신호」, 『동아일보』 1979년 11월 10일 석간, 1면.

39 "Cable from AmEmbassy Seoul (Gleysteen) to SecState: Text of Statement to be Made

의 성명을 환영하는 논평을 즉각 발표했다.[40] 글라이스틴은 담화에 대해 환영한다면서도 야당 지도자들과 사전 협의가 없었던 점과 언제쯤 개혁을 시행할 것인지 밝히지 않았음을 지적했다. 글라이스틴은 단도직입적으로 최규하에게 대통령 취임사에서 '1년 정도만 대통령직에 있겠다'고 발표하도록 건의했다.[41] 그러나 최규하는 대통령직을 더 수행하고 싶었는지 그렇게 하지 않았다. 한편 위 담화에서 쓴 정부 '이양'이라는 용어에 비추어 보건대 최 대행이 입후보하지 않느냐고 기자들이 김성진 문공부 장관(정부 대변인)에게 질문하자 김 장관은 "최 대행이 대통령 후보가 될 수 있는 가능성을 배제할 수는 없다"고 (11일이나 12일경에) 밝혔다.[42]

최규하 대행의 특별담화에 대해 박동진 장관은 미국 측 조언을 반영한 것이라면서 헌법에 명시된 시한인 90일 훨씬 전인 12월 초에 대통령 선거를 실시할 예정이며 긴급조치 9호도 빠른 시일 내에 해제될 것이라는 보다 구체적인 추가 설명을 미국 측에 전달했다.

재야에서는 통일주체국민회의에 의한 대통령 보궐선거에 반대하면서 유신헌법 즉각 폐지, 거국내각 구성, 조기 총선 실시를 요구했

---

by ROK Acting President November 10," O 091002Z Nov 79, Seoul 17172, National Security Affairs-Brzezinski Material, Collection # 16: Cables File, Folder: Far East, 9-11/79, Box 13, Jimmy Carter Library.

40 강인섭, 「미 국무성 논평: 광범 지지 받을 건설적인 노력」, 『동아일보』 1979년 11월 10일 석간, 1면
41 William H. Gleysteen, Jr.(1999), 앞의 책, 69-70쪽; 윌리엄 H. 글라이스틴, 황정일 역(1999), 앞의 책, 110~111쪽.
42 「김문공 최대행 입후보 배제할 수 없다」, 『동아일보』 1979년 11월 12일 석간, 1면. 김 장관의 답변 일자가 명시되어 있지 않은 이 기사는 3단에 걸쳐 있으나 머리기사(김종필의 총재 선출)에 눌려 작은 크기로 배치되었다.

다. 11월 13일 신민당 총재인 김영삼이 이를 지지하고, 여당인 공화당 총재 김종필도 이에 가담하자 군부에서는 김종필의 '배신 행위'를 규탄했다.⁴³ 이에 1979년 11월 하순에 박정희 사후 처음으로 과도정부의 선거 계획에 반대하는 시위가 일어났다.

미국은 최 대행이 12월 6일에 단독 후보로 과도 대통령 선거에 나갈 것이라고 예측했다. 11월 30일 브레진스키(Zbigniew Brzezinski)는 만약 최 대행이 헌법 개정, 대통령 선거, 정치범 석방, 긴급조치 9호 해제, (언론·출판) 검열 완화 등을 약속하면 반정부 시위는 지지를 받지 못할 것이라는 사실을 글라이스틴 대사가 최 대행에게 알려 압력을 가할 것이라고 카터에게 보고했다. 또한 과도 대통령 취임식에 미국의 장관급 인사가 참여해 달라는 부탁을 거절했다면서 대신 대통령의 축하 메시지를 보낼 것이라고 보고했다. 이렇듯 미국은 최규하를 대행 내지는 과도 대통령으로 간주했으며 그가 그 이상으로 헛된 꿈을 꾸는 것을 방지하려 했다.

또한 브레진스키는 시위 직후 정승화 계엄사령관이 기자회견에서, 어떠한 대가를 치르더라도 데모가 혼란을 심화시켜 북한의 침략을 유발하는 것을 방지하겠다고 말한 것을 인용했다.⁴⁴ 그가 정승화와 이 부분에서 공감하고 있음을 확인할 수 있는 대목이다. 이 외에도 정승화가 김대중을 국회의원이나 장관 정도로는 용인하지만 대통

---

43 김충립, 「"다들 내가 대통령 해야 한다는데…"(전두환)」, 〈신동아〉(2016.8.4).
44 "Memorandum of Zbigniew Brzezinski to the President: NSC Weekly Report # 119," Secret, November 30, 1979, p. 2, Plains File, Subject File, Folder: NSC Weekly Reports, 10-12/79, Box 29, Jimmy Carter Library.

령이나 참모총장으로 행세하는 것은 용인하지 않으며, 헌법 개정은 필요하지만 국회에 너무 많은 권한을 줄 필요는 없고 종교 지도자들이 국내 정치에 너무 많이 개입하고 있다고 말했다고 했다. 김대중과 국회, 급진적 종교인에 대한 거부감을 표시한 것이다. 브레진스키가 김대중에 대한 정승화의 이러한 인식에 적극 동조하는 것은 아니었으나 구태여 인용했으므로 미국, 특히 브레진스키를 비롯한 보수층들은 적어도 이를 의식했다고 할 수 있다. 브레진스키는 한국 정치를 성숙한 민주사회가 아닌 과도기적 상황으로 보아야 한다고 생각했다. 따라서 이런 보고를 통해 보수적, 안정 지향적 정향을 주입시켜 민주화를 적극 추진하려는 카터 대통령을 변화시키려 했던 것이다.

미국은 한국의 시위가 과격화되어 북한의 남침을 초래하는 것을 극도로 의식했다. 만약 혼란스러운 민주주의와 안정적인 권위주의 중에서 하나를 선택해야 한다면 미국은 언제나 후자를 선호했다. 민주주의는 언제나 안정에 밀리는 차순위 목표였다. 그렇지만 인권을 강조했던 카터 행정부가 기존의 다른 미 행정부보다 민주주의를 상대적으로 더 중시했다는 것은 부인할 수 없는 사실이다.

4. 과도 대통령이 된 최규하

1979년 12월 4일 홀브룩은 글라이스틴에게 전문을 보내 최규하 대행이 과도적 대통령이 되어야 한다고 강조했다. 만약 그가 물러나는 시점을 특정하지 않으면 야당의 동요가 커지고 군부의 정치 관여에 대한 의구심도 높아질 것이라고 전망했다. 홀브룩은 계엄령 해제와 긴급조치 9호 해제를 찬성하지만 계엄령에 대한 저항에는 반대한다면서 'YWCA 위장결혼식' 사건과 같이 혼란을 초래하는 비교적 소수의 극단적인 반정부 인사들의 계엄령 반대 집회를 비판했다.[45]

또한 1979년 12월 3일 브레진스키는 최규하 대통령 대행이 정부와 여당 사이에 공정한 경쟁을 할 수 있는 분위기를 조성하고 정치 일정 마련에 충분한 속도를 가한다면 매우 어려운 과정을 통해 한국을 이끌 수 있을 것이라는 글라이스틴의 결론을 카터에게 보고했다. 만약 이것이 실패한다면 군부가 민족자존을 명분으로 쿠데타를 일으켜 상황이 악화될 것이라는 우려도 부기했다.[46] 미국은 군부의 성향을 민족주의적이라고 평가했으며 쿠데타를 예견하긴 했지만 정승화 중심의 기존 군부가 아니라 비교적 소장 장군들인 '신군부'가 주도할 것이라고는 예상하지 못했으며 정승화가 타깃이라는 사실도 의식하지 못했다.

---

45 "Cable from SecState (Holbrooke) to AmEmbassy in Seoul (Gleysteen): Korea Focus – Nudging ROK Political Leaders," O 040034Z Dec 79, US National Archives, http://timshorrock.com/wp-content/uploads/CHEROKEE-FILES-December-1979-Holbrookes-delicate-operation-.pdf (검색일: 2011.7.25); http://timshorrock.com/wp-content/uploads/NODIS-Holbrooke-Nobody-wants-another-Iran-Dec.-3-1979.pdf (검색일: 2011.7.26). 홀브룩은 이 전문에서 기독교 신자로 구성된 반대 세력들(한국기독교교회협의회 총무인 김관석 목사와 김수환 추기경 등이 중심이 된 주류 기독교 지도자)에게 거리로 나서지 말고 자제하라는 메시지를 전달해야 한다고 주장했다.

46 "Memorandum of Zbigniew Brzezinski to the President: Daily Report," December 3, 1979, National Security Affairs, Collection # 2: Brzezinski Material, President's Daily CIA Brief File, Folder: 11/29/79-12/4/79, Box 23, Jimmy Carter Library. 이 파일은 RAC 상에서 출력했다. 그 번호는 NLC-2-23-4-4-6이다. 실제 박스에서는 NLC(4번째 폴더)와는 달리 11/29/79-12/4/79(5번째)에 파일되어 있는데 2011년 11월 14일 당시 비밀로 묶여 있었다.

1979년 12월 6일 최규하 대행은 마침내 기존 정부의 통제하에 있던 통일주체국민회의에서 후임 대통령으로 선출되어 대행이라는 수식어를 떼었다. 12월 7일 최규하 대통령은 국무회의를 거쳐 긴급조치 9호가 8일 0시를 기해 해제된다고 공표했다.[47] 최규하 대통령의 긴급조치 해제는 주체적인 행위라기보다는 12월 1일 국회에서 공화당과 신민당이 공동 발의하여 긴급조치 9호 해제를 건의한 것과 미국의 압력에 대한 복합적인 반응이었다. 밴스는 최규하 대통령 당선 축하 메시지와 긴급조치 해제를 정치발전으로 간주해 긍정적으로 평가하는 메시지를 별도로 발송할 것을 1979년 12월 7일 카터에게 건의하여 동의를 얻었다. 이 보고에서 밴스는 김대중이 정치 활동을 재개할 수 있을 것이라고 적시했다.[48] 미국이 김대중을 의식하고 있었음을 확인할 수 있는 대목이다.

  최규하의 대통령 당선은 박동진 장관이 밴스 장관에게 언급한 옵션 1에서 '유신헌법에 따른 대통령 선출안'과 옵션 2에서 '최규하 대행이 헌법 개정을 주도하는 방안'이 교묘하게 조합된 것이었다. 원래 밴스의 옵션 1에서는 김종필이 나서는 방안도 가능했다. 미국은 최규하 대행이 대통령이 되어 정부가 헌법 개정을 관리하는 중립 과도정

---

47 이에 대해 미국은 환영했다. "Memorandum of Nick Platt to Madeleine Albright: Codel Bentsen['s Trip to Asia – 인용자]" December 12, 1979, National Security Affairs, Collection # 15: Brzezinski Material, Brzezinski Office File, Folder: Country Chron, Asia: 1979, Box 3, Jimmy Carter Library.

48 "Memorandum of Cyrus Vance to the President[: Evening Report]," December 7, 1979, p. 2, Plains File, Subject File, Box 40, Folder: State Department Evening Reports, 12/79, Jimmy Carter Library.

부로 기능하기를 바랐는데 김종필이 한때 최규하에 대항해 과도 대통령에 입후보하겠다고 위협하여 찬물을 끼얹었다고 글라이스틴은 회고했다.[49] 군 일부와 정보기관 일부의 도움을 받던[50] 김종필이 입후보할 것임을 표방하자 최규하를 에워싸고 있는 집단지도체제 중 특히 군 고위층은 김종필이 그런 식으로 권력을 쟁취하는 것에 반대했고 김종필의 출마 결심을 철회시키려고 노력했다. 군부를 포함한 기득권 세력들은 불편부당한 최규하가 헌법 개정을 마무리하는 것을 선호했으므로 김종필도 이를 의식할 수밖에 없었다.

이에 김종필은 1979년 11월 10일 최 대행의 담화를 듣고 최규하의 대통령 출마가 거의 기정사실이라는 것을 확인하자 통일주체국민회의를 통한 제10대 대통령 선거에는 나서지 않기로 당총재상임고문-당무위원 연석회의(김종필은 당총재수석상임고문으로 회의에 참석함)를 통해 결정했으며 12일 공화당 총재로 선출되었다.[51] 니컬러스 플랫 국가안전보장회의(NSC) 일본·한국 담당 위원은 김종필이 이번 선거에 출마하지 않으면 다음 번 더 중요한 선거에서 보다 많은 신용을 쌓을 수 있다고 판단해 출마하지 않은 것으로 분석했다. 이는 브레진스키의

---

49 William H. Gleysteen, Jr., *Massive Entanglement, Marginal Influence: Carter and Korea in Crisis* (Washington, DC: Brookings Institution Press, 1999), pp. 70-71; 윌리엄 H. 글라이스틴, 황정일 역, 『알려지지 않은 역사: 전 주한미국대사 글라이스틴 회고록』(중앙 M&B, 1999), 112쪽.

50 William H. Gleysteen, Jr.(1999), 위의 책, 102쪽; 윌리엄 H. 글라이스틴, 황정일 역(1999), 위의 책, 151쪽.

51 「공화당 총재에 김종필씨」, 『동아일보』 1979년 11월 12일 석간, 1면.

"왜 김종필은 선거에 나가지 않았는지"라는 질문[52]에 대한 답이었다.

또한 김종필이 대통령이 되어 헌법 개정을 하게 되면 유신체제의 연장을 꾀한다는 비판도 있을 수 있고 만약 정치 불안이 이어지면 군부가 안정을 기하려고 과잉 개입할 수 있으므로 그는 집권당의 대표로서 다음 번 선거를 준비하는 것이 좋다고 판단했을 가능성이 높았다.[53] 당시 미국이 김종필의 리더십을 탐탁지 않게 생각한다는 루머가 나돌았다. 글라이스틴 대사는 김종필과 만나 루머는 사실이 아니라며 리더십에 대한 결정은 한국인들이 하는 것이라고 말했다. 그러나 글라이스틴과 플랫, 그레그 등 미국의 한국 문제 정책 입안 관련자들은 공격적인 여당 총재 김종필이 소극적인 최규하에게 귀찮게 요구할 것이므로 장래 과도기에 갈등의 요인이 될 것이라는 예측을 공유했다.[54]

52 [Nick Platt, "Report to Zbigniew Brzezinski: Korea Focus – Election Schedule and Conversation with Kim Jong Pil," 11/17/79], attached in "Memorandum of Nick Platt to Zbigniew Brzezinski," November 21, 1979, National Security Affairs, Collection # 6, Brzezinski Material, Country File, Folder: Korea, Republic of, 7-12/79, Box 44, Jimmy Carter Library; National Security Affairs, Collection # 26: Staff Material-Far East, Platt-Chron File, Folder: Platt Chron File, 11/79, Box 68, Jimmy Carter Library.

53 "Memorandum of Nick Platt to Zbigniew Brzezinski," November 21, 1979, National Security Affairs, Collection # 6, Brzezinski Material, Country File, Folder: Korea, Republic of, 7-12/79, Box 44, Jimmy Carter Library; National Security Affairs, Collection # 26: Staff Material-Far East, Platt-Chron File, Folder: Platt Chron File, 11/79, Box 68, Jimmy Carter Library. 한편 플랫은 브레진스키에게 11월 26일 메모를 보내 과도정부의 대통령이 누가 되느냐 하는 것은 모의재판의 의제나 될 정도로 가치 없는 주제가 되었다고 평가했다. "Memorandum of Nick Platt to Zbigniew Brzezinski," November 26, 1979, with "Letter from Nack Young An to Charles H. Kirbo," November 13, 1979, Staff Offices, Office of Staff Secretary, Handwriting File, Folder: 11/26/79, Box 157, Jimmy Carter Library.

54 [Nick Platt, "Memorandum to Zbigniew Brzezinski: Korea Focus – Election Schedule and Conversation with Kim Jong Pil," 11/17/79], attached in "Memorandum of Nick Platt

당시 김종필은 일부 공화당 의원들로부터 체육관 선거에 나서서 일단 권력을 잡으라는 권유를 받았다. 그러나 김종필은 당시 군부(우두머리인 정승화 계엄사령관 등)의 반대[55]도 있고 해서 명분에 맞지 않는다며 포기했다. 김종필의 통일주체국민회의 대통령 후보 출마 문제를 논의하기 위해 소집된 공화당 의원총회 직전, 국회의원이기도 한 신현확 부총리가 이만섭 의원을 찾았다고 한다. 신현확은 "이 의원, 절대로 김종필 씨가 출마하지 않도록 얘기 좀 하시오. 지금 군에서 심하게 반대하고 있소."라고 말했다는 것이다.[56] 회고록에 의하면 신현확은 김종필의 대선 출마 소식이 들리자 "김종필 고문과 담판을 짓기 위해 단둘이 만났다"고 증언했다. 이 자리에서 신현확은 김종필을 만류하면서 "헌법을 고쳐 3김에게 공정한 기회를 보장하겠소."라고 제안했다. 현행 헌법 말고 다음 헌법하에서 출마하라고 말했던 것이다.[57] 신현확이 일종의 정치력을 발휘한 것인데 신현확 자신도 대권욕이 없지 않았다고 할 것이다. 보다 세부적인 김종필의 불출마 과정은

---

to Zbigniew Brzezinski," November 21, 1979, National Security Affairs, Collection # 6, Brzezinski Material, Country File, Folder: Korea, Republic of, 7-12/79, Box 44, Jimmy Carter Library; National Security Affairs, Collection # 26: Staff Material-Far East, Platt-Chron File, Folder: Platt Chron File, 11/79, Box 68, Jimmy Carter Library.

55 조갑제는 만약 당시 김종필이 (유신을 비판하지 않고) 박정희를 계승한다고 명시적으로 선언했다면 박정희의 친위대였던 정규 육사 출신들의 지지를 받았을 가능성이 있다고 회고했다. 결국 이렇게 하지 않고 머뭇거리는 바람에 김종필에게 주어진 희미한 기회를 놓쳤다는 것이다. 조갑제, 「차중잡담/내가 겪은 김대중 김영삼 김종필」, https://www.youtube.com/watch?v=iJozt3picgM (검색일: 2019.3.2).

56 김창혁, 「[憧憬 이종찬 회고록] 〈10〉 중정 개혁안의 끝」, 『동아일보』 2014년 10월 25일, 12면.

57 신현확·신철식, 『신현확의 증언: 아버지가 말하고 아들이 기록한 현대사의 결정적 순간들』(메디치미디어, 2017), 342쪽.

다음과 같다.

　1979년 11월 10일 공화당 당무회의는 '공화당 총재는 전당대회에서 선출한다'는 당헌을 고쳐 '총재가 궐위 중으로 전당대회를 소집하기 곤란할 때에는 당무회의에서 총재를 선출할 수 있다'고 했다. 이에 따라 11월 12일 공화당은 당무회의와 의원총회를 잇달아 열고 김종필 총재상임고문을 제3대 총재로 만장일치로 선출했다. 공화당은 11월 15일 저녁에도 의원총회와 당무회의를 열고 대통령 보선에 김종필 총재를 후보로 내세우기로 결의했다. 그러나 김 총재는 다음 날 총재 취임식에서 "동지들의 열화 같은 요망에 부응하지 못한 것을 가슴 아프게 생각하면서 대통령 보궐선거에 출마하지 않기로 결심했다"고 선언했다. 김 총재는 "박정희 대통령 서거 이후 온 국민이 차분하게 질서와 안정을 유지하는 가운데 하나의 국민적 합의가 이루어졌다고 본인은 판단한다"고 전제하며, "우리는 이러한 국민적 합의를 깨서는 안 된다"고 불출마의 변을 밝혔다. 김 총재의 이 불출마 결정은 이후에도 논란이 됐다. 구여권 일부에서는 그때 김 총재가 보궐선거에 출마해 대통령으로 선출된 다음, 민주화에 대한 그의 평소 소신을 실천했어야 했다는 아쉬움을 갖고 있기도 하다. 당시 공화당 당무의원 김창근(민추협 상임운영위원)은 이렇게 말했다.

　나는 당무회의에서도 김 총재의 대통령 출마에 반대했었습니다. 지금부터는 페어플레이를 해야 한다는 국민적 합의가 이뤄져 있는데 여당의 프리미엄을 업고 대권을 가로챈다는 것은 명분론에도 어긋나는 일이었고, 무엇보다도 당시의 역학관계에서 될 일이 아니었습니다. 박 대통령의 서거 뒤 행정부와 군을 이끄는 사람들은 박 대통령의 친위 세력으로 볼 만한 이들이었고, 이들은 대체로 김종필 씨에 대해서 좋은 생각을 갖고 있지 않았습니다. 행정력과 물리력, 즉 현실적인 권력을 잡고 있는 이들이 김종필 씨에 따라올 리가 만무했습니다.

그런 상황에서 김 총재가 무리하게 일을 진행시켰다면 오히려 그때 당했을지 모릅니다. 김 씨가 총재로 선출된 날도 어느 장관이 저에게 전화를 걸어 '왜 그렇게 서두느냐'고 불만을 토로할 정도였으니, 대통령 출마를 양해할 리가 있었겠습니까?

정승화 계엄사령관도 공화당이 김 총재를 대통령 후보로 추대하는 결정에 불만을 표시했으며 이 뜻이 김 총재 쪽에 전달되었다는 얘기도 있었다. 시국대책회의에서 유신헌법 개정 방침을 시국담화문으로 발표하기 전에 이미 최규하 대통령 권한대행을 통일주체국민회의 보궐선거에서 추대한다는 묵계가 있었으므로 이것을 뒤엎는 공화당 쪽의 결정이 현실적으로 성공할 리가 없었던 것이다.[58]

한편 김종필은 2015년 회고에서 박 대통령이 돌아가신 것으로 유신은 막을 내렸다고 판단했고 새 시대에 페어플레이를 하고 싶어서 유신 대통령 할 생각은 손톱만큼도 없었다며 최규하 권한대행의 담화(1979년 11월 10일) 이전에 불출마를 마음속에 결정했다고 했는데 이는 사후 회고에 불과하다. 김종필은 "박 대통령 영결식이 치러진 11월 3일 직후 최 대행과 신현확 부총리, 노재현 국방부 장관, 정승

---

58 조갑제, 「김재규 재판의 뒷무대(2)」, 〈조갑제닷컴〉(2003.7.14).

화 계엄사령관 등이 정례 멤버로 참석하는 비상시국대책회의에서 최 대행을 대선 후보로 밀기로 한 것"이라고 회상해 당시 최규하의 출마 결심을 알고 있었음을 암시했다.[59] 김종필이 유신체제 아래서의 대통령 출마를 전혀 검토하지 않은 것은 아니었다. 다만 새로운 헌법에 의한 대통령이 되기 위해서 과도 대통령이 되는 것이 과연 유리할지 아닐지를 저울질하다가 최규하의 출마를 알게 된 상태에서 출마를 포기한 것으로 추정된다. 김종필은 공화당 소속 10대 의원이었던 신현확이 TK(대구·경북) 세력을 기반으로 자신을 견제했으며 최규하 대통령을 앞세워 행정부가 중심적인 역할을 할 수 있다고 믿었다고 평가했다.

정승화는 회고록을 통해 자신과 노재현 국방장관(육사 4기)이 김종필의 불출마를 설득해 관철했다고 아래와 같이 주장했다.

> 대통령 후보 등록 마감일을 며칠 앞둔 (1979년) 11월 15일에 조찬회가 있었다. 조찬회의 주요 논제는 김종필 씨 문제였다. 공화당의 일부 강경파 의원들이 김종필 씨를 대통령 후보로 출마시키기 위해 적극적으로 나서고 있고 그날 있을 공화당 의원총회에서 가결될 것 같다는 것이었다. 나와 노재현 장관은 계엄사령관인 내가 공화당 중진의원에게 조언을 하는 것이 좋겠다는 데 합의했다. 나는 공화당 의원총회가 시작되기 전에 공화당 길전식 사무총장과 장경순 정책위의장에게 전

---

59 전영기·최준호, 「김종필의 '소이부답'」 〈77〉 12·12 전야」, 『중앙일보』 2015년 9월 2일, 12~13면.

화를 걸어 "이미 모든 정계 중진들이 최규하 대통령 권한대행을 밀기로 합의했는데 공화당이 대통령 후보를 지명하면 정국의 혼란이 초래된다. 그런 일이 일어나지 않도록 조정해 달라"고 부탁했다. 그날 공화당 의원총회는 김종필 씨를 대통령 후보로 옹립할 것을 가결했고 김종필 씨는 수락하지 않는 형식으로 입후보를 포기했다.[60]

당시 전두환 보안사령부의 특전사 파견원(특전사 보안반장) 김충립 소령이 수집한 정보도 대체로 정승화의 회고록과 일치한다. 이에 따르면 정승화가 노재현과 함께 과도정부 수립과 관련해 주목할 만한 행보를 하고 있다는 것이다. 11월 초 정승화는 최규하 총리를 과도정부 대통령으로 모시자고 노재현과 합의한 것으로 전해졌다고 한다. 공화당에서 김종필 총재를 과도정부 대통령으로 추대한다는 정보를 입수하자 정승화가 공화당 사무총장 길전식과 정책의장 장경순에게 압력을 넣어 김종필의 대통령 출마를 막았다는 얘기도 있었다는 것이다. 따라서 김충립은 전두환이 최 총리를 대통령으로 만들었다는 일각의 주장은 사실이 아닐 가능성이 높다고 주장했다.[61]

그렇지만 10·26 이후 전두환과 김종필의 메신저 역할을 한 박재홍(박정희의 장조카) 전 민자당 의원은 전두환이 12·12 사태 이전까지 김종필을 대세 인물로 봤다고 전했다. 박 전 의원에 따르면 전두환

60 정승화, 『12·12사건 정승화는 말한다』(까치, 1987), 105~106쪽 요약; 전두환 저, 민정기 책임 정리, 『전두환 회고록 1: 혼돈의 시대, 1979-1980』(자작나무숲, 2017), 163쪽.
61 김충립, 「전두환〈보안사령관〉, '보안사령관 교체' 정보에 정승화〈계엄사령관〉 전격 체포」, 〈신동아〉(2016.7.12).

이 김종필에게 요구한 사항은 5·16 세력만 끼고돌지 말라, 육사 8기 생만 편애하지 말라, JP 비서실 잡음을 정리해 달라, JP가 일본 측인 건 알지만 앞으로 미국과도 친하게 지내 달라 등 네 가지였다. 그러나 12·12 쿠데타를 단행한 전두환은 1980년 1월 17일 언론사 간부들과의 술자리에서 "JP는 안 되겠어"라고 했다는 것이다.[62]

결단력이 부족했던 최규하 대행은 과단성 있게 결정하기보다는 결정을 계속 미루면서 상황에 편승하다 보니 결국 스스로 '대행' 자를 떼고 대통령이 되는 결과에 이르렀다. 이렇듯 최규하가 단기적으로는 김종필과의 경쟁에서 승리했지만 12·12를 거치면서 실권은 군부가 가졌으며 최규하는 허수아비에 불과하다는 관측이 본격적으로 나오기 시작했다.

김종필(충남 부여 출신)이 박정희 사후 별다른 영향력을 행사하지 못하고 최규하, 신현확과 같은 유신 관료들이 정국을 주도해 갈 수 있었던 것에 대해 강원택은 박정희 체제 후반에 이뤄진 TK 세력의 구축 때문이었다고 주장했다.[63] 반면 김종필의 대통령 불출마는 강원택의 해석처럼 신현확과 TK 세력에 의한 '자의 반, 타의 반'의 결과가 아니라 과도정부를 이끌 책임자로서 유신체제의 2인자라는 김종필의 심각한 결격 사유에 있었다는 비판도 있다.[64]

---

62 장슬기, 『김종필 증언록이 말하지 않은 것들: 박정희의 2인자 JP의 역사왜곡』(미디어오늘, 2016), 53쪽.

63 강원택, 「10·26 이후 정국 전개의 재해석: 전두환과 신군부의 '긴 쿠데타'」, 『역사비평』 124(2018년 가을), 118~157쪽.

64 정상호, 「'1980년 봄'을 빼앗아간 신군부와 그 공모자들: 강원택의 「전두환과 신군부의 '긴 쿠데타'」에 대한 반론」, 『역사비평』 124(2018년 가을), 158~190쪽.

2장

신군부의 군권
장악 모의

12·12는 1979년 12월 12일 전두환·노태우 등이 이끌던 군부 내 사조직인 '하나회' 중심의 신군부 세력이 당시 대통령 최규하의 재가 없이 휘하 부대 병력을 동원해 정승화 육군참모총장(계엄사령관)을 강제 연행하는 과정에서 일어난 군사적 충돌이다. 유혈 충돌이 수반된 하극상 사건이었다. 12·12 사태, 12·12 군사반란, 12·12 하극상, 12·12 쿠데타, 12·12 쿠데타적 사건, 12·12 예비 쿠데타(본 쿠데타는 5·17)로도 칭해진다. 12·12 군권 장악, 5·17 정권 장악'이라는 단계를 거친 '단계적 쿠데타'라고 할 수 있다.

신군부 세력은 이 사건으로 군 내부의 주도권을 장악한 후 1980년 5·17 사건을 일으켜 정권을 장악했다. 1980년 5·17은 명백한 정치적 쿠데타였지만 1979년 12월 12일 당시에는 신군부의 정권 장악 목표

1   장성호, 『한국군부의 정치개입과 권력획득에 관한 비교 연구: 구군부와 신군부 세력을 중심으로』, 건국대학교 박사학위논문(2000), 205쪽; 장성호, 『한국정치변동론: 통일시대에 본 한국의 정치변동과 군부정치』(한국학술정보, 2001), 276쪽.

가 명백하게 표출되지 않았으므로 12·12는 예비 쿠데타로 간주되기도 한다. 그러나 1980년 5·17로도 정권을 완전히 장악하지는 못했고 8월까지 기다려야 했으므로 5·17도 역시 쿠데타를 완성해 가는 도중에 발생한 단계적 사건으로 볼 수 있다.

1. 정승화 세력과 전두환 세력의 대결

박정희 대통령이 김재규 중앙정보부장에 의해 살해된 이후 최규하 권한대행은 제주도를 제외한 전국에 비상계엄령을 선포하고 정승화 육군참모총장을 계엄사령관에 임명했다. 정승화는 김재규 중앙정보부장의 강력한 추천으로 1978년 대장에 승진했고, 참모총장으로 유력시되었던 류병현 한미연합사 부사령관을 제치고 1979년 육군참모총장에 취임했다. 정승화는 계엄사령관이 된 후 윤성민을 육군참모차장으로 임명했다. 영남 출신이 많은 군 지휘부의 상황을 반영해 지역 안배의 차원에서 호남 출신을 중용한 케이스였다. 정승화는 10·26 사건에 직접 연루되었던 중앙정보부와 대통령 경호실을 축소 개편했으며, 다른 군 지휘계통도 개편해 군을 장악하려 했다.

정승화는, 김재규의 직계로 1977~1978년 중앙정보부 차장을 역임하고 1979년 2월부터 3군 사령관으로 재임하고 있던 이건영 중장(육사 7기)을 유임시켰다. 전두환과 가까운 수도경비사령관 김성각 중장을 제3군 부사령관으로 좌천시키고 장태완 소장을 1979년 11월 16일 후임으로 낙점하여 19일 임명장을 수여했다. "수도경비사령관은 육군참모총장의 추천에 의해 국방부 장관의 제청으로 대통령이 임명한다"는 수도경비사령부 규약 제3조를 이용한 적법한 권한 행사였다. 비육사 출신인 장태완 소장은 전두환과 경쟁 관계였으므로 정치색이 짙었던 전두환을 싫어했다.

박정희 대통령 살해에 연루되었다는 의심의 눈길을 보내는 전두환을 견제하기 위해 정승화가 장태완을 중용했다는 전두환 측의 불만이 공화당에도 들려왔다고 김종필은 회고했다.[2] 그런데 정승화는 전두환의 의심을 눈치채고 있었을까? 김종필의 증언은 사후 회고담이라 실제로 정승화가 전두환의 의심을 알아채고 그를 견제하기 위해 장태완을 앉혔다기보다는 전두환의 의심을 아직 잘 모르는 상태에서 자신의 직계를 보임해 군 장악을 도모한 것일 가능성도 있다. 물론 11월 19일은 전두환이 정승화를 이미 의심했던 시점이기는 했다.(11월 3일 정승화는 시해 사건 참고인 조사를 받았다.) 전두환 측에서 정승화를 의심한다는 사실을 발설하지 않고 비밀리에 연행을 준비했으므로 11월 19일에 정승화가 아직 잘 몰랐다면 그의 정보력에 심각한 문제가 있든가 아니면 개인적으로 무척 둔감했다고 할 수 있다. 1979년 11월 3일 이후 정승화의 10·26 연루설이 소문으로 돌아다녔으며 전두환 측은 이때부터 이미 정승화 제거를 검토했다. 따라서 정승화가 자기 측근 인사를 수도경비사령관에 보임한 것은 전두환을

---

2 전영기·최준호, 「김종필의 '소이부답'」 〈77〉 전두환과 12·12」, 『중앙일보』 2015년 9월 4일, 12면.

견제하기 위한 것일 가능성이 더 높다. 그렇다면 정승화가 전두환 측의 하극상 움직임에 대한 예방 조치를 전혀 취하지 않아 일방적으로 당한 것은 아니라고 해석할 수 있다. 이에 더하여 일찍부터 전두환을 전출시켜 그 싹을 제거해 버렸다면 전두환의 선제공격을 예방할 수 있었을 것이다. 이렇게 하지 않은 것은 정승화의 결단력 부족 때문이라는 것이 김종필의 해석이다.

장태완 보임으로부터 12·12까지는 아직 시간이 있었다. 정승화는 자신에 대한 전두환의 의심을 11월 19일 어느 정도 눈치챈 상태에서 이에 대비해 장태완을 보임했으며 1979년 12월 9일경 전두환과 동조자들을 조용히 군에서 축출하려 했다. 그러나 이러한 정승화 측의 낌새에 민감하게 반응한 전두환 측이 먼저 선제공격에 나섰다. 따라서 정승화보다 전두환의 정보력이 더 강했다고 할 수 있으며 무엇보다도 전두환이 과감한 결단력을 보여 주었다고 평가할 수 있다.

한편 정승화는 1974년 12월 10일부터 재임하고 있던 정병주 소장(육사 9기)을 특전사령관으로 유임시켰는데 특전사령부는 수도사령부와 함께 수도 서울을 제압할 수 있는 요직이었다. 이로써 정승화는 군에 대한 지휘 체계를 확보하고 정치 일정을 이끌어 가는 데 있어서 자신이 핵심 역할을 담당하려고 했다. 그러나 사령관들만 교체하고 군을 장악했다고 생각했다면 오산이었다. 취임한 지 한 달도 되지 않았던 장태완 사령관은 부대를 완전히 파악하지도 못했을 뿐더러 실제 병력을 이동할 수 있는 유력 군단의 사단장 및 대대장 그룹을 장악하지 못했다.³ 전두환의 발호에 대해 전혀 대비하지 않았던 것은 아니지만 그 대처가 허술했다고 할 수 있다. 반대로 이들 실병력 동원 그룹을 장악한 것이 전두환이 12·12 무력 충돌 과정에서 승리한 요인이었다.

그런데 군부 내 사조직이었던 하나회가 4년제 정규 육사 첫 기수인 11기 중심의 배타적 파벌로 집단화하면서 군부 내 세력 갈등이 표면화되기 시작했다. 당시 보안사령관의 자격으로 10·26 사건 수사를 전담하는 계엄사 합동수사본부장을 맡고 있던 전두환 소장을 중심으로 한 새로운 군부 세력(정규 육사 출신 중심의 소장 군부)이 기존 육군 지도부인 정승화 세력(비정규 육사 출신 등의 노장 군부)과 갈등하게 되었던 것이다. 갈등의 쟁점은 10·26 사건 수사와 군 인사 문제였다. 한 소식통에 따르면 10·26 몇 주 후 정승화 총장과 노재현 국방장관이 전두환을 포함한 13명의 장성들에 의한 정부 전복 음모를 적발하고 1979년 12월 초 전두환과 동조자들을 조용히 군에서 축출하려 했다고 한다.

전술한 김충립의 정보에 의하면 과도정부 수립(김종필 출마 포기 종용과 최규하 대통령 옹립)에 영향력을 행사한 것으로 알려진 정승화가 그 기세를 몰아 김재규의 사형 판결을 면하게 하려고 정병주 특전사령관, 장태완 신임 수도경비사령관과 자주 접촉하는 정황이 포착됐다.⁴ 김재춘 전 중정부장이 육사 5기 동기생인 정승화를 만나 전두환

---

3   山本剛士,「激動하는 韓國」, 村常男 외, 최현 역,『한국현대군정사』(삼민사, 1987), 344~345, 347쪽.
4   보안사령부 등 12·12를 주도한 세력들은 "김재규를 살려내려는 군내 김재규 계열 장군들을 제거한 것"이 12·12라고 평가했다. 김충립,「"다들 내가 대통령 해야 한다는데…"(전두환)」,〈신동

과 노태우 등이 1963년 쿠데타를 주도한 사건을 언급하면서 이들을 조심하라고 조언하기도 했다. 합동수사본부가 자신을 겨냥하고 있음을 눈치챈 정승화가 12월 9일 노재현과 골프를 치면서 전두환을 보안사령관에서 다른 보직으로 전출시키기로 합의했다는 정보가 보안사령부에 포착되었다고 한다.[5]

실제로 1979년 12월 9일 일요일에 정승화 총장(1929년생, 육사 5기)은 노재현 국방장관(1926년생, 육사 3기)[6]과 태릉 골프장에서 골프를 쳤다. 이 자리에서 정 총장이 노 장관에게 "이러한 시기일수록 군이 정치적 중립을 지키면서 정치적 혼란을 수습하기 위해 뒷받침을 해야 하는데도 전두환 소장이 합동수사본부장직을 이용해서 정권에 욕심을 내는 듯하니 교체시키는 것이 어떻겠습니까"라고 건의하자 노 장관도 동의했다고 한다.[7] 노 장관이 이 같은 사실을 12월 10일 김용휴 국방차관에게 알리고 의견을 묻자 김 차관도 동의했다고 한다. 그러나 김 차관은 즉시 전두환 보안사령관을 찾아가 이를 귀띔해 줌으로써(혹은 보안사에서 감청했다는 설도 있음) 12·12 선제공격을 촉발한

아〉(2016.8.4).
5 김충립, 「전두환〈보안사령관〉, '보안사령관 교체' 정보에 정승화〈계엄사령관〉 전격 체포」, 〈신동아〉(2016.7.12).
6 전두환은 노 장관이 정승화의 친한 친구라고 12월 14일 글라이스틴을 만나 주장하기까지 했다. "Telegram from Gleysteen to Vance: Korea Focus – Discussion with MG Chon Tu Hwan," O 150834Z Dec 79, Seoul 18885, Secret, NODIS Cherokee, 〈5·18민주화운동기록관〉(검색일: 2020.5.13). 그러나 친구라기보다는 친한 선배라고 보아야 한다.
7 정승화는 1979년 12월 9일 당시 전두환 보안사령관 교체만을 언급했을 뿐 예편이나 전보 등에 대해서는 말하지 않았다고 주장했다. 노가원, 『264일의 쿠데타1: 12.12 군사반란』(시아, 2017), 240, 247쪽.

직접적인 도화선이 됐다는 것이다.[8] 김용휴 차관은 정보를 알려 준 공으로 12·14 조각에서 총무처 장관[9]으로 발탁되었다는 주장도 있다. 전두환(1931년생) 보안사령관보다 상위직인 국방차관이며 육사 7기로 군 선배이기도 한 김용휴(1926년생)가 공무가 아닌 일로 보안사령관을 급히 찾아갔다면 그런 긴급한 제보가 아니고서는 설명이 안 된다는 주장은 합리적이다.[10]

강창성 전 보안사령관은 이렇듯 정승화 총장의 전두환 전보 발령 시도가 12·12라는 선제공격의 원인이 되었다는 설을 제시했다.[11] 전두환의 거사가 정 총장의 전두환 축출 계획보다 먼저 결행되어 운명이 갈렸다는 주장이다. 그러나 1988년 국회 청문회에 증인으로 출두한 전두환은 "전보 발령설이 이 사건(12·12)과 관련이 있지 않은가 하는 의문이 있는 모양이지만 그 당시에는 그와 같은 일은 들은 바가 없습니다."라고 잘라 말했다.[12] 1996년 역사바로세우기 공판 과정에서 김상희 검사의 12·9 인사 조치 정보를 들었느냐는 질문에 대해 전두

---

8 강창성, 『일본/한국 군벌정치』(해동문화사, 1991), 384~385쪽; 대한민국재향군인회 편, 『12·12, 5·18 실록』(대한민국재향군인회 호국정신선양운동본부, 1997), 499쪽; 「노재현이 전두환을 잡지 않은 이유」, http://blog.daum.net/ykchae/12275983 (검색일: 2015.2.22); William H. Gleysteen, Jr., *Massive Entanglement, Marginal Influence: Carter and Korea in Crisis* (Washington, DC: Brookings Institution Press, 1999), pp. 93-94; 윌리엄 H. 글라이스틴, 황정일 역, 『알려지지 않은 역사: 전 주한미국대사 글라이스틴 회고록』(중앙 M&B, 1999), 140~141쪽. 글라이스틴 대사가 1980년 1월 말에서 며칠 지난 시점에 한 한국군 육군 장군(서울에 주둔해 있던 고위 전투지휘관을 역임한 인사로 역쿠데타 시도)에게 들었다는 말이다.

9 「組閣(조각) 발표」, 『동아일보』 1979년 12월 14일, 1면.

10 노가원(2017), 앞의 책, 247~248쪽.

11 강창성(1991), 앞의 책, 385쪽.

12 노가원(2017), 앞의 책, 241~242쪽.

환은 듣지 못했다고 증언했다. 또한 12·12 반란군 측도 당시 보안사가 보안사령관 교체에 대한 어떤 조짐도 포착한 것이 없었다고 주장했다.[13] 12·12가 정승화 그룹의 전두환 축출에 대한 선제조치라는 검사 측의 의심에 대해 전두환이 발뺌하려는 의도에서 못 들었다고 주장한 것이 아닌가 한다.

당시 71방위사단장 백운택 준장의 증언을 인용한 천금성의 주장에 따르면 12월 6일 전두환 보안사령관의 연희동 집을 방문한 백운택 준장이 "형님이 조만간에 동해안경비사령관으로 전보된다는 말이 떠돌고 있으니 몸조심하십시오."라고 말하자 전두환은 "나도 들었어."라고 대답했다는 것이다. 백 준장이 "형님, 국방장관이나 정승화 총장은 왜 일반 출신(정규 육사 출신을 제외한)을 더 선호하지요? 이러다간 우리들이 모두 밀려나고 말겠습니다. 이대로 가만히 있을 겁니까?"라고 하자 전두환은 "나도 알고 있어."라고 짧게 대답한 뒤 가만히 눈을 감고 생각에 잠겼다는 것이다. 천금성은 "백 준장의 바로 이 말이 이른바 12·12의 최초 시발"이라고 주장했다. 또한 천금성은 11월 중순부터 전두환 보안사령관 경질설이 나돌았고 수도권의 웬만한 장성은 대부분 이 설을 둘러싼 진동을 감지하고 있었다고 주장했다.[14] 또한

---

13 「검사 김상희가 피고인 전두환에게 한 질문」, 제2회공판조서: 사건 95고합 1280 반란수괴 등, 96고합 38(병합) 내란수괴등, 96고합 76(병합) 내란중요임무종사등, 96고합 127(병합) 반란중요임무종사등, 재판장 판사 김영일, 판사 김용섭, 판사 황상현, 법정의 공개여부 공개, 장소 제417호 법정, 기일 1996.3.18. 10:00, 법원 사무관 이덕기, 고지된 다음기일, 1996.3.25.10:00.

14 노가원(2017), 앞의 책, 241~242, 246쪽. 그런데 전두환 저, 민정기 책임정리, 『전두환 회고록 1: 혼돈의 시대, 1979−1980』(자작나무숲, 2017), 210쪽에서 전두환은 '훗날' 알게 되었다고 증언했으며, 이 책 265쪽에서 인사권이라는 것은 예고 없이 행사될 수 있는 것이라고 했다. 따라서 전두환 제거 계획에 대한 의도적 대응책이 아니었다는 주장이다.

12월 9일 정승화와 노재현이 태릉 골프장에서 전두환 전보를 논의하기 전인 12월 6일 (이학봉의 반복된 건의[15]에 따라) 전두환이 정승화 연행을 결심했으므로 전두환 전보 논의가 12·12 정승화 연행의 계기가 된 것이 아니라는 주장도 있다.[16]

당시 보안사 정치 담당 장교(중령)였던 한용원에 따르면 하나회 장교들 중에는 정치적 중립 강조 등 정승화 총장의 여러 움직임을 하나회 세력을 약화시키려는 것으로 해석하는 사람들도 있었다고 한다.[17] 이렇듯 전두환을 중심으로 하는 하나회 그룹(신군부)과 정승화의 구군부가 이미 대립하기 시작했다.

주한 미 대사관 무관보 제임스 영(James V. Young)의 회고에 의하면 정승화 장군이 전두환 장군을 동해안경비사령관으로 전출시킬 것이라는 소문이 무성했으며 전두환이 반발할 것이라는 소문도 있었다.[18] 전두환 장군은 자신을 불만분자로 생각해 전출시키려는 정승화의 시도에 대항해 일을 서둘렀다고 글라이스틴은 회고했다.[19]

---

15 전두환은 김재규를 1979년 10월 27일 오전 12시 15분 서빙고 분실로 연행했고, 그곳에서 김재규는 자기가 범인이고 정승화와 함께 행동했다고 털어놨다. 이에 이학봉은 정승화를 즉시 체포하자고 했지만 정승화는 10월 26일 밤 11시에 이미 계엄사령관으로 내정되어 있었다. 계엄사령관이 된 정승화는 김재규를 비호하고 자신의 개입 사실을 축소하려고 시도했다. 이학봉은 여러 차례 정승화의 구속을 건의했지만 전두환은 12월 6일에야 구속을 결심했다고 한다. 따라서 12·12는 '김재규·정승화 쿠데타 사건'이라고 규정해야 한다고 확대해석 하기까지 한다. 지만원, 「박정희 대통령 시해사건」, 〈큰마을 글방〉(2018.12.6), http://blog.daum.net/chs625/1530554 (검색일: 2021.2.3).

16 지만원, 「역사바로세우기 재판은 노가다 재판」, 〈뉴스타운〉(2017.4.16).

17 한용원, 『한국의 군부정치』(대왕사, 1993).

18 정진석, 『총성 없는 전선』(한국문원, 1999), 112~113쪽.

19 William H. Gleysteen, Jr.(1999), 앞의 책, 78-79쪽; 윌리엄 H. 글라이스틴, 황정일 역(1999),

전두환이 물러나느냐 정승화가 체포되느냐 하는 긴박한 상황에 양측이 사나흘 앞서고 뒤지는 차이였을 뿐이다.[20] 2017년 간행된 회고록에서 전두환은 김재규를 정점으로 하는 정승화·장태완·이건영·정병주·문홍구·하소곤 등 육군 내의 기득권 세력과 전두환을 비롯한 육사 11기가 중심이 된 정규 육사 출신 엘리트 간의 대립을 드러내어 보여 준다. 정승화 그룹은 김재규가 박정희 대통령을 제거함으로써 박 대통령의 총애를 받아 온 정규 육사 출신 엘리트 장교들의 기세도 고개를 숙일 것이라고 판단했으나,[21] 10·26 직후 전두환이 막강한 권한을 가진 합동수사본부장을 맡게 되자 전두환을 제거하려 했다는 해석이다.[22] 전두환은 이러한 기득권 세력과 그 장벽을 뛰어넘으려는 세력 사이에 발생하는 인사 적체 해소 갈등은 5·16의 경우와 같이 자연스러운 현상이라고 평가했다. 2~3년의 경력 내지 나이 차가 10여 년의 진급·보직 격차를 불러오는 것을 극복하려고 12·12나 5·16을 일으킨 측면이 있다는 설명이다.[23]

정승화 총장이 실제로 전두환을 동해안경비사령관으로 좌천시키려 했느냐는 논란의 여지가 있다. 2007년 국방부 과거사진상규명위원회 조사에서는 이를 정설로 받아들이고 있으나, 노가원에 따르면 정작 정승화 총장 본인은 이 사실을 부정했다고 한다. 정 총장은 단지

앞의 책, 122쪽.
20 김충식, 『남산의 부장들』(개정증보판)(폴리티쿠스, 2012), 767쪽.
21 전두환 저, 민정기 책임정리(2017), 앞의 책, 246~248쪽.
22 전두환 저, 민정기 책임정리(2017), 위의 책, 250쪽.
23 전두환 저, 민정기 책임정리(2017), 위의 책, 249쪽.

합수부의 수사 중 벌어지는 전두환의 월권행위를 경계해 그의 경질만을 염두에 두었을 뿐 구체적인 보직은 생각하지 않았다고 증언했다.[24] 다만 백운택, 문홍구, 김병수, 최성택 등 수도권에 근무하던 주요 장성들과 제임스 영은 1979년 11월 말부터 전두환의 동해안경비사령부 좌천 소문이 파다했다고 증언하고 있으므로 정승화 총장의 발언 여부와 상관없이 전두환의 좌천 소문이 있었던 것은 사실로 보인다.[25]

『제5공화국 전사(前史)(1979.10.28~1981.4.11)』(이하『제5공화국 전사』)에 의하면 "12월 13일은 국무회의가 열려 새로운 내각의 구성을 논의하게끔 되어 있었다. 따라서 전 장군은 개각 전날 정 총장을 연행·조사하고 그 결과가 국무회의에 연결되어 군의 인사에 반영된다면 10·26 사건 수사는 수사대로 완결되고 육군참모총장의 자연스런 교체가 가능하여 군의 신뢰와 단결을 가져올 수 있다고 판단했다"고 전하고 있다.(전두환의 동부전선 전출과 김재규의 최후 진술이 모두 12월 13일에 예정되어 있었던 것도 거사 일정 택일에 영향을 미쳤다고 할 수 있다.) 전두환 세력은 12·12를 통해 군권을 장악하려 했던 것이다. 노태우는 『제5공화국 전사』를 통해 "개각하기 전날 정 총장을 모셔다가 혐의 사실을 밝히고 다음에 필요한 충고를 하려 했다. […] 이 사건과 관련이 없는 후배에게 총장 자리를 물려주는 것이 온당한 것 아닌가 건의하려 했다. 만약 정 총장이 그러한 제의에 응하면 우리가 논의하여 총장 대신 '합참의장이라도 하십시오.' 하려고 했다"며 '속내'를 드러냈다.

---

24   노가원(2017), 앞의 책, 240쪽.
25   「12.12 군사반란」, 〈나무위키〉(검색일: 2020.2.28).

2. 신군부의 정승화 강제 연행 계획

정승화 계엄사령관은 10·26 직후 10·26이 "혁명도 변혁도 아닌 단순한 사고"라고 주장한 데 비해 전두환은 "국난을 초래한 사건으로 신명을 다 바쳐 정확히 조사해야 할 과제"라고 강조해 인식 차를 드러냈다. 이는 김재규가 대통령을 시해할 당시 정승화가 그의 초대를 받아 바로 옆 건물(궁정동 한국 중앙정보부 안가 별관)에 있었던 사실에서 기인하기도 했지만 박정희의 총애를 받은 전두환과 그러한 총애에서 상대적으로 벗어나 있던 정승화의 박정희에 대한 인식 차이에서 연유한 것이기도 했다. 그리고 12·12는 군부 내 노장층의 온건한 구직업주의와 소장층의 강경한 신직업주의 대립의 산물이기도 했다.[26]

10·26 이후 최규하 대행은 유신헌법 개정과 긴급조치 9호 해제에 대한 의지를 표명해 해빙 국면을 맞아 지지를 얻기 시작했다. 최규하는 유신헌법에 의거해 구성된 통일주체국민회의 대의원들에 의한 선거에 나서서 12월 6일 대통령에 당선되었으며 12월 13일 취임할 예정이었다.(당선 즉시 임기가 개시되었으며 실제로 취임식은 21일에 진행되었다.) 또한 박정희 시해사건 공판 과정에서 영웅시된 김재규가 12월 13일 최후 진술을 할 예정이기도 했다. 한편 계엄령이 엄존했음에도 불구하고 재야 세력은 11월 24일 명동 YWCA 강당에서 위장결혼식을 통해 조기 개헌을 요구했다. 조기 개헌 요구와 김재규의 거사에 대

---

26 한용원, 『한용원 회고록: 1980년 바보들의 행진』(선인, 2012), 52, 54쪽.

한 부각, 최규하 정부의 공고화 등 일련의 분위기는 신군부 세력의 정권 장악에 바람직한 방향이 아니었다. 따라서 신군부 세력은 최규하 신정부 출범 전, 김재규 최후 진술 전에 국면을 전환하려 했다. 최후 진술이 끝나면 정승화를 시해사건 관련자로 몰아 조사하기가 곤란하다고 판단했던 것이다.[27]

전두환 등의 신군부 세력은 군부 내 주도권을 장악하기 위해, 정승화가 김재규의 내란을 방조한 혐의가 있다고 주장하고, 10·26 박정희 대통령 시해사건 수사에 소극적이고 비협조적임을 내세워 정승화를 강제 연행하기로 계획했다. 10·26 사건 당시 정승화는 궁정동 안가의 대통령 시해 현장 부근에서 대기했으며 사건 이후 김재규 구속에 미온적인 태도를 보이는 등 수사를 지연시킨다는 의혹을 유발했다. 물론 정승화가 10·26 사건 당시 김계원으로부터 김재규가 범인이라는 정보를 전해 듣고 그의 연행을 보안사령관에게 지시하는 등 직접 개입하지 않았다는 것이 후일 명백해졌다. 비록 김영삼 정부의 반전두환적인 '역사바로세우기' 국면에서 이루어진 사후적 증언이기는 해도 당시 이희성 육군참모차장은 직속상관인 정승화의 결백을 알고 있었다는 것이다.[28] 또한 육군참모총장이 정권 실세인 중앙정보부장의 초청을 거부하기는 어려웠으며, 만나자는 장소도 중정이 관리하는 안가였으니 찾아가는 것이 무리는 아니었다. 다만 경계가 철통 같은 곳에서 총소리가 났음에도 사태 파악보다는 중정부장의 말

27 한용원(2012), 위의 책, 54쪽.
28 「이희성 예비역 장군의 검찰진술」(1995.12.12).

에만 의지했다는 사실에서 비판을 피할 수는 없을 것이다.

비록 전두환은 1979년 11월 6일 내외신 기자회견을 통해 "군이나 외부의 개입은 없었다"고 발표해 정 총장의 10·26 관련 혐의를 부인했지만, 1982년 보안사령부가 국내 중견 학자 8명을 동원해 당시 쿠데타 직간접 관련자 300여 명을 인터뷰하고 펴낸 『제5공화국 전사』에 의하면 전두환은 이미 11월 초에 정 총장의 '제거'를 결심했다는 것이다. 11월 중순 이후부터 12월 초 사이에 정승화 제거를 결단했다는 것이 정설처럼 여겨지지만 이 책은 그간의 통설을 뒤집는다. "노태우 장군에 의하면 (10·26) 사건의 수사를 완결하기 위하여 정 총장을 수사해야겠다는 합수본부장 전 장군의 결심이 이미 11월 초에 확고히 섰으며 다만 적절한 시기만 기다려 온 것"이다. 10·26 일주일 후에 이미 결심하고 마음의 준비를 했다는 것이므로 꽤 이른 시기부터 결단하고 계획 작성에 착수한 것이다. 11월 초 전두환은 노태우와 만나 마음의 준비를 했고 구체적인 준비는 11월 중순 이후에 시작했다고 할 수 있다. 전두환은 "11월 중순부터 계획에 포함된 요원을 한 사람씩 불러 내밀히 임무를 부여하고 자체 준비를 하도록 지시하기 시작했다"고 나와 있다. "만일의 사태에 대비하는 치밀한 연행 계획 없이는 일의 성사가 어려운 것이었다"며 정승화 연행에 대한 '사전 준비설'을 시인했다.

전두환은 보좌관 허화평 대령, 합수본부 조정통제국장 허삼수 대령, 수사국장 이학봉 중령, 그리고 평소 가까웠던 수도경비사령부 30경비단장 장세동 대령, 33단장 김진영 대령 등과 정 총장 문제를 논의했다. 이 책에는 "전체 계획을 비서실장 허화평 대령이 조정·통제하여 전 장군께 보고 드리는 형식을 취했다"고 되어 있다.

2017년 회고록에서 전두환은 12·12는 준비가 부족한 지극히 엉성한 활극이었다고 자평했다. 그렇다면 1982년 신군부가 편찬한(가공 단체라고 할 수 있는 현대한국사연구회가 저자로 되어 있음) 『제5공화국 전사』를 스스로 부인하는 셈이다. 신군부의 시각으로 쓴 '승리의 기록'인 이 책은 역사를 왜곡하고 쿠데타를 합리화했으므로 그 진실성에 의심이 가는 부분이 많지만 일종의 무용담 속에 숨어 있는 진실의 일단을 발굴할 수 있다. 완벽하고 치밀한 계획은 없었지만 정승화 연행에 국한해서는 어느 정도 치밀한 사전 준비가 있었을 것이다. 집권을 위한 치밀한 계획이 아니라 연행을 위한 치밀한 계획이라고 해석된다. 따라서 『제5공화국 전사』를 전두환 회고록과 결합하여 해석하면, 정승화 연행에 국한해 보면 비교적 치밀한 계획을 수립했지만 유혈 사태가 발생했으며 진압군 출동 시도로 대규모 내부 충돌이 우려되는 등 일이 예상보다 커졌다고 할 수 있다. 군 내부의 총격전까지 완벽하게 대비하지는 않았던 비교적 미진한 준비로 간신히 충돌을 막았으므로 결과적으로는 엉성한 활극으로 끝났다고 볼 수도 있다.

훗날 김영삼 정부의 전두환·노태우 관련 재판에서 당시 검찰은 "보안사에서 사료로 남기겠다는 의도로 관련자들과의 면담 결과와 각종 군 관련 서류 등 객관적 자료를 토대로 작성한 것이고, 피고인과 증인들의 진술은 사건 발생 후 15년 이상이 경과한 뒤 형사책임 유무에 대한 판단을 전제로 이뤄진 것임에 비춰 『제5공화국 전사』의 전체적인 주요 기재 내용은 이 사건 관계자들의 진술보다 더 우월한 증명력을 보유하고 있다"고 지적하기도 했다.

정승화 연행 준비 과정을 개괄하면, 전두환은 정승화의 연행을 실행하기 위해 1979년 11월 중순 제9사단장 노태우와 함께 구체적으로 모의한 후 국방부 군수차관보 유학성, 제1군단장 황영시, 수도군단장 차규헌을 끌어들이려 했으며, 1979년 12월 12일을 거사일로 결정하고 제20사단 사단장 박준병, 제1공수여단장 박희도, 제3공수여단장 최세창, 제5공수여단장 장기오 등과 사전 접촉했다. 그리고 12월 초순 전두환은 보안사 대공처장 이학봉과 보안사 인사처장 허삼수,[29] 육군본부 범죄수사단장 우경윤에게 정승화 연행 계획을 수립하도록 지시했다.

3. 12·12 거사 정보를 사전 입수한 미국

1979년 12·12 당시 합참본부장이며 친정승화 인사였던 문홍구 장군은 미8군이 12·12 음모를 사전에 알고 있었다고 주장했다. 1979년 11월 중순경 위컴 한미연합사령관은 '군번 1번' 이형근 전 육군참모총장으로부터 정보를 입수했다. "한 무리의 젊은 장교들이 정권 교체 과정에 심한 불만을 품고 있으며" 승진이 제때에 이루어지지 않을 것을 염려하는 이들은 "육군사관학교 11, 12기 중심이며 13기 졸업생도 포

---

[29] 허삼수, 『나의 진실』(해냄출판사, 1988)에서는 12·12가 군사반란이 아니었다고 주장한다. 10·26 사건 연루 의혹이 있는 정승화를 연행한 것이므로 정당한 행위라는 것이다.

함되었을지 모른다"고 했다. 이형근은 이들이 대통령 선거 전에 권력을 잡으려고 시도할지도 모른다고 우려했다. 위컴은 노재현 국방장관과 문홍구 장군, 류병현 한미연합사 부사령관에게 11기 및 12기 육사 출신 장성들이 불만 세력이며[30] 이들이 모여 무슨 수상한 일을 계획하고 있는 것 같으니 내사를 해 보라는 메모를 12월 4일[31]에 내려보냈다.

이는 12·12 사건이 2주 전에 모의된 것을 알고 있었다는 미국의 회고적 주장과 연결된다. 영국대사관은 12·12 이틀 후인 1979년 12월 14일에 본국에 보낸 전문에서 12·12 쿠데타 계획이 2주 전에 착수됐다고 하는 미 대사관 관계자의 말을 전했다.[32]

글라이스틴의 1979년 12월 15일자 보고서에도 "적어도 10일 전부터 모의되고 있었다는 정보를 입수하고 있었는데 전두환이 12월 14일 자신을 만나 대화하는 중에 이러한 계획을 철저히 숨기는 데 놀랐다."[33]는 부분이 있다. 미국은 12·12 모의 정보를 사전에 비밀리에

---

30 정진석, 『총성 없는 전선』(한국문원, 1999), 113쪽.

31 John Adams Wickham, Jr., *Korea on the Brink, 1979–1980: From the '12/12' Incident to the Kwangju Uprising* (Washington, DC: National Defense University Press, 1999), pp. 49–51, 54, 86; 존 위컴, 김영희 감수, 유은영 외 공역, 『12·12와 미국의 딜레마: 전 한미연합사령관 위컴 회고록』(중앙M&B, 1999), 88~91, 95, 140쪽에 의하면 11월 중순에 이미 쿠데타 세력이 전두환 주도하에 비밀리에 모의했다는 것이 포착되었으며, 11월 30일에 이 음모가 시작됐다는 증거를 미국이 가지고 있었다. 위컴은 12월 4일 노재현 국방장관에게, 이후 류병현 한미연합사 부사령관에게 이를 통보했다고 회고했다. 유영을, 「문홍구(12·12 당시 합참본부장) 본격증언: 미8군은 12·12음모 알고 있었다」, 『신동아』(1993.9), 303쪽에는 내사 권고 시점이 11월 중순으로 나오는데 정보를 입수한 시점인 11월 중순과 내사 권고 시점을 혼동한 것으로 보인다.

32 류지복·임주영, 「"美, 12·12 처음부터 쿠데타 인식 … 韓 '남침 우려'로 美 설득"」, 〈연합뉴스〉(2019.12.13).

33 "Telegram from Gleysteen to Vance: Korea Focus – Discussion with MG Chon Tu Hwan," O 150834Z Dec 79, Seoul 18885, Secret, NODIS Cherokee, 〈5·18민주화운동기록관〉(검색일: 2020.5.13).

입수해 가지고 있었으며 전두환은 이를 숨기려 했다고 할 수 있다. 글라이스틴의 위 보고서에 따르면 12월 12일 밤 당시 전두환은 정승화의 행적에 의혹이 있다고 생각해 조사하려는 계획을 가지고 있었으나 이를 즉각 실행하지는 않고 상황을 보아 가며 기다렸다고 글라이스틴에게 말했다. 정승화의 측근인 황영시, 유학성, 차규헌 등과 이 계획을 상의했는데 모두 동의했다는 것이다.[34] 이렇듯 여러 사람들에게 말했으므로 이들 중 누군가가 미군에게 제보했을 가능성이 있다. 그런데 황영시, 유학성, 차규헌은 후일 신군부 측에 협조한 인물들로 이들에게 이러한 계획을 말한 것은 정승화 측으로부터 분리해 신군부 세력으로 포섭하려는 고도의 전략이었다고 할 수 있다. 이들이 정승화계로 분류될 수는 있지만 최측근이 아니므로 전두환계로 끌어들일 수 있다고 생각해 공작했다고 할 수 있다. 한편 골수 정승화계인 이건영, 정병주 등은 자신들의 편으로 만들 수 없다고 판단해 이들이 10·26 직전 김재규로부터 각각 800만원, 300만원을 받았다는 혐의를 씌워 12·12 직후 연행했다.[35]

위컴의 제보에 대해 대한민국 국방부는, "우리보다 미군이 어떻게 먼저 알 수 있는가"라는 냉소적인 반응을 보이며 루머라고 치부했다고 한다.[36] 글라이스틴도 같은 증언을 했다. 거의 동시에 미 정보통은

---

34 위의 자료.
35 위의 자료.
36 Mark Peterson, "Americans and the Kwangju Incident: Problems in the Writing of History," Donald N. Clark, ed., *The Kwangju Uprising: Shadows over the Regime in South Korea* (Boulder, CO: Westview, 1988), p. 58.

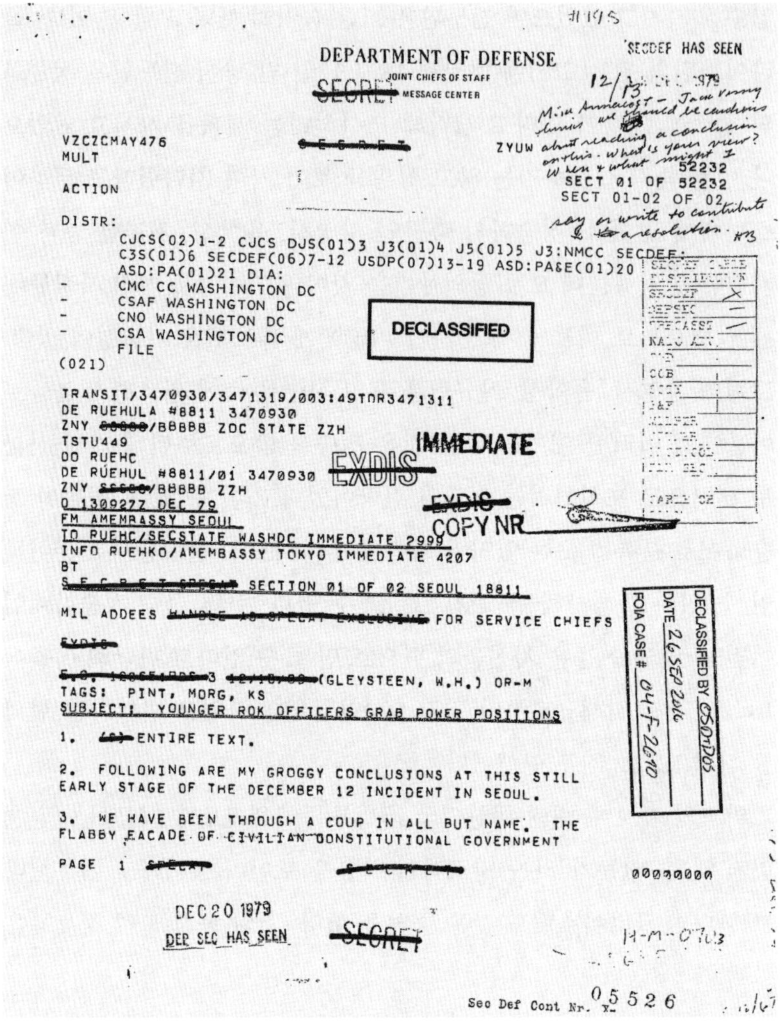

그림 1. 글라이스틴 대사가 미 국무장관에게 보낸 전보: 「대한민국 젊은 장교들의 요직 탈취」 (1979.12.13)의 일부

DOS 5U.S.C.3552(b)(1);
EO13526 3.3(b)(6)
OSD 52.S.C.3552(b)(1);
EO 13526 3.3(b)(1)(6)

DEPARTMENT OF DEFENSE
JOINT CHIEFS OF STAFF
MESSAGE CENTER

PAGE 2 SPECAT ~~SECRET~~ 52232

REMAINS BUT ALMOST ALL SIGNS POINT TO A CAREFULLY PLANNED TAKEOVER OF THE MILITARY POWER POSITIONS BY A GROUP OF "YOUNG TURK" OFFICERS. MAJOR GENERAL CHUN TU-WAN, ADVANTAGED BY HIS POWERS OF SECURITY AND INVESTIGATION, SEEMS THE MOST IMPORTANT FIGURE OF A GROUP OF MEN WHO WERE VERY CLOSE TO PRESIDENT PARK AND GENERALLY ASSOCIATED WITH SECURITY. VARIOUS MOTIVATIONS MAY HAVE BEEN AT WORK: REVENGE FOR PRESIDENT PARK'S DEATH, CONCERN THAT THE OLDER OFFICERS WERE MISHANDLING POLITICAL ISSUES AND FEAR THAT UNLESS THESE WERE MANAGED MORE DECISIVELY THAT SOCIAL UNREST WOULD BREAK OUT VERY SOON; LONGSTANDING RIVALRIES; AND, WITHOUT DOUBT, THE LUST FOR POWER AND COCKINESS OF CERTAIN YOUNG OFFICERS THAT THEY KNOW BETTER THAN THEIR ELDERS. ▓▓▓▓ THE ORGANIZING GROUP PLANNED ITS ACTIONS FOR AT LEAST TEN DAYS AND DREW SUPPORT THROUGHOUT THE ARMED FORCES AMONG YOUNGER OFFICERS. THEY HAVE ALREADY DEVELOPED A LIST OF NEW ASSIGNMENTS IN THE ARMY, AND THE PROMOTION OF THE NEW PRESENT VICE MINISTER KIM YONG HYU TO DEFENSE MINISTER.

4. ▓▓▓▓ THE YOUNG TURK OFFICERS INTEND TO BE ALL THINGS TO ALL PEOPLE. THEY ARE GOING TO BE ANTI-COMMUNIST, PRO-AMERICAN, CONCERNED WITH ADVANCING YOUNGER TALENT TO SENIOR POSITIONS, AND DETERMINED TO PURSUE AN ORDERLY PROCESS OF POLITICAL LIBERALIZATION. SOME OF THE ALLEGED MOTIVES ARE CONTRADICTORY, AND OVER TIME A MORE DISTINCTIVE PATTERN MAY DEVELOP. WHILE I AM ENCOURAGED TO HEAR THEY WANT TO AVOID SOCIAL UNREST AND ARE UNWILLING TO HAVE THEIR TROOPS "FIRE ON THE PEOPLE", I AM NOT AWARE OF MANY INSTANCES WHERE MILITANCY AND COCKINESS HAVE PERMITTED THE DEGREE OF TOLERANCE AND COMPROMISE NECESSARY FOR SUCCESSFUL POLITICAL ACTIVITY.

5. THE NEW PATTERN OF AUTHORITY WHICH WE HAVE BEEN GROPING TO IDENTIFY DURING THE PAST FEW WEEKS HAS NOW BEEN FURTHER COMPLICATED. CIVILIAN AUTHORITY HAS BEEN FURTHER WEAKENED. WITHIN THE MILITARY, THE DIVISIONS I ESTIMATED AS POTENTIAL DANGERS A FEW MONTHS FROM NOW HAVE ALREADY MANIFESTED THEMSELVES. AND FINALLY JUST AS WE WERE SURPRISED BY THE SPEED OF THIS POWER GRAB, WE SHOULD NOT COMPLETELY RULE OUT COUNTERMOVES OR SIMILAR ACTION BY

PAGE 2 ~~SPECAT~~ ~~SECRET~~ 00000000

DECLASSIFIED

전두환 장군과 몇몇 군인들이 모종의 행동을 모의하고 있음을 포착했다. 그러나 미군 측은 12월 13일까지 한국군 측으로부터 아무 보고도 받지 못했다.[37] 글라이스틴이 12월 13일 미 CIA의 한국지부장인 브루스터에게 받은 사후 보고에 의하면 "거사를 최소한 10일 전부터 계획했으며 전군의 젊은 장교들의 지지를 규합했다"는 것이다.[38] 노재현 국방장관이 이를 확인하기 위해 합동수사본부장 전두환 장군에게 물어보았는데, 그는 당연히 사실대로 말하지 않았다는 것이다.

한편 문홍구 장군은 합참 정보국장(777부대장)인 김용금 중장(육사 7기)에게 물어보았는데, 김 장군은 미8군에 근무하는 한국인 2세 교포들에게 들었다며 자신도 알고 있다고 했다. 문홍구 장군은 김용금 장군과 함께 노재현 장관에게 가서 상당한 근거가 있으니 철저히 조사해 보자고 했다. 그런데 노재현 장관이 화를 내며 부인하는 바람에 더 이상 조사를 하지 못했다. 이 대목에서 전두환-노재현 내통설을 제기할 수도 있다. 이는 1961년 5·16 이전의 장도영-박정희 내통설을 연상케 한다.

---

37 William H. Gleysteen, Jr., *Massive Entanglement, Marginal Influence: Carter and Korea in Crisis* (Washington, DC: Brookings Institution Press, 1999), p. 78; 윌리엄 H. 글라이스틴, 황정일 역, 『알려지지 않은 역사: 전 주한미국대사 글라이스틴 회고록』(중앙 M&B, 1999), 121~122쪽.

38 "Telegram from Gleysteen to Secretary of State: Younger ROK Officers Grab Power Positions," Seoul 18811, O 130927Z Dec 79, http://nsarchive.gwu.edu/dc.html?doc=3696540-Document-13-Cable-Seoul-18811-Amembassy-Seoul-to (검색일: 2017.6.4); 〈5·18민주화운동기록관〉(검색일: 2020.5.15); 「미국대사관에서 국무장관급에 보낸 전문: 대한민국 젊은 장교들 요직 탈취」, O 130927Z Dec 79(GMT 1979년 12월 13일 09시 27분); William H. Gleysteen, Jr.(1999), 앞의 책, 210~211쪽; 윌리엄 H. 글라이스틴, 황정일 역(1999), 앞의 책, 294쪽.

노재현 당시 국방장관은 사후(事後) 증언에서, '위컴 사령관이 전두환 장군을 비롯한 정규 육사 출신들의 수상한 움직임에 대해 정보를 줬다'는 문홍구 합참본부장의 증언에 대해 사실이 아니라고 평가했다. 위컴이 당시 문홍구 장군을 만날 아무런 관계가 없었다는 주장이다. 노재현은 위컴으로부터 그런 정보를 받은 바 없다고 극구 부인했다.[39]

그런데 이러한 정보는 당시 한국 내에 퍼져 있던 루머들 중 하나였으며, 미군이 12·12 거사에 대한 디데이, 공격개시시간(H-hour) 같은 구체적인 정보를 가지고 있었던 것은 아닌 것으로 추정된다.

글라이스틴은 12월 12일 밤 위컴과 함께 미군 벙커에 도착했을 때 쿠데타가 진행 중이라는 생각은 했지만 누가 주동자인지 그들의 휘하 병력이 어느 부대인지는 알지 못했다. 그들은 전두환을 의심했지만 전두환은 그의 부대가 사실상 정부를 장악하기까지 미국과의 접촉(글라이스틴은 정식 연락 창구인 브루스터를 통해 접촉을 시도)을 교묘하게 거부했으며 최규하 대통령과의 접촉도 몇 시간 동안 제지했다.[40]

글라이스틴 대사가 1980년 5월 29일 국무부에 보낸 「5·17 관련 미국 대응에 대한 언론 조작」이라는 제목의 보고서에 의하면, "최근 전두환 장군은 언론사 발행·편집인 대표자 모임에서 미국이 12·12 사건에 대해 사전에 통보받았다는 내용의 연설을 했"는데 이 의도적인

39 조성관, 「최초인터뷰 16년의 침묵 깬 노재현 전국방장관: 그날 밤 후회는 없다 장태완의 무능이 12·12 성공시켰다」, 『월간조선』(1996.1), 203~204쪽.
40 William H. Gleysteen, Jr.(1999), 앞의 책, 65, 78쪽; 윌리엄 H. 글라이스틴, 황정일 역(1999), 앞의 책, 105, 121쪽; "Telegram from AmEmbassy (Gleysteen) to SecState: Press Distortions of the U.S. Reaction to May 17 and Other Events," May 29, 1980, in William H. Gleysteen, Jr.(1999), 앞의 책, 216쪽; 윌리엄 H. 글라이스틴, 황정일 역(1999), 앞의 책, 300쪽.

발언이 한국의 언론에 보도되었다. 이에 전두환과 만났던 언론인들에게 "위컴 장군과 글라이스틴 대사는 일이 벌어진 다음에야 정승화 전 육군참모총장이 체포되었다는 것을 알게 되었으며, 무슨 일이 일어나고 있는지 확실히 알게 되기까지 수 시간 동안 체포해 간 사람들과 접촉할 수 없었다"는 구두 메시지를 전달했다고 보고했다.

이렇듯 12·12 사태 때 미국은 정승화가 체포된 것을 사후에 알았다는 사실을 주지시켰다고 상부에 보고했다.[41] 글라이스틴은 공개적으로 전두환과 마찰을 빚는 것이 바람직한 일이 아니라고 하면서도 이러한 조치를 취했다. 단지 문서로 전달하지 않아 증거를 남기지 않은 것이 이에 대한 배려였을 뿐이다.(물론 미국 측에는 문서가 남아 있으므로 이러한 역사 서술이 가능하다.) 글라이스틴은 전두환이 자신이 취한 조치에 대해 알았을 것이며 이러한 정면 대응에 기분 나빴을 것이라고 회고했다.[42] 그런데 이러한 교정 작업은 1980년 5월 당시 언론을 장악하고 있던 신군부의 사전 검열 때문에 어느 언론기관도 정정하지 않았다. 단지 AP통신만이 보도했으며 한국에는 보도되지 못했다.[43]

---

41 "Telegram from AmEmbassy (Gleysteen) to SecState: Press Distortions of the U.S. Reaction to May 17 and Other Events," May 29, 1980, in William H. Gleysteen, Jr.(1999), 앞의 책, 215~216쪽; 윌리엄 H. 글라이스틴, 황정일 역(1999), 앞의 책, 299~300쪽; 이흥환, 「글라이스틴의 고뇌와 한 선교사의 현장기록」, 『신동아』(2004.6), 354~368쪽.

42 William H. Gleysteen, Jr.(1999), 앞의 책, 142쪽; 윌리엄 H. 글라이스틴, 황정일 역(1999), 앞의 책, 201쪽

43 "United States Government Statement on the Event in Kwangju, Republic of Korea, in May 1980," June 19, 1989, Vertical File, Box 71, Presidential Papers of Jimmy Carter, Jimmy Carter Library; John Adams Wickham, Jr.(1999), 앞의 책, 211쪽; 존 위컴, 김영희 감수, 유은영 외 공역(1999), 앞의 책, 319쪽.

3장

12·12 사태의
전개 과정

1. 12월 12일,
반란군과 진압군

전두환 합수부장은 정 총장의 10·26 연루 혐의에 큰 문제가 없다는 사실을 비교적 잘 알고 있었다. 이는 11월 6일 대통령 시해사건 수사 결과 발표 후 전두환의 발언에서 확인된다. 당시 한 기자가 "정승화 육참총장이 이번 사건과 관련됐다는 의문이 제기되고 있는데 이에 대한 결과는?"이라고 질문했을 때 전두환은 아래와 같이 대답했다.

　　10월 26일 하오 4시 대통령이 방문하리라는 연락을 받고 김재규가 거사를 결심, 5분 후 정 총장과 김 제2차장보를 근처로 불러들인 것은 일종의 유인이었다. 김재규는 범행 후 정 총장을 설득하려 했고 설득이 안 될 경우 협박하려 했다. 사건 직후 정 총장과 동행한 김재규는 차 속에서 정 총장을 협박할 것인가 살해할 것인가 궁리했다. 그러나 옷과 신발을 얻어 입고 신는 사이 차가 이미 육군본부에 도착했다. 정 총장은 김재규와의 식사 약속 이후에 시해사건이 일어났기 때문에 당시 김재규를 의심할 여지가 없었다. 만약 사건 직후 정 총장이 김재규의 계획대로 중정으로 향했다면 국가가 혼란 상태에 빠졌을 것이다. 육본으로 가자는 정 총장의 제의에 수행비서관 박흥주 대령이 동조한 것은 정 총장과 김재규 사이에 거사에 대한 합의가 이루어진 것으로 오해했기 때문이었다. 정 총장의 신속한 조치 때문에 사건이 질서정연하게 해결됐다.[1]

이렇게 11월 6일에는 오히려 정승화를 두둔했다.[2] 그러나 12월 12일에는 완전히 달라졌다. 이날 전두환은 정 총장 연행 결재 서류를 들고 최규하 대통령 권한대행을 찾아갔다. 같은 시각에 허삼수·우경윤 등 보안사 수사관과 수도경비사령부 제33헌병대[3] 병력 65명은 한

---

1 「전두환소장과 일문일답」,『경향신문』1980년 11월 6일, 1면.
2 그러나 1996년 역사바로세우기 공판 과정에서 김상희 검사가 전두환에게 "정승화 총장은 당시에 김재규의 범행에는 관련이 없고, 오히려 적절하게 대처를 했다. 이렇게 답변한 사실은 기억이 나십니까?"라고 묻자 전두환은 "기억납니다. 왜 그런고 하면 박 대통령이 시해당한 지 며칠 안 됐지 않습니까? 따라서 정부는 아주 무력하고 상대적으로 계엄사령관이 국가의 권력을 거의 다 장악하게 됐습니다. 그런데 그 사람을 지금 보안사에서 합수부에서 아주 은밀히 내사를 하고 있는데 권력 쥔 사람을 공개석상에서 당신 내사하고 있소 이런 소리 하다가 모가지 몇 개가 견디겠습니까, 겁나서 그런 소리 못했지요. 그것은 방편입니다."라고 주장했다. "검사 김상희가 피고인 전두환에게 한 질문」, 제2회공판조서: 사건 95고합 l280 반란수괴 등, 96고합 38(병합) 내란수괴 등, 96고합 76(병합) 내란중요임무종사등, 96고합 127(병합) 반란중요임무종사등, 재판장 판사 김영일, 판사 김용섭, 판사 황상현, 법정의 공개여부 공개, 장소 제417호 법정, 기일 1996.3.18. 10:00, 법원 사무관 이덕기, 고지된 다음기일, 1996.3.25.10:00.
3 정승화의 지시로 10월 27일 0시 40분에 김재규를 체포한 전두환은 시해 현장인 궁정동 중정 안가를 조사하기 위해 이를 접수할 병력이 필요하다는 이유로 청와대 경호실 직속인 33헌병대 병력을 보안사로 배속시켜 달라고 정승화에게 요구해 승낙을 받았다. 보안사는 국군서울지구병원에

남동 육군참모총장 공관에 난입하여 경비원들에게 우발적으로 총격을 가해 제압한 후 정승화를 보안사 서빙고 분실로 강제 연행했다.

『제5공화국 전사』는 합수본부 허삼수·우경윤 두 대령 등이 저녁 7시께 총장 공관에 도착한 뒤 벌어진 일련의 '사건'을 상세하게 담고 있다. 그날 참모총장의 응접실을 방문한 육군 범죄수사단장 우경윤 대령이 인사 후 본론을 꺼냈다. "김재규와 총장님 사이에 돈이 거래되었다는 이야기가 나왔습니다." 정 총장은 "그런 일 없다고 했지 않아, 그런 일 없어!"라고 단언했다. "법적인 증빙자료를 얻기 위하여 온 것이니까 총장님의 육성으로 말씀을 녹음했으면 좋겠습니다." 정 총장은 "그러면 하지 뭐."라고 했다. "저희들이 아직 녹음 준비를 못 해왔기 때문에 저희들이 준비한 곳으로 가주셨으면 좋겠습니다." 이에 정 총장은 "너희들 어디서 왔나?"라고 언성을 높였다. 허삼수 대령이 "저희들은 대통령 각하의 지시를 받고 왔습니다."라고 응수했다. 거짓말이었다. 허 대령 일당은 정 총장을 끌고 현관까지 나와 차에 태웠다. 그 와중에 총격전이 벌어졌다. 보안사 서빙고 분실에 도착해 정 총장은 합수본부 수사팀에 넘겨졌다. 저녁 7시 21분이었다. 강제 연행에 걸린 시간은 17~18분에 불과했다.[4]

정승화는 후일 다음과 같이 회고했다. "공관에서 경호실 요원 복장을 한 자가 내 가슴에 총구를 갖다 대고 가자고 할 때 '이게 뭔가 심

있던 중정 요인들을 체포했으며 이들을 앞세워 궁정동 안가를 접수했다. 한편 12월 12일에는 공교롭게도 33헌병대가 정승화 연행 작전에 동원되었다.
[4] 정대하, 「[단독] 전두환, 박정희 사망 일주일 만에 12·12 "확고한 결심"」, 〈한겨레〉(2017.4.22).

상치 않구나. 단단히 나를 의심하고 조사하려고 하는구나' 하는 단순한 생각으로 끌려간 것이 가장 큰 실수였다. 내가 그들이 그런 소리를 할 때 '쿠데타'라는 생각을 조금이라도 했다면 얼마든지 적절한 조치를 취할 수 있었다. 나는 부하들을 너무 믿었고, 군 조직을 너무 믿었다."[5] 쿠데타라고 생각했다면 연행을 거부하여 실력 행사를 했을 것이라는 말이다.

전두환은 2017년 회고록에서 허삼수·우경윤 두 대령이 무장을 하지 않았다고 주장한다. 그렇지만 두 대령만 무장을 하지 않았을 뿐 대령의 부하들은 무장을 했다. 우발적인 사건이라는 전두환의 주장은 허울뿐인 변명이다. 우경윤 대령이 지휘하는 수도경비사령부 33헌병대 소속 박윤관 일병 등 2개 제대(諸隊)는 무장한 채 두 대령을 수행했으며 박윤관 일병은 정승화 총장을 연행할 때 상부의 지시에 따라 총장 공관 초소를 점령했다. 불법 연행이 끝난 뒤에도 박 일병은 공관 초소를 지키다가 공관 경비 병력인 해병대가 초소를 회복하는 과정에서 총에 맞아 숨졌다.[6]

전두환의 지시에 따라 대장을 연행해 오던 허삼수 대령의 부하들은 극도로 긴장한 상태에서 정 총장 경비병들에게 먼저 총을 쏘았다.[7] 윤성민 육군참모차장 지휘하의 육군 수뇌부는 이 사실을 확인하

---

5   정승화, 『12·12사건 정승화는 말한다』(까치, 1987).
6   고나무·김선식, 「잊혀진 죽음, 정선엽·박윤관 두 사병도 기억하라」, 〈한겨레〉(2013.5.21).
7   전두환 보안사령관은 거사 후인 1980년 1월 23일 보안사령부에서 열린 '위로파티'의 인사말에서 "불행하게도 지난 12월 12일 전 정승화 총장 연행 및 조사 과정에서 정승화 총장의 예기치 않은 발포와 부하들의 난동으로 인해서 본의 아니게 그 국민 간에 다소의 충돌사고를 야기함으로써 우리 국민들이나 또 해외(미국을 암시함. 미국의 비판적 입장을 전두환이 의식하고 있음이 확

고 전군에 비상을 발동했으며, 합동수사본부 측에 연행된 정승화를 되돌려 놓으라고 명령했으나 거절당했다. 실병력을 갖고 있는 군 신경 조직 요소마다 하나회 소속 장교들이 포진해 있었다. 이미 1공수여단과 5공수여단 병력이 육군본부와 국방부를 총격전 끝에 점령했으며,[8] 9사단 병력 등은 중앙청으로 진입했다.

진압군 측의 상황을 구체적으로 살펴보면, 12월 12일 저녁 7시 30분 윤성민 참모차장은 공관(육본 본사 지역 영내)에서 정승화 참모총장의 부인 신유경 여사로부터 총장 공관에서 총격전이 벌어지고 정 총장이 괴한에게 납치되어 갔다는 다급한 전화를 받았다. 이에 윤 차장은 지체 없이 지근거리에 있는 헌병감실로 가서 상황을 파악하려 했으나 더 이상의 정보가 없어 육본 B-2벙커로 직행하여 수도권 일원에 비상경계령 '진돗개 하나'를 하달하는 동시에 육본 참모들의 비상소집을 지시했다. 그와 함께 육본 5분대기부대를 정 총장 공관으로 출동시켜 정 총장 구출을 시도했다. 그러면서도 그는 총장 납치사건이 북한 무장공비의 소행인지 아니면 군 내부의 소행인지 판단이

인된다.-인용자)에까지 다소의 오해도 불러일으키고 했지만은 이러한 사건 역시 우리가 원하는 대로 잘 수습이 돼서."라고 회고했다. 이에 더하여 '보안사령관이 한국 실권자'라는 유언비어가 아직도 내용을 잘 모르는 국민들 간에 오고가고 있다고 지적하기도 했다. 「12.12사태 직후 열린 보안사 위로 파티, 전두환의 인사말은?」 5.18 40주년 아카이브 프로젝트」, 〈KBS광주〉(검색일: 2021.10.16).

8 경비병인 국방부 헌병대 소속 정선엽 병장이 총격으로 사망했다. 문학진, 「명백한 범법행위 왜 역사에 맡기나: 12·12당시 진압군쪽의 사람들」, 『한겨레신문』 1993년 7월 12일. 수경사 방포단 소속으로 국방부 옥상에 있던 방공포대는 장태완 사령관으로부터 사격 명령을 받았다. 전두환 측에서는 국방부와 육본의 부대에 대해서 저항하지 않도록 미리 손을 써 두었으나 이 방공포대는 착오였는지 건너뛰었고 결국 유일하게 저항한 장면으로 남았다. 조갑제, 「공수 1여단, 한강을 건너다!」, 〈조갑제닷컴〉(2016.6.28).

서지 않아 전방부대와 한미연합사에 북한군의 동태를 알아본 결과 적의 특이한 움직임은 없었다. 따라서 윤 차장은 내부 소행이라는 결론을 내렸으나 어떤 집단이 무슨 목적과 동기로 범행을 했는지 알 길이 없었다.

  윤 차장은 저녁 7시 50분 정 총장 수행부관 이재천 소령의 전화를 받았는데, 내용은 보안사 정보처장 권정달 대령과 육본 범죄수사단장 우경윤 대령 등의 소행이라는 것이었다. 윤 차장은 처음에는 이들이 장군 진급 탈락에 불만을 품고 납치극을 벌인 것이 아닌가 추측했다고 한다. 그러나 바로 그때 헌병감 김진기 준장이 B-2벙커에 나타났다. 김진기 헌병감은 연희동 요정에서 연락을 받고 귀대하는 상황이었다. 그로부터 우경윤 대령이 합수부에 파견근무 중임이 확인되었고, 전두환 합수부장이 특전사령관, 수경사령관 및 헌병감 등 주요 부대장과 참모를 연희동 모 요정에 초대해 놓고 그는 나타나지 않았음을 알게 됐다. 윤 차장은 이 모든 것을 포함해서 여러 경로로 들어온 상황 보고를 종합해 본 결과 정 총장이 전두환 합수부장에 의해 불법으로 강제 연행된 것으로 단정하게 되었다. 그리하여 윤 차장은 계엄사령관 겸 육군참모총장의 직무를 대행하기 시작했다.

  윤성민 차장은 먼저 치안본부와 서울시경에 정 총장 납치범을 체포(차량 수배 포함)하도록 지시하는 한편, 모든 부대장들에게 부대 장악 및 출동 통제 지시를 하달하면서 상황이 불투명한 관계로 작전명령은 윤 차장 자신의 육성에 의해서만 시달될 것임을 강조하고 각급 부대 지휘관들의 소재를 파악해 보고하도록 지시했다. 그 결과 수도권 일원에 포진하고 있는 수도군단장, 제20사단장, 제9사단장, 제1군단장, 제71훈련단장, 제1, 제3, 제5공수여단장 등 주요 부대 지휘관들이 보안사 인근 제30경비단장실(경복궁 내)에 모여 있다는 것이 판명되었다.

윤 차장은 저녁 8시 30분경 상황 보고를 하고 후속 조치에 대한 지시를 받기 위해 국방부 장관 및 대통령과 통화를 시도했으나 이루어지지 않았다. 당시 노재현 국방장관은 소재가 확인되지 않아 소통할 수 없었고, 최규하 대통령과는 알 수 없는 사정으로 통화가 차단된 상황이었다. 12일 저녁 8시부터 윤성민은 국군 통수권자인 대통령과 교신하려고 했으나 '지금은 바꿔줄 수 없는 상황'이라는 최광수 비서실장의 답변만 들었으며, 신현확 총리로부터는 '지혜롭게 수습해 달라'는 부탁을 받았다고 했다. 8시 30분 즈음 윤성민 차장은 전두환 합수부장과 교신했다고 12·12와 5·18 사건 재판 제1심에서 증언하기도 했다. 계엄사령관의 불법 연행이라는 중대 사건이 발생하여 군에 비상이 발령된 상황임에도 군통수권자인 대통령이나 국방장관으로부터 아무런 지시도 받을 수 없었으므로 반란 진압이 미궁에 빠지게 됐다.

육군 수뇌부로서는 전두환 합수부장을 중심으로 한 일단의 장성들이 치밀한 사전 계획 아래 조직적으로 군사행동에 들어간 것으로 판단하고 이미 발령한 수도권 일원의 '진돗개 하나'를 밤 9시부로 전군에 확대하여 발령했다. 밤 9시경 육군 지휘부는 '대통령의 재가도 없이 무장 병력을 동원하여 계엄사령관을 강제로 연행한 사실은 군사반란 행위이므로 원상회복을 위해서 무력 동원도 불사해야 한다'는 강경론이 지배적이었다. 따라서 윤 차장은 제30경비단장실에 모여 있는 유학성, 황영시 등 장성들에게 전화로 정 총장의 강제 연행은 불법임을 지적하고 원상회복을 요구했다.

　그러던 와중에 12월 12일 밤 9시 30분 윤성민 차장은 제1공수여단 병력이 육본을 점령하기 위해 출동한다는 보고를 받았다. 이에 육본 수뇌부에서는 '육본은 자체 방어 능력이 없으므로 자체 병력과 통신 능력을 구비한 수도경비사령부로 지휘부를 이동하자'는 의견이 제기되었다. 행방을 알 수 없던 노재현 국방장관이 밤 10시경 잠시 B-2벙커에 들러 육본 지휘부를 수도경비사령부로 이동하여 상황에 대처하는 것이 좋겠다고 동의했다.(노재현 장관은 곧바로 바로 옆의 미8군 벙커로 이동했다.) 따라서 윤 차장을 비롯한 육본 수뇌부는 밤 10시 15분 수경사로 지휘부를 이동했다. 육본 지휘부의 조기 이동은 군사적으로 전술지휘소 개념으로 해석할 수도 있으나 전군 지휘통신망이 완벽하게 구비된 기존 지휘소를 쉽게 포기한 것은 반란군 측에게 육본 측의 통신 등의 약점을 노출시켜 그들의 기세를 북돋아 준 결과가 되었을 뿐만 아니라, 반란 진압의 실질적 책임 사령부인 수경사령부에 큰 부담을 안겨 주면서 사실상 제 기능과 역할을 충분히 발휘하지 못하게 했다. 따라서 이 지휘소 이동은 여러 패착 중 하나로 여겨진다.

　수경사로 이동한 육본 수뇌부는 윤성민 참모차장을 비롯하여 천주원 인사참모부장, 황의철 정보참모부장, 하소곤 작전참모부장, 채항석 교육참모부장, 안종훈 군수참모부장, 정정택 예비군참모부장, 김시봉 관리참모부장, 이정랑 통신감, 신정수 민사군정감 겸 계엄사령부 참모장, 김진기 헌병감 등 일반 및 특별 참모들이었다. 그리고 합동참모본부장 문홍구 중장이 합류하고 있었다. 이 밖에 이들의 수행 부관도 10여 명 있었다. 이들 수뇌부는 수경사령관의 집무실을 차지했으며, 수경사령관은 접견실로 자리를 옮겨서 진압을 도모했다. 이곳에서 육본 수뇌부가 행한 일은 고작해야 윤성민 차장에 의한 변규수 육본 보안부대장(준장)의 연금 조치 승인뿐이었다. 그 외에 문홍구 합참본부장에 의한 황원탁 대령(정 총장 수석부관)의 전차를 동반한 정승화 총장 구출대 출동 제지, 그리고 노재현 장관, 합참의장 김종환 대장, 이희성 중앙정보부장 서리 등의 "절대로 병력 동원을 하지 말라"는 공통된 내용의 전화를 접수하여 예하 각급 부대에 전달하는 일 등은 모두 반란군 진압을 제지하는 방향이었다. 병력 동원을 저지하는 분위기가 수경사령관 장태완 소장에게만 제대로 전달되지 않았으므로 그는 진압을 일관되게 주장하는 강경파로 홀로 남게 되었다.

당시 육군 헌병감 김진기 준장은 "사건의 초동 단계에는 윤성민 차장 이하 육군 수뇌부가 격앙되어 반란 진압에 적극성을 발휘했으나 시간이 경과함에 따라 유혈 사태를 피하는 방향으로 해결을 시도했다. 특히 윤성민 차장이 전두환 합수부장 측과 자주 교신하면서부터 소극적 온건 대처로 선회하면서 일종의 구두 신사협정을 맺기도 했으나, 이 협정은 전두환 측이 먼저 파기함으로써 사태가 악화되었다. 다만 장태완 수경사령관만이 적극성을 발휘했다."라는 요지의 술회를 했다. 반란 진압 실패의 원인을 분석한 문홍구 장군은 "윤성민 차장이 중반 이후에는 소극적이었고 후반에는 저쪽과 동조한 거나 다름없는 행위를 취했다"는 것이 직접적 원인 중의 하나라고 지적했다.

이미 서울로 출동했던 진압군 측 9공수여단(인천시 계양구 효성동 소재)은 12월 13일 새벽 0시 20분 부천에서 회군했고 반란군 측 1공수여단(서울시 강서구 김포 소재)이 지휘부가 떠난 육본과 별다른 병력이 없던 국방부를 손쉽게 장악했던 것은 신군부의 비교적 준비된 공작인바 별도의 항목에서 후술하고자 한다. 전두환계인 공수단은 국방부에 이어 결국 수도경비사령부까지 접수했다. 진압군 병력 출동을 추진했던 육군 수뇌부는 모두 서빙고 분실로 불법 연행되었다. 정병주 특전사령관이 12월 13일 새벽 0시 25분 거여동 특전사령관실에서 최세창이 지휘하는 3공수여단에 의해 불법 연행되었고,(당시 특전사령관 비서실장 김오랑 소령이 반란군이 먼저 사격을 하자 이에 대응하다 사망함으로써[9] 총 3명의 군인이 총격전 끝에 사망함) 비상계엄하의 수도계엄사무소장[10]으로 가장 강력하게 저항한 장태완 수경사령관[11]이 12월 13일 새벽 4시 30분 수경사령관 접견실에서 연행되었으며,[12] 아침 8시에 이건영 3군 사령관이 연행되었다. 윤성민 참모차장, 문홍구 합참본부장 등 수경사에서 진압군을 지휘했던 육군 수뇌부들도 장태완과 비슷한 시간에 수경사령관실에서 연행되었다.[13] 12월 13일 아침, 전

9 김충립, 「전두환〈보안사령관〉, '보안사령관 교체' 정보에 정승화〈계엄사령관〉 전격 체포: 12·12쿠데타 전말」, 〈신동아〉(2016.7.12). 당시 보안사에서는 김오랑의 부대 내 장례 및 국립묘지 안장 불가 지시를 내렸으나 후임 특전사령관 정호용(대구 50사단장에서 영전)의 확고한 의지로 묵살됐다고 한다. 정호용은 "부대 내에서 부하가 상관을 체포하기 위해 총격전을 벌인 것은 잘못된 일이고, 김오랑은 목숨을 바쳐 자신의 직무를 성실히 수행한 훌륭한 군인이며 부당하게 피살당했기에 부대장을 치르고 국립묘지에 안장하는 것이 마땅하다"는 의견을 표명했다. 김충립 소령은 보안사의 지시를 보고받고도 소신 있게 말하는 정호용을 보고 훌륭한 군인정신을 지닌 인물임을 알게 됐고, 동시에 보안사 지시도 거스를 만한 파워를 가진 인물임을 알게 됐다고 회고했다. 12·12 모의에는 가담하지 않고 늦게 편승한 정호용과 전두환의 거리를 느끼게 하는 대목이다.
10 오동룡, 「12·12 쿠데타로 강제 예편당한 군인들 명예회복을!」, 『월간조선』(2010.1).
11 장태완, 『12·12 쿠데타와 나』(명성출판사, 1993).
12 장태완, 「12·12 당시 수도경비사령관 장태완 장군 육필 수기(진압 실패 10시간)」, 〈시사저널〉(2006.5.16).
13 대한민국재향군인회 편, 『12·12, 5·18 실록』(대한민국재향군인회 호국정신선양운동본부,

두환은 단 하룻밤 사이에 군내 최고 실력자로 떠올랐다.

이건영 사령관은 연행되기 전인 12월 13일 오전 6시 3분 한미연합사 소속 이민영 소장(연합사 정보참모부장)과 통화했다. 이민영 소장은 전두환 보안사령관이 신병이 확보된 노재현 장관을 끌고 삼청동 대통령 공관[14]으로 가서 최규하 대통령과 만나고 있으며,(즉 반란이 성공해 새벽 5시 10분에 사후 결재를 득함 – 인용자) 정승화 참모총장, 정병주 특전사령관, 이건영 사령관 등 세 사람은 사임해야 된다고 한 전언을 전달했다.[15] 한미연합사 부사령관 류병현 대장은 12·12 당시 반란군 측은 아니었으나 그렇다고 진압군 편에 적극적으로 가담하지도 않았다. 류 대장은 육본 측에 있다가 일찍 이탈해 미8군 벙커로 들어갔으며 미군의 뜻에 따라 진압군 출동을 제어했다. 그의 참모였던 이민영 소장은 관찰자였다. 이 소장은 12·12 당시 진압군과 반란군 양쪽과 소통하면서[16] 양측에 미군의 입장(병력 동원 자제)을 전달하는 메신저 역할을 했던 것으로 추정된다.

이민영 소장과 통화한 후 이건영 사령관은 마음이 다급해졌다. 이건영 장군은 12월 13일 오전 6시 7분 육사 동기생인 김용휴 국방차관

1997), 79~81쪽.

14 당시 대통령은 취임식 전이라 청와대가 아닌 권한대행 시절에 사용했던 총리 공관에 머물렀다.

15 형님(이건영)은 상당히 조심하셔야 될 것 같다며 정병주 사령관이 이미 들어갔다는 소식도 전했다. 「3군사령관 이건영 중장과 한미연합사 이민영 소장의 통화」(1979년 12월 13일 6시 3분), 「12·12 사건 – 장군들의 현장육성 2」(오디오 테이프, 27:23), 『월간조선』(1995.9) 부록, https://www.youtube.com/watch?v=khdcZGVm5p4&feature=emb_rel_pause (검색일: 2021.1.21).

16 「3군사령관 이건영 중장과 연합사 정보참모부 이민영 소장의 통화」(1979년 12월 13일 2시 18분), 「12·12 사건 – 장군들의 현장육성 2」(오디오 테이프, 19:23), 『월간조선』(1995.9) 부록.

으로부터 전화를 받았다. 이 통화에서 이건영은 이미 신군부 측에 의해 신병이 확보된 노재현 국방장관이 "여기(국방장관실) 와서 같이 상의 좀 하자"는 말을 했다고 전해 들었다. 그는 자신에 대한 연행 작전이 이미 초저녁에 있었다면서[17] 국방장관실로 가는 도중에 안전할지(연행되지 않을지) 우려하기도 했다.[18] 결국 대세가 결정되었음을 알게 되자 이건영 장군은 마음을 비우고 12월 13일 아침 8시 국방장관실로 찾아갔으며 신군부는 그를 보안사 서빙고 분실로 연행했다.[19] 신군부와 내통한 김용휴가 결과적으로는 육사 동기 이건영 장군을 국방장관실로 유인해 넘겼다고 할 수 있다.

---

[17] 12월 13일 새벽 1시 15분 육군본부 상황실을 지켰던 육본 정보처장 이규식 준장이 이건영 사령관에게 전화해서 비화기(祕話機, 감청 방지 장치가 설치된 전화기)를 쓰라고 전제하면서 "밖에서 뭐 들어갈지 모릅니다."라며 "정문에 경비 잘 하십시오."라고 제보했다. "뭐 때매"라고 이건영이 물어보니 대답하기 어려운 듯 뭐 그런 게 있다면서 말꼬리를 흐린 후 "사령관님 잘 지키셔야 됩니다."라고 걱정했다. 「3군사령관 이건영 중장과 육군본부 정보처장 이규식 준장의 통화」(1979년 12월 13일 1시 15분), 「12·12 사건-장군들의 현장육성 2」(오디오 테이프, 4:37~5:01), 『월간조선』(1995.9) 부록. 이규식 준장은 보안사 통화를 감청해 정보를 얻고 있었으며 보안사의 이건영 체포 지시 정보를 입수해서 이건영 장군에게 귀띔했던 것이다. 노가원, 『264일의 쿠데타 2: 12.12 군사반란』(시아, 2017), 158쪽. 따라서 이건영이 초저녁이 아닌 시간을 초저녁으로 오인했다고 할 수 있다.

[18] 「이건영 3군사령관과 김용휴 국방부차관 통화」(1979년 12월 13일 6시 7분경), 대한민국재향군인회 편(1997), 앞의 책, 536쪽; 「3군사령관 이건영 중장과 김용휴 국방차관의 통화」(1979년 12월 13일 6시 10분경), 「12·12 사건-장군들의 현장육성 2」(오디오 테이프, 29:03), 『월간조선』(1995.9) 부록.

[19] 대한민국재향군인회 편(1997), 앞의 책, 120쪽; 조성관, 「최초인터뷰 16년의 침묵 깬 노재현 전 국방장관: 그날 밤 후회는 없다 장태완의 무능이 12·12 성공시켰다」, 『월간조선』(1996.1).

2. 그날 전두환이 주최한 두 건의 장군 모임

전두환은 12월 12일 오후 6시 반 삼청동 총리 공관에 있는 최규하 대통령에게 정승화 총장 연행을 사전 보고하러 출발하면서 같은 시간에 경복궁 내 수도경비사령부 30경비단 장세동 단장실(대령)에 9명의 장성을 모이게 했다. 공교롭게도 같은 12월 12일 저녁 6시 반에 '반대파' 장성들은 연희동 만찬에 초대되어 발이 묶였다. 30경비여단 모임은 의도적인 모임이며 연희동 만찬까지 의도적이었다면 전두환 측이 거사를 준비했다는 정황증거가 되는 셈이다.

전두환은 2017년 간행된 『전두환 회고록 1』에서 "정 총장 연행이 지닌 민감성 때문에 최고도의 기밀 유지가 필요했고, 그래서 30단 장군들 모임의 시간을 최 대통령에 대한 보고 시간에 맞출 수밖에 없었다"고 적어 주도면밀한 모의가 있었음을 암시했다. 이 모임은 그들 사이에서 '생일집 잔치'라는 은어로 불렸다. 『제5공화국 전사』는 "이 30단에서의 중견 장성들의 모임이 사실상 12·12 사태의 발단이요, 성공의 기반이었다고 할 수 있다"고 기록하고 있다. 전두환은 은밀하게 '거사' 참여자와 접촉했다. 『제5공화국 전사』에는 "전 장군이 고도의 보안을 유지한 채 정말로 믿을 수 있는 극히 제한된 수의 인물들에 한해 내밀한 접촉과 상의를 해갔다"고 소개하고 있다. 그런데 전두환은 2017년 회고록에서 "초청 대상을 정하는 데에는 정 총장과 가까운 사람, 만약의 사태 때 정 총장과 대화할 수 있는 장군들을 우선적으로 선택했다"고 증언했다. 군 선배인 황영시(육사 10기, 1926년생), 유학성(정훈 1기, 1927년생), 차규헌(육사 8기, 1929년생)[20] 중장을 특별히 열거했다.(전두환은 1931년생) 그런데 나머지 장성들은 모두 정승화 총장과 가까운 사람이 아니며, 전두환 직계로 분류될 수 있다. 따라서 전두환의 설명은 자파 세력에 의한 배타적 거사라는 정설을 뒤집으려는 궁색한 변명에 불과하다.

제1군단장 황영시는 정승화 총장과 한때 가까웠으나 전두환의 회고록에서 드러나듯이 12·12 당시 전두환 쪽으로 기울었던 인물이다.[21] 더욱이 정승화 직계는 아니었다. 『제5공화국 전사』에 따르면 황영시는 "(전두환) 사관학교 생도 시절의 구대장"이었는데 노태우가 접촉했다고 한다. 전두환은 국방부 군수차관보 유학성 중장이 정 총장 직계인 장태완 수경사령관과 선후배 사이로 대화가 되는 관계였다고 평가했다. 이렇게 정승화 직계가 아닌 방계를 포섭해 일단 유사시 직계 쪽으로 쏠리지 않게 만드는 계략이 있었다고 할 수 있다. 유학성은 1961년 5·16 당시 최고회의에서 전 장군과 함께 근무한 인연이 있다. 전두환과 같은 1공수여단장 출신인 수도군단장 차규헌 중장은 정승화 육군참모총장이 1979년 장군 진급 심사 위원장을 맡길 정

---

20 차규헌 장군이 한때 군 인사에 불만을 가졌으므로 역쿠데타를 주도했을 가능성이 있다는 제보를 접한 안기석 기자는 차 장군에게 문의했으나 "그런 일 없다"는 대답을 들었다고 한다. 안기석, 「영어 잘하는 신군부내 장군 12·12 역쿠데타 모의했다」, 『신동아』(1999.6), 183쪽. 안기석 기자는 "조기 전역을 강요당한 김재규 라인의 장군들이 반발했을 것"이라는 추측을 부기했다.
21 황영시가 10월 27일 전두환에게 전화해 왜 정 총장을 조사하지 않느냐고 추궁했으며 제1차 계엄 확대회의에서 정 총장이 김재규의 범행을 정당화하는 듯한 발언을 하자 11월 24일 오후 부대로 돌아가는 끝에 전두환을 찾아와 직무유기를 하는 것 아니냐고 질책했다는 일화를 기술했다. 전두환 저, 민정기 책임정리, 『전두환 회고록 1: 혼돈의 시대, 1979~1980』(자작나무숲, 2017), 183쪽.

도로 신임을 받았다고 전두환은 주장했다. 차 중장은 12월 11일 우연히 만나 다음 날의 저녁 식사 자리에 초대받았다는 것이다.[22]

정승화 총장은 30단 모임이 자신을 납치하고 병력을 동원해 국방부를 점령하는 계획들을 꾸민 자리라고 주장했으나 전두환은, 황영시, 유학성, 차규헌 중장 세 사람은 정승화와 가까웠으므로 가만히 있어도 대장으로 진급할 수 있는데 자신의 반란 계획에 목숨을 걸었겠냐며 반박했다. 30단 모임의 장군들 일부는 단순한 식사 초대로 알았으며 누가 참석하는지 몰랐고 초청자인 전두환이 기다려도 오지 않자 차규헌 중장으로부터 그날 끝난 진급 심사 뒷얘기를 들으며 잡담을 나누었으며 일부는 바둑을 두기도 했다고 회고하는 등 긴박한 상황도 모르고 한가로운 저녁을 보내고 있었다고 했다.[23] 세 명의 중장은 전두환이 정 총장을 연행해야 한다는 명분과 이유가 분명했으므로 전두환을 엄호해 준 것이라고 회고했다.[24] 그러나 전두환 회고록에 의하면 차규헌 중장은 전두환이 진급 심사 뒷얘기를 들으려고 자신을 초대한 것이라고 훗날 생각했다고 한다.[25] 이에 따르면 차규헌 중장은 적어도 당시에는 정 총장 연행과는 무관하게 모임에 참석했으므로 앞뒤가 맞지 않는다.

전두환은 육사 11기 동기로 '생도 때부터 가장 막역한 친구의 하나'인 제9사단장 노태우 소장과 가장 먼저 의기투합했다. 『제5공화국 전

22 전두환 저, 민정기 책임정리(2017), 위의 책, 184쪽.
23 전두환 저, 민정기 책임정리(2017), 위의 책, 185쪽.
24 전두환 저, 민정기 책임정리(2017), 위의 책, 184~186쪽.
25 전두환 저, 민정기 책임정리(2017), 위의 책, 184쪽.

사』에 따르면 노태우는 12월 6일 2박 3일의 정기 외박을 나가 전두환을 만나서 정 총장의 10·26 연루설 등 '항간의 여론'을 전했다. 전두환과 노태우는 "12월 12일 오후 6시 30분 30단에서 중진 장성들과 모여 정 총장에 대한 조사 문제와 필요성, 대통령께 건의할 문제를 논의하기로 결정"했다. 전두환은 10·26 직후 서울지구 계엄군으로 경계 업무를 수행하다 12월 10일 김포에 있는 여단본부로 복귀해 인사차 들렀던 제1공수여단장 박희도 준장을 초청했다. 『제5공화국 전사』에 의하면 박희도는 12월 9일 전두환을 만나 "12일 오후 6시까지 30단으로 오너라. […] 30단에 올 때 속에는 군복을 입고 겉에는 사복을 입고 오너라."라는 지시를 받았다고 한다.

제20사단장 박준병 소장, 제3공수여단장 최세창 준장,[26] 제5공수여단장 장기오 준장,[27] 이들 3인에게는 12월 11일 보안사 비서실에서 연락했다고 하며, 이들은 상부의 외출 허가 없이 출퇴근이 가능한 지휘관이었으므로 급하게 연락해도 올 수 있었다고 한다.[28] 이들 3인과 박희도 준장은 정승화 직계인 정병주 특전사령관, 장태완 수경사령관의 예하 지휘관이었는데 이들의 집결은 정병주·장태완을 제어하려는 의도된 공작이었다고 의심된다. 이외에 제71방위사단장 백운택

---

26 『제5공화국 전사』에 의하면 최세창(육사 13기)은 "대위 때 전두환과 레인저(유격훈련) 과정에 함께 유학했던 인연"이 있다고 한다. 전두환은 자신이 제1공수여단장이었을 때 부단장을 했던 최세창을 12월 9일 연희동으로 불러 이야기를 나눴다고 한다.

27 『제5공화국 전사』에 의하면 장기오(육사 12기)는 전두환과 '특수부대' 출신으로 인연이 깊었다고 한다. 그는 "대위 때 전 장군과 함께 미국 포트베닝 보병학교 레인저 과정을 이수했고, 전 장군이 제1공수여단장 때 그의 인사참모로 있었던" 인물이다. 장기오는 12월 6일 저녁 7시에 사택(연희동) 지하 응접실에서 전두환과 만나 '초청'에 응했다고 한다.

28 전두환 저, 민정기 책임정리(2017), 앞의 책, 184쪽.

준장이 초대받았다. 3인의 중장과 모의 단계에서부터 같이한 노태우 제9사단장 외에는 모두 전두환 직계이며 후배이다.

12·12 주역들 중엔 '하나회' 출신들이 많았다. 10인의 장성 중 전두환·노태우·백운택,(이상 육사 11기) 박희도·박준병·장기오,(이상 육사 12기) 최세창(육사 13기)은 하나회 출신이다. 1952년 입학한 정규 육사 11기들이 시작한 모임이 후배들에게 이어지고 일부 선배 장교들이 후견인으로 참여하면서 파벌로 발전했다. 전두환은 하나회 후배 중에서도 특전부대 출신들을 포섭 1순위로 꼽았다. 전두환은 1960년 미국 포트베닝의 육군보병학교 특수전 교육기관에서 '레인저 코스'를 거친 뒤 1972년 제1공수특전여단장을 지내는 등 특전부대 창설자로 꼽힌다.

12월 12일 30경비단 단장실로 9명의 장성들이 속속 도착했다. 『제5공화국 전사』에 의하면 30경비단장 장세동 대령은 이들에게 "전두환 합수본부장은 정 총장 수사 문제에 대한 보고와 승인을 얻으려 오후 6시 40분경 최 대통령에게 갔으며, 재가가 날 것으로 기대하고 저녁 7시를 기해서 정 총장을 연행할 계획으로 우경윤과 허삼수 대령이 총장 공관으로 출발했다"고 설명했다.

그런데 전두환은 12월 12일 오후 6시 30분에 또 다른 약속이 있었다. 바로 정병주 특전사령관, 장태완 수경사령관, 김진기 육본 헌병감과 연희동에서 만나는 만찬이었다. 전두환은 2017년 회고록에서 약속이 공교롭게도 중복된 것이라고 장황하게 설명했다. 오후 6시 30분 총리 공관에서 정승화 연행에 대해 최규하 대통령에게 사전 보고하여 재가를 득한 후,(이미 출발한 정승화 연행조는 7시에 체포를 단행함) 바로 근처인 보안 정문 맞은편에 있는 수경사 30단으로 가서 평소 군에서 여론을 이끌 수 있는 9명의 이미 초청된 장군들에게 체포의 당위성을 설명하려 했고, 곧바로 신촌으로 달려가서 정승화와 가까운 장태완, 정병주, 김진기 장군에게 설명하면서 술 한잔 한다는 계획이었다고 회고했다.[29] 가히 초인적인 일정인데 세 군데 모두 참석한다는 것은 어려운 일이므로 무슨 정치적 꼼수가 있지 않았을까 의심할 만하다.

연희동 만찬은 수도경비사령부 헌병단장 조홍 대령의 장군 진급을 축하하는 모임이었다고 한다. 전두환은 조홍 단장이 헌병병과의 유일한 장군 진급자이므로 네 명의 선배 장군들을 초청했다고 해명했다.[30] 그러나 일개 대령의 진급 축하를 위해 고위직 장군들이 한자리에 모인다는 것이 그렇게 상식적인 일은 아니다. 부대의 직속상관 장태완, 헌병병과의 직속상관인 김진기 헌병감, 평소 가까웠던 정병주는 그렇다고 쳐도, 조홍 대령을 밀어준 일은 없지만 보안사 자료가 중요한 진급 심사 기준이었으므로 자신이 초청받았다는 전두환의 사후 설명[31]은 궁색하다. 12월 12일이라는 정승화 총장 연행 디데이는 미리 정해졌으므로 이를 정한 후 의도적으로 이들을 함께 묶어 두기 위해 약속을 만들었다는 의심을 살 만하다. 전두환을 제외한 사람들이 모두 정승화 총장의 핵심 측근이며 이들을 한자리에 이 시간에 모이게 만든 것은 우연의 일치라고 하기에는 의심의 여지가 충분하다. 전

---

29 전두환 저, 민정기 책임정리(2017), 위의 책, 187쪽; 지만원, 「박정희 대통령 시해사건」, 〈큰마을 글방〉(2018.12.6), http://blog.daum.net/chs625/1530554 (검색일: 2021.2.3).
30 전두환 저, 민정기 책임정리(2017), 위의 책, 186쪽.
31 전두환 저, 민정기 책임정리(2017), 위의 책, 186쪽.

두환이 호스트가 아닌데도 불구하고 우국일 보안사 준장이 불참자인 전두환의 명에 따라 대신 양해를 구했다는 것도 어색하다.[32] 혹시 우국일 참모장이 정탐차 아니면 시간을 벌기 위해 갔던 것은 아니었을까? 따라서 정병주·장태완 등의 발을 묶기 위해 기획된 것이라는 의혹이 제기되었다.

이에 대해 전두환은 2017년 회고록에서 마침 이 모임에 정 총장계의 핵심 장성이 참석했으므로 정 총장 연행 조사의 불가피성과 대통령 재가 과정을 설명하고 오해가 없도록 허심탄회하게 말할 수 있는 좋은 기회라 생각했다고 적었다.[33] 또한 전두환은 수경사와 특전사 병력 출동을 방지하기 위해 장태완·정병주 사령관을 연금시킬 의도와 계획이 있었다면 간단히 수사관 2~3명을 배치하면 될 일이라면서 그렇게 하지 않아 양 사령관은 각자 자기 부대로 돌아가 병력 출동을 명령했다며 전혀 그럴 의도가 없었다고 장황하게 변명했다.[34] 그러나 당시 실제로 수사관을 배치해 연금했다면 유혈 사태가 확산되었을 가능성이 있으므로 그런 모험을 하지 못한 것이 아닌가 한다.

'간판도 없는 개인 집' 같은 연희동(요정)의 저녁 모임에 참석했던 정병주와 장태완·김진기는 밤 8시 즈음 술을 마시고 있었는데, (밖에 나갔다 들어온) 김진기 헌병감이 정승화 총장이 피습당한 것 같다고 말했다고 한다. 이에 장태완은 깜짝 놀라 즉각 육군참모총장 공관으로

---

32 전두환 저, 민정기 책임정리(2017), 위의 책, 187~188쪽에 의하면 우국일 참모장은 비밀리에 치러진 12·12 정승화 연행에 대해 모르고 있었다고 한다.
33 전두환 저, 민정기 책임정리(2017), 위의 책, 187쪽.
34 전두환 저, 민정기 책임정리(2017), 위의 책, 188쪽.

전화를 걸었고, 경호 담당 김 대위가 전화를 받아 "총장님이 피습당했습니다."라고 알렸다.[35] 이렇게 정승화의 피습 사실을 알게 됐다. 정병주 특전사령관이 "우리 빨리 가서 총장님을 보호합시다."라고 했고, 세 명의 장성들은 연회를 중지하고 부대로 돌아갔다고 한다.[36]

3. 반란군 측 제1공수여단의 서울 진입

　전두환 측에서는 육본 측이 먼저 병력을 동원했기 때문에 자위 수단으로써 대응 병력을 동원했다는 논리를 지금껏 유지하고 있다. 육본 측이 처음에 9공수여단에 출동 준비 명령을 내린 것이 이 명령을 감청한 전두환 측을 자극한 것은 사실인 듯하다. 전 장군은 밤 10시 30분쯤, 기동성이 좋은 9공수여단이 서울로 들어오기 전에 1공수여단을 먼저 불러들여야 한다는 판단을 하고 30경비단에 와 있던 박희도 준장을 본대로 돌려보냈던 것이다. 최세창 3공수여단장에게는 특전사의 지휘부(3공수여단과 같은 서울시 송파구 거여동 소재)를 제압하라는 임무를 주어 복귀시켰다.[37]

---

35 「3군사령관 이건영과 장태완 수도경비사령관과의 통화」(1980년 12월 12일 22시 16분), 「12·12사건-장군들의 현장육성 1」(오디오 테이프), 『월간조선』(1995.9) 부록, https://www.youtube.com/watch?v=HMTQTsPNWYg&feature=emb_logo (검색일: 2021.1.21).
36 정대하, 「[단독] 전두환, 박정희 사망 일주일 만에 12·12 "확고한 결심"」, 〈한겨레〉(2017.4.22).
37 조갑제, 「공수 1여단, 한강을 건너다! 全斗煥과 그의 時代(9)공수1여단이 국방부와 육군본부에 들어갈 때 유일하게 저항한 것은 국방부 옥상에 있던 발칸포대였다」, 〈조갑제닷컴〉(2016.6.28).

이렇게 박희도 준장의 1공수여단이 서울 쪽으로 출동한 것을 알고 위협을 느낀 육본 지휘부는 장태완 장군의 수도경비사령부로 지휘소를 옮겨 반란군을 상대하려 했다. 육본 지휘부(윤성민 차장과 정병주 특전사령관)는 유일하게 자신들의 지휘 아래 있던 인천 부평의 9공수여단(여단장 윤흥기 준장, 비육사 갑종 출신이며 참모장도 비육사 출신)에게 구두로 출동 명령을 내려 반란군을 막으려고 했다. 9공수 출동 명령은 1공수를 방어하기 위한 목적이었다.[38] 9공수여단장 윤흥기 준장은 교통혼잡(통행금지 시간 고려) 등으로 출동이 지체되고 있던 중, 밤 11시 45분 육본 작전명령 제79-0-1호로 병력을 출동시켜 육본 기동 예비대의 임무를 수행하라는 요지의 명령에 따라 12월 13일 밤 0시 5분 제55대대만을 윤 여단장 자신의 지휘 아래 출발시켰다. 3군사령부에 요청한 수송 차량이 오기를 기다렸으나 끝내 오지 않자 할 수 없이 본부 차량으로 1개 대대인 제55대대만을 직접 인솔하여 출발했던 것이다.

출발 직전에 윤흥기 여단장은 정병주 사령관실로 전화를 걸었으나 아무도 받지 않았다. 자정 무렵 특전사령관실은 3공수여단의 특공조(대대장 박종규 중령이 지휘함)로부터 기습을 당하고 있었던 것이다.[39] 또한 윤성민 참모차장의 복귀 지시와 전두환 합수부장 측 공작에 의해 제55대대는 출동한 지 15분만인 새벽 0시 20분에 부천 인터체인지에서 회군하여 부대로 복귀했다. 윤성민 차장은 경복궁 30경비단에 위치한 유학성, 황영시, 차규헌 등의 장성들이 반란군이라고 사실

---

38 조갑제(2016), 위의 글.
39 조갑제(2016), 위의 글.

상 선언하고도 그들과 부단히 통화하면서 유혈 방지를 위한 '병력 출동 자제' 등의 약정을 하고 있었다. 이에 9공수여단 출동을 전화 감청으로 인지한 전두환 합수부장 측이 윤성민 차장에게 출동 자제 약속에 대한 위반이라고 거세게 항의해 오자 윤성민이 결국 이를 수용하여 9공수여단의 회군을 명령하고 말았다. 육본 지휘부는 9공수여단을 출동시키지 않으면 1공수여단도 출동시키지 않겠다는 반란군의 기만전술을 순진하게 믿고 반란군 진압의 유일한 기회를 날려 버렸던 것이다. 9공수의 출동을 막은[40] 반란군 측은 1공수의 출동을 계속 진행해 신사협정을 스스로 파기했으므로 비도덕적인 기만전술은 대성공이었다. 윤성민 차장이 반란군의 기만전술에 말려들어 쿠데타를 성공시켰다는 평가가 가능한 대목이다.

한편 진압군 동원에 대한 미군의 미온적 태도에 영향받은 노재현 장관이 육본 지휘부의 윤성민 차장에게 출동 보류를 명령해 결국 이미 출동한 9공수의 방향을 되돌리게 만든 것이라고도 볼 수 있다. 실제로 12·12와 5·18 사건 재판 제1심의 서울지방법원 제30형사부 판결(95고합1228)에 따르면 "9공수여단은 23:30 이후에 다시 육본의 방어를 위하여 출동하라는 지시를 받고 12·13 00:05분께야 비로소 출동하기 시작했는데 윤성민 육군참모차장은 그즈음 노재현 국방장관

---

[40] 노태우 9사단장도 30경비단에서 윤흥기 여단장에게 전화해 병력 출동을 운운했는데 당시 윤흥기는 반란군 편에 동조해 출동해 달라는 것인지는 꿈에도 생각하지 못한 채 단지 9사단에 간첩 같은 것이 나타났기 때문에 병력 출동 요청이 있으면 빨리 출동해 달라고 하는 것이라고 해석해 '알겠다 알겠다'며 전화를 끊었다고 회고했다. 윤흥기는 나중에 생각해 보니 노태우의 연락 없이는 제발 병력 출동을 하지 말아 달라는 내용의 전화였다고 회상했다. 「윤흥기 당시 9공수여단장 인터뷰」, 「KBS 다큐멘터리극장 - 12.12 1부 총장공관 7분」, KBS TV(1993년 12월 5일 방송).

으로부터 병력 동원 중지 지시를 받고 9공수여단의 철수를 지시했다."라고 적시되어 있다.

장태완의 회고에 따르면 이는 보안사가 여단사령부에 잔류해 있던 부여단장을 끈질기게 설득하고, 부여단장이 다시 이동 중인 윤흥기 여단장을 설득한 결과였다.[41] 보다 구체적으로 보면 경인고속도로를 향해 나가던 9공수여단은 남부순환도로와 경인고속도로가 교차하는 굴다리에 당도했을 때, 머리 위에 난 남부순환도로를 거쳐 행주대교 쪽으로 가고 있는 박희도 준장의 공수1여단의 차량 대열 불빛을 보았다. 이때 본부에 남겨 둔 참모장 신수호 대령으로부터 무선 연락이 왔다. "보안사령관의 특별 지시이니 돌아오시는 게 좋겠습니다." 윤 준장은 병력을 돌렸다. 신수호 참모장에게 병력을 돌리도록 청탁한 사람은 보안사의 오일랑 중령이었다. 두 사람은 갑종간부후보 동기였다.[42]

한편 장태완 수도경비사령관은 박희도 준장이 지휘하는 1공수여단이 행주대교로 접근 중이라는 경찰 보고를 받자 박희모 30사단장에게 전화를 걸어 "1개 연대를 배치하여 서울 진입을 막아 달라"고 했다. 얼마 뒤 장태완 사령관이 다시 전화를 걸었더니 박희모 사단장은 "병력이 야외훈련을 나가서 배치하지 못했다"고 하더라는 것이다. 1공수여단이 서울로 들어오려면 세 관문을 통과해야 했다. 행주대교 남단의 개화초소는 수도군단 관할인데, 박희도 여단장은 이 초소

---

41 장태완, 「12·12 당시 수도경비사령관 장태완 장군 육필 수기(진압 실패 10시간)」, 〈시사저널〉 (2006.5.16).
42 조갑제(2016), 앞의 글.

를 간단히 점령하고 통과했다. 행주대교 북단의 검문소는 30사단 관할인데 박희모 사단장은 막지 않았다. 마지막으로 남은 것은 수색의 수경사 헌병단 검문소였다. 장 사령관이 "헌병단은 지금 부단장이 지휘하고 있으니 조홍 단장의 명령을 듣지 말라. 병력이 접근하면 발포하라"고 지시했다. 당시 보안사에 있던 조홍 단장은 검문소에 전화해 "발포하지 말라"는 정반대의 지령을 했다. "어떻게 하면 좋겠느냐"는 부하들의 문의가 김기택 참모장(전두환과 육사 11기 동기)에게 쏟아졌다. 김 참모장은 "저항하지 말라"고 지시했다. 수색검문소 헌병들은 1여단이 접근하자 달아나 버렸다고 한다. 공수1여단 병력은 텅 빈 검문소를 때려부수었다.

수색검문소에서 서울 시내까지는 거칠 것이 없었다. 1여단은 육본과 국방부를 향해 질주했다. 아무리 소규모 병력이라도 군대가 한강을 건너 서울로 들어오면 정권 차원의 문제를 야기한다. 5·16 때 불과 수천 명의 해병대와 공수단 병력이 한강을 건넘으로써 제2공화국이 무너졌다. 12·12 당시 1공수여단의 서울 진입도 비슷한 결과를 빚었다. 육본 측 9공수여단은 되돌아가고 전두환 측의 1여단은 서울 진입에 성공했다는 것이 12·12 사태의 승부를 최종적으로 결정지었다. 9공수의 회군은 분수령이 되었고,[43] 1공수의 서울 진입은 반란의 결정적 승부처가 되었던 것이다.[44]

---

43   임기상, 「12.12 쿠데타의 분수령 '9공수여단의 回軍」, 〈CBS 노컷뉴스〉(2013.8.19).
44   조갑제(2016), 앞의 글.

이와 같이 12월 13일 새벽 0시 20분 9공수여단은 회군했고[45] 박희도의 1공수여단은 지휘부가 떠난 육본과 별다른 병력이 없던 국방부를 손쉽게 장악했다. 1공수여단장 박희도 준장은 직속상관인 정병주 특전사령관의 출동 저지 명령을 따라야 하는 부하임에도 불구하고 합수부 측의 요청에 따라 명령을 거역했다. 박희도는 훗날 KBS와 가진 인터뷰에서 '직속상관인 특전사령관(정병주)이 장태완 반란 세력과 동조해서 사실상 병력을 동원하고 합수부에 대한 공격 명령에도 같이 가담했을 뿐만 아니라 반란 행위에도 같이 가담을 했기 때문에 명령을 따르지 않았다'고 합리화했다.[46] 합수부 측이 반란군이 아니라 수경사령관이 반란 세력이라는 거꾸로 된 인식을 가지고 있었던 것이다.

이렇게 승부가 이미 기울어진 상태에서 이루어진 장태완의 진압군 동원 노력은 게임 체인저가 되지 못했다. 만약 1공수 등이 주요 포스트를 장악한 상태에서 진압군이 출동했다면 양측이 큰 희생을 치렀을 것이다. 동맹국 군대인 미군을 의식해야 했던 진압군이 큰 희생을 감수하면서까지 진압을 결행할 가능성은 없었다. 게다가 실제로 보안사 쪽의 감청과 비교적 잘 준비된 공작에 따라 상당수 병력이 돌아선 상황에서 동원 자체가 불가능했다.

숨어 있던 노재현 국방장관의 신병을 12월 13일 새벽 1시 반~2시 사이에 확보한 신군부는 노 장관을 대동하고 최규하 대통령에게 갔

---

45   김도균, "전두환·노태우 반란죄로 고소했던 윤흥기 장군 별세: 18일 새벽 4시 40분...지병인 전립선암으로," 〈오마이뉴스〉(2013.8.17).
46   「KBS 다큐멘터리극장 – 12.12 2부 승자와 패자」, KBS TV(1993년 12월 12일 방송).

다. 결국 노재현 장관을 전두환 측에 협조하게 만들었던 것이다. 부대로 복귀해 병력을 동원한 최세창 3공수여단장은 정병주 특전사령관에게 직접 병력을 보내 강제로 체포했다. 수도경비사령부에 아직 남아 있던 장태완 장군과 육본 지휘부는 더욱 고립되었다. 수도권 주요 지휘관 상당수가 반란군 측에 밀착되어 있었고 통신과 지휘 체계는 전두환의 보안사령부의 감청을 받고 있었다. 믿었던 특수전사령부까지 무너진 상황에서 반란군을 진압할 묘수는 없었다. 반란군은 전방 병력(노태우의 9사단 예하 29연대)까지 출동시킨 상황이었고 수경사의 주축 30경비단(단장 장세동)과 33경비단(단장 김진영)에 이어 수경사 내부의 헌병대장(수경사 헌병부단장 신윤희 중령, 육사21기)까지 반란군에 가담했다. 육본 지휘부와 장태완 수경사령관은 결국 체포되었다.

    노태우의 9사단에 이어 이상규 제2기갑여단장의 1개 전차대대(16전차대대), 장기오 준장의 5공수여단, 30사단 송응섭 대령(육사 16기·합참본부장 역임)의 1개 연대는 이미 승부가 끝난 뒤인 12월 13일 새벽 3시를 전후해 서울에 도착했다. 이들 부대는 9공수여단이 이동을 개시한 직후 전두환 장군 측에서 서울로 부른 것이었다. 서울 진입을 저지할 책임을 지고 있었던 박희모 사단장(갑종9기 출신)은 육본 측을 위해서는 병력을 내지 않았으나 송 대령의 연대가 전두환 측의 요청에 의해 서울로 출동하는 것은 허락했다. 이와 같이 공을 쌓은 박희모는 비육사 출신으로는 드물게 중장까지 진급했고 전역한 뒤에도 산업기지개발공사 이사장, 수자원개발공사 이사장을 역임했다.[47]

---

47 조갑제(2016), 앞의 글.

빠르게 대처하지 못한 육본 지휘부와 도망 다닌 노재현 장관에 비해 준비가 잘 되어 있던 반란군은 결집되어 있었고 상대적으로 빠르게 대처했기 때문에 정승화 측은 반란군에 의해 하루아침에 무력화되었고 전두환의 반란은 성공했다.

혼란기에는 정확한 정보 판단이 있어야 행동 방향을 제대로 잡을 수가 있다. 육군본부는 예하 부대와의 통신망이 노출되고 정보망(보안부대)이 막힌 상태에서 합수본부가 어떻게 움직이는지 전혀 모른 채 까막눈으로 싸우고 있었다. 합수본부 측은 육본 측의 행동을 손바닥 들여다보듯 하면서 대처했다. 반란군은 감청 작전이라는 정보전에서 승리해 승기를 잡았다고 할 수 있다.

✢ ✢ ✢

참고
장태완 수도경비사령관의 외로운 분투

다음은 12·12 당시 홀로 진압군 파견을 시도했던 장태완 수도경비사령관이 1987년 병상에서 유언장 형식으로 썼던 작전일지 내용을 토대로 사건을 재구성한 것이다.

장태완은 12월 12일 밤 9시 30분경에 먼저 국방장관실에 연락했으나 노재현 장관이 자리에 없어서 김용휴 차관에게 전화를 걸어 그때까지 파악한 상황을 보고하고 출동 지시를 내려달라고 간청했다. "차관님, 어서 장관님을 찾아 이러한 국가 반란 시에 제가 배속받아 쓸 수 있는 4개 사단 중 우선 26사단과 수도기계화사단, 서울

근교 4개 공수여단 중 세 놈은 저쪽에 가 있으니, '하나회' 멤버가 아닌 윤흥기 장군이 지휘하는 제9공수여단을 저놈들이 자기 부대를 데리고 나오기 전에 속히 저에게 보내 주십시오."[48]

그러자 김용휴 차관은 "알았어. 그놈들 당장에 해치워야지."라고 하면서 잘 하라고 당부까지 했다. 그러나 이미 12월 10일 보안사령관에 대한 전보 논의 정보를 전두환과 직접 만나 제보했던 김용휴가 일종의 이중 플레이를 하고 있었던 것으로 추정된다. 정규 지휘부는 이렇게 진압군 동원을 위해 규정된 절차를 밟았다. 그러므로 절차가 필요 없는 반란군 쪽에 비해 기민성이 떨어질 수밖에 없었다.[49]

장태완은 그래도 마음이 놓이지 않아 26사단과 수도기계화사단의 지휘관을 거느린 경기도 용인 주둔 이건영 3군 사령관에게 밤 9시 40분경에 전화해 현재까지의 상황을 전하고 26사단과 수도기계화사단을 될 수 있는 대로 빨리 서울운동장과 장충단 일대로 보내 달라고 간청했다.

그러자 이건영은 "윤필용·전두환 그 못된 놈들이 장난을 하는 모양인데 장 장군이 잘 해야 돼! 그리고 황영시 1군단장과 차규헌 수도군단장 이 두 놈들은 내 허락도 없이 근무지를 무단이탈한 죽일

---

[48] 「3군사령관 이건영 중장과 연합사 정보참모부 이민영 소장의 통화」(1979년 12월 13일 02시 18분), 「12·12사건—장군들의 현장육성 2」(오디오 테이프), 『월간조선』(1995.9) 부록, https://www.youtube.com/watch?v=khdcZGVm5p4&feature=emb_rel_pause (검색일: 2021.1.21)에 따르면 미군 헌병이 포착한 부평에서 서울로 이동했던 10대 트럭분의 병력은 저쪽(반란군)이 움직인 것으로 추정되었으므로 당시 9공수여단이 진압군 편이었던 것을 적어도 이건영과 연합사 측에서는 모르고 있었다.

[49] 김재홍, 「하나회 멤버들이 행동대장 맡은 전두환 반란군」, 〈프레시안〉(2012.7.12).

놈들이구, 내 그놈들이 예하부대를 절대 서울로 옮기지 못하게 단단히 잡아둘 터이니 걱정 말고 그놈들을 빨리 소탕해야 돼!"[50]라고 답했다.

생각대로 병력 동원이 여의치 않자 장태완은 밤 10시 16분경 다시 이건영 사령관에게 전화를 걸었다. 그런데 이건영의 답변 태도가 이전과 많이 달라져 있었다.

장태완: 사령관님! 26사단과 수도기계화사단의 출동은 어떻게 되었습니까? 몇 시간 전에 사단장들에게 전화를 걸었더니 출동 준비 완료 후 명령 대기 중이라는 보고가 있었는데, 명령만 내리시면 한 시간 내에 이곳에 도착할 수 있잖겠습니까? 저놈들은 제1공수단을 이동시키는 중이며, 전방 병력 9사단도 움직일 낌새가 보입니다. 저놈들보다 먼저 병력을 도착시켜 주셔야 진압이 되지 도저히 안 되겠습니다. 빨리 출동 명령을 내려 주십시오.

이건영: 여보, 장 장군! 30사단과 33사단은 절대 움직이지 못하도록 해 놓았으니 안심하고, 26사단과 수도기계화사단을 서울로 출동시키는 문제는 장관님의 허가를 받아서 실시하겠소.

장태완: 사령관님! 지금 장관님이 계시지 않습니다. 아무리 찾아봐도 계시는 곳을 모르겠습니다. 독단이라도 내려 주십시오.

---

50 장태완, 「12·12 당시 수도경비사령관 장태완 장군 육필 수기(진압 실패 10시간)」, 〈시사저널〉(2006.5.16).

당시 보안사가 감청한 자료를 참조하면,[51] 10시 16분경에 장태완이 이건영에게 전화해 26사단과 수도기계화사단을 출동시켜 달라고 간청한 것은 사실이 아닌 것으로 추정된다. 이건영과 윤성민의 12월 13일 0시 55분 통화에서 이건영이 "26사단하고 수도기계화사단만 출동 준비를 하라고 그래서 그것만 지시가 내려가 있어요."[52]라고 말했으므로 실제 2개 사단의 출동을 준비한 것은 사실로 확인된다. 이건영과의 10시 16분으로 추정되는 통화 녹음 기록에 26사단과 수도기계화사단 지원 요청은 발견되지 않으며 오히려 장태완은 자신이 알아서 할 것이라고 반복적으로 공언했다. 당시 장태완은 자신이 관장하는 병력들이 보안사에 포섭되거나 발이 묶인 상황인 것을 몰랐는지 진압할 수 있다는 자신감을 잃지 않고 있었다. 이후 반란군 쪽으로 상황이 유리하게 넘어간 13일 새벽 2시 이건영과의 통화에서 장태완은 반란군을 견제하기 위해서라도 2개 사단을 출동시켜 달라고 간청했으며 전방 상황을 염려한 이건영에 의해 거부되었다.[53]

역시 기록이 아닌 기억은 정확하지 않음을 확인할 수 있는 대목이다. 장태완의 일지는 사후에 정리한 것이므로 이후에 알게 된 사실과 당시의 사실이 기억 속에서 혼재되어 있다. 또한 일지 작성 당

51 「3군사령관 이건영과 장태완 수도경비사령관과의 통화」(1980년 12월 12일 22시 16분), 「12·12사건-장군들의 현장육성 1」(오디오 테이프), 『월간조선』(1995.9) 부록.
52 「3군사령관 이건영과 윤성민 육군참모차장과의 통화」(1980년 12월 13일 00시 55분), 「12·12사건-장군들의 현장육성 2」(오디오 테이프), 『월간조선』(1995.9) 부록.
53 「3군사령관 이건영 중장과 수경사령관 장태완 소장의 통화」(1979년 12월 13일 02시 00분), 「12·12사건-장군들의 현장육성 2」(오디오 테이프), 『월간조선』(1995.9) 부록.

시 장태완의 입장에 맞게 축약·윤색·첨가된 것임을 감안해야 한다. 장태완의 일지에 나오는 밤 9시 40분경과 10시 16분경 이건영과의 통화 내용은 종합해서 하나의 통화로 보는 것이 타당할 것으로 생각된다.

* * *

4. 노재현 국방장관의 미8군 벙커 피신

1979년 12월 12일 밤 10시경 노재현과 합참의장 김종환이 용산 미군기지의 지하벙커로 도망쳐 왔다. 노재현과 김종환은 그날 저녁 7시 옆집인 육군참모총장 공관에서 난 총성을 듣자마자 집 뒤편 창문을 넘어 어둠 속을 달려왔을 것이라고 위컴 주한 미군 사령관은 판단했다. 실제로 노재현 장관은 담을 넘어 가족과 함께 비서가 운전하는 공용차를 타고 피신하다가 가족들은 영등포의 이경율 소장 집으로 대피시키고 본인은 장관 공관 근처인 용산구 한남동 단국대학교 수위실에 갔다가 육본 벙커를 거쳐 용산 미군 벙커로 갔다.

최규하와 통화한 노재현은 전두환 측과 정승화 측이 총격전을 벌인 것 같다는 말을 들었다. 최규하는 노재현 장관에게 전두환 보안사령관과 만날 것을 권하기도 했다. 당시 반란군은 최규하의 국방장관 동행 지시에 따라 용산 국방부를 포위하고 노재현 국방장관을 찾았다. 쿠데타군과 내통하던 김용휴 국방차관이 12월 13일 새벽 1시경 용산 미군 벙커에 있던 노재현에게 안전한 국방부로 오라고 전화했다. 위컴은 가지 말라고 말렸지만 노재현은 가기로 했다. 노재현 장관은 쿠데타 주도 세력과의 통화에서 미군 벙커에 계속 머무르는 것은 애국 군인들의 눈에 불명예스러운 일로 비친다는 말을 들어야 했고[54] 미군 벙커를 벗어나 국방장관실로 가기로 결심했다. 위컴의 관용차를 타고 새벽 1시 28분경[55] 미8군 벙커를 출발한 노재현은 국방부 청사 2층 집무실로 가다가 총을 쏘며 위협하는 쿠데타군에게 새벽 2시 전에 붙잡혔고 총리 공관으로 갈 것을 압박하는 전두환에게 설득당해 2시 직전에 가기로 결정했다.[56]

54 이 통화를 감청한 장태완은 13일 새벽 2시 이건영과의 통화에서 "저짝에서 전화를 가지고 장관님한테 협상을 하고 해가지고 장관님이 지금 총리 공관으로 가시는 모양인데요."라고 말했다. 「3군사령관 이건영 중장과 수경사령관 장태완 소장의 통화」(1979년 12월 13일 2시 00분), 「12·12 사건-장군들의 현장육성 2」(오디오 테이프, 11:09~11:17), 『월간조선』(1995.9) 부록, https://www.youtube.com/watch?v=khdcZGVm5p4&feature=emb_rel_pause (검색일: 2021.1.21).

55 「3군사령관 이건영 중장과 연합사 정보참모부 이민영 소장의 통화」(1979년 12월 13일 2시 18분, 「12·12 사건-장군들의 현장육성 2」(오디오 테이프, 17:46), 『월간조선』(1995.9) 부록에 따르면 미8군에 있던 이민영 소장이 "지금들 한 50분 전에 국방부 쪽으로 이동해서 가셨거든요. 여기들 안 계십니다."라고 말했으므로 노재현[과 김종환]이 2시 18분보다 50분 전인 1시 28분에 출발한 것으로 계산된다.

56 John Adams Wickham, Jr., *Korea on the Brink, 1979–1980: From the '12/12' Incident to the Kwangju Uprising* (Washington, DC: National Defense University Press, 1999), p. 63; 존 위컴, 김영희 감수, 유은영 외 공역, 『12·12와 미국의 딜레마: 전 한미연합사령관 위컴 회고록』(중앙M&B, 1999), 106~107쪽; 「3군사령관 이건영 중장과 수경사령관 장태완 소장의 통화」(1979년 12월 13일 2시 00분), 「12·12 사건-장군들의 현장육성 2」(오디오 테이프, 11:09~11:37), 『월간조선』(1995.9) 부록. 한편 노재현과 같이 미8군 벙커에 있던 김종환 합참의장이 이곳에서 나와 수경사 쪽으로 왔다고 장태완은 주장한다. "여기 참모차장이랑 일반 참모부장이랑 지금 합참본부장이랑 다 있습니다." 「3군사령관 이건영 중장과 수경사령관 장태완 소장의 통화」(1979년 12월 13일 02시 00분), 「12·12 사건-장군들의 현장육성 2」(오디오 테이프, 11:37), 『월간조선』(1995.9) 부록. 그러나 이는 김종환이 진압군 편에 서 있음을 이건영에게 과장해 병력 출동을 도모한 것이라고 할 수도 있다. 김종환 합참의장은 미8군 벙커가 자신의 근무지와 밀접히 연관되므

결과적으로는 군 내부의 충돌을 방지하기 위해 진압 병력의 출동을 동결시키라는 노재현 국방장관의 지시에 따라 병력은 출동되지 않았다. 국방장관의 이 지시는 군부 충돌이 초래할지도 모를 북한의 남침을 우려한 위컴의 뜻을 확인한 후에 나온 처사이기도 했다. 국방장관은 미군의 의사를 확인하려고 미군 벙커로 갔으며, 미국의 뜻을 수용했다고 할 것이다. 12·12가 일어났던 그날 가장 중요한 시간인 밤 10시부터 다음 날 새벽 1시까지 3시간여 동안 노재현 국방장관은 김종환 합참의장과 함께 글라이스틴 대사와 존 위컴 주한 미군 사령관이 있는 미8군 벙커에 머물렀다. 따라서 반란군을 진압할 수 있는 가장 중요한 시간에 국방의 수뇌부가 미국의 뜻을 반영해 한국군의 향배를 결정했다고 할 수 있다. 군의 내부 충돌이 북한의 남침을 유발할 것을 우려하는 미국을 의식해야 했던 진압군 측은 전방 부대의 출동을 저지하려고 안간힘을 썼다. 그러는 사이 전두환·노태우 측은 하나회 인맥을 동원하여 1공수여단과 3군 사령부 예하의 9사단, 30사단, 2기갑여단을 서울로 몰래 불러들여 전세를 결정지었다. 정승화 총장의 납치에도 불구하고 대통령-국방장관-육군참모차장으로 이어지는 군통수 계통은 죽지 않았으나 결단해야 할 지휘관이 진압에 대한 결정을 내리지 못했으므로 육군본부 측의 패배로 끝났다.

12·12 그날 밤 진압군 측에 선 장군들은 많았으나 리더십을 가진 지휘자는 없었다고 평가된다.[57] 공개된 감청 자료를 보면 고심하는 지

로 그곳에 잔류하면서 수경사 쪽과 계속 연락을 취했다고 보는 것이 합리적이다.
57 조갑제, 「엔딩 리마크」, 「12·12 사건-장군들의 현장육성 2」(오디오 테이프, 34:18), 『월간조선』

휘관은 많았으나 결단을 내린 지휘관은 없었다. 이와 같이 12·12 반란 진압 작전은 좌고우면하며 우유부단했던 지휘관들 때문에 성공하기 어려웠다고 할 수 있다. 물론 노재현과 윤성민, 이건영이 모두 전두환을 압도할 만한 리더십을 가지지는 못했고 장태완은 수경사령관으로 전입온 지 24일밖에 되지 않아[58] 경륜을 미처 쌓지 못한 상황이었다. 준비된 반란군이 진압군을 압도했다고 보아야 한다. 결국 반란군 측은 하극상과 유혈 사태를 통해 일사불란하게 리더십을 발휘해 군의 헤게모니를 장악했던 것이다.

1979년 12월 13일 새벽 2시 3분경 윤성민 차장은 이건영 사령관과의 통화에서 이 사건이 '하나의 쿠데타'라고 성격을 규정했고, 이 사령관은 "음" 하며 이에 동조했다.[59] 따라서 이건영 장군과 윤성민 차장의 경우는 진압 의지가 없지 않았으나 노재현 장관의 지시에 직면해 노 장관의 속뜻을 읽고 소극적이 되어 반란군에게 시간을 벌어주었다.[60] 장태완 사령관이 거의 혼자서 단안(斷案)을 내린 격이 되었으며[61]

(1995.9) 부록.

58 장태완, 「12·12 당시 수도경비사령관 장태완 장군 육필 수기(진압 실패 10시간)」, 〈시사저널〉(2006.5.16).

59 「3군사령관 이건영 중장과 윤성민 육군참모차장의 통화」(1979년 12월 13일 2시 3분), 「12·12 사건-장군들의 현장육성 2」(오디오 테이프, 15:14), 『월간조선』(1995.9) 부록.

60 12·12 사건 발생 후 3시간 동안 피신하다가 밤 10시경에 용산 미군 벙커에 나타난 노재현 장관은 이건영 장군, 윤성민 차장과 각각 통화했다. 「3군사령관 이건영과 노재현 국방장관과의 통화」(1980년 12월 12일 22시 30분), 「12·12 사건-장군들의 현장육성 2」(오디오 테이프), 『월간조선』(1995.9) 부록. 이 장군과 윤 차장은 노재현 장관이 반란군과 동조하고 있다고 판단했을 개연성이 높다.

61 대한민국재향군인회 편, 『12·12, 5·18 실록』(대한민국재향군인회 호국정신선양운동본부, 1997), 537쪽.

실제 진압 병력 출동에 의한 충돌은 일어나지 않았다. 만약 실병력이 출동했다면 상호 간에 교전이 이루어져 혼란이 심화되었을 가능성이 농후했으므로 병력 동원을 자제했던 합리적인 이유도 충분했다. 노재현은 장태완 수도경비사령관이 자기 수하의 병력을 동원하지 못하면서 전화에다가 화풀이했을 뿐이라고 평가했다. 노재현은 12·12 진압 실패의 책임을 장태완에게 전가했던 것이다.[62]

위컴의 회고록에 의하면 노재현 장관은 12월 12일 밤 11시에 한국군 1군단의 보충 사단인 수도기계화사단과 제26사단에 서울 시내 진입 준비를 하라고 지시했다. 그런데 반란군을 견제하기 위한 출동 준비 명령은 밤 9시 30~50분경 이미 윤성민 육군참모차장에 의해 내려졌다. 밤 9시 육본 B-2벙커에 잠시 들렀다고 하는[63] 노재현 장관의 지시였을 수도 있으나, 노 장관은 실제 밤 10시경에 육본 벙커에 잠시 나타났다가 바로 미군 벙커로 갔으며, 그즈음 미군의 의중을 읽은 노 장관이 밤 10시 30분 이건영 장군에게 출동 자제를 강하게 지시했으므로[64] 출동 준비 명령 하달은 윤성민 차장의 독자적인 지시일 가능성이 있다. 한국군끼리의 충돌이 내전으로 비화될 위험성을 경계한 위컴은 충돌 가능성을 최소화하기 위해 날이 밝아 상황이 어떻게 돌아

---

62 조성관, 「최초인터뷰 16년의 침묵 깬 노재현 전국방장관: 그날 밤 후회는 없다 장태완의 무능이 12·12 성공시켰다」, 『월간조선』(1996.1), 211~212쪽.
63 여산, 「12.12 군사반란에 윤성민 참모차장(총장 대행)의 대응방법」, https://blog.daum.net/gopcorea/9735859 (검색일: 2021.2.2).
64 「3군사령관 이건영과 노재현 국방장관과의 통화」(1980년 12월 12일 22시 30분), 「12·12 사건-장군들의 현장육성 1」(오디오 테이프), 『월간조선』(1995.9) 부록, https://www.youtube.com/watch?v=HMTQTsPNWYg&feature=emb_logo (검색일: 2021.1.21).

가는지 확인할 수 있을 때까지 모든 행동을 자제하고 기다리는 것이 좋겠다고 노재현 장관에게 말했다고 한다. 위컴은 조언의 형식을 취했겠지만 노재현 장관은 주둔군 사령관의 지시로 받아들였을 것이다. 노재현 장관은 동의할 수밖에 없었고 2개 사단에 작전 중지 명령을 내린 후 김종환 의장과 함께 모든 한국군 본부에 연락하기 시작했다.

그러자 몇몇 본부에서는 이미 하위 부대가 서울로 진격했다는 보고가 들어왔으며 그 진격 명령은 전두환 보안사령관과 일부 장성들로부터 전해진 것이라는 말을 듣게 되어 총격전의 배후에 전두환이 있는 것을 비로소 짐작했다고 한다. 위컴 사령관은 특전사와 수경사 소속 일부 대대들의 병력은 한미연합사의 평화 시 작전권 아래 있지 않았지만 노태우 소장의 제9사단 29연대는 연합사의 작전권 아래 있었던 부대였다고 당시 판단했다. 따라서 위컴은 자신에게 사전 통보 없이 병력을 차출한다는 것은 연합사 권한에 대한 명백한 침해라고 화를 냈다. 위컴은 서울로 진입하기 시작한 부대들에게 당장 원위치로 돌아가라고 명령할 수 있었으나 이미 늦었다고 판단해 명령을 내리지 않았다고 변명했다. 또한 그들이 자신의 명령을 무시할 것이 뻔했다고 합리화했다. 결국 모든 상황을 받아들일 수밖에 없었다는 것이다.[65]

---

65 John Adams Wickham, Jr.,(1999), 앞의 책, 59쪽; 존 위컴, 김영희 감수, 유은영 외 공역 (1999), 앞의 책, 101~102쪽.

✦✦✦
참고
노재현 국방장관의 도피와
수상한 행적 논란

　신군부 입장에서는 노재현 장관이 잠적하지 않고 빨리 결재했다면 지휘 공백으로 초래된 불필요한 긴장을 막을 수 있었을 것이라고 평가할 것이다. 그러나 노 장관은 결재를 미루면서 전두환의 반란을 막기 위해 나름대로 노력했다고 정당화할 수도 있다. 그런데 노 장관에게 진압 의지가 있었다면 정승화가 연행된 12월 12일 저녁 7시부터 10시까지의 골든타임에 나섰어야 했고 미군 벙커에 들어간 밤 10시부터 다음 날 새벽 1시 사이에라도 적극적으로 대응했어야 했다. 미군 벙커에서 노 장관은 강경파 장태완의 출동을 막았으며 비교적 적극적이었던 윤성민과 이건영에게 출동 금지를 명령했으므로 그가 진정 전두환의 반란을 막으려 했는지 의심이 든다. 이 대목에서 전두환-노재현 내통설을 다시 제기할 수 있다. 그렇지만 만약 내통했다면 그가 전두환 측의 배후 조종에 의해 12월 14일 국방장관직에서 물러나게 된 것을 설명하기 어렵다. 따라서 노재현 장관이 사전에 내통했다기보다는 총소리에 겁이 나 우유부단하게 피해 다녔으며 미국의 의중을 파악하기 위해 미8군 벙커에 머물며 시간을 낭비한 것이라는 설명이 더 설득력 있다.

　1996년 역사바로세우기 공판 과정에서 김상희 검사가 전두환에게, "(12·12 발생 전에) 노재현 국방부 장관에게 정승화 총장을 연행해서 조사를 해야 되겠다는 형태로 보고했다는 이 말씀입니까?"라고 묻자, 전두환은 "노재현 장관은 참 친형님 이상으로 가장 내가 믿는 분이기 때문에 한 번만 보고한 것이 아니에요. 사실은, 나는 그분이 입장이 곤란할까 봐, 이런 자리에 설 줄 모르고 나는 일체 그분의 말씀을 그대로 옳다고 했는데 사실은 사실이니까, 내가 누구한테 보고해야 될 것 아닙니까."라고 대답했다.

김상희 검사는 "노재현 장관이 계속 피신을 했어요. 피고인들이 나중에 찾았습니다만 그렇다면 누가 한 짓인지 모르고 피신한 그 노재현 국방의 당일 행적으로 봐서는 피고인이 사전에 몇 차례 보고를 했으면 정승화 총장이 연행됐다는 얘기를 들었을 때 이것은 전두환 보안사령관이 평소에 얘기하던 대로 합수부에서 한 일이겠구나 이렇게 짐작했을 텐데 왜 누가 한 짓인지도 모르고 그날 피신을 계속 했겠느냐 이것을 제가 묻습니다."라고 질문했다.

피고인 전두환은 "그것은 노재현 장관이 답변할 문제인데 노재현 장관이 본인한테 말씀하시기는 특전사에서 정 총장이 김재규를 구출하기 위해서 왔는 줄 알고 피했다고 했습니다."라고 대답했다.[66]

노재현 장관 잠적 전후의 수상한 행적에 대해 당시에도 전두환과 내통했다는 설이 있었고, 1996년 공판 과정에서도 전두환이 그런 뉘앙스로 증언했다. 전술한 장도영-박정희 내통설에 비견되는 노재현-전두환 내통설(12·12의 모의에 대한 사전 정보를 노재현

---

66 「검사 김상희가 피고인 전두환에게 한 질문」, 제2회공판조서: 사건 95고합 1280 반란수괴 등, 96고합 38(병합) 내란수괴등, 96고합 76(병합) 내란중요임무종사등, 96고합 127(병합) 반란중요임무종사등, 재판장 판사 김영일, 판사 김용섭, 판사 황상현, 법정의 공개여부 공개, 장소 제417호 법정, 기일 1996. 3. 18. 10:00, 법원 사무관 이덕기, 고지된 다음기일, 1996.3.25.10:00.

이 묵살해 전두환의 거사를 의도적으로 비호했다는 음모론)을 더 발전시킬 수 있는 대목이다. 노재현 장관은 1979년 3월 김계원 비서실장이 차지철 경호실장을 견제할 보안사령관 적임자를 묻자 전두환을 천거해 앉힌 사람이므로 전두환에게 우호적이었다고 할 수 있다.[67] 1996년 노재현은 전두환을 보안사령관에 추천한 자신을 전두환이 배신했다고 증언했다.[68] 2017년 간행된 회고록에서 전두환은 노재현이 5·18 재판에서 검찰 측 증인으로 나와 12·12를 쿠데타로 본다고 증언했다면서 이는 정승화와 같은 입장이라고 평가했다.[69] 노재현은 10·26 이후 실세로 부상한 정승화와 가까워져 12·12 당시 잠적했으며 후일 전두환 측은 노재현-정승화 양인이 동일한 견해를 이심전심으로 공유한 것 같다는 '정승화-노재현 공모설'을 제기했던 것이다. 그런데 12·12 직후 노재현의 3시간 잠적은 전두환의 주장처럼 정승화와의 내통이라기보다는 위컴의 주장대로 번민 중에 비밀리에 용산 미군 벙커로 피신했던 시간일 가능성이 높다.

　결론적으로 노재현 국방장관은 전두환이나 정승화 양인과 내통하지는 않았으며 미군 벙커에서 위컴과 내통해 정승화 측의 병력 동원을 막고 북한의 남침이 우려되는 군 내부 충돌을 방지했다고 할 수 있다. 위기 국면에서 노재현은 미국의 국가이익을 의식하면

67　「노재현이 전두환을 잡지 않은 이유」, http://blog.daum.net/ykchae/12275983 (검색일: 2015.2.22).
68　조성관, 「『내가 全斗煥을 보안사령관에 추천… 그가 나를 배신했다』: 盧載鉉 증언 제2탄 10·26 전후 秘史」, 『월간조선』 191호(1996.2).
69　전두환 저, 민정기 책임정리, 『전두환 회고록 1: 혼돈의 시대, 1979-1980』 (자작나무숲, 2017), 214쪽.

서 복무했던 주둔국 국방장관의 위치를 충실히 지켰다고 할 것이다. 자주독립국의 국방장관이었다면 의당 하극상을 견제했어야 하지만 그에게 그런 힘과 용기가 부족했다. 아니면 군부정치 시대 민간정부의 국방장관이 본질적으로 군부에 압도당한 것이 당연하다는 평가도 가능하다.

* * *

5. 위컴 사령관의 신중론

북한과 관련된 비상 상황이므로 진돗개 둘[70]이 발령된 상황에서 이건영 사령관은 강영식 6군단장(육사 10기)을 통해 그 예하인 배정도 26사단장(육군종합학교 6기)에게 비상대기를 지시해 두었다. 그리고 장태완의 전화가 있기 전인 밤 9시 35분부터 51초 동안 최영구 5군단장과 통화해 내부 충돌을 방지하고자 수도기계화사단의 부대 이동을 하지 않도록 지시했다.[71] 손길남 수도기계화사단장(육군종합학교 29기)에게도 연락했다. 서울에 소요 사태 등이 발생할 때 투입하기 위

---

70 「3군사령관 이건영과 진종채 2군사령관과의 통화」(1980년 12월 12일 22시 20분), 「12·12 사건-장군들의 현장육성 1」(오디오 테이프 21:07), 『월간조선』(1995.9) 부록, https://www.youtube.com/watch?v=HMTQTsPNWYg&feature=emb_logo (검색일: 2021.1.21).

71 「3군사령관 이건영과 최영구 5군단장과의 통화」(1980년 12월 12일 21시 35분), 「12·12 사건-장군들의 현장육성 1」(오디오 테이프, 7:19~8:10), 『월간조선』(1995.9) 부록.

해 훈련된 3군 예하 충정부대들 중 20사단의 박준병 사단장(후에 민자당 사무총장)은 이미 쿠데타군 지휘부에 가 있었다.[72]

한편 밤 9시 30~50분 즈음 윤성민 차장은 만약의 경우에 대비하여 방패부대인 제26사단과 수도기계화사단에게 출동 준비를 지시했다[73]고 하며 전술한 위컴 회고록에 인용되는 바와 같이 노재현 국방장관도 이와 같은 출동 준비 명령을 내렸다고 한다. 따라서 윤성민-이건영 라인으로 하달된 출동 준비 명령이 무력 충돌과 북한의 남침을 우려한 미군의 부정적 태도를 확인한 노재현의 병력 출동 자제 명령에 따라 바로 부정적으로 선회했다고 할 수 있다. 윤성민 차장의 패장으로서의 변명격인 사후 증언에 따르면 방패부대인 26사단과 수기사를 동원하려면 장관 승인-대통령 재가-한미연합사령관의 동의를 얻어야 했는데, 당시 위컴 대장이 극력 반대했으며 국방장관도 같은 입장이었다는 것이다. 특히 노재현 장관이 제1공수여단이 국방부와 육본을 장악한 후에도 부대 출동을 하지 못하게 했기 때문에 그 지시에 따를 수밖에 없었다고 변명했다.[74] 즉 '부대이동 절차' 때문에 부대 동원을 하지 못했다는 주장이다.

이건영과 노재현의 1분여 통화를 김재홍 기자의 탐사보도와 결합해 재구성해 보면, 이건영이 노재현에게 "장관님, 빨리 수습해야 하

---

72 김재홍, 「하나회 멤버들이 행동대장 맡은 전두환 반란군」, 〈프레시안〉(2012.7.12).
73 여산, 「12.12 군사반란에 윤성민 참모차장(총장 대행)의 대응방법」, https://blog.daum.net/gopcorea/9735859 (검색일: 2021.2.2).
74 위의 글.

지 않겠습니까? 부대에 출동 준비는 해놓았습니다."라고 말했다.[75] 미 8군 벙커(한미연합사령부 상황실)로 피신한 노재현은 위컴 미8군 사령관이 자신의 작전통제를 받고 있는 전방부대의 군단장·사단장들이 무단이탈한 데 크게 분개하는 소리를 들었다고 한다. 위컴은 10·26 이후 북한이 어떤 생각을 할지 예측할 수 없는 시기에 전방부대가 조금이라도 틈을 보여서는 안 된다고 거듭 우려했다는 것이다.[76]

12월 12일 밤 10시 30분에 이루어진 이건영과의 통화에서 노재현은 신중한 대처를 당부했다.[77] "병력이 필요할 때는 내가 전화 거니까 말이야. 내 전화 이외에는 절대로 (출동)하면 안 돼."라고 못을 박았던 것이다. 이에 이건영 사령관은 "그렇게 조치하겠습니다. 이미 전부 그렇게 전화를 해놔 있습니다."라고 말했다. 또한 노재현 장관이 "여하한 일이 있더래도 군사령관 명령 없이는 병력 움직이면 안 된다. 그 군사령관 명에 의해서 병력을 움직이도록 말이야. 그렇게 해야 될 거야."라고 말하자 이건영은 "그렇게 조치하겠습니다."라고 답했다.[78]

노재현의 출동 유보는 반란군과 진압군 모두의 출동을 막기 위한 것이었으며 위컴의 뜻이기도 했다. 그런데 노재현의 지시는 참모차장의 지시를 받지 말고 장관 육성 지시만 따르라는 것이었으므로 지휘 체계상 육군본부를 제거하고 우회 지휘를 행한 것이었다. 따라서

---

75 김재홍(2012), 앞의 글.
76 김재홍(2012), 위의 글.
77 김재홍(2012), 위의 글.
78 「3군사령관 이건영과 노재현 국방장관과의 통화」(1980년 12월 12일 22시 30분), 「12·12 사건-장군들의 현장육성 1」(오디오 테이프), 『월간조선』(1995.9) 부록.

노재현 국방부 장관이 지휘 체계에 혼란과 갈등을 조성해 놓았다고 평가된다. 반면 전두환 합수부장 측은 임의로 병력을 동원했다. 이에 비해 진압군 측은 절차에 얽매인 데다 미국과 북한 도발을 의식한 장관이 반란군에 대해 단호한 진압 결정을 내리지 못했던 상태였다. 우회 지휘에 더하여 하극상과 명령불복 등이 뒤엉켜 군 지휘계통이 일시 대혼란을 빚었던 것이다.

노 장관이 진압군 지휘부로 직접 가지 않고 미군으로 간 것은 노재현 국방의 대미 의존성을 엿볼 수 있을 대목이다. 이후 미군의 뜻에 따라 진압군 측에 전화해 출동을 막았는데 역시 미국에 의존적이었다고 평가할 수 있다. 미국의 뜻을 파악해 군의 내부 충돌이 초래할 북한의 개입(남침)을 막는 데는 그 역할을 다했다고 긍정적으로 평가할 수도 있다. 이건영은 충돌을 우려한 노재현이 출동을 막았다고 판단해 연행될 때까지 국방장관의 출동 불가 명령을 준수했다. 또한 국방장관(과 합참의장)의 신병이 전두환 측에 확보되었음을 알게 되었음에도 불구하고 국방장관의 명령을 기다렸고 군 내부의 무력 충돌이 북한의 남침을 불러올 것을 우려해 26사단과 수기사에 내렸던 출동 대기 명령을 출동 명령으로 바꾸지 않았다.

위컴은 진압군 병력 동원에 매우 신중했다. 내전 상황이 초래되면 이에 편승한 북한의 남침으로 비화될지도 모른다고 우려해 신중했던 것이다. 위컴은 반란군의 병력 이동에 분개했지만 결과적으로는 반란군을 도와준 격이었다. 위컴은 병력 동원을 자제시키려고 노력해 성공을 거두었고, 결과적으로 내전 상황으로의 비약과 북한의 남침을 막을 수는 있었다. 그러나 병력 출동 자제는 오로지 진압군에만 해당

되었고 반란군의 병력 동원은 자제시키지 못한 제한적 성과였다. 반공국가의 유지가 민주주의 수호보다 우선시되는 미국 외교 정책의 현실이었다.

한편 이건영은 대구에 주둔하고 있는 2군 사령관 진종채 중장에게 밤 10시 20분에 전화했다. 이건영은 오늘 오후 8시경에 참모차장이 자신과 통화하려고 하다가 장관이 전화한다고 하면서 대신 참모차장 부관이 자신에게 전화를 했다고 운을 떼었다. 그 부관이 "보안사에 있는 누구하고 보안사 우 대령이라는 두 사람에게 납치당했다"고 하는데, 진 중장은 어떻게 판단하는지 물었다. 진종채 사령관의 반응은 크게 놀라는 기색이 아니었다. "그런데 내가 지금 대충 판단보다도 알기는요, 우리 그 저 CS(chief of staffs, 육군참모총장) 예전에 그 사건(정승화의 10·26 연루설 – 인용자)에 그 관계 때문에 조사를 받고 있지 않냐 지금요."[79]라고 대답했다. 혼잣말처럼 10·26 당일 저녁 정승화가 궁정동 안가에 있었던 일을 꺼내는 진종채의 반응에서 이건영은 그가 사건의 상당 부분을 알고 있음을 느꼈을지도 모른다. 당시에는 몰랐더라도 나중에 깨달았을 것이다. 진종채는 윤필용 수경사령관 사건 이후 그 뒤를 이어 수경사령관을 지내고 보안사령관(전두환 보안사령관의 전임자)까지 거친 군부 실력자로 정국 풍향에 밝았다. 진종채도 군 내부에 충돌이 있어서는 안 되겠다는 의견을 가지고 있었다고 한다.[80]

---

79 「3군사령관 이건영과 진종채 2군사령관과의 통화」(1980년 12월 12일 22시 20분), 「12·12 사건 – 장군들의 현장육성 1」(오디오 테이프), 『월간조선』(1995.9) 부록.
80 김재홍(2012), 앞의 글.

이건영 3군 사령관은 강원도 최전방을 지키는 원주 주둔 1군 사령관 김학원 중장(육사 5기)에게도 신재성 3군 사령부 참모장을 통해 밤 10시 47분경에 전화를 걸었다. 야전군 중 야전군이라는 1군 사령관 김학원 중장은 "말씀 들었지요?"라는 질문에 대해 "지금 저 진도개 하나만 왔고요. 그 내용은 잘 모르겠습니다."라고 대답했다. 신재성 장군이 "일단 하나회 말이지요. 거 생각지 않은 일이 20시 15분경에 발생해 가지고…"라고 말을 해도 김학원 장군은 "뭔지 모르겠습니다."라고 응대할 뿐이었다. 얘기를 들은 김학원 사령관은 다소 충격을 받은 듯했다.[81] 이건영은 김학원 1군 사령관이 아직 상황을 모르고 있고 진종채 2군 사령관은 포섭되어 있는 듯하다고 추정했다.[82] 12·12 이후 이건영과 김학원은 예편되고 진종채는 살아남는 결과의 전조였다.

이건영 장군은 이미 전세가 기울어 버린 12월 13일 오전 2시경에 장태완 수경사령관과 마지막 통화를 했다. 당시 수경사에는 전술한 바와 같이 육군본부 측 인사들이 총집결해 있었다. 장태완은 수기사와 26사단 등 2개 사단 정도는 있어야 한다는 자신과 윤성민 참모차장의 의견을 인용하면서 이건영의 의견을 두 번이나 물었다. 이에 전방 병력을 서울로 출동시켜 심각한 무력 충돌이 발생하면 북한의 침략이 일어날 것이라고 우려한 이건영 장군은 노재현 장관의 출동 금지 엄명을 장태완에게 마지막까지 하달하여[83] 장태완을 단념시켰고 결과

---

81 「신재성 3군사령부 참모장과 김학원 3군사령관과의 통화」(1980년 12월 12일 22시 47분경), 「12·12 사건-장군들의 현장육성 1」(오디오 테이프), 『월간조선』(1995.9) 부록.
82 김재홍(2012), 앞의 글.
83 「3군사령관 이건영 중장과 수경사령관 장태완 소장의 통화」(1979년 12월 13일 2시 00분),

적으로는 큰 유혈 사태가 일어나는 것을 막는 데 일조하기는 했다. 이건영 장군은 반란군이 노재현 국방장관의 신병을 확보한 것을 인지해 진압을 거의 포기한 상태에서 윤성민과 마지막 통화를 하며, 국가와 민족이 살아야 하겠다는 생각에서 "쥐 잡다 독 깨는 식이 되어서는 곤란하다"면서 전방에 문제가 일어날 수 있는 진압 병력 출동을 하지 않았다고 합리화했다. 윤성민은 수경사에 모여 있던 장군들도 출동을 자제하자는 데에는 이건영과 같은 결론을 도출했다면서 이건영에게 동감을 표시했다.[84](그와 동시에 결국은 실패했지만 반란을 위한 병력 출동도 막으려고 노력했다.) 따라서 이건영은 장태완보다는 고초를 덜 겪었다. 장태완은 13일 새벽 4시 30분 수경사에서 연행되었고,[85] 1980년 2월 5일 집에 가서 6개월 동안 쉬면 일자리를 마련하겠다는 전두환의 회유를 접했으며, 30년 군생활을 마감하는 예편서를 쓴 후 3월에 풀려난 뒤 6개월간 봉천동 집에서 사실상의 가택연금을 당했다.[86]

이건영과 장태완 모두 공기업 사장(각각 한국마사회 회장과 한국증권전산 사장)으로 선무되기는 했다. 또한 김학원은 교통안전진흥공단 이사장으로 선무될 예정이었으나 발족이 늦어지면서 부산컨테이너부

「12·12 사건-장군들의 현장육성 2」(오디오 테이프, 11:58~13:23), 『월간조선』(1995.9) 부록, https://www.youtube.com/watch?v=khdcZGVm5p4&feature=emb_rel_pause (검색일: 2021.1.21).

[84] 「3군사령관 이건영 중장과 윤성민 육군참모차장의 통화」(1979년 12월 13일 2시 32분), 「12·12 사건-장군들의 현장육성 2」(오디오 테이프, 21:08~21:37), 『월간조선』(1995.9) 부록.

[85] 장태완, 「12·12 당시 수도경비사령관 장태완 장군 육필 수기(진압 실패 10시간)」, 〈시사저널〉(2006.5.16).

[86] 오동룡, 「"12·12 쿠데타로 강제 예편당한 군인들 명예회복을!"」, 『월간조선』(2010.1).

두운영공사 사장으로 선무되었다. 이들은 모두 신군부가 밀착 감시하고 있었음에도 불구하고 만약 역쿠데타가 발생할 경우 동조할 가능성이 높았으므로 선무에 의해 회유할 필요성이 높은 인사들이었다.

한편 강창성 전 보안사령관은 정승화 참모총장이 불법 체포된 후 총장을 대리해 육군을 지휘해야 할 윤성민 차장이 사실상 전두환 측으로 돌아섰다고 사후에 평가했다. 또한 김용휴 국방차관은 정승화 측의 전두환 제거 시도를 전두환 측에 제보했으며 이건영 사령관의 신원을 전두환 측에 넘겼다고 간주된다. 결국 김용휴 차관은 12월 14일 최규하 대통령의 조각 때 전두환 측의 압력으로 총무처 장관으로 영전했다.[87] 또한 김용휴 차관이 전두환과 내통해 전두환 측에 넘겨진 이건영 장군은 54일 동안 서빙고분실에 감금된 후 강제 예편된 채 풀려났다.[88]

6. 정승화 불법 연행에 대한 최규하의 사후 재가 과정

합수부의 정승화 연행과 병력 이동이 최규하 대통령의 재가 없이 이루어졌다는 것이 12·12 사건의 합법성 논의에서 중요한 쟁점이다. 전두환은 정승화 연행조를 참모총장 공관으로 보낸 후인 1979년

---

87 강창성, 『일본/한국 군벌정치』(해동문화사, 1991), 385쪽.
88 이건영, 『패자의 승리』(진명문화사, 1996), 189쪽.

12월 12일 저녁 7시[89]에 사전 승인을 받기 위해 최규하에게 총장 연행 재가를 요청했다. 전두환 합수부장은 최규하 대통령에게 정승화가 김재규와 연루된 새로운 사실(돈을 받는 등)을 발견했으니 정승화를 연행해 조사하도록 승인해 달라고 요청했다는 것이다.[90] 이에 대해 정승화는 후일 김재규에게 받은 돈 300만 원은 단순한 추석 촌지로 당시 전두환도 500만 원 수령 사실을 인정했다고 주장했다.

그러나 최규하는 국방장관을 데려오면 그와 상의한 후 재가하겠다며 결재를 거부했다. 일종의 시간 끌기 작전이었다. 계엄 시에 계엄사령관은 막중한 자리이며 대통령 개인이 임명한 것이 아니라 국무회의 의결을 거쳐 임명한 것인 만큼 국무위원인 국방장관의 의견을 들어보지 않고서는 결정할 수 없다는 논리였다.[91] 이에 다급해진 신군부 세력은 대통령이 있던 총리 공관을 밤 8시 40분경에 무장병력으로 봉쇄하고,[92] 밤 9시 신현확 총리와 사태를 논의하던 최규하를 재차 설득했다.[93] 이때 백운택 준장이 권총을 떨어뜨렸다. 위협하려는 의도가

---

89 전두환 저, 민정기 책임정리, 『전두환 회고록 1: 혼돈의 시대, 1979-1980』(자작나무숲, 2017), 188쪽에는 오후 6시 30분에 면담했다고 적었다.

90 「1심선고판결문」(1996년 8월 26일), 대한민국재향군인회 편, 『12·12, 5·18 실록』(대한민국재향군인회 호국정신선양운동본부, 1997), 588쪽; 『신동아』(1996.10).

91 정기용, 『그 시절 그 사건 그때 그 사람들: 격동의 한국정치사를 정밀하게 타전 했던 미국 극비문서 긴급입수』(학영사, 2005), 165쪽.

92 「1심선고판결문」(1996년 8월 26일), 대한민국재향군인회 편(1997), 앞의 책, 588쪽; 『신동아』(1996.10). 그런데 전두환이 경호실 병력을 풀어 총리 공관을 포위한 후 위협적 분위기를 조성한 가운데 강제로 대통령 재가를 받아냈다는 주장에 대해 전두환 저, 민정기 책임정리(2017), 앞의 책, 219쪽에서는 말도 안 된다고 반박한다. 당시 경호실 병력은 경비만 맡았다는 것이다. 단순 경비만 맡았다고 해도 무장한 병사가 경비했다면 최규하 대통령 등이 위압감을 느꼈을 수는 있다.

93 당시 전두환 보안사령관은 합동수사본부장을 겸임했는데 허화평 합동수사본부 비서실장은 "합

있든 단순 실수였든 간에 대통령과 면담하면서 무장을 풀지 않았던 것은 문제였다.[94] 김광해 당시 육본 작전참모부장은 전두환 사령관 측이 최규하 대통령을 권총으로 위협했다고 증언했다. 그러나 이번에도 최규하는 노재현 국방장관을 데려오라고 말했다.

결국 노재현 장관 색출에 나선 전두환 측의 박희도 제1공수여단장 병력이 날을 넘겨 12월 13일 새벽 3시 50분(1시 반경)[95]에 자신의 집무실로 가는 노재현 국방장관을 발견해 보안사로 끌고 갔다. 새벽 4시[96]에 노재현 장관은 신현확 총리와 동행해 삼청동 총리 공관으로 향했으며, 도중에 노 장관은 보안사 측의 강요로 정승화 연행 조사 문

수본부장은 장성을 조사하거나 연행할 때 관례적으로 국방장관과 대통령에게 보고를 하지만 재가를 얻지는 않습니다. 12·12의 밤에 최 대통령에게 간 것은 재가를 위한 것이 아니라 보고를 위한 것이었습니다. 경복궁 30단에 모여 있던 장군들은 군에 어두운 최 대통령의 이해와 설득을 위한 것이었습니다."라고 회고했다. 그는 "일반인들은 잘 이해하지 못하는 이 같은 군 사정으로 오해가 많은 것 같다"고 덧붙였다. 온종림, 「"대통령 살해가 쿠데타, 12.12 진실 바로 세워야"」, 〈뉴데일리〉(2009.12.10).

94 전두환 저, 민정기 책임정리(2017), 앞의 책, 199쪽에서는 당시 무장한 장군이 없었다고 주장한다.
95 「1심선고판결문」(1996년 8월 26일), 대한민국재향군인회 편(1997), 앞의 책, 589쪽; 『신동아』(1996.10). 한편 사건 당시 전두환 보안사령관의 상무부관 황진하의 2019년 12월 19일 서울에서 열린 미국 존스홉킨스대학과 한국 KDI 합동 콘퍼런스의 증언에 따르면 12월 13일 새벽 브루스터가 황진하에게 전화해 도와줄 것이 없냐고 물었다는 것이다. 이에 황진하 소령은 노재현 국방장관이 어디에 있는지 물었다고 한다. 브루스터는 노재현 장관이 한국 국방부 쪽에 있는데 그쪽으로 갈 것이라고 전했다. 결국 노재현 장관은 보안사령부로 와서 전두환과 5분 정도 대화하고 최규하 대통령에게 갔다고 한다. 위 판결문과는 다소 상이하다. 자신의 행위에 대한 미화와 과장, 합리화가 개재되어 있는 사후 회고이므로 전적으로 신뢰할 수는 없지만 당시 신군부가 미 CIA와 소통하고 있었다고 할 수 있다. 또한 노재현이 1시 28분에 미8군 벙커에서 출발했으므로 3시 50분보다 2시간 정도 이른 시간에 전두환 측이 그의 신병을 확보했다고 여겨진다.
96 "Telegram from Gleysteen to Vance: Korea Focus – Discussion with MG Chon Tu Hwan," O 150834Z Dec 79, Seoul 18885, Secret, NODIS Cherokee, 〈5·18민주화운동기록관〉(검색일: 2020.5.15).

서에 결재했다.[97] 결국 최규하는 1979년 12월 13일 새벽 5시 10분 겁에 질린 노재현 장관을 앞에 두고 정승화의 연행을 사후 재가할 수밖에 없었다.[98] 노재현 장관은 자신이 먼저 사후 결재를 한 상태에서 최 대통령을 총리 공관에서 만나 사태를 빨리 수습하고 더 이상 확대되지 않도록 하기 위해 "결재를 하시는 것이 좋겠습니다."라고 건의했는데[99] 신현확 총리, 최광수 대통령 비서실장이 같이 있던 그 자리가 전혀 위압적인 분위기는 아니었다고 사후 증언했다.[100]

그런데 신현확 당시 국무총리가 1996년 7월 1일 오후 2시경 서울형사지방법원 417호 대법정에서 진술한 12·12, 5·18 사건 제18회 증언에 의하면 12·12 저녁 7시 전 전두환 장군이 정승화 참모총장의 연행에 대한 사전 재가를 받기 위해 최규하 대통령을 총리 공관으로 만나러 왔는데 최 대통령이 국방장관의 재가가 선행되어야 한다며 돌려보냈다고 한다. 그 후 12·12 사건이 터졌고 밤 9시 30분 황영시, 유학성 등 6인의 장군이 최 대통령과 신 총리가 있는 방에 들어와 사후 재가를 요청하자 역시 최 대통령은 국방장관을 찾아오라고 요구했다. 신 총리는 노재현 국방부 장관의 결재부터 받으라고 호통을 쳤다고 증언하기도 했다. 국방부로 돌아온 노재현 장관과 12월 13일 오전 2시 30분경 통화에 성공한 신 총리는 대통령을 만나러 총리 공관으

---

97   대한민국재향군인회 편(1997), 앞의 책, 501쪽.
98   이동형, 『영원한 라이벌 김대중 VS 김영삼』(왕의서재, 2011), 171~179쪽.
99   정기용(2005), 앞의 책, 222쪽.
100 조성관, 「최초인터뷰 16년의 침묵 깬 노재현 전국방장관: 그날 밤 후회는 없다 장태완의 무능이 12·12 성공시켰다」, 『월간조선』(1996.1), 208쪽.

로 빨리 오도록 재촉했다. 답답해하는 최 대통령이 직접 전화로 명령했다. 그러나 노재현 장관이 못 가겠다고 거절해 결국 신 총리가 당시 중앙정보부장 서리였던 이희성 장군을 데리고 국방부로 가서 억류 상태가 아니었던 노재현 장관을 만나 다른 차로 총리 공관으로 출발했다. 곧 도착할 것으로 예측되었으나 한참 시간이 지난 후에야 도착한 노재현 장관의 손에는 연행 보고서가 들려 있었다. 노 장관은 "더 큰 혼란을 방지하기 위해서는 어쩔 수 없이 각하가 재가해 주셔야 하겠습니다."라고 말하는 등 여러 얘기를 했고, 최 대통령은 위협적인 분위기는 아닌 상태에서 12월 13일 오전 5시 10분이라는 시간을 부기하여 재가했다고 한다. 전날인 12일 밤에 이루어진 정승화 총장 체포가 재가 이전에 벌어진 불법 행위임을 명시한 기지를 발휘한 조치였다고 신현확은 공판 과정에서 평가했다. 당시 신 총리는 총리 공관이 군병력에 의해 포위된 것은 몰랐다고 증언하기도 했다.[101]

전두환은 2017년 회고록을 통해 신현확 등의 증언을 근거로 강압은 없었다고 주장했다.[102] 전두환 등에 대한 역사바로세우기 재판의 항소심 재판이 시작되기 2주 전 쯤인 1996년 9월 24일에 최규하 전 대통령이 전두환 측의 민정기 비서관에게 권총 위협은 없었다고 증언했

---

101 엄상익, 「신현확 전 총리의 증언: 12·12 그날 밤의 최규하」, 『월간조선』(1996.9), 150~153쪽. 지만원은 신 총리가 군병력을 의식하지 않았다고 증언했으므로 1996~1997년에 진행된 12·12, 5·17 재판에서 군사반란이라는 판결은 사실이 아니라고 주장했다. 지만원, 「박정희 대통령 시해사건」, 『큰마을 글방』(2018.12.6), http://blog.daum.net/chs625/1530554 (검색일: 2021.2.3).
102 전두환 저, 민정기 책임정리(2017), 앞의 책, 200~201쪽.

다고도 했다.[103] 최규하는 재임 중 국정 행위에 관한 증언을 위해 전직 대통령이 법정에 출석해 증언한다는 것은 국익에 중대한 손상을 줄 우려가 있다며 법정 증언을 거부했다.[104] 그는 법정 출석을 거부해 오다 재판부의 구인명령에 따라 1996년 11월 14일 항소심 11차 공판(결심) 법정에 출석했지만 인정신문에만 응했을 뿐 증언은 거부했다.[105]

한편 1997년 4월 17일 12·12, 5·18 관련자 상고 공판(대법원 전원합의체 1호 법정)에서, 전두환 측이 제기한 최규하 대통령을 강압해 결재를 받지 않았다는 주장이 기각되었다.[106] 국방부 과거사위는 주로 보안사령부의 『제5공화국 전사』 3편(1982)에 의지해 보고서를 작성했는데 여기에 강압 여부에 대해서는 기술하지 않았다.

2015년에 김종필은, 1979년 12월 12일 밤에 죽을 뻔했다고 최규하가 자신에게 다음 날인 13일 아침에 전화해 말했다고 증언했다. 최규하는 난데없이 등장한 전두환 등 군부 실력자 앞에서 엄청난 압박을 느꼈을 것이다. 전두환의 무력시위는 항간의 소문처럼 그가 권총을 차고 들어와 최 대통령을 협박했는지 여부에 관계없이 최 대통령으로 하여금 '죽을 뻔했다'는 말을 남기기에 충분했을 것이라고 김종필은 회고했다.[107]

---

103 전두환 저, 민정기 책임정리, 『전두환 회고록 3: 황야에 서다, 1988–현재』(자작나무숲, 2017), 473쪽.
104 전두환 저, 민정기 책임정리(2017), 위의 책, 465쪽.
105 전두환 저, 민정기 책임정리(2017), 위의 책, 470~471쪽.
106 「12·12, 5·18 상고심선고 판결문 요지」(1997.4.17), 대한민국재향군인회 편(1997), 앞의 책, 638쪽.
107 전영기·최준호, 「[김종필의 '소이부답'] 〈77〉 전두환과 12·12」, 『중앙일보』 2015년 9월 4일, 13면.

4장

12·12 군사반란에 대한 평가

1. 12·12는 쿠데타인가 아닌가

후일 정권을 잡게 된 신군부는 12·12가 정권을 잡기 위한 쿠데타 음모는 아니었고 정승화 육군참모총장을 연행하기 위한 작전에서 출발했다고 주장했다. 이는 쿠데타를 위한 군 배치 계획이 없었다는 주장이다. 1979년 12월 12일 오후 6시 30분 장태완 수경사령관, 김진기 헌병감, 정병주 특전사령관은 전두환 보안사령관의 초대로 연희동의 한 식당에서 식사를 하고 있었고,[1] 노태우, 유학성, 황영시, 박준병 등 여러 지휘관들은 장세동 대령이 지휘하는 경복궁 내 수경사 30경비단에서 오후 6시 전후로 대기 중이었다.[2] 지휘관들이 부대에 없었고,

---

1 「3군사령관 이건영과 장태완 수도경비사령관과의 통화」(1980년 12월 12일 22시 16분), 「12·12 사건-장군들의 현장육성 1」(오디오 테이프), 『월간조선』(1995.9) 부록, https://www.youtube.com/watch?v=HMTQTsPNWYg&feature=emb_logo (검색일: 2021.1.21).
2 노태우 장군은 장태완 수경사령관이 신군부가 모여 있던 30경비단을 포위한 상황에서 "나는 자결

실병력 동원 계획이 없었다는 것이 쿠데타 계획이 없었음을 말해 준다고 주장한다.³ 그러나 12월 12일에는 전두환의 계획 속에 '대통령이 되는 치밀한 집권 계획'이 없었더라도 12·12 사건이 유혈 사태로 마감된 이후 '돌아올 수 없는 강'을 건넌 이들은 이후 쿠데타 구상을 한 단계 더 구체화해 다음 해 5·17과 5·18로 집권까지 도모하게 되었다는 것이 필자의 해석이다. 12·12 최대의 피해자인 정승화도 다음과 같이 회상했다.

> 가만히 생각해 보면, 전두환은 12·12를 통해 정권을 탈취하겠다는 구체적인 시나리오를 치밀하게 짠 것 같지는 않다. 어디까지나 추측이지만, 애초에는 군에서 쫓겨날지 모른다는 불안감 때문에 나를 육군참모총장에서 밀어내고 군권을 장악하겠다는 생각에 일을 저질렀다가, 강력한 국민의 반발에 부닥치고 광주 학살로 걷잡을 수 없이 사태가 커지다 보니 사후 안전을 위해 국권을 탈취하는 데로 치달은, 말하자면 선택의 여지가 없는 외길로 달려간 게 아닌가 하는 생각이 든다.⁴

하는 수밖에 없다고 생각했다. 그러나 30경비단에 들어온 누구도 방아쇠를 당기지 않았고, 우리는 '기회는 이때'라고 판단해 군을 출동시키기로 했다"고 사후에 변명했다. 노태우, 『노태우 회고록 상』(조선뉴스프레스, 2011).

3 정진태, 「12·12 그리고 노 대장의 전역식」, 노재봉 외, 『국내외 인사 175인의 기록: 노태우 대통령을 말한다』(동화출판사, 2011), 545~546쪽에 의하면 당시 육군 제1군단 참모장이었던 정진태는 상황 근무자를 제외한 군단의 일반 및 특별 참모들과 함께 의정부에서 회식 중이었다고 회고했다. 그는 만약 계획된 군사 쿠데타였다면 출동 부대의 책임자(참모장)와 부대의 모든 참모가 밖에 나가 회식을 할 수 있었겠냐고 주장했다.

4 정승화, 이경식 정리·대필, 『(대한민국 군인) 정승화: 정승화 자서전』(휴먼앤북스, 2002), 413쪽.

1979년 12월 13일 오전에 9사단장 노태우와 50사단장 정호용이 각각 수경사령관과 특전사령관에 취임함으로써 반란 주도 세력이 군부를 장악했다. 신군부 세력은 1980년 5·17 쿠데타까지 주도해 마침내 제5공화국의 중심 세력으로 등장했다.

정승화는 내란방조죄로 기소되었다. 전두환 측은 사태 당시에 정승화 육군참모총장이 김재규와 공모했다면서 12·12가 합동수사본부의 정당한 수사 활동이라고 강변했다. 그러나 공모 혐의가 증명되지 않자 '범행방조죄'라는 죄목을 만들어 처벌할 수밖에 없었다. 국가기록원으로 이관된 '국방부 과거사진상규명위원회(2005~2007년 활동) 문서철'의 '진상규명 관련 수집자료(530권)' 중에는 12·12 직후에 생산된 「10·26 내란방조자 정승화 연행의 전말(검찰 질의에 대한 소견)」, 「정승화 주장의 허구성, 박대통령 시해사건 관련 정승화 전 총장의 행적종합표」 등이 『1-검찰 2 [12.12수사기록7권] 2-2』에 첨부되어 있다. 결국 정승화는 내란방조미수죄로 징역 10년형을 선고받았으며 국방부 장관의 형량 확인 과정에서 징역 7년으로 감형되었다.(재판 직후 현역 육군 대장에서 육군 이등병으로 강제 예편) 군 교도소에서 복역하다가 1980년 6월 10일 형집행정지로 석방되었으며, 1981년 3월 전두환 대통령 취임특사로 사면 복권되었다가 1988년 군적이 회복되었다.

정승화는 제13대 대통령 선거일(1987년 12월 16일) 전인 11월 9일 전격적으로 통일민주당에 입당해 상임고문 자격으로 김영삼 후보를 지지했다. 정승화의 입당이 쟁점이 된 1987년 11월 11일 유학성 민정당 국책평가위원장은 "육군참모총장이라는 중책에 있으면서 국군 통수권자인 대통령의 시해를 막지 못하고 더욱이 그 현장에 있으면서도 최소한 범행을 용이하게 한 도구로서 이용되는 결과가 되었음은 정 총장 자신도 부인하지 못할 것입니다."라고 비난했다.[5] 정승화는 노태우가 대통령에 취임한 이후인 1988년 4월 25일 정계 은퇴를 선언했다. 이후 언론의 인터뷰 요청 등을 사양했으나 1990년 한국일보 정병진 기자의 끈질긴 노력 끝[6]에 잠시 언론에 노출되었다.[7] 그러나 노태우 정부 시절에는 대체로 은둔의 삶을 이어 갔다. 그러다가 1993년 김영삼 정부 출범 이후 전두환과 노태우를 고발하고자 장태완, 이건영 등과 함께 소규모 모임을 가졌다. 1997년 정승화는 '김재규 내란 기도 방조미수혐의'에 대해 무죄를 선고받았다.

12·12는 쿠데타 자체라기보다는 예비 쿠데타 혹은 '쿠데타적 사건'이었다. 1979년 12·12에서 1980년 5·17, 그리고 그해 8월 27일 대통령 당선[8]까지 264일이나 걸린 세계 역사상 가장 긴 쿠데타[9]라는 평가도 있다. 12·12 이후 서울의 봄 국면에 전두환이 실권자라는 공인된 인식이 아직 없었기 때문에 12·12는 예비적 쿠데타였지 명실상부한 쿠데타는 아니었다. 1980년 서울의 봄 시위에 전두환 퇴진과 함께 신현확 퇴진이 언급되었으므로 누가 최고 지도자가 될지는 아직

---

5   김성우, 「(뉴스데스크) 유학성 민정당 국책평가위원장, 12.12 사태는 불상사[김성수]」, 〈MBC뉴스〉(1987.11.11).

6   정병진, 「취재 여담: 활자의 두려움, '박물관은 살아 있다'」, 『관훈저널』 제139호(2016년 여름), 132쪽.

7   정병진, 『(실록 청와대) 궁정동 총소리』(한국일보사, 1992).

8   보궐선거로 선출되었기 때문에 당선 확정과 동시에 임기가 시작되었다. 취임식은 1980년 9월 1일 잠실 실내 체육관에서 거행되었다

9   임영태, 『대한민국사: 1945-2008』(들녘, 2008), 523쪽; 노가원, 『264일의 쿠데타(1, 2): 12.12 군사반란』(시아, 2017), 5쪽.

불투명했다. 따라서 3김은 권력다툼을 계속했으며 대학생들을 중심으로 한 운동권에서도 전두환을 단독 겨냥해 퇴진운동을 전개하지는 않았다.

당시 전두환 측이었던 보안사 정도영 보안처장도 12·12가 계획된 쿠데타는 아니었다고 회고했다. 단지 정승화 총장을 조용히 연행하려 했으나 실패해 계획과는 달리 돌발적인 무력 충돌이 빚어졌다는 것이다. 조그만 불상사였는데 돌발 상황에 대한 대응으로 합동수사본부 측과 수도경비사령부 측이 대립하면서 일이 커졌을 뿐이라고 주장했다. 당시 보안사 정보처장 권정달은 회식에 참석해 술을 마시고 있었는데 총무국장 허삼수가 정보처장을 사칭해 정 총장에게 면담 신청을 했고, 정 총장 연행을 단행한 후에는 창백하고 굳은 표정으로 보안처장 정도영의 사무실로 왔을 정도로 상황은 허술했다. 정도영은 보안사 핵심 부서장인 보안처장과 정보처장도 연행 계획을 몰랐을 정도로 사전에 주도면밀하게 계획하지 못했고, 허삼수와 우경윤 대령 등이 전두환 사령관에게 건의해 결행한 것은 아닐까 추정하기도 했다. 당연히 5·16 군사 쿠데타와 같이 정부청사와 방송국을 장악한다는 식의 병력 동원 계획과 행동 지침, 역할 분담이 없었으므로 쿠데타라고 보기에는 문제가 있으며 쿠데타적 사건으로 보기에도 부족한 점이 있다는 것이다. 또한 정도영 처장은 장태완 등 패장들에게 쿠데타를 막지 못한 책임이 있음을 시사했다.[10]

---

10 최보식, 「鄭棹永 보안사 보안처장 최초 증언: 12·12사태의 패장들이 져야 할 역사적 책임은 무엇인가-아무도 결단하지 않았다」, 『월간조선』(1993.8), 352~353쪽.

2017년 간행된 회고록에서 전두환은 자신이 주도한 12·12 정승화 연행은 정승화 제거를 위한 것이 아니라 정당하고 적법한 직무 집행[11]이었다고 다시 한 번 주장했다. 우발적이고 단순한 사건[12]에 불과한 12·12에 대해 정승화 측이 '불법적 납치'[13]라고 규정해 내란에 가까운 난동을 저지른 것이라고 오히려 정승화 측을 비판했다. 만약 쿠데타를 목적으로 정 총장 제거를 의도했다면 육본 측을 처음부터 확실하게 제압했지 정승화를 연행한다고 그처럼 엉성한 활극을 벌이지는 않았을 것이라고 강변했다.[14] 그러나 정승화에게 직접 무기를 들이대지 않은 것은 예우나 준비 부족에서 연유한 것이라기보다는 오히려 정승화 측의 정당방위를 예방하기 위한 준비로 볼 여지가 많다.

그런데 이 회고록의 다른 부분(172쪽)에서는 전두환이 정승화 총장 연행을 위한 구체적이고 치밀한 계획을 세우라고 12월 6일 이학봉 수사국장에게 지시했고, 저항과 마찰의 가능성에 대비해 총장 공관에

---

11 전두환 저, 민정기 책임정리, 『전두환 회고록 1: 혼돈의 시대, 1979-1980』(자작나무숲, 2017), 258쪽.
12 전두환 저, 민정기 책임정리(2017), 위의 책, 268쪽. 만약 그렇게 우발적 사건이며 정당하고 일상적인 법집행이었다면 12월 11일 밤 폭풍전야의 느낌으로 잠을 이루지 못했다는 『전두환 회고록 1』의 회고담이 부자연스럽다. 또한 위의 책, 178쪽에 나오는 며칠간의 심사숙고를 거쳐 마침내 12월 12일을 디데이로 정했다는 것도 역시 부자연스럽다. 그렇다면 우발적인 사건은 아니라고 봐야 한다.
13 전두환 저, 민정기 책임정리(2017), 위의 책, 258쪽.
14 치밀한 병력 동원 계획은 없었으나 총장 공관의 경비 병력과 마찰이 있을 경우를 대비해 연행팀에 헌병 2개 제대만을 딸려 보냈으며 정승화를 직접 대면하게 될 허삼수·우경윤 두 대령은 무기를 휴대하지 않았다. 전두환 저, 민정기 책임정리(2017), 위의 책, 85쪽. 그런데 12·12 거사 전 계획이 전혀 없었다고 할 수는 없으며 그렇게 엉성한 것만도 아니었다. 다만 명분이 없었으므로 엉성한 흉내를 내면서 속내를 감춘 측면도 없지 않았다. 전두환 저, 민정기 책임정리(2017), 위의 책, 266쪽.

서 연행하기로 결정했다며 우발적이 아닌 계획이 뒷받침된 사건이라고 모순되게 서술했다. 그렇다면 우발적이라는 표현은 저항이 최소한으로 발생할 것을 예상해 총장 공관에서 연행하기로 했는데 예상보다 저항이 심해 '우발적으로' 총격전이 발생한 것이라는 의미일 것이다. 이러한 경우라면 우발적이라기보다 계획이 다소 어긋난, 즉 계획적인 것에 가까운 사건이었다고 할 것이다.

전두환은 정승화에 대해 패당적(牌黨的) 이해에 따라 움직인 수구적 군인이라고도 했다.[15] 보안사령부가 이성을 잃어버린 반란군을 진압했다는 극단적 평가도 적시했다. 장태완 등은 군통수권자인 최규하 대통령에게 아무런 보고나 연락도 없이 마음대로 군대를 먼저 움직이려 했으며 보안사령부 측은 이에 대항하는 차원에서 출동한 것이라는 주장이었다.[16] 전두환의 2017년 회고에 의하면 장태완 등 정승화 총장 계열 장성들은 합동수사본부에 대해서 발견 즉시 사살하라는 명령을 내렸고, 정승화 총장이 연행되어 있는 합동수사본부 수사분실을 탱크와 장갑차로 습격할 계획을 세웠으며 '최규하 대통령을 모셔온다'는 명분으로 총리 공관에 병력을 출동시킬 준비까지 했다는 것이다. 장태완은 수도경비사령부 야포단장에게 모든 포를 보안사와 경복궁 내의 30경비단을 조준하도록 명령하고 수경사 병력을 공격 개시 선상에 전개했다고 전두환은 일방적으로 주장했다.[17]

---

15 전두환 저, 민정기 책임정리(2017), 위의 책, 255쪽.
16 전두환 저, 민정기 책임정리(2017), 위의 책, 85, 215, 226~227쪽.
17 전두환 저, 민정기 책임정리(2017), 위의 책, 86쪽.

전두환은 만약 12·12 당시 정권 장악 의도가 있었다면 못할 이유가 없었다면서 전혀 그러한 의도가 없었다고 2017년 회고했다. 성공하면 혁명이요 실패하면 역적이 되는데 훗날 쿠데타 했다는 말을 듣지 않으려고 10개월간 목숨 건 곡예를 할 바보는 없다고도 했다.[18] 그러면서도 전두환은 12·12가, 군 요직에 있으면서 개인적 영달과 기득권 유지에만 힘쓰던 김재규·정승화·장태완 등 군 내부의 구세력들이 도태되고 그들과 맞서야 했던 자신이 새로운 지도자의 모습으로 비춰지는 결정적 계기가 된 우리 현대사의 가장 극적인 변곡점[19]이라고 자화자찬했다. 개념 정의상 쿠데타가 아니므로 '쿠데타적 사건', '역사상 가장 긴 쿠데타', '결과적 쿠데타', '실질적 쿠데타' 등 온갖 수식어를 12·12 반대 진영에서 갖다 붙였다는 것이다.[20] "작당하여 병기를 휴대하고 반란을 일으킨 사람을 반란죄로 처벌한다"는 군형법의 반란죄 규정에 부합되는 것은 자신이 아니라 장태완 등 정승화·김재규 계열의 장성이라는 것이다.[21] 12·12를 반란·하극상·난동(예비 쿠데타)으로, 정승화 측의 저항을 정당방위로 기록하고 있는 역사의 정설에 던지는 매우 도발적인 반론이라고 할 것이다.

12·12 직후나 전두환 지배하에서는 감히 쿠데타라고 규정하지 못하다가 1987년 정승화가 김영삼 대통령 후보의 통일민주당에 입당하고 김영삼 대통령 취임 이후 '역사바로세우기'가 진행되면서 1997년

---

18 전두환 저, 민정기 책임정리(2017), 위의 책, 268쪽.
19 전두환 저, 민정기 책임정리(2017), 위의 책, 268쪽.
20 전두환 저, 민정기 책임정리(2017), 위의 책, 265쪽.
21 전두환 저, 민정기 책임정리(2017), 위의 책, 85~86쪽.

4월 5·18 특별법에 따라 열린 재판의 최종심에서 12·12가 군사반란으로 규정되었다. 그러나 2017년 전두환 측에서는 정당한 법 집행이었다고 주장해 다시 뒤집기를 시도했는데, 역사의 심판이 뒤집힐 가능성이 많지는 않아 보인다. 전두환은 '승자의 12·12'와 '패자의 12·12'가 생겨났다면서[22] 자신이 패자가 된 상황을 개탄하는 듯했다. "역사는 승자의 기록"이라는 영웅사관, 엘리트주의 사관의 진부한 말에 필자는 동의하지 않는다. 무수한 패자들의 기록도 조명받는 것이 현대 역사학의 조류이기 때문이다.

그런데 정치사의 관점에서 승리한 자의 기록이 역사의 한 축인 것은 엄연한 현실이다. 1995년 7월 "성공한 쿠데타는 처벌할 수 없다"는 검찰의 판단에 따라 전두환의 내란 및 내란목적살인 혐의에 대해 불기소 처분을 내리자 많은 국민이 반발했다. 이에 1995년 12월 헌법재판소는 5·18헌법소원에서 "성공한 쿠데타도 처벌할 수 있다"는 판결을 내려 검찰의 처분을 뒤집었다. 결국 뒤이은 1996~1997년의 재판에서 전두환은 12·12 군사반란과 5·18에 대해 반란수괴, 내란목적 살인으로 1심 사형, 2심 무기징역 판결을 받았다.

---

22 전두환 저, 민정기 책임정리(2017), 위의 책, 87쪽.

2. 하나회가 이끈
   군 노장파 제거

10·26 사건 이전 독립적이던 보안사령관의 위치가 계엄령 이후 계엄사령관의 통제를 받는 위치로 변화되었던 것은 신구 파벌 간 권력 투쟁의 중요한 배경이 되었다. 정승화 계엄사령관은 보안사령관을 비롯한 모든 일선 부대 지휘관들에 대한 인사권을 장악했다. 또한 군내 배타적 파벌 집단인 하나회의 사실상 최고 후원자였던 박정희 대통령의 서거로 하나회 출신 장교들의 든든한 울타리가 사라진 것도 파벌 간 쟁투의 중요한 배경 요인이었다.[23]

합동수사본부 세력은 사조직 하나회를 중심으로 결속력이 강했던 배타적 파벌이었다. 반면에 육군본부 세력은 파벌적 유대감이 아닌 상급자와 하급자 간의 공적인 지휘계통으로 결속되어 있었을 뿐이다.[24] 합수부 측은 만약 거사가 성공해 노장파들을 물갈이할 수 있다면 군부 내 인사 적체를 해소할 수 있다고 생각했다.(전두환 자신의 중장 승진 문제도 노장파들의 적체 때문에 어려운 점이 있었다.) 12·12 반란을 일으킨 그날 밤 합수부 세력은 보안사 상황실을 본부로 삼아 그 통신망을 이용해서 육본 세력의 편에 선 부대의 핵심 지휘관과 참모들을 설득해 무력화하거나 반란군 측에 서게 만들었다. 부대에 나가 있는 보안부대장들이 그런 설득 작업을 맡기도 했고, 보안사령부의 참

---

23 강창성, 『일본/한국 군벌정치』(해동문화사, 1991), 385쪽.
24 강창성(1991), 위의 책, 385쪽.

모들이 동기생·선후배 등 자신들의 인맥을 설득하기도 했다. 특히 전두환 소장의 직접적인 설득이 주효했다. 엘리트 의식이 강했던 정규 육사 그룹 지도자로서 전두환 장군이 그동안 쌓아 두었던 인맥과 조직이 결정적인 순간에 육군본부의 합법적 명령을 무시하고 전두환 장군 측의 사적인 설득과 지시에 따르게 된 것이었다.[25]

정규 육사 출신들은 상층부의 비정규 육사 출신들 때문에 진급이 늦어지고 있는 데 대해서 불만이 쌓여 있었고, 능력이 떨어지는 그들 밑에서 수모를 당해 왔다는 의식이 팽배해 있던 터라 노장파 제거의 기회가 닥치자 빠르게 단결할 수 있었다. 또한 전두환 장군이 그간 인사상의 특전을 많이 베풀었던 만큼 그의 등장이 자신들의 보직이나 승진을 보장할 것이라고 생각해 수적으로 열세였던 전두환 측에 가담해 육본 측을 압도했다고 할 수 있다.[26] 따라서 12·12는 육사11기와 하나회 그룹이 그들 앞에 놓인 인사 적체를 해소하려는 시도였다고 볼 수도 있다. 또 다른 선배 엘리트 그룹인 육사 8기가 인사 적체를 해소하기 위해 5·16을 일으켰다는 점에 주목한다면 인사 적체가 있는 한 군 반란의 역사는 반복된다는 말에 귀 기울일 수밖에 없다.

한편 정승화, 이건영, 장태완, 정병주, 하소곤, 김진기 장군 등 육본 측 인사들이 평소 김재규와 친분이 두터웠다는 사실도 합수부 측에는 중요한 위협 요인으로 작용했을 가능성이 있다.[27] 따라서 그들과

25 정승화, 『12·12사건 정승화는 말한다』(까치, 1987)에 나오는 조갑제 기자의 분석이다.
26 강창성(1991), 앞의 책, 387쪽.
27 강창성(1991), 위의 책, 386쪽.

김재규의 연결고리를 끊기 위해 그 핵심인 정승화를 제거하는 작업을 진행했다고 할 수 있다. 2017년 회고록에서 전두환은 정승화가 김재규를 구명하려는 의도에서 정승화-김재규 인맥이라고 할 수 있는 인사들을 수경사령관, 특전사령관, 육본 작전참모부장, 3군 사령관, 수도기계화사단장, 26사단장, 30사단장[28]으로 보임했다고 해석했다.[29] 정승화 총장이 자신과 친한 인맥을 요직에 보임하는 것을 전두환 세력에 대한 견제로 해석하는 것은 전두환 측의 입장이 다소 주관적으로 반영된 것이지만 합리성이 전혀 없는 것은 아니다. 그러나 김재규를 구명하려는 의도에서 단행된 인사라는 회고는 지나치게 자기중심적인 확대 해석이거나 12·12 쿠데타를 사후에나마 합리화하려는 주장일 것이다.

전두환이 발표를 사주한 국방부의 12·12 사건 수사 발표(1979년 12월 24일자)에 의하면 정승화는 김재규와 형님 동생하는 불가분리의 관계이며, 이건영은 김재규의 심복이고, 정병주는 김재규에게 정기적으로 금품을 제공받았다. 정승화는 입건되었고, 이건영·정병주·문홍구·장태완은 그 죄상을 법에 따라 처리한다고 발표했다.[30] 그러

---

28 전술한 바와 같이 박희모 사단장은 12·12 당시 육본 측(장태완)으로부터 반란군을 진압할 것을 명령받았으나 동원 가능한 병력이 없다며 거역했다. 이에 더하여 이건영 3군 사령관으로부터 1군단장 황영시 장군의 말을 듣지 말라는 명령을 듣고도 오히려 황영시의 요청대로 예하 90연대를 합수부 측 병력으로 출동시켜 훗날 중장으로 진급한 후 예편했다.

29 전두환 저, 민정기 책임정리, 『전두환 회고록 1: 혼돈의 시대, 1979-1980』(자작나무숲, 2017), 155쪽.

30 「鄭昇和(정승화) 전 계엄사령관 立件(입건): 김재규범행 심증굳히고도 "정중히 모서라": 군이동 유리하게 …기회주의적 행동: 자발 협조안해 공관에 병력출동 총격…3명 사망 4명 중상등 모두 23명 사상: 이건영 정병주 문홍구 장태완 죄상따라 의법조치」, 『조선일보』 1979년 12월 24일 호

나 정승화 외에 연행된 장성들은 모두 짧게는 며칠부터 길게는 한 달여 기간이 지난 후에 기소 없이 석방되었다. 이들은 군복을 벗어야 했고 역쿠데타를 모의할 가능성이 있었으므로 보안사의 철통같은 감시에 시달려야 했다. 이렇듯 전두환 측은 육군본부 측을 '패륜아' 김재규와 결부시켜 축출하려 했다. 한편 전두환은 차지철 경호실장과 가까운 탓에 보안사령관이 되었다는 소문도 돌았다.[31] 따라서 12·12는 (박정희-)차지철-전두환 라인이 육본 측을 김재규 잔당이라고 낙인찍어 제거하려는 시도이기도 했다. 전두환은 박정희의 양아들로 간주될 정도로 박정희 대통령의 심복이었으며 군부 내 사조직인 하나회의 리더였으므로 12·12는 김재규-정승화계와 전두환계의 쟁투로 볼 수도 있다.

외, 1면; 「國防部(국방부) "鄭昇和(정승화) 前陸參總長(전육참총장) 弑害(시해)알고도 방조"」, 『매일경제신문』 1979년 12월 24일, 1면; 「「12.12사건」調査對象者(조사대상자) 범행내용」, 『매일경제신문』 1979년 12월 24일, 7면; 山本剛士, 「激動하는 韓國」, 村常男 외, 최현 역, 『한국현대군정사』(삼민사, 1987), 339쪽. 국방부의 수사 결과 발표 당시 그 대상자는 정승화, 이건영, 정병주, 문홍구, 장태완 5인이었다.

31 山本剛士(1987), 위의 글, 342쪽 일본 신문의 12·12 보도 내용에 나오는 부분이다. 그러나 전두환 저, 민정기 책임정리(2017), 앞의 책, 257쪽에 의하면 차지철은 경호실 차장으로 데리고 있던 이재전 중장을 보안사령관에 추천했다고 한다.

3. 역사의 심판 또는 사법적 단죄

김영삼이 집권한 뒤 신군부 세력은 역사의 심판에 더하여 사법적 단죄를 받게 되었다. 12·12 사태를 주도한 전두환과 노태우가 대통령으로 재임한 1993년 초까지는 12·12 사태가 집권 세력에 의하여 정당화되었다. 그러나 김영삼 정부가 출범한 이후 잘못된 과거를 청산하자는 국민의 요구가 있었고, 김영삼 정부는 12·12 사태를 하극상에 의한 '쿠데타적 사건'이라고 규정했다. 1993년 5월 13일 김영삼 대통령이 이른바 '5·13 담화'에서 "문민정부는 5·18 광주민주화운동의 연장선상에 있는 정부"라고 선언하여 광주항쟁 재평가의 길이 본격적으로 열렸다.

1993년 7월 19일 정승화 등 22명은 전두환·노태우 전임 대통령을 비롯한 34명을 12·12 군사반란 혐의로 고소했다. 노재현 당시 국방장관은 1993년 9월 10일 국회 국방위원회에서 열린 '12·12 군사 쿠데타적 사건 국정조사'에서 12·12는 하극상[32]이라고 주장했으며, 합수부 측은 『신동아』 1993년 10월호를 통해 정승화 측이 반란군이라고 주장해 논쟁을 벌였다.[33] 1994년 5월 13일 정동년 등 5·18 광주민

---

32 이희성 육군참모차장(중장, 중앙정보부장 서리 겸직)은 12월 12일 밤에 반란군이 모여 있던 보안사로 가 위수지역을 이탈한 노태우 등을 나무랐다. 12·12 발생 직후에 이렇듯 비판적이었던 이희성은 전두환의 참모총장 제의를 받고 12·12 세력에 즉각 합류했다. 이희성은 1990년대 말 MBC 인터뷰에서 쿠데타라기보다는 하극상이라고 말했다.

33 김대곤, 「폭로! 12·12 쿠데타 공방: 노재현 당시 국방장관 증언, 12·12는 하극상 반란이었다」, 『신동아』(1993.10), 238~247쪽; 김대곤, 「폭로! 12·12 쿠데타 공방: 전두환 합수부 측 최초 본

주화운동의 관련자들은 전두환·노태우 등 35명을 내란 및 내란목적살인 혐의로 고소했다. 동년 10월 29일 검찰은 12·12 사건에 대해 기소유예 결정을 내렸다. 1995년 1월 19일 헌법재판소에서는 12·12 사건에 대한 공소시효가 끝나지 않았다는 결정을 내려 논쟁이 계속되었다. 동년 7월 18일 검찰은 공소권이 없으므로 5·18 관련자들에게 불기소 처분을 내린다고 했다. "성공한 쿠데타는 처벌할 수 없다"는 것이 검찰의 논리였다. 공소시효가 지났으므로 수사 대상이 아니라는 주장이었다.

당초 김영삼 대통령은 전임자인 전두환·노태우를 처벌하라는 야당의 주장에 맞서 '역사의 심판'에 맡겨야 한다고 주장했다. 그러나 금융실명제 개혁으로 전·노 대통령이 관리하던 막대한 정치자금이 폭로되자 새로운 압력에 굴복해 마음을 바꿀 수밖에 없었다.[34] 1995년 10월 9일 야당인 민주당 박계동 의원이 노태우의 4,000억 비자금 의혹을 폭로하자 김대중은 20억의 노태우 비자금을 받았음을 시인하며 김영삼 대통령의 선거자금 공개를 압박했다. 이렇게 조성된 대통령 선거 비자금 국면에서 김영삼은 소급입법인 '5·18 특별법'이라는 탈출구를 만들어 국면을 전환하고자 했다.[35]

격 반론, 정승화 측이 반란군이다」, 『신동아』(1993.10), 248~264쪽.

34 William H. Gleysteen, Jr., *Massive Entanglement, Marginal Influence: Carter and Korea in Crisis* (Washington, DC: Brookings Institution Press, 1999), p. 193; 윌리엄 H. 글라이스틴, 황정일 역, 『알려지지 않은 역사: 전 주한미국대사 글라이스틴 회고록』(중앙M&B, 1999), 270~271쪽.

35 전영기·최준호, 「YS "하나회 전광석화 제거 … 김 대표 놀라셨죠," JP "YS식 결단 아니면 불가능, DJ는 달랐을 것"」, 『중앙일보』 2015년 10월 16일, 13면; 조갑제, 「차중잡담/내가 겪은 김대중 김영삼 김종필」, 〈조갑제TV-YouTube〉.

5·18 특별법을 제정하라는 요구가 있던 상황에서 노태우 전 대통령이 1995년 11월 16일 비자금 관련 사건으로 구속되면서 11월 24일 김영삼 대통령은 집권당인 민주자유당에 5·18 특별법을 제정하라고 전격적으로 지시했다. 이 과정에서 김영삼은 국민들의 요구에 '역사 바로세우기'라는 구호로 부응했다. 11월 30일 검찰은 12·12와 5·18 사건 특별수사본부를 구성하고 재수사에 착수했으며 전두환 전 대통령도 반란수괴 등 혐의로 12월 3일 구속 수감했다. 노태우 비자금에 대한 공개 압박이 자신에게도 가해질 수 있는 상황을 타개하기 위해 김영삼 대통령은 특유의 순발력을 발휘해 전두환·노태우 전 대통령을 구속하는 승부수를 던졌다. 김영삼은 회고록에서 일생일대의 무거운 결단이었다고 적었다.[36]

　12월 19일 '5·18 민주화운동 등에 관한 특별법'이 국회를 통과했으며 1996년 1년 내내 전두환·노태우 피고인에 대한 12·12 및 5·18, 비자금 사건 관련 공판이 진행되었다. 이 특별법은 12·12 군사반란과 5·18 광주민주화운동 전후에 발생한 내란죄 등에 관해 전두환·노태우 대통령직 재임 기간에는 공소시효를 정지시켜 그 주모자 및 공범자가 처벌받을 수 있게 한 소급입법이었다.[37] 재판 과정에서 전두환은 합헌정부인 제5공화국 정부를 내란정부로 단죄하는 것은 부당

36　김영삼, 『김영삼 대통령 회고록 하』(조선일보사, 2001), 141~142쪽.
37　5·17 최대 피해자 중 한 사람으로 전두환을 좋지 않게 보는 김종필은 당시 "5·18특별법안은 포퓰리즘 입법이다. 이 법을 통한 초헌법적 과거 청산이 또다시 청산되어야 할 불행한 과거가 될 수 있다. 소급적 처벌을 목적으로 하는 어떠한 법률 제정도 반대한다"고 선언했다. 전영기·최준호 (2015), 앞의 글.

하다고 주장했다. 또한 노태우는 이 사건이 사법 처리 대상이 되지 않는다고 말했다. 이에 재판부는 1997년 4월 17일 12·12는 명백한 군사반란이며 5·17과 5·18은 내란·내란목적살인 행위였다고 단정함으로써 폭력으로 군권이나 정권을 장악하는 쿠데타는 성공하더라도 사법 심판의 대상이며 형사책임은 배척할 수 없다는 판례를 남겼다. 1996년 8월 26일 1심에서 전두환은 사형, 노태우는 22년 6월형을 선고받았고, 12월 16일 항소심에서 전두환 무기징역, 금 2,205억 원 추징, 노태우 징역 15년, 금 2,626억 원 추징이 선고되었고, 1997년 4월 17일의 상고심에서 위 형량이 확정되었다. 그러나 김대중 후보의 대통령 당선에 즈음해 1997년 12월 22일 특별사면으로 관련자들이 석방되었다.

김영삼 정부의 5·18 특별법 제정이 법치주의의 근본을 훼손했으며 상궤를 벗어난 검찰의 수사 태도는 잘못된 것이라는 최규하 전 대통령의 비판을 인용하면서 전두환은 2017년 회고록에서 이에 동조했다.[38] 전두환은 회고록에서 정치재판이었다고 단정적으로 평가했으며, 1심 재판은 파행으로 끝나고 법 판결은 치욕으로 남았다고 극렬하게 비난했다. 기소독점권을 행사하는 검찰의 일방적 횡포와 군림은 법치주의 국가에서 가장 경계해야 하는 국가 소추 기관에 의한 권력 남용과 오용 그 자체였고 법원도 검찰의 시녀를 자청이나 한 듯이

---

38 전두환 저, 민정기 책임정리, 『전두환 회고록 3: 황야에 서다, 1988-현재』(자작나무숲, 2017), 479쪽.

권력의 손아귀에서 놀아났다고 평가했다.³⁹

"쿠데타가 아닌 정당한 수사권 행사였다"는 신군부 세력의 12·12 거사 당시 주장이 김영삼 정부의 역사바로세우기 재판 과정에서 위와 같이 완전히 뒤집혔다. 그런데 상반된 두 가지 평가 모두 '승자의 시선에서 본 기록일 뿐'이라는 목소리가 나오고 있다.

당시 수경사 30단 단장 장세동 대령의 회유와 자신의 직속상관인 수경사 헌병단장 조홍 대령의 지시에 따라 장태완 사령관과 육본 지휘부를 연행했던 신윤희 수경사 헌병단 부단장(중령, 육사 21기)은 군 내부의 충돌과 내전 상황을 막기 위해 장태완 사령관 등을 연행했다고 사후에 주장했다.⁴⁰ 당초 장태완 수경사령관의 명령으로 총장 공관에 특공대로 나갔던 신윤희 중령은 몇 시간 후에 보안사령관의 명령을 받고 장태완을 체포했던 것이다. 소장까지 진급했던 신윤희는 쿠데타의 사전적 의미가 정부를 뒤집는다는 뜻인데 12·12 사건은 대통령을 비롯한 행정 각부 장관과 군을 책임지고 있는 국방장관 등 어느 부서도 제거된 부서가 없었고,(그러나 사건 직후인 12월 14일 노재현 국방장관은 해임되어 공군 출신 주영복으로 교체되었다.) 오직 범인 김재규와 관련이 있는 총장 한 사람만 연행해 조사한 것이라면서 12·12는 쿠데타가 아니라고 평가했다.⁴¹ 박정희 대통령 시해범 김재규와 사건에 관련이 있는 정승화 총장을 조사하기 위하여 연행하는 과정에서

---

39 전두환 저, 민정기 책임정리(2017), 위의 책, 346~348, 437쪽.
40 온종림, 「취한 수경사령관 "경복궁 전차로 밀어버려라"」,〈뉴데일리〉(2009.12.16).
41 신윤희,『12.12는 군사반란인가? 12·12 사건 현장수기』(be, 2012).

일어난 '군 내부 충돌사건'이라는 주장이다.⁴²

노태우도 2011년 8월 발간한 회고록을 통해 12·12가 "국가원수를 시해한 김재규를 수사하는 과정에서 그 사건에 관련이 있다고 의심되는 정승화 육군참모총장을 연행하려다가 일어난 돌발사고였다"고 주장했다.⁴³ 그렇지만 12·12 이후 군부의 헤게모니를 어느 정도 장악했다고 판단한 신군부는 계엄 업무를 빙자해 정부에 대한 영향력을 점차 강화해 나갔다는 것이 엄연한 역사적 사실이다.

계엄군의 진압 과정에서 죽거나 부상당한 광주민주화운동 관련자들에 대한 명예 회복 및 피해 배상의 첫걸음으로 '5·18민주화운동등에관한특별법'(1995.12.21)이 제정되었다. 이에 더하여 1997년 전두환·노태우 등에 대한 형이 확정됨으로써 두 사람은 사법적으로 단죄되었다. 그 후 '5·18광주민주화운동관련자보상등에관한법률'(1997.12.17)이 제정되면서 광주민중항쟁은 전두환 정권의 비민주성과 폭력에 맞서 싸운 민주화운동으로 다시 평가받았다. 진상 규명을 위한 끈질긴 투쟁으로 1996년 5월부터는 특별법에 의거해 국가가 민주화운동으로 기념하기 시작했으며, 2001년에는 관련 피해자가 민주화 유공자로, '5·18 묘지'가 '국립 5·18 묘지'로 승격되어 그 명예가 일정 부분 회복되었다.⁴⁴

---

42 온종림, 「12.12는 쿠데타 아닌 군 내부 충돌 사건」, 〈뉴데일리〉(2009.12.17).
43 노태우, 『노태우 회고록 상』(조선뉴스프레스, 2011).
44 「기억해야 할 5·18민주화운동」, 〈5·18기념재단〉(검색일: 2015.11.12).

5장

12·12 사태에 대한 미국의 입장 변화

1. 미국을 10·26 배후로 의심한 전두환

2017년 발간한 회고록에서 전두환은 10·26 직후 미국(CIA)과 김재규·정승화가 공모해 자신을 제거하려는 공작이 있지 않았나 하는 의구심을 피력했다. 이러한 의구심 때문에 전두환은 정승화를 연행해야 한다는 결론에 이르렀다고 적었다. 정승화의 12·12 연행을 합리화하는 차원에서 처음으로 전두환 제거 공작을 기술하고 있는 것이다.

아래 회고록에서 인용하는 바와 같이 정승화 총장에 대한 참고인 조사가 끝난 직후인(그리고 피고인 조사가 시작될지도 모를) 11월 3일 전두환이 노재현 국방장관에게 정승화 총장에 대한 연행 조사가 불가피하다고 보고한 시점에[1] 전두환의 측근인 합동수사본부 수사관들이

---

1 전두환 저, 민정기 책임정리, 『전두환 회고록 1: 혼돈의 시대, 1979 – 1980』(자작나무숲, 2017),

전두환 제거 구상을 의식했다고 나오므로 전두환이 제거 구상을 의식한 최초 시점은 10·26이 발생한 지 며칠 지나지 않은 11월 초로 추정된다.

전두환은 10·26 수사 당시 이 사건에 미국이 관련되었을 것이라는 추측이 사실일 수 있다고 생각했다. 글라이스틴은 미국 정부가 한국 내 누구에게도 박정희 대통령의 실각을 용인한다는 신호를 보낸 적이 없다며 10·26의 미국 배후설을 부인했지만 한 나라의 정부가 외국 외교관의 말을 액면 그대로 믿어서는 안 된다는 것이 국제 외교 무대에서는 상식이라면서 글라이스틴의 말에 의심의 눈초리를 보냈다. 전두환은 김재규-김계원-정승화까지 연루된 이 사건에 어쩌면 미국의 묵인이나 최소한 암시 정도는 있었을지도 모른다는 상식적 의심을 10·26 당시 갖고 있었다고 회고했다. 그렇기 때문에 김재규의 범행은 무모할 정도로 대담했고 정승화도 김계원의 배신이 있기 전까지는 주저 없이 김재규의 의도대로 움직였다고 보았다는 것이다. 다음은 전두환 회고록의 해당 부분이다.

[의문3] 합동수사본부장은 위험하지 않은가

나는 김재규 부장이 "정승화 총장을 안가 본관에 대기시켜 놓고 있었다"고 진술했다는 보고를 처음 받았을 때 정신이 번쩍 들었다. 중앙정보부장과 계엄사령관이 손잡고 진행 중인 유혈혁명에 내가 운명적으로 장애물이 되어 있을지도 모른다는 데 생각이 미쳤던 것이다. 나

160쪽.

는 조심하기 시작했다. 만약 김재규 부장의 손을 빌어 박 대통령을 제거한 배후 세력이 존재한다면 수사 책임자인 나 하나쯤 제거하는 것은 아주 간단한 일이라는 생각이 들었던 것이다. 그즈음 합동수사본부 수사관들 사이엔 참고인 조사 형식이라 하더라도 정 총장에 대한 수사가 공식적으로 시작된 이상 본부장인 나에게 어떤 위해가 가해질지 모른다는 우려가 제기되었다. 여차하면 수사 책임자인 내가 거꾸로 당할 수도 있는 상황이었다. 나만 제거해 버리면 김재규도 풀려나고 정 총장도 그의 막강한 권한을 유지할 수 있게 된다. 두 사람은 손을 잡고 혁명과 집권 계획을 일사천리로 성공시킬 수 있는 것이다. 더욱이 김재규의 범행에 미국의 암시나 묵인이 있었다면 합수본부장인 나의 존재가 미국과 김재규, 정승화 모두에게는 반드시 제거해야 할 위험인물일 수도 있었다.

나는 내 가족까지 공격의 목표가 될지 모른다는 주위의 경고를 계속 무시할 수만은 없었다. 우선 공무 외에 필요 없는 외출을 삼갔고 집에도 잘 들어가지 않았다. 가급적 보안사령부 내 사무실에서 잠을 자며 집에는 옷 갈아입을 때만 잠시 들르곤 했다. 나에 대한 위해(危害) 가능성에 대비하기 위해 보안사와 김재규를 수감하고 있는 수사분실의 경비를 강화했다. 보안사령부와 연희동 집을 오가는 나의 일정한 출퇴근길이 너무 노출돼 있다는 구체적 지적부터 우리 가족 전부가 잠시 거처를 옮겨야 한다는 권유까지 있었다. 처음에는 그런 얘기들이 너무 예민한 것 아닌가 생각했지만 그들의 권유가 나 개인의 신변 안전에 앞서 박 대통령 시해 사건의 진실을 밝히는 책임과 사명을 일깨우고 있다는 사실을 이해하게 되었다.

일찍이 국가 수호의 제단에 내놓은 목숨이고, 또 10·26 사건 수사라는 역사적 임무를 수행하고 있었던 만큼 몸을 사릴 생각은 없었다. 그러나 수사 도중 내가 제거된다는 것은 사건이 미궁으로 빠져든다는 의미였다. 나는 사건 배후에 미국의 CIA가 아니라 그 어떤 마수가 뻗쳐 있다고 하더라도, 또 내가 죽을 땐 죽더라도 기필코 사건 전모를 밝혀내고야 말겠다는 합수본부장으로서의 책임감과 오기로 버텨 나갔다. 나의 참모들 중 일부는 실제로 제3국의 관련 사실이 드러나고 그로 인해 합동수사본부가 위험에 빠질 경우에 대비한 비상 계획까지 검토했었다. 물론 머릿속으로 생각해 보기만 했던 도상계획(圖上計劃)이었는데, 당시에는 나도 그런 사실을 모르고 있었다. 어쨌든 그 당시 나와 우리 합동수사본부 수사팀의 결의와 각오는 그만큼 비장했다.

결국 나는 수사관들의 권유를 받아들이기로 했다. 잠시 동생 '전경환'과 거처를 바꿔 쓰기로 결정한 것이다. 당시 대통령경호실에 근무했던 동생은 청와대와 아주 가까운 거리인 국무총리 공관 앞 팔판동에 살고 있었다. 총리 공관 앞이라면 상대적으로 연희동 집보다는 안전하다는 생각이 들었다. 그곳은 또 보안사령부와도 가까운 거리였다. 그래서 몇 가지 짐만 싸들고 온 식구가 동생네 집으로 이사를 했다. 그렇게 불안정한 생활은 한 달 넘도록 계속되었다.[2]

이어서 전두환 제거 구상이 실제로 입안되었으나 자신들이 모르게 지나간 것인지(철회된 것인지) 아니면 실체가 없는 것을 의심한 것에

---

2   전두환 저, 민정기 책임정리(2017), 위의 책, 144~145쪽.

불과했는지에 대해 다음과 같이 서술했다.

> 내 주변에 어른거렸던 그 음험한 그림자가 결국은 한낱 환영에 불과한 것이었는지, 아니면 실체가 있었으나 끝내 그 모습을 드러내지 않음으로써 우리가 모르고 지나간 것인지 알 수 없는 일이다. 그러나 어쨌든 나와 합동수사본부는 모든 난관을 무릅쓰고 수사를 종결하기 위해 최선을 다했다.[3]

만약 실체가 없었다고 생각했다면 회고록에 이렇게 자세히 기술하지 않았을 것이다. 따라서 당시 전두환 측에서는 전두환 제거 공작이 실제로 계획되었으나 자신들이 대응 작전까지 구상하는 등 잘 대비해 도상작전으로 그쳤다고 생각했을 것으로 추정된다.

이처럼 전두환 회고록에서는 미국이 김재규·정승화를 구하기 위해 김재규를 수사하고 있으면서 정승화까지 의심하는 전두환 보안사령관 겸 합동수사본부장을 제거하려 했다고 추론하고 있다. 위 기술은 전두환이 선제적이고 면밀한 계획에 입각해 정승화를 연행해 제거했다는 의미를 내포하고 있다. 이는 정승화의 전두환 전출 기도를 막기 위해 선제적으로 정승화를 제거한 것이 아니라 정당한 업무 수행이며 우발적이고 단순한 사건이었다는 2017년 회고록의 다른 기술[4]과는 상이하다. 또한 전술한 바와 같이 정승화에 대한 구체적이고 치

---

3   전두환 저, 민정기 책임정리(2017), 위의 책, 146쪽.
4   전두환 저, 민정기 책임정리(2017), 위의 책, 268쪽.

밀한 연행 계획을 만들었다는 증언도 있으므로 이 회고록은 서로 상충하는 내용과 모순으로 가득 차 있다. 필자는 12·12가 선제적이고 면밀한 정승화 연행 계획에 입각한 거사였다고 판단한다. 그렇지만 12·12 당시 아직 치밀한 집권 계획이 있었던 것은 아니므로 12·12를 예비 쿠데타로 보는 것이다. 본 쿠데타는 5·17과 5·18이다.

1979년 11월의 전두환 제거 구상은 미국에 의해 실제로 수립되었다기보다는 전두환 측의 머릿속에만 있었던 가공의 계획일 가능성이 있다. 전두환으로서는 10·26 당시 우연히 보안사령관의 자리에 있었기 때문에 합동수사본부장의 자리에 오를 수 있었고 권력을 넘볼 수 있었지만, 그 자리가 그렇게 편안한 자리는 아니어서 처음부터 제거의 위험을 느낄 수밖에 없었다.

또한 전두환은 회고록에서 박정희 대통령 시해사건의 진실을 밝히는 책임과 사명과 국가 수호를 위해 10·26 사건을 수사하여 처리했다고 증언했다. 그것은 미국이라는 외세의 간섭으로부터 국가를 수호해 위기를 극복한다는 대의명분이었다는 합리화와 사명감 설정으로 이해된다. 실제로 위와 같이 "나의 참모들 중 일부는 실제로 제3국의 관련 사실이 드러나고 그로 인해 합동수사본부가 위험에 빠질 경우에 대비한 비상 계획까지 검토했었다"고 적고 있다. 미국의 전두환 제거 공작에 대한 의심은 전두환의 참모들로부터 강하게 제기되었다고 할 수 있다. 따라서 외세의 간섭을 견제하려는 자주적인 정서를 갖고 있어 미국으로부터 반미적이라고 의심받았던 소장파 군인들(허삼수·허화평 등) 그룹의 입김이 작용해 이와 같은 합리화가 주관적 입장에서 회고록에 서술되었다고 할 수 있다. 5·16 초기 '김종필(육사

8기)에 업혀 있는 박정희(육사 2기)'라는 평가와 비슷하게 전두환(육사 11기)은 소장파(육사 17기)의 등에 올라타 있는 리더였다고 비유할 수 있다.

그런데 전두환의 신군부가 정권 찬탈의 욕심으로 12·12를 의도적으로 결행했다는 것이 정설이다. 객관적으로 그 가설의 타당성을 회의케 하는 근거는 없다. 그렇지만 위와 같은 신군부 세력의 주관적 합리화 주장에 주목한다면 김재규·정승화 수사 당시에 신군부는 적어도 주관적으로는 국가적 사명감 때문이었다고 합리화하면서 일을 추진했다고 할 것이다. 다만 정승화 연행 조사라는 12·12의 파장이 생각보다 커지자 전두환에 대한 비판도 거세졌고, 전두환 제거 구상이 계속 진행되어 현실 정치에서 신군부 세력이 자신들의 의도보다 더 유력한 행위자로 주목받게 되었다. 이에 신군부 세력들도 집권욕이 커지게 되자 12·12 이후에는 의도적이고 비교적 계획적으로 정권 찬탈에 나서게 된 것이라고 볼 수 있다. 결국 진실 규명과 국가 수호라는 것은 그들 나름대로의 주관적인 사후 주장일 뿐 당시 그들이 정권 찬탈에 나섰다는 것은 객관적인 사실이다. 따라서 진실 규명이라는 대의명분 설정은 자신들의 정권 찬탈을 합리화하기 위한 레토릭에 불과하며 주관적인 사후 합리화라고 평가될 수밖에 없다.

2. 12·12를 쿠데타로 간주한 미국의 전두환 퇴역 압박

미국은 12·12 직전 군사 쿠데타의 가능성을 사전에 인지하고 있었다. 미국이 쿠데타 가능성을 의도적으로 감추거나 축소했다는 일부의 주장과는 달리 미국은 한국 측에 알리는 등 쿠데타 발생을 억제하려고 나름대로 노력했다. 그러나 이러한 노력은 쿠데타의 발생을 적극적으로 막는 차원은 아니었으며 다소 소극적이었다. 게다가 12·12 당일과 직후에 미국은 상황 순응적 태도를 보였다. 최규하 정부의 무능과 대안 세력의 부재, 쿠데타 재발 가능성에 대한 우려라는 내적 요인에 더해 북한의 오판이라는 한반도 지역 차원의 안보적 이해 때문에 소극적으로 대응했던 것이다. 동시에 국제적 이슈인 이란 인질 사태도 미국 국내 요인과 함께 카터 행정부의 12·12 대응에 영향을 미쳤다. 12·12 당일 전두환이 미국과의 접촉을 고의적으로 회피해 사태의 주동자를 확실하게 파악하지 못했던 점도 미국이 적극적으로 진압하지 못한 원인 중의 하나이다. 미국은 12·12 사태를 한국 민주화를 저해할 군사반란으로 인지하면서도 한반도의 안정을 고려해 소극적으로 대응했고, 12·12 직후에도 사실상 전두환 신군부의 등장을 완전히 배제하지는 않았다. 그러나 이러한 순응적 정책이 나오기까지 미국 정부 내에서 논란이 없었던 것은 아니다.

　카터 대통령을 중심으로 한 도덕외교 주창자들은 12·12를 군사 쿠데타로 간주하면서 반민주적 성격에 주목하고 한국 정부에 대한 민주화 관심 표명을 포기하지 않았다. 그러나 자국 국민이 이란에서 인질로 잡힌 최악의 상황에서 현실주의자들의 비판을 의식하지 않을 수 없어 도덕(인권 압박과 민주화 요구)이라는 이상은 잠시 유보해야만 했다. 결국 한반도 안정을 우선시하는 기존의 전통적 방향으로 회귀했다. 이 대목에서 카터는 이상주의적 외피를 가진 현실주의자로서 '이상적 현실주의자'로 볼 수 있다. 초기에는 이상을 표방했으나 결국 현실주의자의 본질을 드러냈던 것이다.

한반도 안보를 중시하는 미국의 현실주의적 대응 과정에서 중요한 변수는 한국 정부의 대응이었다. 만약 최규하 정부가 12·12 쿠데타에 반대하는 입장을 적극적으로 피력하면서 미국에 도움을 요청했더라면 상황은 달라졌을 가능성이 있다. 1961년 5·16 쿠데타 당시 장면의 피신과 윤보선 대통령의 애매한 태도를 연상하게 하는 대목이다. 쿠데타에 대한 최규하 정부의 무기력한 대응은 미국이 쿠데타에 적극적으로 대응하지 않아도 되는 명분을 제공했다. 당사국 정부가 움직이지 않는 상황에서 미국이 개입할 수 있는 명분과 동기를 확보하기는 쉽지 않았다. 내정간섭이라는 딱지를 무릅쓰고 개입했다가 역풍을 맞으면 오히려 공산주의자들을 이롭게 하는 최악의 상황에 이를 수 있다고 판단했다.

전두환 세력도 이러한 점을 충분히 알고 있었기 때문에 처음에는 합헌적인 최규하 정부를 목표로 삼지 않고 정승화 계엄사령관을 제거해 군부부터 장악했으며,[5] 최규하 정부를 타도하지 않고 헌정 질서

---

5 박원곤, 「1979년 12·12 쿠데타와 카터 미 행정부의 대응: 도덕외교의 타협」, 『국제정치논총』 50-4(2010), 98~99쪽.

가 유지된다는 이미지를 만들어 냈다.⁶ 만약 12·12 사태 당시 이미 실세로 떠올랐던 전두환이 최규하 정부를 즉각 접수했다면 미국의 대응이 달라졌을 수도 있다. 이 점을 알고 있던 전두환 측은 후일을 도모하는 '단계론'을 구상했던 것이다. 이렇게 집결한 신군부는 후일 최규하 정부에 화살을 겨누었다.

12·12 사태가 일어나자 『뉴욕타임스』 기자들은 이 사건을 남한 역사상 가장 충격적인 군율(軍律) 위반 사건이라고 규정했다. 홀브룩 차관보는 12·12 직후 글라이스틴 대사에게 신군부의 권력 강화 움직임을 견제하도록 주문했다. 그러나 미국 관리들은 공개적인 논평을 꺼리고 있었다.⁷ 단지 사후적 조치로 전두환 장군을 예편시키려고 압력을 가했다. 그러나 생각보다 강했던 전두환 그룹이 강력하게 저항해 실패하자 그 대안으로 전 장군의 전출을 시도했다. 그마저 여의치 않자 미 육군 참모대학으로의 유학까지 간접 제의했다는 소문이 서울의 외교가에 돌아다녔다.⁸ 당시 일본 신문 등은 미국 압력설을 소식통을 인용해 보도했다. 1979년 12월 23일자 『산케이신문(産經新聞)』은 서울발 기사로 '신뢰할 만한 복수의 외교 소식통'을 인용해 "전두환 보안사령관은 머지않아 사단장으로 전출될 것이며, 부임하는 것과

---

6   John Adams Wickham, Jr., *Korea on the Brink, 1979-1980: From the '12/12' Incident to the Kwangju Uprising* (Washington, DC: National Defense University Press, 1999), p. 66; 존 위컴, 김영희 감수, 유은영 외 공역, 『12·12와 미국의 딜레마: 전 한미연합사령관 위컴 회고록』 (중앙M&B, 1999), 111~112쪽.

7   Bruce Cumings, *Korea's Place in the Sun: A Modern History* (New York: W. W. Norton, 1997); 브루스 커밍스, 김동노 외 역, 『한국현대사』 (창작과 비평사, 2001), 539쪽.

8   노가원, 『264일의 쿠데타 2: 12.12 군사반란』 (시아, 2017), 472쪽.

동시에 군복을 벗고 예편할 예정인데 그 배후에는 미국의 강력한 요청과 압력이 개재되어 있다"고 보도했다.⁹ 다음 날인 12월 24일 『아사히신문(朝日新聞)』도 '서울 소식통'을 인용해 "미국은 군사면의 책임을 명확히 하기 위해 전두환 소장의 실질적인 퇴진, 구체적으로 동 소장의 퇴역을 강력히 요구하고 있다"고 보도했다.¹⁰ 당시에는 전두환이 미국의 압력에 못 이겨 결국 퇴역하지 않을 수 없을 것이라는 이야기가 그럴듯하게 나돌았다.

이에 1980년 1월 11일 한국 국방부 대변인은 주한 외신기자와의 회견에서 "전두환 보안사령관이 곧 퇴역할 것이라는 소문은 전혀 근거 없는 낭설"이라고 일축하고 "그는 결코 잘못한 일이 없으며 도리어 박 대통령 시해사건 진상조사로 가장 신망받고 있어 퇴역할 아무런 이유가 없다"고 말하기까지 했다.¹¹ 이렇듯 미국의 압력은 별다른 성과를 거두지 못했지만, 후술할 1980년 1월 말부터 2월 초 사이의 전두환 제거 계획으로 연결되었다.

1979년 12월 12일 밤 위컴 장군은 한국군 지도자들에게 군내 갈등이 북한에 공격 기회를 제공할 수 있다고 언급하면서 정식으로 항의했고 글라이스틴 대사는 최규하 대통령과 통화를 시도했으나 접촉할 수 없었다.¹² 백악관 국가안전보장회의(NSC)의 플랫(Nicholas Platt)이 브레진스키에게 12월 12일 보낸 메모에는 권력의 지휘권을 가질 것

9   노가원(2017), 위의 책, 472쪽.
10 노가원(2017), 위의 책, 472쪽.
11 이상우, 『군부와 광주와 반미』(청사, 1988), 64~65쪽; 노가원(2017), 위의 책, 472~473쪽.
12 「미 광주비극은 과격진압이 원인」, 『경향신문』 1993년 5월 18일, 5면.

으로 보이는 전두환은 강경론자라고 평가되었다. 이에 의하면 미국 시간으로 12월 12일 오후 5시에 국무부가 비판 성명을 낼 것이며 5시 30분에 NSC 동아시아·중국 파트 위원 로저 설리번(Roger Sullivan)이 배경 설명을 할 것으로 예정되었다.[13] 그러나 성명 발표에 대한 상부의 승인은 12월 13일에야 이루어졌고, 아래와 같은 온건한 경고 성명이 발표되었다.

미국은 박정희 대통령 암살 이후 지난 몇 주간 광범위한 지지를 받는 대한민국 정부 구성을 위해 채택된 질서 있는 절차에 고무되었다. 그러나 오늘 발생한 사태로 인해 주한 미 대사와 주한 미군 사령관에게 아래와 같은 경고를 전달하도록 지시했다. 이러한 진보를 분쇄하는 남한 내 모든 세력은 한미 관계에 심각한 악영향을 줄 것임을 의식해

---

[13] "[Attached Press Statement on Korea, by the Department of State]," [revised Draft], in "Memorandum of Nick Platt to Zbigniew Brzezinski: Korean Coup," December 12, 1979, National Security Affairs, Collection # 6, Brzezinski Material, Country File, Folder: Korea, Republic of: President Park Assassination, 10/28/79-12/79, Box 45에 부속된 수정본 문서는 첫 문장이 "박 대통령 암살 이후 광범위한 지지를 받는 정부 구성을 위해 채택된 질서 있는 절차를 훼손하겠다고 위협하는, 수 시간 전에 서울에서 일어난 사건들에 대해 우리는 매우 혼란스럽다."라고 시작한다. 이는 13일 브레진스키의 결재를 득한 문서와 다르다. 그리고 12일의 즉각적인 초안은 이보다 더 직설적이고 강경하다. 12·12 사건 발생 수 시간 후에 기안한 것에 대한 결재가 지체되면서 '혼란스럽다'는 표현을 삭제하고 '서울에서'를 '대한민국'이라는 국호로 정식 호칭하는 등 약간의 윤문을 가했다. 12일 초안→12일 수정안→13일 발표문으로의 수정 과정은 앞의 Box 45와 National Security Affairs, Collection # 26: Staff Material-Far East, Platt-Chron File, Folder: Platt Chron File 12/79, Box 68, Jimmy Carter Library에 나와 있다. 특히 후자에는 12일 초안 "[Attached Press Statement on Korea, by the Department of State]," [1st Draft], in "Memorandum of Nick Platt to Zbigniew Brzezinski: Korean Coup," December 12, 1979, National Security Affairs, Collection # 26: Staff Material-Far East, Platt-Chron File, Folder: Platt Chron File 12/79, Box 68, Jimmy Carter Library이 있다.

야 한다. 동시에 현 상황을 악용할 외부 세력(북한을 지칭함 – 인용자)[14]
은 미국의 10월 27일 경고를 의식해야 한다.[15]

카터 대통령 연설에서 이 성명을 이용할 것인지에 대해서도 토론이 이루어졌다.[16]

워싱턴의 지시에 따라 서울의 미국 주둔관들은 12·12를 사전에 통보받지 못했다며 한미연합사의 작전통제권하에 있는 부대들을 적절한 통고 없이 사용한 점에 대해 한국 군부에 항의했다.[17] 한국 군부에

---

14 10·26 사태 때는 남침 준비를 못했던 북한이 12·12 사태로 완전 전시체제에 돌입했다는 믿을 만한 정보가 입수되었었다고 위컴은 회고했다. John Adams Wickham, Jr.(1999), 앞의 책, 56쪽; 존 위컴, 김영희 감수, 유은영 외 공역(1999), 앞의 책, 99쪽.

15 "[Attached Press Statement on Korea, by the Department of State]," [Approved by Dr. Brzezinski], in "Memorandum of Christian Dodson to Peter Tarnoff (Executive Secretary, Department of State): Korean Coup Statement," December 13, 1979, National Security Affairs, Collection # 6, Brzezinski Material, Country File, Folder: Korea, Republic of: President Park Assassination, 10/28/79 – 12/79, Box 45, Jimmy Carter Library. 이 문서는 National Security Affairs, Collection # 26: Staff Material – Far East, Platt – Chron File, Folder: Platt Chron File 12/79, Box 68, Jimmy Carter Library에도 있다.

16 "Memorandum of Nick Platt to Zbigniew Brzezinski: Korean Coup Statement Redraft," December 12, 1979, National Security Affairs, Collection # 6, Brzezinski Material, Country File, Folder: Korea, Republic of: President Park Assassination, 10/28/79 – 12/79, Box 45.

17 John Adams Wickham, Jr.(1999), 앞의 책, 66, 85~86쪽; 존 위컴, 김영희 감수, 유은영 외 공역(1999), 앞의 책, 111, 139쪽. 한편 당시 일본 정부와 선을 대려 했던 전두환은 1979년 11월 말과 12월 초 사이에 주한 일본대사관 근처 국군 보안사 관할의 안전 가옥에서 스노베 료조 일본 대사를 만나 "새로운 체제를 만들 것"이라며 이해를 구했다고 한다. 이 자리에서 허문도는 "전두환 장군을 중심으로 새로운 체제가 열린다"고 강조했다. 전두환은 "머지않아 정승화 계엄사령관을 체포할 계획"이라고 말했다. 이에 대해 박선원 박사는 "정승화 체포를 포함한 공식적인 군 지휘체제의 전복을 함축하는 발언"이라고 평가했다. 그러자 스노베 대사는 "소란스런 일만 없었으면 좋겠다"고 대답했다고 한다. 그리고 스노베 료조는 12·12 쿠데타 13일 후인 12월 25일에 한국의 정권 교체 문제에 대한 일본의 정책 목표는 민주주의가 아니라 '안정 유지'라고 자국에 보고했다. 사전에 12·12에 대한 양해를 구한 덕에 일본은 미국과 달리 12·12에 대해 그다지 비판하

대한 통제력을 상실해 무기력해졌던 글라이스틴과 위컴은 "광범위한 지지를 받는 정부 구성을 방해하는 남한 내 모든 세력은 한미 관계에 심각한 악영향을 줄 것임을 의식해야 한다"는 내용의 경고성 성명서(위 12월 13일자로 승인된 미 정부 명의의 성명서)를 12월 14일경 청와대와 한국군 내 양대 파벌 등 관계자들에게 전달했으며 '미국의 소리(VOA)' 등을 통해서도 방송했으나 효과는 없었다.[18] 이렇듯 온건하고 낮은 수위의 실제 경고 메시지는 전두환 측에게 주로 전달되었다.

워싱턴에서도 이런 수위의 메시지를 전달했다. 2010년 2월 22일 비밀 해제된 한국 외무부 문서에 의하면 1979년 12월 13일 오후 5시 30분부터 50분까지 리처드 홀브룩 미 국무부 차관보가 김용식 주미대사를 불러들여 항의하고 우려를 전달했다. 김 대사가 본국 외무부 장관에 보낸 보고서에 의하면 홀브룩은 "12·12 사태로 군체제가 너무 급격하게 변동되어 군 지휘 체계가 요동칠 수 있다"며 "그렇게 되

지 않았다는 것이다. 박선원, 「냉전기 한일협력의 국제정치: 1980년 신군부 등장과 일본의 정치적 영향력」, 『국제정치논총』 42-3(2002), 258~259쪽. 이에 앞서 스노베는 1979년 10월 28일 육군본부에서 허문도 당시 주일 한국대사관 수석 공보관을 만났다. 이때 허문도가 스노베 대사에게 "전두환 장군을 중심으로 새로운 체제가 열린다"고 이미 말했다고 한다. 10월 28일은 10·26 사건에 대한 계엄사 합동수사본부의 중간 수사 결과 발표가 있는 날이었는데, 그때 이미 허문도가 그런 얘기를 한 것이다. 스노베 료조는 그 이야기를 즉시 본국에 보고했다. 조갑제 기자도 10·26 직후부터 허화평을 중심으로 신군부 세력이 쿠데타 계획을 세우고 있었음을 시사했다.

18 Don Oberdorfer and Robert Carlin, *The Two Koreas: A Contemporary History*, revised and updated third ed. (New York: Basic Books, 2014); 돈 오버도퍼·로버트 칼린, 이종길·양은미 공역, 『두개의 한국』(길산, 2014), 193쪽; Don Oberdorfer, *The Two Koreas: A Contemporary History*, revised and updated (Basic Books, 2001), p. 118; 돈 오버더퍼, 이종길 역, 『두개의 한국』(길산, 2002), 188쪽; Don Oberdorfer, *The Two Koreas: A Contemporary History* (Reading, Mass.: Addison-Wesley, 1997), p. 118; 돈 오버도퍼, 뉴스위크 한국판 취재팀 역, 『북한국과 남조선: 두개의 코리아』(중앙일보, 1998), 119쪽.

면 김일성이 군사적인 모험을 강행할 수 있다"고 우려했다. 이는 12월 13일 승인된 미국 정부 성명서와 일치하는 톤이었다. 미 국무부가 12월 15일자로 주한 미 대사관에 보낸 전문에 의하면, 홀브룩 국무차관보는 12월 13일 김용식 대사에게 "12·12 사건이 질서 있는 정치 변화를 종식시키고, 한국인들과 외국에 있는 친구들이 받아들일 수 없는 긴급조치 9호와 같은 표현의 자유에 대한 정치적 통제 조치를 다시 부과하게 된다면 미국과 대한민국 관계에 심각한 영향을 줄지도 모른다고 강조했다"는 것이다.[19]

3. 쿠데타를 묵인하는 방향으로 선회한 미국

1979년 12월 15일 밴스 국무장관의 대통령 일일보고 내용에 따르면 한국은 표면적으로는 조용하지만 대한민국 군부 내에 분열이나 역쿠데타의 위험성이 여전히 높다고 평가되었다. 미국은 이러한 전망을 감

---

19 "Cable from SecState (Vance) to AmEmbassy in Seoul: Korea Focus: ROK Ambassador Kim Trys[tries-인용자] to Exert Influence," O 150028Z Dec 79, National Security Affairs-Brzezinski Material, Collection # 16: Cables File, Folder: State Department Out, 12/8-15/79, Box 119, Jimmy Carter Library(NLC-16-119-3-34-3); "Outgoing Telegram from SecState (Vance) to AmEmbassy in Seoul: Korea Focus: ROK Ambassador Kim Trys[tries-인용자] to Exert Influence," O 150028Z Dec 79, US National Archives, http://timshorrock.com/wp-content/uploads/korea-foia-_3-dec-12-incident.pdf (검색일: 2011.7.23).

소시키기 위해 노력하고 있다고 언급한다.[20] 미국은 이처럼 안정을 원했으므로 후술하는 바와 같이 군부 분열을 조장하는 역쿠데타를 후원하는 데는 어려움이 있었다. 글라이스틴 대사가 소장파 장군들의 지도자인 전두환 장군을 만났을 때 전 장군은 군부가 정치 과정에 개입하지 않을 것이라는 점을 확인했다고 전했다. 밴스는 14일 최규하 대통령이 발표한 새 내각이 언론 일각에서 제기하는 것처럼 군부에 포위된 것 같지는 않다고 평가했다. 정치적으로 중립적인 것처럼 보이며 12·12와 연관된 인물은 세 명에 불과하다는 첨언을 달았다. 그리고 이 세 명이 소장 장군 그룹의 일원인 것 같지는 않다고 했다. 최 대통령이 의지할 내각에 진정 강한 군부 인물이 있다면 그것이 최 대통령에게 좋을지도 모른다는 희망을 부기했다. 노재현 국방장관이 공군(참모총장) 출신 주영복으로 교체된 것은 강력한 국방 리더십의 구축은 아닌 것으로 보인다고 했다. 최규하와 내각이 더 이상 힘을 잃지 않으려면 가까운 시일 내로 리더십을 발휘해야 한다는 주문도 첨가했다.[21]

20 "Memorandum of Cyrus Vance to the President[: Evening Report]," December 15, 1979, p. 1, Plains File, Subject File, Box 40, Folder: State Department Evening Reports, 12/79, Jimmy Carter Library. 이 자료는 RAC 상(NLC-128-14-14-12-6)으로 확인한 것이다. NLC-15-74-8-26-8[National Security Affairs, Collection # 15: Brzezinski Material, Brzezinski Office File, Subject Chron File, Folder: Brzezinski Chron, Korea: 12/11-18/79, Box 74, Jimmy Carter Library]에도 파일링되어 있다.
21 위의 자료, 122쪽. 글라이스틴의 평에 의하면 주영복은 훌륭한 공군 장교이지만 육군을 통제하기에는 역부족일 것이며, 이제 약화된 최규하 대통령은 속임수를 동원해 기존의 명령 계통을 우롱한 육군의 모략 분자들이 꾸미는 교묘한 전략에 직면할 것으로 12월 15일 전망되었다. "Cable from AmEmbassy Seoul (Gleysteen) to SecState: New Defense Minister," O 150640Z Dec 79, Seoul 18882, National Security Affairs-Brzezinski Material, Collection # 16: Cables File, Folder: Far East, 12/79, Box 13, Jimmy Carter Library; 정기용,『그 시절 그 사건 그때 그 사람들: 격동의 한국정치사를 정밀하게 타전 했던 미국 극비문서 긴급입수』(학영사, 2005), 226쪽.

김용식 주미대사는 1979년 12월 19일 홀브룩 차관보의 사무실을 예방해 "점진적 정치발전을 추구하는 대한민국 정부의 기존 프로그램은 12·12 사건에 영향받지 않을 것"이라는 한국 정부의 공식적인 확인 사항을 전달했다. 이에 홀브룩은 "이란 위기의 압력에도 불구하고 대통령은 한국 상황을 매우 자세하게 살펴보고 있다"고 말했다. "대통령과 국무장관은 한국에서 민간정권이 타도되지 않고 광범위한 지지를 받는 정치발전으로 향하는 진보적인 움직임이 질서 있게 계속되고 있는 데 관심을 가지고 있다"고 언급했다. 또한 미국은 대한민국의 상황을 악용하지 못하게 북한에게 압력을 가해 달라고 소련과 중국에게 이미 부탁했으며 브라운 국방장관이 중국을 방문해 재차 부탁할 것이라고 첨언했다.[22]

글라이스틴 주한 미 대사는 1979년 12월 19일 박동진 외무장관을 만나 "미국 군부는 극도의 불만을 표시하고 있다"고 말했다. "이런 불만은 주한 미군 사령관으로부터 미 합참의장을 거쳐 백악관 최고위층에 이르기까지 공통된 견해"라면서 "한국군이 미국 측과의 협의를 완전히 무시하고 대대와 사단 병력을 자의로 이동해 한미연합군의 군사적 유효성과 행동의 자유를 지극히 훼손했다"고 평가했다. 또한 "미국 정부는 어디까지나 한국의 민간정부와 상대할 것이며 민간정

---

22 "Cable from SecState (Vance) to AmEmbassy in Seoul: Korea Focus: Amb Kim Conveys ROKG Assurances on Political Development," O 190118Z Dec 79, US National Archives, http://timshorrock.com/wp-content/uploads/korea-foia-_4-dec-12-2.pdf (검색일: 2011.7.23).

부를 전폭적으로 지지할 것"이라고 말했다.[23] 1961년 5·16 군사 쿠데타 당시 매그루더와 그린의 즉각적 성명을 떠올리게 하는 대목이다. 이에 대해 외무부는 김용식 대사에게 훈령을 내려 (정승화 육참총장 체포와 관련한 군 내부의 동요) 사태가 잘 수습됐으며 정치발전 체계를 점진적으로 추진해 나간다는 최규하 정부의 입장을 홀브룩 국무차관보에 전달하도록 했다.[24]

그런데 글라이스틴은 12월 28일 박동진 장관을 다시 만난 자리에서는, 미국이 "군부 지도자들을 배척하거나 경원하는 태도를 취하는 것은 아니다."라면서 기존의 강력한 항의 표출과는 다른 다소 완화된 태도를 보였다. 그러나 "12·12 당시 신군부가 작전통제권에 관한 한미 간의 합의를 위반한 데 대한 위컴 한미연합사령관과 미국 군부의 불만은 아직 잔존하고 있다"고 단서를 달았다.[25] 5·16 직후 정통성 있는 정부 지지에서 수일 후 실권 있는 정부에 대한 인정으로 방향을 선회한 것과 비슷하게 한국의 정치적 안정을 위해 군사 쿠데타를 묵인하는 방향으로 전환했다고 할 수 있다. 12·12 사태가 일어난 지 보름 지난 후에 미국은 이를 묵인했던 것이다.

앞선 글라이스틴의 1979년 12월 13일자 전문의 분석에 의하면 신군부 세력은 미국에 미칠 파장을 무시하거나 별로 달라질 것은 없다는 냉철한 계산하에 한미연합사령부의 책임을 전적으로 저버리는 한

23 김영식, 「美, 신군부에 12·12항의…보름만에 묵인: 1979년 외교문서 공개」, 『동아일보』 2010년 2월 23일, A8면.
24 노효동·유현민, 「"美 12·12직후 신군부에 불만…보름뒤 묵인"(종합)」, 〈연합뉴스〉(2010.2.22).
25 김영식(2010), 앞의 글; 노효동·유현민(2010), 앞의 글.

편 북한의 군사적 위협은 심사숙고하지 않고 무시해 버렸다.²⁶ 위컴은 북한 침공을 저지하는 역할을 수행하는 한미연합사 예하 병력을 사전에 통고하지 않고 이동했던 신군부의 조치는 침공 저지 능력을 손상시킬 수 있다고 생각했다. 이에 그는 12·12 한참 후인 1980년 5월 9일 소요 진압 병력 이동이 예상되던 시점에 한국 국방장관과 합참의장에게 북한 침공에 대한 한국군의 대처 능력 손상 위험성을 강조했다.²⁷

주한 미국대사관이 12·12 당일 본국으로 보낸 '한국 쿠데타'라는 제목의 전문을 보면 "우리는 쿠데타라고 부르지 않도록 신경 쓰지만 군사 쿠데타의 모든 성격을 띠고 있다"며 사실상 쿠데타로 규정했다. 또한 "권력 통제력은 기무사령부 사령관이자 강경파로 알려진 전두환의 수중에 있다는 것이 명확하다"며 미 국무부 배포용 성명을 첨부했다. 그러나 같은 날 또 다른 전문에서는 톤을 누그러뜨리는 수정 성

26 "Telegram from Gleysteen to Secretary of State: Younger ROK Officers Grab Power Positions," Seoul 18811, O 130927Z Dec 79, http://nsarchive.gwu.edu/dc.html?doc=3696540-Document-13-Cable-Seoul-18811-Amembassy-Seoul-to (검색일: 2017.6.4); 「미국대사관에서 국무장관급에 보낸 전문: 대한민국 젊은 장교들 요직 탈취」(1979.12.13), William H. Gleysteen, Jr., *Massive Entanglement, Marginal Influence: Carter and Korea in Crisis* (Washington, DC: Brookings Institution Press, 1999), p. 211; 윌리엄 H. 글라이스틴, 황정일 역, 『알려지지 않은 역사: 전 주한미국대사 글라이스틴 회고록』(중앙 M&B, 1999), 295쪽. 이 전문에서 글라이스틴은 12·12 세력을 처음으로 '신군부 세력(the new military hierarchy)'이라고 부르기 시작했다. 기존의 보편적 용어인 '청년 혁신파(젊은 말썽꾼들, 근대화를 요구한 터키의 젊은 장교 the Young Turk)'라는 표현을 쓰기도 했다. 전두환 그룹은 군부 내에서 기존의 정승화 그룹에 비해 청년(소장)파로 간주되었다.

27 "United States Government Statement on the Event in Kwangju, Republic of Korea, in May 1980," June 19, 1989, Vertical File, Box 71, Presidential Papers of Jimmy Carter, Jimmy Carter Library; John Adams Wickham, Jr., *Korea on the Brink, 1979-1980: From the '12/12' Incident to the Kwangju Uprising* (Washington, DC: National Defense University Press, 1999), p. 201; 존 위컴, 김영희 감수, 유은영 외 공역, 『12·12와 미국의 딜레마: 전 한미연합사령관 위컴 회고록』(중앙 M&B, 1999), 300쪽.

명을 요청했다. 글라이스틴 대사는 전화 통화에서 반란자들이 그들의 요구를 군의 인사 변화에 국한하는 데 동의했다고 했다. 신군부가 권력 찬탈이 아니라 군 인사 요구를 군사행동의 목적이라고 설명한 것으로 여겨지는 부분이다. 또 다른 전문을 보면 리처드 홀브룩 차관보는 12월 13일 미국에서 김용식 주미 한국대사를 불러 이번 일이 질서 있는 정치적 변화의 과정에 역행하고 정치적 통제를 다시 불러온다면 한미 관계에 매우 중대한 일이 될 것이라고 경고했다. 이튿날 미국은 김 대사가 최규하 대통령에게 미 정부의 우려를 전달하고 최 대통령이 좀 더 강력하게 행동하길 요청하는 강한 메시지를 보냈다는 통보를 받았다.

영국대사관이 12·12 당일 본국에 보낸 전문에는 "성공하지 못한 군 쿠데타 시도가 있었던 것으로 보인다"고 되어 있다. 또 당시 노재현 국방장관 자택에 충격이 있었지만 장관은 다치지 않고 탈출한 반면 정승화 사령관은 살해됐을지 모른다고 적었다. 12월 18일 주미 영국대사관 전문을 보면 "신군부가 박 대통령 시해에 관한 새로운 증거 확인을 위해 정승화 사령관을 찾아갔다가 정 사령관이 과잉 반응을 해 체포했다"고 설명했지만, 미국은 이를 믿지 않는다고 보고했다.[28] 당시 군의 움직임이 체계적이었고, 이동 경로를 볼 때 선행 계획이 있었던 것이 분명하다는 평가였다.

그런데 12·12 이틀 뒤인 12월 14일 오전 10시 39분 글라이스틴 주한 미국대사가 본국에 보낸 비밀 전문을 보면 글라이스틴이 반란 주

---

28 류지복, 「"美, 12·12 처음부터 쿠데타 인식…韓 '남침 우려'로 美 설득"」, 〈연합뉴스〉(2019.12.13).

도 세력들의 합리화에 영향받아 고뇌한 흔적이 보인다. 13일에는 "주도 세력이 스스로 그렇게 부르지 않았던 것을 제외하면 모든 면에서 사실상의 쿠데타"라고 12·12를 규정했다.[29] "민간합헌정부는 명목상 유지되고 있지만 모든 징후는 군의 중추 기관들이 일단의 '야심적인 젊은' 장교들에 의한 치밀한 계획에 의해 장악됐음을 보여주고" 있으므로 사실상의 쿠데타라고 규정했던 것이다. 그런데 14일의 비밀 전문에서는 쿠데타라는 규정은 잘못된 것이며 "나 스스로 신중하지 못했다"며 성격 규정에 신중을 기할 것을 상부에 건의했다. 그 이유로 최규하 대행이 물러나지 않았고 헌정 질서가 유지되었으며 정부가 전복되지 않았다는 점을 들었다.[30] 게다가 사전 모의하지 않았다는 주동자들의 해명을 열거했다.[31] "주동자들의 설명의 신빙성에 솔직히 회의적이지만 이 사태의 전말이 밝혀질 때까지 신중하게 대처하는 것이 미국의 국익에 맞다"고 덧붙였다.[32]

29 "Telegram from Gleysteen to Secretary of State: Younger ROK Officers Grab Power Positions," Seoul 18811, O 130927Z Dec 79, http://nsarchive.gwu.edu/dc.html?doc=3696540-Document-13-Cable-Seoul-18811-Amembassy-Seoul-to (검색일: 2017.6.4);「미국대사관에서 국무장관급에 보낸 전문: 대한민국 젊은 장교들 요직 탈취」(1979.12.13), William H. Gleysteen, Jr.(1999), 앞의 책, 210~211쪽; 윌리엄 H. 글라이스틴, 황정일 역(1999), 앞의 책, 294쪽.
30 John Adams Wickham, Jr.(1999), 앞의 책, 67쪽; 존 위컴, 김영희 감수, 유은영 외 공역(1999), 앞의 책, 112~113쪽.
31 당시 국방부 소속이면서 전두환 측에 가담했던 유학성 장군(군수차관보)은 "군사혁명이나 반란이냐"는 국방부 측 이범준 방산차관보의 12월 12일 거사 당일의 물음에 "군사혁명이 아니라 정승화 총장을 연행하려다가 생긴 우발적 사건"이라고 주장했다. 김문, 『장군의 비망록: 격동의 현대사를 주도한 장군들의 이야기 I』(별방, 1998), 258쪽.
32 정인석, 「美 "12.12 쿠데타 규정 하룻만에 철회"」, KBS 9시 뉴스(2009년 12월 11일 방송); 하태원, 「美대사관 12·12당시 '성격규정' 본국 보고 번복: "사실상 쿠데타"→이틀뒤 "신중 기해야", 기밀 해제된 '비밀전문'서 언급」, 『동아일보』 2009년 12월 12일, A15면. 이는 미 국무부 문서이다.

그러나 군부가 모두 다 쿠데타가 아니라고 주장한 것은 아니었다. 이범준 장군은 12·12 주도 세력이 거사 4일 전 12월 8일 경복궁 30단에서 예비 모임을 가졌으므로 우발적인 것이 아니라 치밀한 시나리오에 의해 계획된 것이라고 평가했다. 그는 12월 8일 국방부 청사에서 열린 차관 주재 회의가 끝난 후 유학성 군수차관보의 저녁 식사 제의를 선약이 있다는 이유로 거절했는데 이것은 자신을 12·12 주도 세력의 일원으로 끌어들이려는 의도적 초청이었다고 주장했다.[33] 이범준 장군은 12·12의 포섭 대상이었으므로 12·12 당시 국방부-육본 측에 있었음에도 불구하고 12·12 직후 즉각 예편되지는 않았다. 12·12 반대 세력의 중심이 장태완 수경사령관이었고, 이범준 장군은 비록 국방장관실을 끝까지 지켰으나 당시 이 장군은 12·12 주도 세력도 아니고 반대 세력의 핵심도 아닌 비교적 중도적인 입장이었다고 할 수 있다. 따라서 이범준 장군은 12월 12일 밤이나 13일 아침 보안사 서빙고 분실로 연행되지 않았다. 그러나 1980년 2월 초에 역쿠데타와 관련된 사실이 드러나 2월 21일 예편되었다.

위컴은 전두환 세력과 관계를 공고히 해야 한다고 생각한 글라이스틴이 12·12를 쿠데타로 지칭함으로써 빚어질지도 모르는 껄끄러움을 방지하기 위해 12월 말 한국 내 미군 지도자들에게 서한을 보내 쿠데타 지칭을 공식 철회했다고 회고했다.[34] 한편 위컴은 12·12 당시

---

33 김문(1998), 앞의 책, 256~257쪽.
34 John Adams Wickham, Jr.(1999), 앞의 책, 67쪽; 존 위컴, 김영희 감수, 유은영 외 공역 (1999), 앞의 책, 113쪽.

쿠데타가 일어났다고 상부에 보고하면서 글라이스틴이 12·12에 대한 미국의 부정적 입장을 한국 측에 전달하면서 미국이 적대적 대응을 할 가능성도 있음을 경고했다고 부기했다.[35] 적대적 대응은 12·12 주도 세력에 대한 적대적 대응이므로 쿠데타 자체에 대한 비판적 공식 성명 발표는 물론 '역쿠데타 후원'까지도 포함할 수 있었다. 또한 위컴은 전두환 측이 병력을 동원한 이상 뒤로 물러설 수 없어 권력을 탈취해야만 했으므로 최고 권력을 잡을 생각을 했다고 평가해 이 사건을 쿠데타로 보아야 한다고 주장했다. 단지 포괄적인 계획을 미처 세우지 못했을 뿐이라는 것이다.[36]

글라이스틴의 12월 14일자 전문에 나타난 쿠데타 지칭 철회는 NSC의 플랫 등 상부의 12월 12일자 지시에 의한 것으로 추정된다. 플랫은 계엄령의 주무 장관인 국방장관이 체포되었고 계엄사령관도 체포되었으며 대통령은 순종적이라는 이유에서 위협받지 않은 점 등 12·12가 군사 쿠데타의 모든 특징을 가지고는 있으나 (쿠데타 세력을 배려해) 그렇게 부르지 않고 있다고 언급했던 것이다. 플랫은 강경파로 알려진 전두환 보안사령관(방첩부대)의 손아귀에 권력의 고삐가 쥐어질 것이 분명해 보인다고도 했다.[37] 그런데 12·12로 정권이 전

---

35 John Adams Wickham, Jr.(1999), 위의 책, 63쪽; 존 위컴, 김영희 감수, 유은영 외 공역 (1999), 위의 책, 107~108쪽.

36 John Adams Wickham, Jr.(1999), 위의 책, 67~68쪽; 존 위컴, 김영희 감수, 유은영 외 공역 (1999), 위의 책, 113쪽.

37 "Memorandum of Nick Platt to Zbigniew Brzezinski: Korean Coup," December 12, 1979, National Security Affairs, Collection # 6, Brzezinski Material, Country File, Folder: Korea, Republic of: President Park Assassination, 10/28/79-12/79, Box 45; 정기용, 『그 시절 그 사건 그때 그 사람들: 격동의 한국정치사를 정밀하게 타전 했던 미국 극비문서 긴급입수』(학영사,

복되지는 않았고 12월 8일 사전 모의는 있었지만 정권 인수를 위한 시나리오는 결여되었으므로 쿠데타로서는 부족한 점이 없지 않기에 '예비 쿠데타'로 간주되기도 한다. 비슷한 맥락에서 후일 대한민국은 공식적으로는 '쿠데타적 사건'이라고 부른다.

4. 글라이스틴 대사와 전두환의 만남

글라이스틴은 1979년 12월 14일 오전 10시 39분 쿠데타가 아닐지도 모른다는 전문을 보낸 이후인 오후 3시부터 5시까지 자신의 관저에서 전두환 소장(합동수사본부장)과 만났다. 이 만남에 대한 12월 15일자 보고서는 1997년 4월 4일과 5월 1일 미국 내셔널아카이브, 카터 대통령 기념도서관에서 진행된 공개 과정에서 총 8쪽 중 6쪽이 비밀로 묶이고 공개된 2쪽도 중요 부분이 삭제된 채 공개되었다.[38]

전두환은 이러한 만남이 이루어진 것은 미국 정부가 자신을 지지하고 있다는 증거라고 공언하면서 이를 이용했다. 만약 미국이 자신을 지지하지 않는다면 미국을 대표하는 현지 대사와 어떻게 단독으

2005), 225, 235쪽. 정기용은 counter-intelligence를 '지성을 갖추지 못한 인물'로 오역했다.

38 "Telegram from Gleysteen to Vance: Korea Focus – Discussion with MG Chon Tu Hwan," O 150834Z Dec 79, Seoul 18885, Secret, NODIS Cherokee, National Security Affairs, Collection # 6, Brzezinski Material, Country File, Folder: Korea, Republic of, 7-12/79, Box 44, Jimmy Carter Library. 이 전문은 13개가 복사되었고, 카터 대통령 백악관에 전달되어 카터 대통령 기념도서관에 보관된 판본은 12번째 카피로 추정된다.

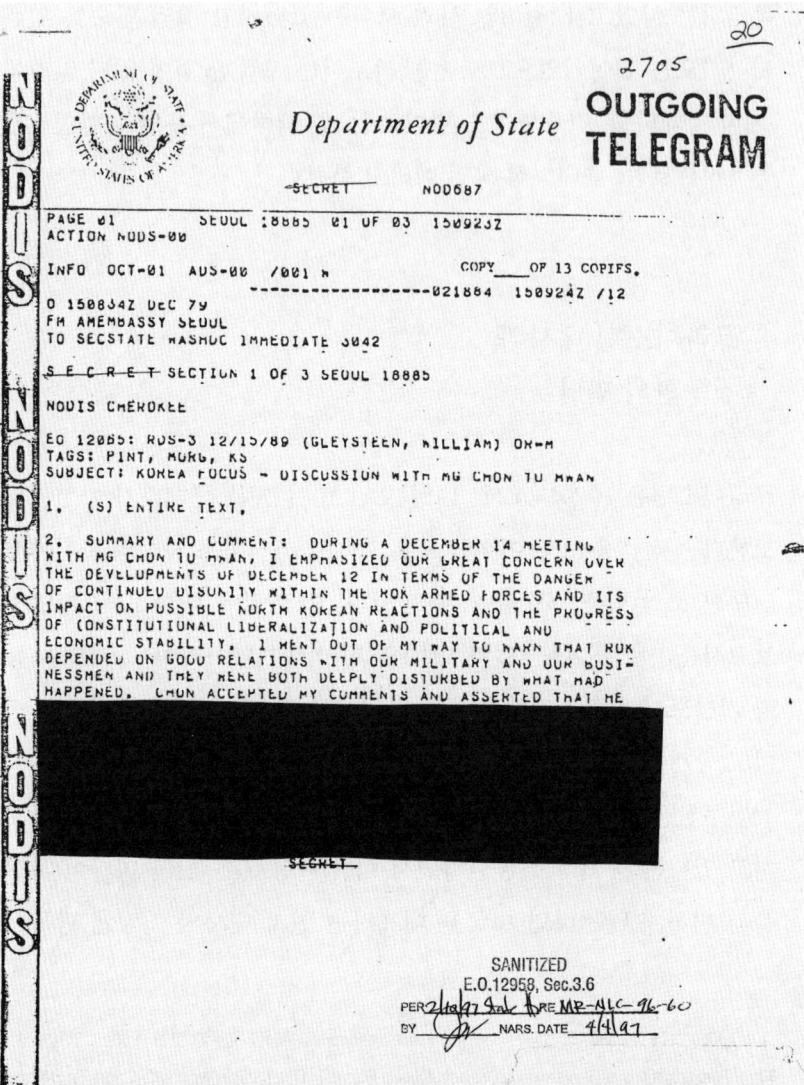

그림 2. 글라이스틴이 밴스에게 보낸 전문: 「한국 포커스 - 전두환과의 대화」(1979.12.15) 일부

Department of State **OUTGOING TELEGRAM**

SECRET

PAGE 02   SEOUL 18885   03 OF 03   150906Z

I SIMPLY SAID I HAD HEARD MANY DIFFERENT EXPLANATIONS OF THE EVENTS AND APPRECIATED HIS INTERPRETATION. I ADDED THAT OUR INTEREST WAS TO INSURE DEVELOPMENT OF A BROADLY BASED CONSTITUTIONAL GOVERNMENT UNDER CIVILIAN LEADERSHIP; WE WERE CONCERNED THAT THE EVENTS OF DECEMBER 12 WOULD JEOPARDIZE THIS PROGRESS, DIVIDE THE ROK MILITARY, AND INCREASE THE DANGER FROM NORTH KOREA.

11. CHUN WARNED THAT HE ALSO FINDS HIMSELF

I USED THIS OPPORTUNITY TO AGAIN BLUNTLY AND FORCEFULLY DENY ANY INVOLVEMENT ON OUR PART IN THE EVENTS OF OCTOBER 26 OR ANY ATTEMPT TO SOFTEN THE JUSTICE DUE TO AN ASSASSIN.

12.

GLEYSTEEN

SECRET

NOT TO BE REPRODUCED WITHOUT THE AUTHORIZATION OF THE EXECUTIVE

로 마주 앉아 정담을 나눌 수 있겠는냐는 것이었다. 당시 미 국무부는 글라이스틴과 전두환의 만남이 전두환을 인정 내지는 더 나아가 승인하는 듯한 인상을 준다며 만남에 부정적이었으나 글라이스틴은 12·12에 대한 미국 정부의 심각한 우려를 전달하려면 직접적인 접촉이 불가피하다고 설득해 만남을 이끌어냈다.

이 만남에 대한 밴스 국무장관의 12월 16일자 답신을 살펴보면 미국의 입장을 알 수 있다. 이에 따르면 밴스는 전두환을 인정하는 듯한 인상을 주는 것을 피해야 하지만 동시에 미국 정부의 심각한 우려를 전달하기 위해 글라이스틴 대사와의 만남을 승인했다고 전제했다. 그러면서 전두환과의 만남을 의도적으로 기피하는 위컴 장군의 태도와 전두환과의 정기적인 직접 접촉을 피하려는 글라이스틴의 전략은 현재 상황이 지속되는 한 유지돼야 한다고 지시했다.[39] 이 대목에서 미국 정부가 당시 전두환을 인정하지 않았음을 확인할 수 있다.

전두환과 글라이스틴 대사의 만남에 대해 미국과 신군부는 해석차를 극명하게 드러냈다. 신군부 보안사령부가 1981년 작성한 『제5공화국 전사(前史)(1979.10.28.~1981.4.11)』(이하 『제5공화국 전사』)에 수록된 황진하 소령(전두환 장군의 수석부관)의 회고담에 의하면 미국이

---

[39] "Telegram from Vance to Gleysteen: Korea Focus--Your Discussion with MG Chon," O 160301Z Dec 79, p. 2, National Security Affairs-Brzezinski Material, Collection # 16: Cables File, Folder: State Department Out, 12/16-24/79, Box 119, Jimmy Carter Library (NLC-16-119-4-1-8); "Telegram from SecState to Gleysteen: Your Discussion with MG Chon Tu-hwan," December 16, 1979; William H. Gleysteen, Jr., Massive Entanglement, Marginal Influence: Carter and Korea in Crisis (Washington, DC: Brookings Institution Press, 1999), p. 213; 윌리엄 H. 글라이스틴, 황정일 역, 『알려지지 않은 역사: 전 주한미국대사 글라이스틴 회고록』(중앙M&B, 1999), 297쪽.

회담장에 큰 개를 풀어 놓는 등 외교 관례상 유례가 드문 무례한 일을 자행했다고 평가한다.[40] 이러한 에피소드에서도 미국이 전두환 장군을 탐탁지 않게 여겼음을 알 수 있다. 글라이스틴도 "전두환의 권력 장악 정통성을 미국이 인정했다는 증거로 미-전두환 접촉을 활용할 위험성이 있다"고 분명히 적시했다.[41] 이 자리에서 글라이스틴 대사는 12·12가 대한민국 국군 내 분열이 가져온 위기를 극명하게 보여 주었으며 이로 인해 북한이 어떻게 반응할지 우려스럽고 헌정 자유화, 정치·경제 안정에 대해 미군과 경제인들이 혼란스러움을 표시했다고 말했다. 또한 글라이스틴은 대한민국의 민간정부를 유지해야 한다고 말했으며, 민간 지도자에 의한 합헌정부에 기반한 발전에 관심이 있는데 12·12는 이러한 진보를 저해하고 군부 분열은 북한으로부터의 위험을 증대시킨다고 충고했다. 이는 12월 13일 승인된 미 정부의 성명서의 틀에서 이루어진 말이었다. 글라이스틴이 밴스에게 보고한 바에 따르면 전두환 사령관은 자신의 행동이 쿠데타나 혁명으로 평가되는 것을 거부하면서 정승화를 체포한 것은 단지 박 대통령 암살의 수사 때문이지 개인적 야망이 있기 때문은 아니라고 주장했다. 또한 글라이스틴은 전두환이 자신의 의견을 접수했다고 국무장관에게 보고했다.[42]

---

40 「『5共 前史』 독점공개」, 『월간조선』(1996.5), 626쪽.

41 "Telegram from Gleysteen to Vance: Korea Focus – Discussion with MG Chon Tu Hwan," O 150834Z Dec 79, Seoul 18885, Secret, NODIS Cherokee, 〈5·18민주화운동기록관〉(검색일: 2020.5.15).

42 "Telegram from Gleysteen to Vance: Korea Focus – Discussion with MG Chon Tu Hwan," O 150834Z Dec 79, Seoul 18885, Secret, NODIS Cherokee, National Security Affairs,

밴스는 1979년 12월 14일 전두환을 만난 글라이스틴에게 2일 후인 12월 16일 답장을 보내 현재 미국의 목표는 "군의 단결이 위험한 수준으로 붕괴되는 것을 막고 민의에 기초한 합법적인 민간 지도자가 이끄는 민주정부 수립을 위한 노력을 유지하는 것"이라고 하달했다.[43]

5. 한미연합사의 작전통제권 문제

1979년 12·12 사태로 한국군 9사단에 대한 자신의 작전통제권을 무시당했다고 생각한 위컴 장군은 그 항의 표시로 전두환 장군과의 만남을 계속 거절했다. 그 대신 한국의 국무총리, 신임 국방장관 등과 만났다.[44] 한국과 미국 간의 연합방위체제를 유지하기 위해 한미연합

Collection # 6, Brzezinski Material, Country File, Folder: Korea, Republic of, 7-12/79, Box 44, Jimmy Carter Library; 정인석, 「美 "12.12 쿠데타 규정 하룻만에 철회"」, KBS 9시 뉴스(2009년 12월 11일 방송).

[43] "Telegram from Vance to Gleysteen: Korea Focus--Your Discussion with MG Chon," O 160301Z Dec 79, p. 2, National Security Affairs-Brzezinski Material, Collection # 16: Cables File, Folder: State Department Out, 12/16-24/79, Box 119, Jimmy Carter Library(NLC-16-119-4-1-8); "Telegram from SecState to Gleysteen: Your Discussion with MG Chon Tu-hwan," December 16, 1979; William H. Gleysteen, Jr.(1999), 앞의 책, 213쪽; 윌리엄 H. 글라이스틴, 황정일 역(1999), 앞의 책, 297쪽.

[44] "United States Government Statement on the Event in Kwangju, Republic of Korea, in May 1980," June 19, 1989, Vertical File, Box 71, Presidential Papers of Jimmy Carter, Jimmy Carter Library; John Adams Wickham, Jr., *Korea on the Brink, 1979-1980: From the '12/12' Incident to the Kwangju Uprising* (Washington, DC: National Defense University Press, 1999), p. 199; 존 위컴, 김영희 감수, 유은영 외 공역, 『12·12와 미국의 딜레마: 전 한미연합사령관 위컴 회고록』(중앙 M&B, 1999), 295쪽.

사(CFC)가 설치된 것은 12·12 사태가 발생하기 1년여 전인 1978년 11월 7일이다. 연합사의 작전통제권에 대해 미국은 광주 '성명서'에서 다음과 같이 밝히고 있다.

> 양국은 일정한 부대를 선정하여 한미연합사 사령관의 작전통제권 아래에 두지만, 통고만으로 한미연합사 작전통제권으로부터 부대를 회수할 수 있는 권리를 포함하여 국가별 통수권을 가진다. 연합사 사령관은 부대를 한미연합사 작전통제권으로부터 회수하겠다는 통고가 있을 때 이에 찬성하거나 반대할 수 없으며, 다만 그러한 결정이 연합사의 대외 방어력에 미칠 수 있는 영향을 지적할 수 있을 뿐이다. 일단 부대가 연합사 작전통제권에서 해제되면 연합사 사령관은 그 부대에 대해 아무런 권한도 가지지 않는다.

이 해석에 따르면 한미연합사 사령관의 작전통제권은 다분히 형식적이다. 옥스퍼드대학이 발행한 2001년판 『미 군사 사전(Essential Dictionary of the U.S. Military)』은 작전통제권(OPCOM)을 "병력의 구성에서부터 임무 하달, 목적 및 임무 수행을 위해 필요한 방향 설정 등 예하 병력을 지휘하는 데 따른 모든 수행 권리"라고 정의하고 있다. 이 정의에 따르면 예하 부대 지휘관이 작전통제권자에게 통고한 후 특정 부대를 회수하거나 복귀시킬 수 있다면 작전통제권자가 실질적인 작전통제권을 행사하는 지휘 체계로 보기 힘들다. 다만 한미연합사라는 연합방위체제에서 미군 장성이 연합사 사령관직을 맡고 있으므로 작전통제권이 연합사 사령관에게 위임되어 있을 뿐이지 한미연합사 사령관의 실질적인 작전통제권의 내용을 적시해 놓은 규정은 없다. 실제로 12·12 사태 이전까지는 한미연합사 사령관의 작전통제권이 시비의 대상이 된 적은 없고 시험의 대상이 될 만한 계기도 없었다. 그러나 위컴 사령관으로서는 실체 없는 신군부가 정식 지휘계통을 무시한 채 임의로 병력을 이동시킨 것에 대해 분개할 만한 이유가 충분했다.

12·12에서 광주민주화운동에 이르기까지 미국은 한국군 병력 이동 상황에 대해 '사전에 통보받은 바 없고, 병력 이동에 대해 아는 바 없다'는 입장만 되풀이했다. 전혀 틀린 말은 아니다. 그러나 특전사 병력을 포함해 한국군 이동 상황에 대한 사전 정보마저 가지고 있지 않았다고 할 수는 없다.[45]

12·12 사태로 인해 위컴에게 전두환은 불신의 상징적인 인물이었고 개인적으로도 불쾌하기 짝이 없는 하급자였다. 따라서 위컴은 사건 직후 2개월 남짓 전두환 합수부장과 개인적인 만남을 고의적으로 피하면서 긴장 관계를 유지했다. 12·12 이전에 전두환은 보안사령관 자격으로 위컴과 6개월 이상 정기적으로 만났었다.[46] 그런데 위컴은 한국군 9사단의 원상회복을 요구했지만 브루스터 CIA 지부장은 현실

---

45 이흥환, 「한미연합사 작전통제권(OPCOM)과 5·18 이후, 美, 전두환 퇴진시키려 주한 미군 감축 검토했다」, 『신동아』(2004.7), 418~431쪽.

46 William H. Gleysteen, Jr., *Massive Entanglement, Marginal Influence: Carter and Korea in Crisis* (Washington, DC: Brookings Institution Press, 1999), p. 161; 윌리엄 H. 글라이스틴, 황정일 역, 『알려지지 않은 역사: 전 주한미국대사 글라이스틴 회고록』(중앙 M&B, 1999), 227쪽.

인정, 현상 동결을 선호했다고 한다.⁴⁷ 위컴 대장은 1979년 12월 17일 주영복 국방장관에게 서신을 보내 9사단과 2기갑여단, 30사단 90연대의 병력 출동에 항의했다. 위컴은 12월 20일 주영복을 직접 만나기까지 했다. 그는 미 합참의장 존스(David C. Jones) 대장이 연합사 부사령관인 류병현 대장에게 서면 해명을 요구할 것이라고 말했다.⁴⁸ 위컴은 1980년 2월 16일 전두환을 잠깐 스치듯 만났지만,⁴⁹ 12·12 이후 전두환을 장시간 만난 것은 12·12가 일어난 지 3개월이 지난 1980년 2월 말이 처음었다.⁵⁰ 2시간 이상 이어진 이 만남에서 위컴은 얻은 것이 없었다. 전두환에게 정치적인 승리를 안겨주었을 뿐이다.

그 이후 채 한 달이 안 되어 전두환이 다시 찾아왔다고 위컴은 회고했다.⁵¹ 한국 보안사령부 문건에는 3월 14일로 나와 있다.⁵² 위컴 회고록에 따르면 다시 한 달이 채 안 되어 전두환이 중앙정보부를 장악했

47 박보균, 『청와대비서실 3』(중앙일보사, 1994), 215쪽.
48 「『5共 前史』 독점공개」, 『월간조선』(1996.5), 629쪽.
49 John Adams Wickham, Jr.(1999), 앞의 책, 114쪽; 존 위컴, 김영희 감수, 유은영 외 공역(1999), 앞의 책, 177쪽.
50 William H. Gleysteen, Jr.(1999), 앞의 책, 96쪽; 윌리엄 H. 글라이스틴, 황정일 역(1999), 앞의 책, 144쪽에서는 2월 16일에 위컴이 전두환을 만났다고 하는데 이것이 잠시 만난 것인지 아니면 글라이스틴이 위컴-전두환 회합을 2월 16일로 잘못 기억하는 것인지는 확인해야 한다. 그런데 위컴 회고록과 글라이스틴 회고록에서 회담 내용이 일치되는 것은 없으므로 별개의 만남일 가능성이 있다. 즉 2월 16일의 만남은 잠시 동안의 것이었고, 2월 말의 만남은 2시간 이상 계속된 장시간의 대화라는 해석이 가능하다.
51 John Adams Wickham, Jr.(1999), 앞의 책, 118쪽; 존 위컴, 김영희 감수, 유은영 외 공역(1999), 앞의 책, 184쪽.
52 배진영, 「미, 신군부에 끌려가면서 당혹스러워 해: 1980년 '서울의 봄' 당시 한미관계를 보여주는 3건의 문건」, 『월간조선』(2013.5), 341쪽.

다⁵³고 나오므로 한 달만인 4월 14일 중앙정보부장 서리를 겸임한 시점과도 상이하지 않다. 다만 위컴 회고록에는 2시간 동안 대화했다고 나오고,⁵⁴ 한국 보안사령부 문건에는 1시간 30분에 걸쳐 진행되었다고 한다.

위컴은 광주에서의 비극이 있기 며칠 전인 1980년 5월 13일에도 전두환과 만났다.⁵⁵ 그 만남 이후에도 전두환과 위컴의 관계는 좋아지지 않았다. 전두환 보안사령관·합수부장이 1980년 4월 14일 중앙정보부장을 겸임하게 되자 군사령관에 불과했던 위컴보다 직급만으로는 상급자가 되었다.(계급으로는 대장인 위컴이 중장인 전두환보다 상급자였다.) 따라서 위컴은 전두환을 인정할 수밖에 없었으므로 전두환과의 긴장 관계를 수정했다. 그렇지만 보이지 않는 긴장은 레이건 행정부 출범 시까지 지속되었다. 전두환이 국무회의에 참석해 발언권을 행사하기 위해 중앙정보부장 서리 겸직에 나섰다는 평가가 있다. 이 외에도 중앙정보부를 장악하기 위해서, 그리고 산발적으로 관리되는 정보부서를 통합적으로 관리하기 위해서라는 명분으로 합리화하기도 했다.

위컴이 12·12 직후 전두환을 고의적으로 만나지 않는 등 따돌리자 미국의 지지가 시급했던 전두환 측은 매우 초조해 했다. 이에 브루스

---

53 John Adams Wickham, Jr.(1999), 앞의 책, 119; 존 위컴, 김영희 감수, 유은영 외 공역(1999), 앞의 책, 185쪽.
54 John Adams Wickham, Jr.(1999), 위의 책, 119쪽; 존 위컴, 김영희 감수, 유은영 외 공역(1999), 위의 책, 185쪽.
55 John Adams Wickham, Jr.(1999), 위의 책, 121쪽; 존 위컴, 김영희 감수, 유은영 외 공역(1999), 위의 책, 189쪽.

터의 오랜 친구였던 김윤호 장군(당시 광주 보병학교장, 육사10기)을 창구로 삼아 미국을 설득했으며 결과는 비교적 성공적이었다. 이 공으로 김윤호는 제1군단장, 1군 사령관으로 승진했으며 합참의장까지 올랐다.[56]

6. 북한, 일본 등 주변국의 반응

12·12 직후 미국이 북한의 도발에 대해 우려했음을 앞서 12월 13일자 성명에서 확인할 수 있었다. 백악관 NSC의 그레그는 1979년 12월 14일 작성한 보고서에서 불안정한 시기가 길어질 경우 북한의 개입 가능성에 관한 보고서를 12월 20일까지 산출할 예정이라고 했다.[57] 브레진스키는 즉시 CIA 국장에게 메모랜덤을 보내 12월 20일까지 특별 정보 보고서를 준비해 달라고 요청했다. 남한의 최근 사건을 정확히 평가할 수 있는 북한의 능력, 남한의 군사·정치 불안이 길어질 경우 북한의 견해에 미치는 영향, 북한 개입의 형태·목적·기간, 북한 개입

---

56 John Adams Wickham, Jr.(1999), 위의 책, 67쪽; 존 위컴, 김영희 감수, 유은영 외 공역(1999), 위의 책, 112쪽.

57 "Memorandum of Donald Gregg to Zbigniew Brzezinski: Development in Korea Preparation of a SNIE," December 14, 1979, National Security Affairs, Collection # 26: Staff Material-Far East, Platt-Chron File, Folder: Platt Chron File 12/79, Box 68, Jimmy Carter Library; National Security Affairs, Collection # 15: Brzezinski Material, Brzezinski Office File, Country Chron, Box 26, Folder: Korea: 7-12/79, Jimmy Carter Library(NLC-15-26-9-11-6에만 비밀 해제됨).

에 대한 소련과 중국의 태도 등을 포함시켜 달라고 명기했다.[58]

이에 따라 미 CIA는 12·12 사태 발생 8일 후인 12월 20일에 「남한 내 불안정에 대한 북한의 반응(North Korean Reactions to Instability in the South Korea)」이라는 특별 상황 판단 보고서를 작성했다. 이 문건에서는 "군내 파벌 다툼이 표출되고 사회적 무질서가 확산돼 북한이 무력 통일을 감행할 수 있다"고 분석했다. "북한이 전면적인 군사행동을 취할 것인지 확신을 갖고 판단할 수는 없지만, (12·12 직후 2~3개월 내에) 대규모 도발을 감행할 가능성이 최대 50퍼센트는 될 수 있다"고 예상했다. 보고서는 "한국전쟁 이후 북한은 강도가 약한 다양한 행동을 시도했으나 별다른 성공을 거두지 못했다"면서 "이런 경험에 비추어 북한은 제한적인 행동이 실제로는 순손실이 된다는 계산을 할 수 있다"고 진단했다. 또한 "김일성 주석은 박정희 대통령 사망 이후 발생한 남한 군부의 파벌 간 다툼과 광범위한 사회 무질서를 자신이 권좌에 있을 때 한반도를 재통일할 수 있는 절호의 기회로 보고 있다"고 분석했다. 또한 1975년 김일성이 "북한은 남한 내에 '혁명적인 상황'이 전개된다면 가만히 앉아 있지 않을 것"이라고 공개적으로 선언한 사실을 상기시켰다.[59] 이에 "만일 북한이 군사적 개입을 결정한다면, 아마도 이는 남한에 대한 통제를 강화하고 (남한 내) 조직

---

58 "Memorandum of Zbigniew Brzezinski to the Director of Central Intelligence: Development in Korea," December 14, 1979, National Security Affairs, Collection # 15: Brzezinski Material, Brzezinski Office File, Country Chron, Box 26, Folder: Korea: 7-12/79, Jimmy Carter Library(NLC-15-26-9-10-7에만 비밀 해제됨).

59 고승일, 「美, 12.12 당시 北 군사행동 가능성 '50%' 판단」, 〈연합뉴스〉(2009.12.9),

적인 저항을 분쇄하기 위한 육해공을 두루 동원한 대규모 공격이 될 공산이 크다"고 강조했다. 또한 보고서에서는 "남한에 미군이 주둔해 있지 않으면 북한이 남한을 공격하리라고 판단한다"면서 "미국 지상군의 존재와, 어떤 규모가 됐든 북한의 도발 시 미군이 개입하게 될 것이라는 확실성이 북한을 주저하게 만들고 있다"고 밝혀 주한 미군의 전쟁 억지력을 강조했다. 보고서는 "북한은 군사적으로 취약해진 남한에 대한 공격을 검토할 때 남한 주요 동맹들의 태도, 특히 가장 중요한 미국의 안보공약을 저울질하게 될 것"이라고 밝혔다. 남한 내 비상사태와 관련한 이 평가 보고서 작성에는 미 중앙정보국을 비롯해 국무부, 국방정보국, 백악관 국가안보회의는 물론 육군부, 해군부, 공군부의 정보 담당 수뇌들이 참여했다. 이는 당시 미국 행정부가 남한 내 불안한 정정(政情)과 북한의 남침 가능성에 신경을 쓰고 있었음을 잘 보여 준다.[60]

    1979년 12월 23일자 일본 『교도통신(共同通信)』 보도에 의하면 글라이스틴 주한 미국대사는 최규하 정부 및 군 수뇌부와 12·12 사태 중에 일어난 작전통제권 훼손 문제와 관련해 연속적으로 회담했다. 그 결과 이를 외교 문제로 삼지 않기로 결론 내리면서도 군사적 책임을 명확히 하기 위해 전두환 소장의 실질적인 퇴진, 구체적으로는 그의 예편을 강력히 요구했다.[61] 이렇듯 미국은 전두환을 예편시켜 그를

---

60 김아현, 「美 '12·12 사태' 북한 도발 50% 판단: CIA 특별 상황판단 보고서, "대규모 도발 가능성" 대비주한미군 억지력 강조」, 『한국재경신문』 2009년 12월 10일, 3면; 이호인, 「12.12 美 CIA 보고서 공개…"대규모 남침 대비"」, MBC 뉴스데스크(2009년 12월 9일 방송).

61 山本剛土, 「激動하는 韓國」, 村常男 외, 최현 역, 『한국현대군정사』(삼민사, 1987), 353쪽.

제거하는 구상을 일찍부터 도모하고 있었다.

　1979년 12월 16일자 『요미우리신문(讀賣新聞)』은 외교 소식통을 인용해 전두환이 친미적이 아닌 경우도 있어 미국이 사태의 추이에 갈피를 못 잡고 있다고 보도했다. 미국은 한국의 공산화 방지를 위해 한국 지도자의 미국에 대한 입장과 사회주의 전력 등을 의식했는데, 브루스터의 보고 등에 의지해 전두환의 친미적 성향을 크게 의심하지는 않았지만, 배후에 있던 젊은 참모들의 민족주의적 성향의 영향으로 그가 친미적이지 않을 때도 있음에 주목했다. 전두환 주위의 청년 장교들 중에는 미국의 내정간섭을 혐오하는 이들도 있었으며, 일부는 반미적이기까지 했다. 전두환은 친미 인사를 자처하면서도 반미적 성향의 측근을 의식하고 달래야 한다며 김대중 구명 문제에서 카터 대통령을 더 애타게 만들었다. 이렇듯 전두환은 자주파 측근을 외교적으로 잘 활용해 결국 레이건 행정부 출범 이후 미국의 지지를 견인해 나갔다. 전두환은 친미주의자를 자처하며 미국에 다가가 위기에 빠진 정권의 정통성을 확보하려 했지만 미국의 정책 결정자 일부는 그를 멸시했으며, 특히 카터 대통령은 전두환을 독재자라며 혐오했다.

7. 최규하 대통령에게 전달된 카터의 메시지

최규하 대통령 권한대행은 1979년 12월 6일 통일주체국민회의에서 대통령으로 당선되어 당선 즉시 임기가 개시되었으며[62] 취임식은 21일 개최되었다. 카터 대통령은 최규하 대통령에게 전달할 당선 축하 메시지를 승인했으나, 글라이스틴을 통해 메시지를 보내는 것을 플랫이 브레진스키에게 승인 요청하던 단계[63]에서 12·12 발발 소식을 듣게 되어 당분간 발송이 보류되었다.[64] 12·12 이전에 마련된 메시지였으므로 이 사건의 영향이 전혀 반영되지 않은 의례적인 내용이었다. 그런데 만약 미국이 12·12에 대한 메시지를 전달하지 않으면 최규하 대통령을 버린다는 신호가 될 것이라는 글라이스틴의 주장[65]

---

62 「최규하 후보 10대 대통령 당선」, 『경향신문』 1979년 12월 6일, 1면.
63 "Message of Jimmy Carter to Choi Kyu-ha," in "Memorandum of Nick Platt to Zbigniew Brzezinski: Congratulatory Message to New President of the Republic of Korea," December 12, 1979, National Security Affairs, Collection # 26: Staff Material-Far East, Platt-Chron File, Folder: Platt Chron File 12/79, Box 68, Jimmy Carter Library; "Memorandum of Nick Platt to Zbigniew Brzezinski: Congratulatory Message to New President of the Republic of Korea," December 12, 1979, National Security Affairs-Brzezinski Material, President's Correspondence with Foreign Leaders File, compiled 1977-1981, Folder: Korea, Republic of: President Choi Kyu Hah, 12/79-8/80, Box 12.
64 "Memorandum of Nick Platt to Zbigniew Brzezinski: Korean Coup," December 12, 1979, National Security Affairs, Collection # 6, Brzezinski Material, Country File, Folder: Korea, Republic of: President Park Assassination, 10/28/79-12/79, Box 45; National Security Affairs, Collection # 26: Staff Material-Far East, Platt-Chron File, Folder: Platt Chron File 12/79, Box 68, Jimmy Carter Library.
65 "Memorandum of Donald Gregg to Zbigniew Brzezinski: Message for President Choi of Korea," December 14, 1979, National Security Affairs-Brzezinski Material, President's

이 받아들여져 미국 시간으로 12월 18일에 글라이스틴은 12월 17일자 카터의 메시지를 최규하 대통령에게 전달하라는 지령을 받았다.[66]

이 메시지에서 카터는 의례적인 축하와 함께 개헌 및 더 넓은 정치적 합의를 발전시킬 것을 기원했다. 대통령으로서 내린 첫 번째 조치인 긴급조치 해제 등에 주목한다면서 정치적 화해와 질서 있는 진보를 향한 노력을 위대한 당신 나라의 모든 친구들이 지지할 것이라고 강조했다. 밴스 국무장관과 브라운 국방장관도 최규하 대통령의 취임을 축하하는 편지가 그의 지위와 정치 일정에 대한 약속을 보강하는 데 도움이 될 것이라고 판단했다.

1979년 12월 19일 글라이스틴 대사는 박동진 외무장관과의 만남에서 카터 대통령과 밴스 국무장관의 친서 형식 메시지를 전달했다.[67] 글라이스틴은 최규하 대통령과 신현확 국무총리, 전두환 장군을 만났다. 이 사실을 밴스와 브라운 두 장관은 12월 19일과 20일 카터 대통령에게 보고했다. 위컴이 다른 군부 인사들을 거의 모두 만나서 더 이상의 행동은 군의 단합을 해칠 것이라는 단호한 메시지를 전달했다고 두 장관은 보고했다. 군부가 정치에 참여할 의향이 없음을 전두

Correspondence with Foreign Leaders File, compiled 1977-1981, Folder: Korea, Republic of: President Choi Kyu Hah, 12/79-8/80, Box 12. 도널드 그레그도 글라이스틴의 의견에 동의했다.

66 "Outgoing Telegram from SecState (Vance) to AmEmbassy Seoul (Gleysteen): Congratulatory Message to Korean President Choi," O 180041Z Dec. 79, White House Central File, Subject File, Messages, Folder: ME 2-3/CO 82-2, 1/20/77-1/20/81, Box ME-44.

67 「박 외무, 미 대사 만나 최 대통령 취임 축하 카터 메시지를 전달」, 『경향신문』 1979년 12월 19일, 1면.

환이 글라이스틴에게 서약했다는 점도 명시되어 있다.[68]

최규하 대통령은 카터의 축하 서한에 대해 1979년 12월 24일자로 답장을 썼으며 1980년 1월 4일에 김용식 대사가 국무부에 전달했다.[69] 이 답장에서 최규하 대통령은 우선 "본인의 대통령 취임에 즈음하여 각하께서 글라이스틴 주한대사를 통하여 보내 주신 축하의 메시지에 심심한 감사를 드립니다."라며 카터에게 감사를 표한 후 "한국 국민과 정부가 제 제도의 개혁을 국민의 높은 수준과 열망에 부합하도록 수행하는 역사적 과업에 임하여 있는 이때, 각하께서 한국의 지속적인 발전에 확고한 지원을 다짐해 주셨음에 사의를 표하고자 합니다. 본인은 우리 국민의 저력과 예지로써 우리에게 닥친 도전을 능히 이겨 나갈 수 있다고 확신하고 있습니다. 각하와의 긴밀한 협조하에 양국의 우호와 건설적 협력 관계가 보다 증진되기를 진심으로 바라는

---

68 "Memorandum of Cyrus Vance and Harold Brown to the President: The Situation in the Republic of Korea," [December 20, 1979], National Security Affairs, Collection # 15: Brzezinski Material, Brzezinski Office File, Subject Chron File, Folder: Brzezinski Chron, Korea: 12/19-31/79, Box 74, Jimmy Carter Library. RAC 상으로는 NLC-15-74-9-27-6이다. NLC-15-79-7-17-4[National Security Affairs, Collection # 15: Brzezinski Material, Brzezinski Office File, Subject Chron File, Folder: Brzezinski, Chron - To/From President: 10-12/79, Box 79, Jimmy Carter Library]에도 있다. "Memorandum of Cyrus Vance to the President[: Evening Report]," December 19, 1979, p. 2, Plains File, Subject File, Box 40, Folder: State Department Evening Reports, 12/79, Jimmy Carter Library에서 카터가 지난 12월 15일에 제기했던 문제에 대한 밴스와 브라운의 답변이 내일 마련될 것이라 보고되어 있으므로 위 메모랜덤의 일자는 20일로 추정된다.
69 "Memorandum of Peter Tarnoff to Zbigniew Brzezinski: Thanks for the President's message of congratulations on President Choi's inauguration," January 04, 1980, White House Central File, Subject File, Messages, Folder: ME 1/CO 82-2, 1/20/77-1/20/81, Box ME-14.

바입니다."라고 글을 맺었다.[70] 외교적 수사로 가득 찬 의례적 답장에다가 미국에 대한 의탁의 심정을 부기했다. 12·12 사태로 인해 실권을 잃어 가고 있다고 생각했는지 아니면 12·12로 충격을 받아 아직 정치 일정을 구체화할 수 없는 상황이었기 때문인지 최규하 대통령은 구체적 일정 없이 한국민들의 저력과 예지라는 수사만을 언급했다.

그런데 카터는 그 답장을 (1980년 1월 4일) 받기도 전인 1979년 12월 30일 최규하 대통령에게 보낼 12·12에 대한 비교적 장문의 3쪽짜리 항의 편지를 기안하게 했다.[71] 이는 1979년 12월 21일 브레진스키 대통령 안보 담당 보좌관 겸 NSC 사무국장이 "최규하 대통령에게 진정한 민주적 정치 일정의 중요성을 강조해 그의 강력한 지휘하에 지체 없이 나아가라는 강한 톤의 메시지를 전달하는 것이 어떠냐"고 카터에게 건의하고 카터가 이에 동의한 결과였다.[72] 그러나 편지는 그보다 20일이나 늦게 전달되었으며, 최 대통령의 리더십 고무보다는 12·12 비난에 더 중점을 둔 느낌이 들었다.

---

[70] 「대한민국 대통령 최규하가 미합중국 대통령 지미 카터 각하에게 보내는 편지」(1979.12.24) in "Memorandum of Peter Tarnoff to Zbigniew Brzezinski: Thanks for the President's message of congratulations on President Choi's inauguration," January 04, 1980, White House Central File, Subject File, Messages, Folder: ME 1/CO 82-2, 1/20/77-1/20/81, Box ME-14.

[71] "Draft Letter of Carter to Choi," in three pages in "Memorandum of SecState (Warren Christopher, Acting) to the President: Proposed Letter to Korean President Choi," December 30, 1979, White House Central File, Subject File, Messages, Folder: ME 1/CO 82-2, 1/20/77-1/20/81, Box ME-14. 편지 기안문과 첨부문서 원문서는 1996년 부분적으로 가리어진 채 공개되었다가 1997년 전체가 공개되었다.

[72] "Memorandum of Zbigniew Brzezinski to the President," December 21, 1979, National Security Affairs, Collection #6, Brzezinski Material, Country File, Folder: Korea, Republic of, 7-12/79, Box 44, Jimmy Carter Library.

워런 크리스토퍼(Warren Christopher) 부장관이 서신 초안 앞에 붙인 친서 발송 제안서에서는 지난 금요일(문서상 날짜인 12월 30일의 직전 금요일은 28일이나 기안한 날짜는 27일 이전으로 사료되므로 12월 21일) 최규하 대통령의 취임사가 정치가다운 것이었다면서 다음과 같이 주문했다.

한국의 주영복 신임 국방장관은 위컴 장군에게 한국 군부가 12월 12일에 큰 실수를 저질렀다는 것을 인식하고 있다고 말했다. 주 장관은 그런 일이 재발하지 않을 것이며, 군 지휘권이 확실하게 통제되고 있고, 한국 군부는 미국이 원하는 바를 명확하게 알고 있다고 했다.
우리가 우려하는 사항을 최규하 대통령에게 직접 재확인시킴으로써 최 대통령이 상황을 주도하게 만들고, 서울의 글라이스틴 대사와 위컴 장군의 입지를 지원해 주는 효과를 가져올 것이다.[73]

크리스토퍼의 제안서는 미세한 윤문만 거친 후 카터 대통령의 승인을 받았다. 1980년 1월 9일 글라이스틴에게 접수되어 1월 10일에 최규하 대통령에게 전달된 2쪽의 1월 4일자 친서[74]에서 카터는 12월

---

73 "Memorandum of SecState (Warren Christopher, Acting) to the President: Proposed Letter to Korean President Choi," December 30, 1979, White House Central File, Subject File, Messages, Folder: ME 1/CO 82-2, 1/20/77-1/20/81, Box ME-14. 이 문서가 1996년 12월 처음 비밀 해제될 당시에는 위 인용문 첫 단락이 까맣게 먹으로 가려졌다가 1997년 10월 2차 비밀 해제될 때에는 완전히 공개되었다.

74 "Letter of Carter to Choi," January 4, 1980, Confidential, US National Archives. http://timshorrock.com/wp-content/uploads/CHEROKEE-FILES-Carter-letter-January-1980.pdf (검색일: 2011.7.25). 그런데 Plains File, President's Personal Foreign

21일자 최규하 대통령의 연설(취임사 – 인용자)을 잘 들었다는[75] 의례적 인사에 뒤이어 정치적 조정과 개헌이 최규하의 중요한 과업이라고 지적했다. 민주적 정치 시스템이 나라의 발전과 안정을 지탱할 것이라면서 첫 번째 단락을 마쳤다. 이어진 두 번째 단락에서 동아시아 동맹국들에 대한 지지가 감소할 수 없다고 전제한 후 최근 북한이 변화를 보였음을 기쁘게 생각한다고 말했다. 카터는 3자회담을 1979년 7월 박정희와 합의했다는 사실을 연이어 말했다. 양국 간 정상이 교환한 친서에 이러한 실무적 내용이 담기는 것은 이례적인데 이 내용이 앞에 나오므로 12·12에 대한 항의가 오히려 뒤로 밀린 느낌을 준다. 북한이 최근 호전적이지 않았다는 상황 서술에서 3자회담 문제를 억지로 끌어낸 듯한 느낌도 드는데 당시 최규하 정부가 국내 정치 일정이 불투명해서 3자회담 같은 고도로 정치·외교적인 문제에는 신경을 쓸 여력이 없음을 미국 정부도 잘 알고 있었으므로 의외의 문제 제기였다고 할 수 있다. 카터의 서한을 그대로 인용하면 아래와 같다.

북한이 최근 몇 주 동안 호전적으로 행동하지 않았음을 지적하는 것은 기쁜 일입니다. 사실 우리는 평양의 조금 더 온건한 성명들을 듣고

Affairs File, Folder: Korea, Republic of Korea, 5/78–11/80, Box 2, Jimmy Carter Library에는 안보상의 이유로 비밀로 묶여 있다.

75 미국은 최규하 대통령의 1979년 12월 21일 취임연설에서 헌법 개정 일정을 발표할 것을 희망했으나 어떠한 반응도 없었다고 밴스는 평가했다. 또한 12·12 사태에 대한 공식 해명 요구에 대해 김용식 대사는 약속된 점진적 정치발전은 12·12에 영향받지 않을 것이라고 홀브룩 차관보에게 12월 19일에 답변했다. "Memorandum of Cyrus Vance to the President[: Evening Report]," December 19, 1979, p. 2, Plains File, Subject File, Box 40, Folder: State Department Evening Reports, 12/79, Jimmy Carter Library.

있습니다. 비록 그들의 기본적 입장은 변하지 않았지만 말입니다. 제가 티토로부터 받은 최근 메시지와 밴스 국무장관이 북한의 입장과 관련해 중국과 나눈 의견 교환에 대해서는 글라이스틴 대사가 박동진 외교장관에게 보고했습니다. 저는 다가올 브라운 장관의 베이징에서의 논의에 대해서도 귀하에게 보고하라고 지시했습니다. 우리는 북한 대화자에게 어떤 대화에서도 대한민국이 전적으로 동등한 대화 상대자로 포함되어야 한다고 계속 명백히 했습니다. 이 점과 관련해 박정희 대통령과 지난 7월에 주도했던 3자 대화 제의에 대해 당신이 최근 재확인한 것[76]을 저는 기쁘게 생각했습니다.

카터는 이와 같이 국내 문제 해결에 정신없던 최규하에게 남북 문제도 해결하라고 서한을 보내 압박했다. 한편 카터는 12·12 사태를 강력하게 비판했는데 이는 12·12에 대한 미국의 첫 번째이자 최종적인, 전면적이고도 구체적인 항의였다.[77] 한미 양국 간에 합의된 지휘체계가 심각하게 침해된 것에 대해 깊은 우려를 표명하며 차후 유사한 일이 재발할 경우 "양국 간의 긴밀한 협조에 심각한 결과"가 초래

---

[76] 최규하는 12월 21일 대통령 취임 연설에서 "본인은 7·4 남북공동성명에 의한 남북조절위원회의 재개와 남북적십자회담의 재개, 남북 간의 경제 및 기술 교류를 위한 관계 각료 회담의 개최, 남북한의 책임 있는 당국 간 회담, 그리고 남북한 및 미국의 3당국회의의 개최 등 우리 측의 일련의 대화 제의는 지금도 유효하다는 것을 명백히 하면서 북한 측이 이상의 어느 방식의 대화이든 간에 조속히 응해줄 것을 거듭 촉구하는 바입니다."라고 말했다. 「최규하 10대대통령 취임사 요지」, 『동아일보』 1979년 12월 21일 석간, 2면.

[77] William H. Gleysteen, Jr., *Massive Entanglement, Marginal Influence: Carter and Korea in Crisis* (Washington, DC: Brookings Institution Press, 1999), p. 89; 윌리엄 H. 글라이스틴, 황정일 역, 『알려지지 않은 역사: 전 주한미국대사 글라이스틴 회고록』(중앙 M&B, 1999), 135쪽.

될 것이라고 다음과 같이 경고했다.(아래 인용 부분은 카터 대통령 기념 도서관 소장 편지 초안문으로 1996년 공개분에서는 먹으로 지워졌었다.)

저는 당신이 최근 연설에서 말한 목표에 대한 결의를 환영하며 우리의 공동 방위 단결이 유지되기를 희망합니다만 12월 12~13일에 일어난 사건에 매우 상심했음을 강조하지 않을 수 없습니다. 글라이스틴 대사와 위컴 장군은 왜 미국이 한국 군내 분쟁에 그렇게 우려하고 있는지 당신과 정부 고위 인사들에게 명백히 밝혔습니다. 그것은 당신의 군대를 더 쉽게 혼란에 빠트릴 수 있으며, 북한에 대한 국방의 효율성을 위험하게 만든 수 있고, 정치적 진보에 대한 전망을 손상시킬 수 있습니다. 그런 분열은 한국의 안보와 경제에 치명적인 대외적 신뢰 훼손을 초래할 수도 있습니다. 저는 당신이 그러한 우려들에 공감하고 있음을 알고 있습니다. 당부하건대 정치적 피해를 최소화하는 데 우리가 함께할 것을 확실히 해둡시다.

저는 한국군 지휘 체계가 파괴된 것을 특히 우려하고 있습니다. 위컴 장군이 이미 전임 노재현 국방장관, 후임 주영복 장관과 논의했습니다만, 양국 정부가 위임한 한미연합사의 권한에 균열이 생긴 것과 일부 한국군 장교들이 연합사의 틀을 벗어나 직접 행동한 것이 얼마나 심각한 일인지에 대해서 개인적으로 강조하고자 합니다. 연합사는 한국 방위를 위한 우리의 공동 협력에 중요한 구성 요소입니다. 앞으로 또 이런 일이 발생할 경우 양국 간의 긴밀한 협조 관계에 심각한 결과를 초래할 것입니다. 저는 당신이 이 문제 대한 저의 심각한 관심을 당신의 동료들에게 전달해 주시기를 희망합니다.

마지막 단락에서는 12월 21일 연설에서 언급한 목표들이 달성될 수 있기를 바란다는 말로 끝을 맺었다.[78] 카터의 친서에는 신군부의 병력 이동에 대한 미국의 불만이 그대로 드러나 있다.[79] 12·12에 대해 미국이 시행할 수 있는 행동은 헌법상 지도자인 대통령을 대상으로 할 수밖에 없었으므로 최규하 대통령에게 편지를 보냈지만 실제 타깃은 실제 권력을 쥐고 있는 신군부였다. 글라이스틴은 이 편지 사본을 전두환과 이희성 육군참모총장에게도 전달했다고 최규하 대통령에게 알려 주었다.[80] 그런데 미국은 초기 단계부터 전두환과의 공개적인 싸움을 피하려고 했으며 나중에도 계속 회피했다. 미국이 취할 수 있는 조치에는 한계가 있었던 것이다.[81] 최규하 대통령이 정국을 주도하는 것은 크리스토퍼 부장관의 희망사항이었을 뿐 이미 판세가 전두환 쪽으로 기울고 있었다. 카터 대통령은 1979년 12월 19일에 다분히 공식적이고 의례적이면서도 개헌과 지지 기반 확대 등 다소 온건한 권고사항(기원)을 담은 축하 메시지를 최규하 대통령에게 전달했다가 다음 해 1월 10일에는 12·12에 대한 항의와 함께 보다 강경한

---

78 "Letter of Carter to Choi," January 4, 1980, US National Archives, http://timshorrock.com/wp-content/uploads/CHEROKEE-FILES-Carter-letter-January-1980.pdf (검색일: 2011.7.25). 카터 대통령 기념도서관의 Plains File, President's Personal Foreign Affairs File, Folder: Korea, Republic of Korea, 5/78-11/80, Box 2, Jimmy Carter Library에서는 안보상의 이유로 비밀로 묶어 두었다.

79 이흥환, 「한미연합사 작전통제권(OPCOM)과 5·18 이후, 美, 전두환 퇴진시키려 주한 미군 감축 검토했다」, 『신동아』(2004.7), 418~431쪽.

80 William H. Gleysteen, Jr.(1999), 앞의 책, 89쪽; 윌리엄 H. 글라이스틴, 황정일 역(1999), 앞의 책, 135쪽.

81 William H. Gleysteen, Jr.(1999), 위의 책, 89쪽; 윌리엄 H. 글라이스틴, 황정일 역(1999), 앞의 책, 135~136쪽.

권고를 비밀리에 전달했다. 공식적으로 축하하고 비공식적으로 압박하는 양동 작전을 구사했던 것이다.

최규하 대통령은 1979년 12월 21일 취임 연설에서 새 헌법 마련에 1년 정도 걸릴 것으로 예측했다. 그는 1979년 11월 10일 특별담화에서 새 대통령의 잔여 임기를 채우지 않고 가능한 빠른 기간 내에 개헌을 하고 총선을 실시하겠다고 밝힌 자신의 소신에는 아무런 변화가 없다고 전제하며 내년 말까지는 개헌을 끝마치고 이어 가급적 빠른 시일 안에 총선을 실시하겠다는 정치 일정을 제시했다. 또한 개헌이 "어떤 정당이나 단체 등의 범주 안에서만 처리될 수 있다고는 생각하지 않으며 또 어떤 이해관계자들 간의 편의적인 타협의 산물이 되어서는 바람직하지 못하다고 믿는다"면서 정부도 국회개헌특위와는 별도로 각개각층의 의견을 광범위하게 들어 가면서 적절한 시기에 구체적인 연구와 검토를 시작할 것이라고 밝혔다. 현 정부는 '국난 타개를 위한 위기 관리 정부'라고 규정했다.[82] 국회의 개헌 주도를 견제하려는 의도가 숨어 있는 발언이라고 할 수 있다.

1980년 1월 28일 최규하 대통령은 1월 10일에 받은 카터의 1월 4일자 서신에 대한 의례적 답장을 김용식 대사를 통해 밴스 국무장관에게 전달했다.[83] 그런데 브레진스키가 1980년 1월 26일 카터 대통령에

---

82 「새헌법마련 1년걸려」, 『동아일보』 1979년 12월 21일 석간, 1면.
83 "Letter of Yong Shik Kim to Cyrus R. Vance," January 28, 1980, National Security Affairs-Brzezinski Material, President's Correspondence with Foreign Leaders File, compiled 1977–1981, Folder: Korea, Republic of: President Choi Kyu Hah, 12/79–8/80, Box 12. 이 편지는 봉투만 공개되어 있다.

게 보낸 일일보고에 아래와 같이 나오므로 사전에 이 답장 내용을 파악한 것으로 추정된다.

카터의 편지에 대한 최 대통령의 답장: 당신의 1월 4일자 편지에 대해 최규하 대통령은 서울의 정치적 상황은 안정되었고 지난달과 같은 사건은 다시 일어나지 않을 것이라고 확언했습니다. 그는 한미연합사의 기능이 한국 방위에 핵심적이라면서 미국이 한미연합사의 효용성을 유지하고 강화시키기를 희망했습니다. 그리고 양국 간 팽창하는 무역 관계와 미국 사기업의 많은 투자 유치를 당신이 지지해 주기를 바란다고 말했습니다. 마지막으로 최규하는 이란·아프가니스탄 등 세계 갈등 지역의 상황에 대처하는 당신의 확고한 리더십에 감탄과 지지를 표시했습니다.[84]

이렇듯 12·12로 리더십에 큰 상처를 입은 최규하 대통령이었지만 1980년 1월 시점에는 사태를 낙관하려고 노력했으며 미국도 그의 리더십이 발휘되기를 기대했다. 따라서 아래와 같이 1월 말부터 전두환 제거가 논의되고 있었음에도 불구하고 2월 1일자 국무부의 주간보고에 인용된, 미 대사관이 밴스 국무장관에게 보낸 전문에 의하면 '깨지기 쉬운' 최규하 정부를 대체할 만한 다른 대안을 모색하기보다

---

84 "Memorandum of Zbigniew Brzezinski to the President: Daily Report," January 16, 1980, National Security Affairs, Collection # 7: Brzezinski Material, Subject File, Folder: Leaks: 12/77-10/80, Box 31, Jimmy Carter Library. 브레진스키가 카터 대통령에게 주간보고(Weekly Report) 외에도 일일보고를 했다는 사실을 확인할 수 있다.

는 1981년 회계연도 대한국 대외 군사 판매(FMS)를 증대해 최규하 정부를 지지하고 있음을 확실히 보여 주는 방향으로 미국의 정책이 정리되고 있었다.[85] 당시 미국은 전두환의 개입 가능성을 우려하면서도 최규하의 민주화 정책이 구현되기를 기대했다. 민간정부가 취약하긴 해도 여전히 살아 있었으므로 대안을 모색하지 않았다고 할 수 있다. 전두환의 부상에 대한 미국의 우려는 "전두환이 이미 정치가로서의 면면을 보여 주고 있다"는 글라이스틴의 1월 29일자 전문과 "전두환이 모든 곳에 있다"는 2월 2일자 전문에서 확인할 수 있다.[86]

미 국무부는 홀브룩 차관보를 한국에 보내 1980년 1월 17일 최규하 대통령과 회담하게 했다. 홀브룩은 민주화를 위한 정치 일정의 중요성을 강조하고 일부 남아 있는 모호성을 없애도록 건의했다.[87] 그는 김영삼 신민당 총재와의 전화 통화에서 야당의 자제도 당부했다.[88] 양측의 자제를 촉구하는 것은 극단적인 대립을 회피해 안정을 도모하고 공산화를 방지하려는 미국의 일관된 정책 방안이었다. 홀브룩은

---

[85] "Telegram from AmEmbassy (Seoul) to the Secretary of State (Vance)," in "Weekly States Report-Korea," February 1, 1980, RG 59, Telegram, 1979-81, US National Archives at College Park.

[86] "Telegram from AmEmbassy (Seoul) to the Secretary of State (Vance)," January 29, 1980, RG 59, Telegram, 1979-81, US National Archives at College Park; "Telegram from AmEmbassy (Seoul) to the Secretary of State (Vance)," February 2, 1980, RG 59, Telegram, 1979-81, US National Archives at College Park.

[87] "Telegram from AmEmbassy (Seoul) to the Secretary of State (Vance): Holbrooke Meeting with President Choi," January 17, 1980, RG 59, Telegram, 1979-81, US National Archives at College Park.

[88] "Telegram from AmEmbassy (Seoul) to the Secretary of State (Vance): Assistant Secretary Holbrooke's Call on NDP President Kim Young-Sam," January 17, 1980, RG 59, Telegram, 1979-81, US National Archives at College Park.

2월 들어서도 정치 민주화의 중요성을 한국 측에 역설하면서 특히 자유화 일정이 적기에 이행되어야 한다고 강조했다.[89]

한편 1979년 12월 24일 주영복 국방장관이 정승화가 박정희 암살 사건에 연루되었다는 '부자연스러운'(글라이스틴의 평가임) 장문의 성명서를 발표하자 글라이스틴은 이를 절대로 지지할 수 없지만 지나치게 다른 방향으로 나가 마치 미국이 정승화 등 여타 피의자들을 옹호하는 듯이 보여서는 안 될 것이라고 국무부에 건의했다.[90] 이 전문을 통해서 글라이스틴은 신군부를 지지하지 않고 있으며 정승화를 변호하고 싶으나 신군부의 반발을 의식해 그렇게 하지 못하는 심정을 토로하고 있다.

글라이스틴 대사는 '한국: 대사의 정책 평가'라는 제목의 1980년 1월 29일자 전문에서 12·12 사태 직후의 상황을 아래와 같이 분석했다.

> 한국에서 미국의 기본적인 이해관계는 변하지 않았다. 지난해 '목적과 목표'라는 제목으로 작성·보고한 문서에서 기술했던 대략적인 내용에서 큰 변동이 없다. 다만 이 목표를 달성하기 위한 기본 틀은 크게 변했다고 할 수 있다. 박정희 암살과 12월 12일의 정권 장악이라는 새로운 정치 환경이 조성됨으로써 새로운 게임을 치러야 한다. 지난 몇 년 동안과는 전혀 달리 한국 국내 문제에 미국이 직접 개입해야 할 상

---

89 박원곤, 「5.18 광주 민주화 항쟁과 미국의 대응」, 『한국정치학회보』 45-5(2011), 129쪽.
90 정기용, 『그 시절 그 사건 그때 그 사람들: 격동의 한국정치사를 정밀하게 타전했던 미국 극비문서 긴급입수』(학영사, 2005), 229쪽.

황이다.[91]

이렇듯 글라이스틴은 미국의 직접 개입을 요구했다. 이 보고서 앞부분 요약문에서 글라이스틴 대사는 면밀한 계산에 의한 많지도 적지도 않은 적정 수준의 직접 개입을 주문했다. "사회 내 여러 요소가 우리의 지원을 요청하고 있는데 우리의 행동 수준을 잘못 계산했다가는 그 대가가 클 것이다. 충분히 움직이지 않으면 위험한 일이 벌어질 수 있으며, 반대로 너무 많이 움직였다가는 강력한 국수주의자들을 자극할 수도 있다."

그러나 이러한 계산이 결코 쉽지는 않았다. 광주민주화운동 전후로 사태가 심각하게 전개되어 격변이 벌어지자 이러지도 저러지도 못하는 '관망(wait and see) 전략'을 채택하게 되었다. 새롭게 등장한 정치 세력인 신군부에 대해 미국이 행사할 수 있는 영향력은 처음부터 제한적일 수밖에 없었다. 내부의 자체 판단이 미국의 개입 수준을 낮추었고, 신군부에 대한 대응책을 검토한 워싱턴의 논의 결과도 미국의 움직임을 둔하게 만들었다. '너무 많이 움직였다'기보다는 글라이스틴 대사가 우려했던 대로 '충분히 움직이지 않은' 결과 광주민주화운동을 겪으면서 '반미(反美)'라는 혹독한 대가를 치렀다.[92]

그러나 글라이스틴은 한국의 투쟁과 경쟁의 시기에 카터 행정부는

---

91 이홍환 편, 『미국 비밀 문서로 본 한국현대사 35장면』(삼인, 2003), 31~32쪽.
92 이홍환, 「한미연합사 작전통제권(OPCOM)과 5·18 이후, 美, 전두환 퇴진시키려 주한 미군 감축 검토했다」, 『신동아』 538호(2004.7), 418~431쪽.

물론 심지어 레이건 행정부조차도 방관자적 태도를 취하지 않았으며 수수방관하지 않았다고 회고했다. 또한 한국인 중 일부는 미국의 적극적인 개입을 원하고 다른 쪽에서는 미국의 개입에 분노하는 등 한국인들의 의견은 통일되지 않았다고 평가하면서 대부분의 한국인은 관심이 없거나 이도 저도 좋다는 식이었다고 판단했다. 그렇지만 어느 경우든 미국은 거의 자연스럽게 현안에 주저하지 않고 대응했다고 변호했다.[93]

박정희 대통령 서거 직후 한국인 대부분은 미국이 한국 민주화 전망의 심각한 훼손을 방지한 것에 대해 그 성과를 인정하면서 미국의 행동을 이해하려 했다. 그러나 광주 문제 이후 결국 전두환의 권력 기반이 강화되고 민주화가 무산되자 미국이 처음부터 적극적으로 쿠데타 세력을 견제하지 않은 것에 대해 야합했든가 음모가 있었던 것은 아닌지 의심했다.

93　William H. Gleysteen, Jr.(1999), 앞의 책, 194~195쪽; 윌리엄 H. 글라이스틴, 황정일 역(1999), 앞의 책, 273쪽.

November 25, 1980

THE SECRETARY OF STATE
WASHINGTON

2부

미국의 전두환 암살 공작과 역쿠데타 검토

SECRET

MEMORANDUM FOR: THE PRESIDENT
FROM: Edmund S. Muskie

GDS 11/25/86

DECLASSIFIED
E.O.12958, Sec.3.6

◀
보안사에 모여 기념 촬영한 12·12 반란의 주역들(1979.12.14). ⓒ경향신문사

1장

1980년 초 미국의
전두환 제거 구상

1. 12·12 직후부터 검토된 역쿠데타 지원

12·12 당시 위컴 사령관이 상부에 보고한 바에 의하면, 글라이스틴 대사는 미국의 12·12에 대한 부정적 입장을 한국 측에 전달하면서 미국이 적대적 대응을 할 가능성도 있음을 경고했다.[1] 12·12 주도 세력에 대한 적대적 대응은 쿠데타 자체에 대한 비판적 공식 성명 발표는 물론 '역쿠데타 후원'을 포함한다고 볼 수 있다. 12월 13일 글라이스틴은 워싱턴에 보낸 전문에서 다른 불만분자들에 의한 역쿠데타나 유사한 행동의 가능성을 완전히 배제할 수는 없다고 예상했다.[2] 12월 14일

---

[1] John Adams Wickham, Jr., *Korea on the Brink, 1979–1980: From the '12/12' Incident to the Kwangju Uprising* (Washington, DC: National Defense University Press, 1999), p. 63; 존 위컴, 김영희 감수, 유은영 외 공역, 『12·12와 미국의 딜레마: 전 한미연합사령관 위컴 회고록』 (중앙 M&B, 1999), 107~108쪽.

[2] "Telegram from Gleysteen to Secretary of State: Younger ROK Officers Grab Power Positions," Seoul 18811, O 130927Z Dec 79, http://nsarchive.gwu.edu/

에 전두환을 만난 글라이스틴은 12월 15일 워싱턴에 보낸 전문에서, 전두환이 군 내부의 반대 세력을 매우 경계하고 있다고 평가했다. 이 전문은 1997년에 비밀 해제되어 아래와 같은 내용이 공개되었다.

2. 요약 및 논평: […] 전두환은 최규하 대통령의 자유화 프로그램을 개인적으로 지지하며 개인적인 야망이 없다는 기존의 입장을 고수했다. 그리고 한 달 내로 군의 단결이 달성될 것이라고 예측했다. 그럼에도 불구하고 비록 표면적으로는 잠잠하지만 군 내부의 많은 정승화 지지자들이 수 주 내로 상황을 되돌리려 할지 모른다는 점이 우려된다고 경고했다. 전두환은 그러한 위험이 봉쇄될 수 있다고 가정했고, 그 결과 더 나은 대한민국 군부가 될 것이라고 주장했다.

9항에서는 2항에서 요약 제시한 부분을 아래와 같이 디테일하게 적고 있다.

9. 미래를 논의할 때, 한국군이 현재 표면적으로는 잠잠하지만 이면적으로는 그렇지 않다. 영향을 미칠 수 있는 정승화의 많은 지지자들

---

dc.html?doc=3696540-Document-13-Cable-Seoul-18811-Amembassy-Seoul-to (검색일: 2017.6.4); http://www.518archives.go.kr/?PID=053&bbsSn=00610 (검색일: 2020.5.15); 「미국대사관에서 국무장관급에 보낸 전문: 대한민국 젊은 장교들 요직 탈취」, O 130927Z Dec 79(1979년 12월 13일 09시 27분), William H. Gleysteen, Jr., *Massive Entanglement, Marginal Influence: Carter and Korea in Crisis* (Washington, DC: Brookings Institution Press, 1999), pp. 210-211; 윌리엄 H. 글라이스틴, 황정일 역, 『알려지지 않은 역사: 전 주한미국대사 글라이스틴 회고록』(중앙 M&B, 1999), 294쪽.

이 여전히 있으며, 이는 군사적 안정에 대한 심각한 위협이다. 전두환은 상황이 한 달 내로 안정되지는 않겠지만 "안정시키는 상황"에 진입할 것이라 믿고 있다. 그는 한국군 내부의 모든 내부 문제가 한 달 안에 해결될 수 있다면 군은 더욱 강화되고 보다 체계적이고, 더 나은 전투준비와 리더십을 갖추게 될 것이라고 확신했다.

이렇게 전두환은 수 주 내지는 한 달 내로 역쿠데타 기도를 잠재울 희망을 말했다. 또한 김재규로부터 10·26 직전 돈을 받은 혐의로 정승화 외에 정승화 측근인 이건영, 정병주를 조사할 것이라고도 했다. 다음 구절이 글리이스틴 논평의 핵심적인 부분이다.

4. [⋯] 불길하게도 군부 내부의 갈등이 진정한 위험으로 자리하고 있다. 소수파인 젊은 장교들이 기득권자를 제압하고 권력을 잡았으므로 [⋯] 분명히 전두환 일당은 (반대 세력의) 군사적 카운터액션(반격, 역쿠데타를 의미함 – 인용자)³을 막는 데 우리 도움을 요청하고 싶어 할 것이다. 우리는 단순히 군의 단합을 강조할 수도 있겠지만, 상상컨대 수 주 혹은 향후 몇 달 동안 극단적으로 매우 곤란한(tricky) 선택을 해야 할 수도 있다. 요약 끝.

---

3   이철영, 「美 기밀문서 43건 공개⋯"전두환, 반란계획 철저히 숨겨"」, 〈더팩트〉(2020.5.16), https://m.news.naver.com/rankingRead.nhn?oid=629&aid=0000025950&sid1=100&ntype=RANKING (검색일: 2020.5.16)에서는 MILITARY COUNTER ACTION을 전두환의 군사 반란이라고 보았지만 이는 전두환 쿠데타에 대한 역쿠데타로 보아야 한다.

12·12 직후 미 군부 쪽에서도 당연히 긴급하게 대응했다. 해럴드 브라운 국방장관은 한국 사태에 대해 마이클 아머코스트 국방차관보에게 의견을 구했다. 이에 아머코스트는 브라운에게 메모랜덤을 보냈다.[4] 그런데 이 편지의 두 번째 쪽 두 번째 단락은 대체로 위 12월 15일자 글라이스틴의 전문을 참조해 거의 비슷한 내용을 담고 있다.

　　가장 우려되는 부분은 물론 정확히 군부 내부의 갈등 그 자체이다. 전두환은 아마도 카운터액션(역쿠데타-인용자)을 막는 데 우리 도움을 요청하고 싶어 할 것이다.[5] 우리는 단순히 군의 단합을 강조할 수도 있겠지만, 향후 수 주 동안 극단적으로 매우 곤란한 선택들을 해야 할 가능성이 있다.[6]

　　미국이 비록 겉으로는 군부의 단결을 강조하지만 단결을 무너뜨리는 역쿠데타를 비밀리에 후원하는 쪽을 선택할 가능성도 있다는 말이다. 겉으로는 12·12로 확고해진 신군부 권력을 인정하면서도 이에 저항하는 기존 군부 세력을 후원해 양다리를 걸치는 정치 공작에 나

4　　이 문서는 2016년 10월 12일 미 국방부와 국무부에 의해 비밀 해제되어 공개되었다. 이 문건이 작성된 날짜는 명시되지 않고 다만 브라운 장관이 12월 15일에 읽었다는 스탬프 하단에 또 다른 12월 15일로 추정되는 스탬프가 찍혀 있다. 또한 본문 내용 중에 어제 글라이스틴이 전두환을 만났다고 하므로 12월 14일 글라이스틴과 전두환의 면담 날짜로 보건대 작성일은 12월 15일이다.
5　　글라이스틴은 '분명하다(obviously)'고 적었지만 아머코스트는 '아마도(probably)'라고 고쳤다. 워싱턴에서는 분명하지는 않고 가능성이 높다는 쪽으로 그 가능성을 낮추어 수정한 것이다.
6　　글라이스틴은 '몇 달간'까지 이어질 수도 있다고 장기적으로 예측했으나 아머코스트는 '수 주'로 짧게 보았다. 실제로는 2~3월까지 이어졌으므로 적어도 시기 면에서는 글라이스틴의 전망이 적중했다.

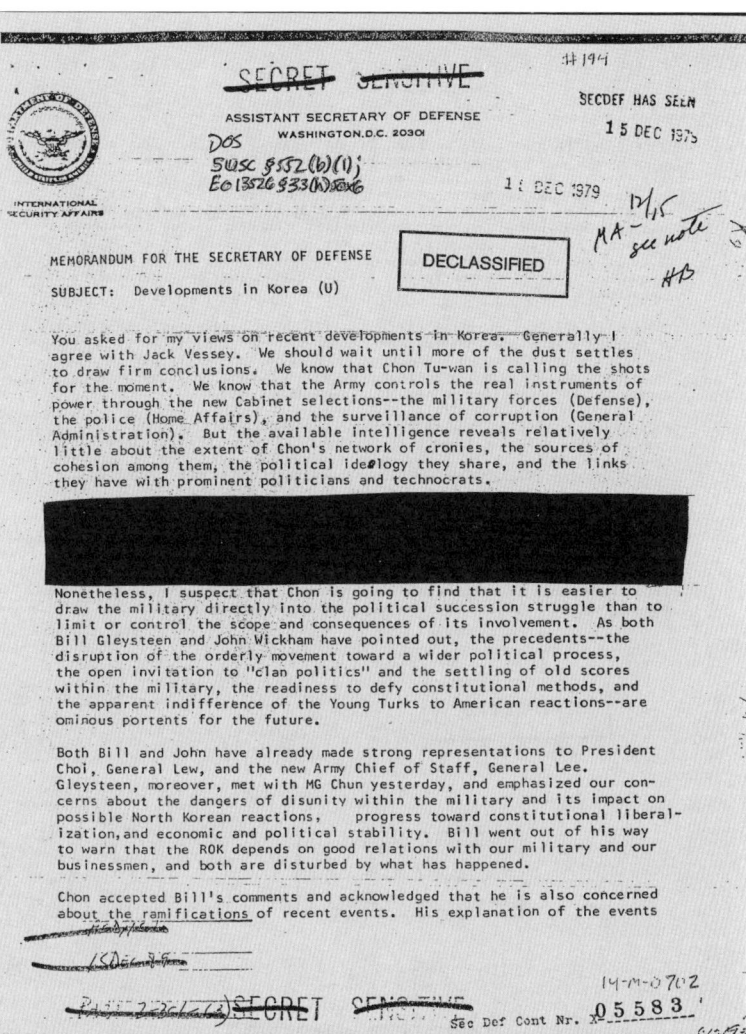

그림 3. 미 국방부 차관보가 국방장관에게 보낸 메모랜덤: 「한국의 발전」(1979.12.15)

of December 12/13 is self-serving, but not entirely implausible, i.e., pursuit of the investigation escalated when Gen. Chong refused to cooperate. Chon insisted that his actions were neither a coup nor a revolution, and he mentioned that he has no personal ambitions, supports President Choi's liberalization program, and expects the unity of the military to be reestablished within a month. Nevertheless, Chon recognizes that Chong's supporters may seek vengeance, and as the fair-haired boy of the 11th Class at the Korean Military Academy (the "Pete Dawkins of the ROK Army"), Chon knows that his meteoric rise has stimulated envy and resentment even among his peers. In short, he realizes he is very exposed.

The most worrisome aspect of all this, of course, is precisely the danger of further struggle within the Army. Chon probably would like to enlist our help in containing counteractions. While we can easily stress the importance of unity in the military, we will probably be faced with extremely tricky choices in the next few weeks.

It would be useful for you to reinforce the themes Bill developed with Chon, and there is a natural occasion for it. With the appointment of a new Defense minister, it is appropriate for you to send a brief congratulatory note to "Tiger" Chu, Ro's replacement. Given the circumstances, there is no reason for you to dispatch such a message immediately. By waiting several days we can get a better fix on the nature of the new military leadership, and fine-tune your message accordingly. The basic signal, of course, must be that recent actions set a dangerous precedent within the ROK military, run great risks in light of the North Korean threat, and raise questions about future ROK progress toward political liberalization. Inevitably such developments are of concern to us because they affect our ability to honor commitments to ROK security.

Michael H. Armacost
Deputy Assistant Secretary

서야 할지도 모른다는 전망인 것이다. 이렇듯 미국은 역쿠데타의 발생 가능성을 충분히 인지하고 우려했으며 역쿠데타가 발생할 경우 이를 지지할 것인지 아니면 전두환을 지지할 것인지 12·12 직후부터 고민했다고 할 수 있다.

2. 미국 단독의 전두환 제거 구상

미국으로서는 계속되는 혼란을 방지하기 위해서 기존의 권력 쟁탈을 진압하기보다는 이를 현실화시켜서 안정을 도모하는 것도 방법이 될 수 있다고 생각했을 것이다. 신군부가 등장해 민간정부의 힘을 약화시키는 것을 부정적으로 보았던 미국은 다양한 파벌의 지지를 받는 역공세가 성공할 수 있다면 비밀리에 그것을 후원하면서 관망하는 척하는 것도 대응책이 된다고 생각했을 것이다. 따라서 미국은 역쿠데타를 비밀리에 후원하는 것을 다양한 차원에서 심각하게 고려했다.

그러나 그것이 한 번으로 끝나지 않을 가능성이 있다는 것이 미국의 고민이었다. 또한 남한의 혼란에 편승한 북한의 도발과 남한 국내 세력들의 내정 개입에 대한 반발을 의식해야 했기에 미국은 행동반경을 제한할 수밖에 없었다. 민주주의 복원과 군부독재 견제라는 명분이 없는 것은 아니지만 인권을 표방하는 카터 정부가 탈법적인 쿠데타를 후원하는 것은 용납하기 어려운 점이 있었다. 한 번의 역쿠데타로 안정되고 민주적인 정부가 수립되기를 희망하는 것은 위험한 도박이었다. 무엇보다 역쿠데타 주도 세력이 국민들의 지지를 받을 수 있을지가 불분명했다. 따라서 글라이스틴은 국무장관에게 보내는 전문에서, 최 대통령에게 무책임한 군사행동에 대한 미국의 깊은 우려를 전달했고 신군부에게도 반란의 위험에 대한 우려를 전달할 것이라면서도 신군부 지도자들에게 지나치게 강경 대응해 그들과의 관계가 심각하게 소원해지는 것은 바람직하지 않다고 건의했다.[7] 한마디로 '항의와 묵인'의 양면 작전을 구사했다고 할 수 있다.

일본 『산케이신문』은 1979년 12월 23일 보도에서 "전두환 합동수사본부장은 사단장급 지위에서 전출되고 새 보직으로 부임함과 동시에 군복을 벗고 예편될 예정이며, 노재현 전 국방장관은 가까운 시일 안에 감사원장에 발탁될 것이라는 관측이 나돌고 있는데 그 배후에는 미국의 강력한 압력과 요청이 있었다고 한다"는 내용의 기사를 실었다. 다음 날 『아사히신문』은 "글라이스틴 주한 미 대사가 한국 정부군 수뇌와의 연속회담에서, 12·12 사건을 외교 문제로 언급하지는 않겠지만 한미연합사의 순수한 군사 면에서의 신뢰 회복을 위해 한국 측이 책임을 명확히 함으로써 해결이 가능하다면서 전두환 소장

---

7   "Telegram from Gleysteen to Secretary of State: Younger ROK Officers Grab Power Positions," Seoul 18811, O 130927Z Dec 79, http://nsarchive.gwu.edu/dc.html?doc=3696540-Document-13-Cable-Seoul-18811-Amembassy-Seoul-to (검색일: 2017.6.4); 「미국대사관에서 국무장관급에 보낸 전문: 대한민국 젊은 장교들 요직 탈취」(1979.12.13), William H. Gleysteen, Jr., *Massive Entanglement, Marginal Influence: Carter and Korea in Crisis* (Washington, DC: Brookings Institution Press, 1999), p. 212; 윌리엄 H. 글라이스틴, 황정일 역, 『알려지지 않은 역사: 전 주한미국대사 글라이스틴 회고록』(중앙 M&B, 1999), 295~296쪽.

의 실질적인 퇴진 즉 퇴역을 강력히 요구했다"고 보도했다.[8]

위컴 장군은 1980년 1월 15일 연합사 부사령관 백석주 중장과의 회담에서 한국군 인사 문제에 강한 관심을 표시하면서 그 결과가 "한국군 내부의 강경파와 온건파 간의 대립 결과가 아닌가"라고 말했다.[9] 이렇듯 당시 미국에 의해 전두환 제거가 감행되려 한다는 루머가 번지고 있었다.

전두환의 장남 전재국의 회고에 의하면 1980년 초에 전두환은 "미국 CIA에서 사람을 보내 암살하려고 한다"며 세 번이나 이사했다고 한다.[10] 2017년 전두환 회고록에 기술된 1979년 11월에 이은 1980년 초 전두환 제거 구상에 대한 전두환의 인지였다.

12·12가 한미 간 갈등을 낳아 양자 간에 논란이 있던 와중인 1979년 12월 25일 전두환 보안사령관에게 충격적인 첩보가 개인 채널로 접수되었다. 바로 오산·평택에 '미군 특수부대가 극비리에 배치되었다'는 것이었다. 이에 대해 전두환 측은 자신들에 대한 공격 기도일지 모른다는 의구심을 품게 되었다. 이러한 첩보에 대해 조사를 벌인 한국 보안사령부는 신빙성이 떨어진다고 결론 내렸다.[11] 그러나 전두환은 공용 자동차 유리창을 모두 검게 해 거리에서 감시하는 자나

---

8 「『5共 前史』 독점공개」, 『월간조선』(1996.5), 630쪽.

9 「『5共 前史』 독점공개」, 『월간조선』(1996.5), 630쪽에서, 1981년 당시 신군부(보안사령부)는 이러한 위컴의 발언이 '상당히 무례한 말'이라고 평가했다.

10 최보식·전재국, 「全斗煥 전 대통령의 장남 全宰國의 심야토로 〈인터뷰〉」, 『월간조선』(1996.1), 356쪽; 정진석, 『총성 없는 전선』(한국문원, 1999), 124쪽.

11 박보균, 『청와대비서실 3』(중앙일보사, 1994), 204~211쪽.

잠재적인 암살자가 차 안에 있는 사람을 보지 못하게 조치했다.[12] 전두환이 자신에 대한 암살을 의식했음을 확인할 수 있는 대목이다.

이동형에 따르면 미국은 12·12를 반란으로 규정해 전두환을 예편시키려 했으나 한국 군내에 전두환 지지가 예상외로 탄탄하고, 북한이 오판하여 남침할 수도 있는 상황을 무시할 수 없었기에 '전두환 암살'로 방향을 바꾸었다고 한다. 우선 미국은 전두환에 협조적이지 않은 한국군 내 군인들을 포섭했으며, 이들은 전두환 집 주변을 감시하며 호시탐탐 저격의 기회를 노렸다. 이러한 움직임을 알게 된 전두환은 집에서 자는 것이 대단히 위험하다고 생각해 그의 동생 집에 머무르며 경비를 강화하는 등 만일의 사태에 대비했다. 암살 기회가 제대로 찾아오지 않고 경비도 강화되자 초초해진 전두환 암살조는 작전을 변경해 자동차 사고를 계획했다. 여러 차례 현지답사와 모의 훈련까지 마쳤지만 이 작전은 결국 실행되지 못했고, 전두환 암살조는 해체되었다. 1979년 11월 이란 사태와 12월 소련의 아프간 침공 등으로 인해 세계 정세가 급박하게 돌아가던 중에 한국 문제에 신경 쓸 겨를이 없었던 미국이 전두환을 건드려서 좋을 것이 없겠다고 판단해 마음을 바꿨기 때문이라고 한다. 전두환과 신군부에 대해서 좋지 않은 감정을 가지고 있던 위컴 사령관도 CIA 한국지부장 브루스터의 설득과 한국 내 정치 상황에 대한 적극적인 개입을 자제하라는 워싱턴의 지시

---

12 John Adams Wickham, Jr., *Korea on the Brink, 1979–1980: From the '12/12' Incident to the Kwangju Uprising* (Washington, DC: National Defense University Press, 1999), pp. 79–81; 존 위컴, 김영희 감수, 유은영 외 공역, 『12·12와 미국의 딜레마: 전 한미연합사령관 위컴 회고록』(중앙 M&B, 1999), 131~132쪽.

가 하달되자 결국 신군부의 행동을 수수방관하게 되었다고 한다.¹³

글라이스틴은 1979년 12월 31일 미 국무부에 보낸 전문에서, "최근의 사태(12·12를 지칭함-인용자)에 대해 우리의 고뇌를 전달하되 우리가 원상회복을 요구하는 것 같은 인상을 줄 정도로 너무 강하게 나가지 않"을 것을 건의했다. "최규하 정부를 정치개혁의 목적 달성을 위한 최선의 수단으로 삼아 이를 강력하게 밀어야 한다"고도 했다. 최근 몇 년에 비해 미국이 한국에 더 큰 영향력을 가지게 되었는데 "그 이유는 대부분의 한국 사람들이 미국 없이는 한국이 국제적으로 성공할 수 없다는 것을 알게 되었으며, 당분간은 우리가 자국 내의 균열을 이어 주는 가교 역할을 해 주길 바라기 때문"이라고 했다. 최규하는 신군부와 동거하면서 그들의 꼭두각시가 되지 않고 국민으로부터 존경을 받을 수도 있다는 낙관적인 가정하에서 일하고 있는 것 같다고 평가했다.¹⁴ 최규하 정부라는 민간정부가 아직 건재한 상태에서 역쿠데타와 같은 무리수를 고려하지 않았던 것이다.

1980년 1월 29일 글라이스틴 대사가 국무장관에게 보낸 전문에 따르면 미군 철수 문제, 코리아게이트, 무역 균형 문제 등은 1979년에 해소되었지만 박정희의 죽음과 12·12 군사반란으로 인한 한국의 정

---

13 이동형, 『영원한 라이벌 김대중 VS 김영삼(정의를 위한 처절한 2인의 전쟁 국민 90%가 모르는 이야기)』(왕의서재, 2011), 179~180쪽.

14 "Cable from AmEmbassy Seoul (Gleysteen) to SecState: Second Look at December 12 Incident," O 310145Z Dec 79, Seoul 19442, National Security Affairs-Brzezinski Material, Collection # 16: Cables File, Folder: Far East, 12/79, Box 13, Jimmy Carter Library; 정기용, 『그 시절 그 사건 그때 그 사람들: 격동의 한국정치사를 정밀하게 타전했던 미국 극비문서 긴급입수』(학영사, 2005), 228~232쪽.

치적 과도기에 미국은 안정을 모색하는 적극적 역할을 하고 있다고 진단했다. 1979년 가을 박정희 암살과 12·12 권력 장악 이후 미국은 지난 수년과는 달리 한국 국내 정치에 직접 개입할 것을 요구받는 새로운 상황에 놓였다는 것이다.[15] 또한 한국의 정치 안정과 발전에서 미국의 영향력이 적어도 단기적으로는 증대했다고 평가했다.[16] 당시 미국의 핵심적인 과업은 한국 정부에게 정치적 자유화를 추구하게 하는 것이며, 군부를 통일시키고 군부의 과격한 정치 개입을 자제시키는 것이며, 야당에게도 인내심을 촉구하는 것이라고 적었다. 그러나 미국의 적극적인 역할은 그렇게 쉬운 것은 아니며, 어떻게 해도 욕먹는 그런 것이라고 했다. 잘못 판단한 대가는 클 수 있다고도 했다. 미국이 충분한 역할을 수행하지 않으면 위험이 초래될 수 있는 반면 미국이 너무 많은 것을 시도하면 쇼비니스트적인 큰 반발을 불러일으킬 수 있다고 했다.[17] 어쨌든 미국은 정권 교체기에 큰 역할을 해야 하며 그에 대한 한국인들의 기대가 크다는 것이었다. 글라이스틴은 미국의 영향력이 단기적일 수는 있지만 커졌다고 분석한 것이다.

그런데 글라이스틴은 1979년 10월 28일 미국의 영향력이 1960년

---

15 "Cable from AmEmbassy Seoul (Gleysteen) to SecState: Korea – Ambassador's Policy Assessment," P 290051Z Jan 80, Seoul 01186, US National Archives; 정기용(2005), 위의 책, 238쪽.

16 "Cable from AmEmbassy Seoul (Gleysteen) to SecState: Korea – Ambassador's Policy Assessment," P 290051Z Jan 80, Seoul 01186, US National Archives; 정기용(2005), 위의 책, 239쪽.

17 "Cable from AmEmbassy Seoul (Gleysteen) to SecState: Korea – Ambassador's Policy Assessment," P 290051Z Jan 80, Seoul 01186, US National Archives; 정기용(2005), 위의 책, 236쪽.

대 초보다 현격히 줄어들었다고 달리 평가했던 적이 있다. 당시는 10·26 직후로 조급하고 강경한 압력과 내정간섭이 반미를 불러올 것을 경고하는 맥락이었다. 그러나 1979년 말과 1980년 초 신군부의 영향력이 커지고 한국인들이 미국의 영향력에 기대를 거는 상황(위기국면)이 조성되자 글라이스틴은 자국의 영향력을 과하게 평가하는 쪽으로 변했다. 한편 최규하 자신의 낙관적인 자기 평가와 최규하 대통령에 대한 미국의 기대도 당시에는 우세한 편이었다. 그런데 양자 모두 시간이 갈수록 비관적으로 변해 갔다.

1980년 2월 1일 글라이스틴이 한국군 내부의 역쿠데타 모의와 관련해 워싱턴에 대응 지침을 달라고 요구하자 워싱턴은 미국 단독으로 전두환 제거 작전을 구상하고 있음을 확인시켜 주었다.[18] 이는 규모가 큰 역쿠데타 기도가 아니라 상대적으로 작은 규모의 암살조를 동원한 제거 작전으로 역쿠데타 지원 논의와는 별도의 공작이었다. 1980년 초 신군부의 등장을 달갑지 않게 여긴 워싱턴은 실제로 미국이 주도하는 전두환 제거를 모의하고 있었다. 이것이 바로 위에서 언급한 전두환 암살 작전으로 연결된다. 이에 대해 글라이스틴은 암살 작전이 그렇게 간단한 것이 아님을 워싱턴이 주한 미국 정보요원들보다 더 몰랐다고 회고했다.[19]

1979년 말과 1980년 초의 전두환 제거안은 12·12 직후의 구상보

---

18 William H. Gleysteen, Jr.(1999), 앞의 책, 95쪽; 윌리엄 H. 글라이스틴, 황정일 역(1999), 앞의 책, 142쪽.
19 William H. Gleysteen, Jr.(1999), 위의 책, 95쪽; 윌리엄 H. 글라이스틴, 황정일 역(1999), 위의 책, 142쪽.

다 더 구체적인 것으로 나아갔으므로 '제거 작전'이라고 할 만하다.

3. 미국이 신군부에게 제시한 12·12 묵인 조건

1980년 1월 중순 당시 미국은 한국 내 정세가 불확실성에 휩싸인 안개 정국이라고 판단했다. 미 하원의 울프(Lester L. Wolff) 의원 등으로 구성된 방한 사절단은 1980년 1월 7일 서울에서 이희성 육군참모총장, 김종곤 장군, 윤자중 공군참모총장, 류병현 합참의장, 주영복 국방장관 등과 회동했다. 이 자리에서 울프 의원은 최규하 대통령이 이끄는 민간정부의 유지와 정치적 진전, 한국군 내부의 단결이 매우 중요하다고 강조했다. 주영복 장관은 1980년 한미안보협의회(SCM, Security Consultative Meeting)[20] 개최의 중요성을 강조하며, 만약 회의 개최가 이루어지지 않으면 자신과 민간정부의 영향력이 약화될 것임을 우려했다.[21] 이에 글라이스틴은 중국 방문을 마치고 귀국길에 오른 브라운 장관과 이미 도쿄에서 이 문제를 논의했다면서 지금 결정할 문제는 아니며 이는 대한민국 국군 내의 안정과 정치적 진전에 따라 결정될 것이라고 말했다. 역시 군부 내의 안정과 정치 일정 준수를 강

---

20 1954년 11월 18일 한미상호방위조약이 발효됨에 따라 양국은 한미안보협의회(SCM)와 한미군 사위원회의(MCM) 등을 설치해 실질적인 안보 협력 관계를 형성하는 계기를 마련했다.
21 미국은 후술하는 바와 같이 1979년 12·12 이후 SCM이 열리지 않거나 연기될 가능성이 있음을 암시하다가 1980년 4월 14일 전두환의 중앙정보부장 겸직에 항의하는 조치로 연기를 공식 선언했다.

조했던 것이다. 글라이스틴은 군 지휘계통을 강화하고 육군 내의 분파적 경향에 맞서는 데 (주 장관이-인용자) 도움이 되어야 한다고 말했다. 이에 주 장관은 "나는 육군에 대해 힘이 없으니 당신이 도와주어야 한다"고 대답했다.[22]

당시 한국에서 미국의 최대 목표는 국내 안정에 있었다. 따라서 미국은 각 정치 세력에게 상이하게 주문했다. 전술한 바와 같이 1980년 1월 17일 홀브룩 미 국무부 차관보는 최규하 대통령, 김영삼 신민당 총재, 김종필 공화당 총재와 연쇄 접촉했다. 1월 24일 로버트 롱 제독은 주영복 국방장관, 신현확 국무총리와 만나 미국의 입장을 전달했다. 신군부에는 군부의 정치 개입에 반대하는 미국의 의사를 명확히 전달했다. 그러나 미국은 기본적으로 신군부가 정치의 전면에 나서지 않는 한 신군부와 협력하려 했다. 또한 신군부에게 12·12 사태 당시 신군부에 동조하지 않았던 군부 내 세력에 대해 관대하게 대할 것을 요구했다.[23]

그렇지만 불확실한 상황 속에서 미국은 신군부를 공식적으로 인정한다는 인상을 주지 않기 위해 글라이스틴 대사를 통해 신군부 인사

---

22 "Cable from AmEmbassy Seoul (Gleysteen) to SecState: Codel Wolff Discussion with Korean Military Officials," O 100930Z Jan 80, Seoul 3509, National Security Affairs-Brzezinski Material, Collection # 16: Cables File, Folder: Far East, 1/80, Box 13, Jimmy Carter Library. 이에 대해 5·18 민주화운동 진상규명조사위원회 관계자는 "12·12사태 이후 전두환을 중심으로 새롭게 등장한 군부 세력의 위상을 간접적으로 유추할 수 있다"며 "실질적 지휘체계가 12·12 이후 형성됐다"고 2021년 6월에 평가했다. 한상용, 「미대사관, 5·18 직전 "전두환이 군부실세..최규하는 무기력"」, 〈연합뉴스〉(2021.6.2).
23 조동준, 「1979~80년 미 국무부 비밀 외교문서 4천 페이지 철저 분석: 전두환 카터를 농락하다, 미국은 신군부에게 상황의 주도권을 빼앗기고 끌려다녔다」, 『월간조선』(1996.8), 364쪽.

들과 비밀리에 만남을 가졌다. 1980년 1월 22일 글라이스틴 미 대사는 김윤호 1군단장을 만났다. 이 면담에 대한 보고 전문은 신군부에 대한 미 국무부의 대응을 잘 보여 준다.

시간이 지남에 따라 12·12 사태에 가담했던 신군부 인사를 비공식적으로 만날 기회가 많아졌다. 본인은 이 기회를 이용해 신군부의 행동에 대한 미국의 우려, 하극상과 한국군 내 분열의 위험성, '과거로의 복귀'에 미국이 관심을 갖고 있지 않다는 사실, 신군부가 약속(정치 불개입 – 인용자)을 지킬 경우 협력하겠다는 미국의 의지, 한국의 대미 의존과 한미 협력의 필요성 등을 강조했다. 이에 대한 반응은 '걱정하지 말라'에서 '이런 사태는 재발하지 않을 것이다' 정도였다. 본인은 이 문제를 계속 언급하는 것이 유용하리라 생각한다.

본인은 1군단을 방문하는 동안 김윤호 1군단장과 면담할 기회를 가졌다. [···] 본인은 몇 가지 사항을 그에게 전달했다.

첫째, 비록 미국은 신군부로부터 확언을 받았지만 말과 행동이 일치하는지 지켜볼 것이다.

둘째, 군부는 가능한 빨리 군 본연의 임무인 국방의 의무로 복귀해야 하며, 계엄령을 통해 법과 질서를 유지하는 것은 그만두어야 한다. 만약 계엄령이 계속된다면 국민과 군의 관계를 악화시킬 것이다.

셋째, 군부는 민간정부와 민간정부가 추진하는 정치 자유화 조치를 지지해야 한다. 만약 그러지 않으면 한미 협력에 문제가 생길 수 있다.

넷째, 미국은 12·12 사태를 역전시키려 하지 않는다. 만약 군에서 축출된 인사들에 대해 관대하지 않으면 오늘의 소장파는 미래의 노장파가 되어 피의 대가를 치르게 될 것이다.

　다섯째, 미국 군부와 행정부는 단합되어 있다. 미국 장교들이 12·12 명령 계통 위반에 대해 분개한다고 하더라도 미국은 앞서 말한 조건이 지켜진다면 협력할 의사가 있다.[24]

　이렇게 미국은 공식적으로는 12·12를 되돌리지 않을 것(역쿠데타 도모 등의 수단을 동원하지 않을 것)임을 명확히 했다.[25] 신군부가 정치에 개입하지 않는다는 구두 약속을 지키면 미국은 12·12로 조성된 상황을 기정사실화하겠다고 약속했던 것이다. 신군부가 미국의 요구 조건을 수락하겠다고 약속한 상황에서 미국이 12·12 사태에 대해 적극적인 동조는 아니지만 암묵적으로 동의하고 사후 승인한 것이라는 해석이 있다.[26](필자가 보기에 승인은 아니고 묵인 정도였다고 할 수 있다.) 이렇듯 글라이스틴은 전두환과 그 측근들에게 공식적으로 우려를 전달하는 형식을 갖추었지만 실제적으로는 "12·12 사태를 역전시키려는 어떤 노력도 하지 않을 것"이라고 명백히 밝힌 셈이다.

　미국은 전두환에게 정치에 개입하거나 정치 권력을 장악하지 말라는 압력을 넣었다. 또한 신군부가 만약 반대 세력을 관대히 처분하지 않거나 정치에 관여한다면 전두환 암살, 전출, 예편이나 역쿠데타

24　조동준(1996), 위의 글, 365쪽. 1군 사령관이라고 번역되어 있는데 오역이므로 1군단장으로 수정했다.

25　앞에서 언급했듯이 이 무렵 미국은 한미 연례 안보협의회의 연기 혹은 취소 가능성을 언급해 군부의 전면 등장을 막으려 했다. 조동준(1996), 위의 글, 366쪽.

26　정인석, 「美 "12.12 쿠데타 규정 하룻만에 철회"」, KBS 9시 뉴스(2009년 12월 11일 방송)에서 인터뷰했던 이흥환 선생의 해석이다.

에 의한 12·12 역전이 고려될지도 모른다고 위협한 것이라는 해석도 가능했다. 전두환은 미국 앞에서는 이를 수락하면서도 실제로는 무시했고 정치에 간여하려 했다.[27] 미국이 반대파에 대한 관대한 처리를 종용한 것은 미국이 반대파(역쿠데타 세력)를 지원했었고 전두환 측(의 정치 참여)을 지지하지 않는다는 것을 암시한 것은 아닌가 한다. 그리고 향후에도 전두환 측이 정치에 참여한다면 반대파를 지원할 가능성이 있다는 것을 암시해 신군부의 정치 참여를 제어하려 한 것이 아닐까 한다.

---

27 Don Oberdorfer, *The Two Koreas: A Contemporary History*, revised and updated (Basic Books, 2001), p. 122; 돈 오버더퍼, 이종길 역, 『두개의 한국』(길산, 2002), 194쪽.

2장
미국에 지원을 요청한 역쿠데타 세력

1. 위컴 사령관을 찾아간 역쿠데타 세력

 미국이 단독으로 전두환 제거를 모색하던 상황에서 1980년 1월 마지막 주에 한국군 내 전두환 반대 세력이 서울의 미국 측에 접근하여 자신들의 역쿠데타를 지원해 달라고 요청한 사건이 발생했다.

 위컴 사령관은 1980년 8월 8일(미국 시간으로 7일) AP 통신 서울 특파원 앤더슨과의 인터뷰에서, "전 장군의 쿠데타가 있은 지 약 한 달 후인 지난 1월, 만약 미국이 지지한다면 전두환 장군을 물러나게 하자는 제의를 가지고 여러 명이 우리에게 왔으나 우리는 그들을 되돌려 보냈다"고 말했다.[1] 사건이 일어난 지 7개월 만이라는 비교적 이른

---

1 대한민국 국방부 공보실, 「국방관계 보도속보」,(서울 미국 공보원, 1980년 8월 8일), 『월간조선발굴 한국현대사 비자료 125건』(조선일보사, 1996), 389쪽.

시기에 공개적으로 발설한 것이다.

　AP 통신 기자회견 내용은 서울 미국 공보원을 통해 국내에도 소개되었다. 따라서 대한민국 국방부도 1980년 8월 8일경에는 역쿠데타 모의 사실을 알고 있었으며 이는 자료로도 확인된다.[2] 위컴은 1999년 발간된 회고록에서 잠재적인 역쿠데타 세력이 미국 측에 접근할 수 있음을 전두환이 알아차린 듯했다고 적었다.[3] 이렇듯 1980년 초의 반전두환 역쿠데타에 대해 글라이스틴과 위컴의 회고록 출간 훨씬 이전인 1980년 8월 8일에 이미 발설되었으므로 비교적 오래된 이야기가 된다.

　이러한 자료가 이미 공개되었으므로 1988년에 발간된 이상우의 『군부와 광주와 반미』 등에도 관련 내용이 자연스럽게 인용되었다. 이 연구에 따르면 당시 위컴은 "1980년 1월 전두환 장군에 반대하는 한국군 장교 수 명이 우리를 찾아와 미국이 지지해 주기만 한다면 전 장군을 제거하겠다고 했으나, 우리는 그들의 계획을 저지시켰다"(위 AP 통신 인터뷰와 정확히 일치하므로 이를 인용한 것으로 추정된다)고 밝히면서 전 장군을 배제하려는 움직임은 전쟁을 불러일으킬지도 모르는 불안정 요소가 될 수 있다고 강조했다는 것이다.

　1987년 초 마크 피터슨(Mark Arlen Peterson) 미국 브리검영대학교 교수(당시 풀브라이트 프로그램 책임자로 서울·부산에 머물렀던 역사학자)

---

[2] 대한민국 국방부 공보실, 「국방관계 보도속보」(서울 미국 공보원, 1980년 8월 8일), 『월간조선발굴 한국현대사 비자료 125건』(조선일보사, 1996), 389쪽.

[3] John Adams Wickham, Jr., *Korea on the Brink, 1979–1980: From the '12/12' Incident to the Kwangju Uprising* (Washington, DC: National Defense University Press, 1999), p. 81; 존 위컴, 김영희 감수, 유은영 외 공역, 『12·12와 미국의 딜레마: 전 한미연합사령관 위컴 회고록』(중앙 M&B, 1999), 132쪽.

를 만난 글라이스틴은 위컴 사령관에게 한국군 장성 몇몇이 접근해 와서 '카운터 쿠(Counter Coup)'를 하겠으니 도와달라고 요청했으나 그들을 쫓아 보냈다고 증언했다.[4] 이는 1980년 AP 통신 인터뷰와 거의 일치하는 내용이다.

이러한 글라이스틴 및 위컴과의 인터뷰 등을 바탕으로 피터슨 교수는 이 문제를 학문적으로 연구했다. 피터슨의 글 「미국인들과 광주 사건: 역사 기술의 문제점들」에 의하면 12·12 직후 미국은 12·12 반대 세력의 역쿠데타를 지원하는 것을 세 가지 대안을 두고 검토했다. 세 가지 대안은 ①역쿠데타 지원 등의 적극적 개입, ②방관, ③문제(역쿠데타) 발생 시 태도 밝히며 지원 등이었다.

그런데 당시 주한 미 대사관과 주한 미군은 신군부의 권력 기반이 탄탄하며, 한국군 내부에 전두환 지지 세력이 적지 않다고 평가했다고 한다. 12·12 반대 세력 장성들이 역쿠데타를 전제로 위컴 등에게 지원을 요청하자 위컴과 글라이스틴 등은 이를 심각히 고려했으나 그들의 지지 기반이 없다고 판단해 거부했다는 것이다. 피터슨 교수는 위컴과 글라이스틴이 역쿠데타 세력을 찾으려고 했다고도 평가했다. 글라이스틴과 위컴은 피터슨과의 인터뷰에서 "12·12 사태와 광주 강경 진압 조치는 전두환을 비롯한 신군부의 단계적 쿠데타의 일

---

4   Mark Peterson, "Americans and the Kwangju Incident: Problems in the Writing of History," Donald N. Clark, ed., *The Kwangju Uprising: Shadows over the Regime in South Korea* (Boulder, CO: Westview, 1988), p. 60; 마크 피터슨, 「「光州」는 全斗煥집권의 단계적 쿠데타였다: 특별기획 외국인이 證言하는 80년 5월 光州」, 『신동아』(1989.5), 312쪽; 조갑제, 『제5공화국: 전두환의 신군부, 정권을 향해 진격하다!』(월간조선사, 2005), 140쪽; 노가원, 『264일의 쿠데타 2: 12.12 군사반란』(시아, 2017), 471쪽.

환"이라고 주장했다고도 부기했다.[5]

+ + +
참고
해군과 공군의 신군부 비판

1980년 1월 9일 서울에 주재했던 미국 국방정보국(DIA) 요원들은 한국 보안사령부의 군 동향 보고서 등에 기반하여 아래와 같은 전문을 작성하여 워싱턴에 보냈다.

해군과 공군의 일부 고위 장교들은 만약 전두환 보안사령관이 최규하 정부에 반대해 부당한 압력을 계속 행사한다면 해병대 병력을 동원해서 전 사령관을 포함한 신군부 인사들을 축출하거나 체포하는 방안에 대해 논의했다. 해군과 공군 일부 장교들이 전 사령관은 물러나야 한다고 생각한다는 보안사 정보에 전 사령관이 격분했다.

김정호 당시 해군 제2참모차장은 1996년 『신동아』 박성원 기자와의 인터뷰에서 "당시 일부에서는 신군부의 행위에 대해 불평하는 얘기들도 있었다고 들었다"면서 "특히 함대사령부(이후 해군작전사령부로 개편) 쪽에서 신군부에 찬성하지 않았으며 이 때문에 이종

---

5   Mark Peterson(1988), 위의 글, 60쪽; 마크 피터슨(1989), 위의 글, 312쪽; 조갑제, 「심층취재: 주한 미8군 사령부 〈상〉」, 『월간조선』(1988.8), 238쪽.

호 함대사령관이 돌연 예편, 원호처장으로 발령났다는 말도 돌았다"고 증언했다. 이에 대해 이종호 전 함대사령관은 "해·공군에서 신군부에 대한 비판적 분위기가 있었고 나의 예편을 두고 이러저러한 얘기가 있었다"고 말한 뒤 "그러나 행동으로 나타날 만한 움직임은 없었고 오래전의 얘기를 되새기고 싶지 않다"고 증언했다.

12·12 당시 광주 보병학교장(소장)이던 미국통인 김윤호 장군도 1996년 인터뷰에서 "예측하지 못한 사태에 직면한 해·공군과 해병대 등의 하부 조직에서 이런저런 얘기들을 할 수는 있었을 것"이라고 했다. 그는 "미국이 역쿠데타 가능성에 대해 검토했다면 아마 1979년 12월 13일에서 12월 15일에 이르는 시기에 검토했을 수도 있다"는 해석을 첨가했다. "미국처럼 많은 경험을 겪은 나라는 군사쿠데타가 나오면 역쿠데타가 나오기 마련이라는 점을 고려해 보지 않을 수 없었을 것이다."라고 평가했다. 김 장군은 "당시 주한 미 대사관 무관이 한국군 포병장교로부터 역쿠데타 얘기를 들었다는 말이 있다. 그러나 내 생각에는 미국이 가능성의 하나로 예상해 보다가 가망성이 없다고 판단하지 않았나 싶다."라고 회고했다.[6]

이와 같이 육군 내부의 역쿠데타 논의가 있기 전에 해군·공군·해병대 일각에서 전두환을 제거해야 한다는 분위기가 있었다고 할 수 있다.

* * *

---

6   박성원, 「79-'80 미국과 신군부: 미국, 신군부에 끌려 다녔다: 한국측 핵심인사 증언 김윤호 유병현 주영복 이희성 박동진」, 『신동아』(1996.4), 116~117쪽.

2. 역쿠데타 움직임에 대한 미국의 입장

1999년 5월 16일 방영된 글라이스틴의 인터뷰[7]와 1999년 12월 발간된 글라이스틴과 위컴 두 사람의 회고록 등에 근거해 역쿠데타 모의 과정을 대략적으로 살펴보면 다음과 같다.

글라이스틴은 1980년 1월 마지막 주에 약 30명의 장성급 장교들이 전두환 제거를 모의한다는 정보를 입수했다. 마지막 주라면 28, 29, 30, 31일이 가능한데 28일일 가능성이 높다. 왜냐하면 미국 측이 며칠 뒤인 1월 말에 한국군 장성과 접촉했으며 이를 토대로 글라이스틴은 2월 1일에 워싱턴에 대응 지침을 요청했기 때문이다.[8] 당시 미국도 전두환의 야심을 봉쇄하기 위해 노력했으므로 글라이스틴은 이들 전두환 반대 그룹에 대한 거부감이 없었다. 그러나 그 계획이 성공할지에 대해서는 회의적이었다. 전두환은 1980년 1월 24일 보안사령부에서 열린 '단위부대장 회의 및 만찬'에서 "기회주의적인 일부 군 장성들의 반국가적인 왜곡된 악성 유언비어가 군 내외 일각에 잔존하고 있음은 심히 유감스럽게 생각하는 바입니다."라고 언급했으므로[9] 1월 하순에 군이 동요하고 있었음을 확인할 수 있다.

---

7 「12.12직후 전두환 제거 역쿠데타 모의있었다[이우호]」, 〈MBC 뉴스〉(1999.5.16).
8 William H. Gleysteen, Jr., *Massive Entanglement, Marginal Influence: Carter and Korea in Crisis* (Washington, DC: Brookings Institution Press, 1999), pp. 93–95; 윌리엄 H. 글라이스틴, 황정일 역, 『알려지지 않은 역사: 전 주한미국대사 글라이스틴 회고록』(중앙 M&B, 1999), 140~142쪽.
9 「[6·10 항쟁 특집]① 각하, 만수무강 하십시오!」, 〈KBS 뉴스〉(2007.6.10).

글라이스틴의 회고록에 나오는 한국군 장군과 다른 대화자들은 미국의 입장에 동조한다는 점을 명백히 밝혔지만 글라이스틴은 역쿠데타 주도 세력이 자신들의 영달을 위해 미국의 영향력을 이용하려 할지도 모른다고 회의했다.[10] 글라이스틴은 사전에 입수한 정보를 토대로 비밀을 유지하면서 위컴, 브루스터 등과 상의했고, 이 계획을 지원할지 말지를 면밀하게 검토했다. 당시 CIA는 전두환이 결행했던 12·12로 인한 군 내부의 동요에 관한 정보를 많이 수집했고 이러한 사실이 적시된 보고서를 브루스터와 그의 참모들이 위컴에게 보여 주었다.[11]

글라이스틴은 1980년 2월 1일 워싱턴에 반란 장성 대응에 관한 훈령을 내려 달라고 요청했다. 이 요청에서 글라이스틴은 만약 반란 세력들의 역쿠데타 지원 요청에 적절히 대응하지 못한다면 12·12 사태보다 더 심각한 사태가 초래될 수 있음을 워싱턴에 경고했다. 그는 모든 당사자들 즉 역쿠데타 모의 측과 전두환 지지 세력 양측에 미국의 입장을 밝히는 것이 무엇보다도 중요함을 강조했다. 미국은 군부의 반란 그룹이 12·12 사태를 되돌리려고 한다거나 전두환 지지 세력이 군부에 의한 정권 탈취를 기도하는 등 자신들의 영향력 확대를 기

---

10 William H. Gleysteen, Jr.(1999), 앞의 책, 94~95쪽; 윌리엄 H. 글라이스틴, 황정일 역(1999), 앞의 책, 141~142쪽.

11 John Adams Wickham, Jr., *Korea on the Brink, 1979–1980: From the '12/12' Incident to the Kwangju Uprising* (Washington, DC: National Defense University Press, 1999), p. 78; 존 위컴, 김영희 감수, 유은영 외 공역, 『12·12와 미국의 딜레마: 전 한미연합사령관 위컴 회고록』 (중앙 M&B, 1999), 129쪽. CIA 문서철에 있을 것으로 추정되는 이러한 보고서는 현재 공개되어 있지 않다.

도한다면 한국에게는 파멸적이라는 점을 명확히 해야 한다는 건의였다. 즉 역쿠데타 모의 그룹에게는 거사를 하지 말라고 경고하고, 신군부 측에게는 정치에 개입하지 말라고 경고하는 등 양측 모두에게 경고하자는 것이었다.

위컴은 글라이스틴의 동의를 거쳐 이미 주영복, 류병현 장군에게 군부는 정권 탈취를 하지 말라는 메시지를 전달했다. 또한 브루스터도 전두환에게 이러한 경고를 했다.[12] 전두환은 이러한 경고를 접하면서 미국이 왜 12·12가 꽤 지난 시점에 이런 메시지를 자신에게 전달하는지 그 숨은 의도를 고민했을 것이다. 한국군 내부의 역쿠데타 모의 기도가 있기 때문에 자신에게 이러한 경고를 하는 것이 아닌지 추측했을 가능성도 있다. 이미 보안사 정보망을 통해 12·12 반대 세력의 수상한 움직임을 접했을 가능성도 높다. 따라서 전두환은 자신을 제거하려고 노리는 사람들이 존재한다는 사실을 이미 알고 있었다.

글라이스틴은 1980년 2월 1일 이에 더하여 전두환에게 역쿠데타 세력에 대한 정보를 알려주었다는 사실을 역쿠데타 세력에게 알리는 것이 좋겠다고 국무장관에게 건의했다.[13] 대한민국 외교부가 카터 대통령 기념도서관으로부터 제공받아 2021년 9월 16일 공개한 1980년 2월 1일자 「향후 한국군 불안정에 대한 정보 – 쿠데타와 역쿠데타」에

---

12 William H. Gleysteen, Jr.(1999), 앞의 책, 95쪽; 윌리엄 H. 글라이스틴, 황정일 역(1999), 앞의 책, 142쪽.
13 William H. Gleysteen, Jr.(1999), 위의 책, 95~96쪽; 윌리엄 H. 글라이스틴, 황정일 역(1999), 위의 책, 142~143쪽.

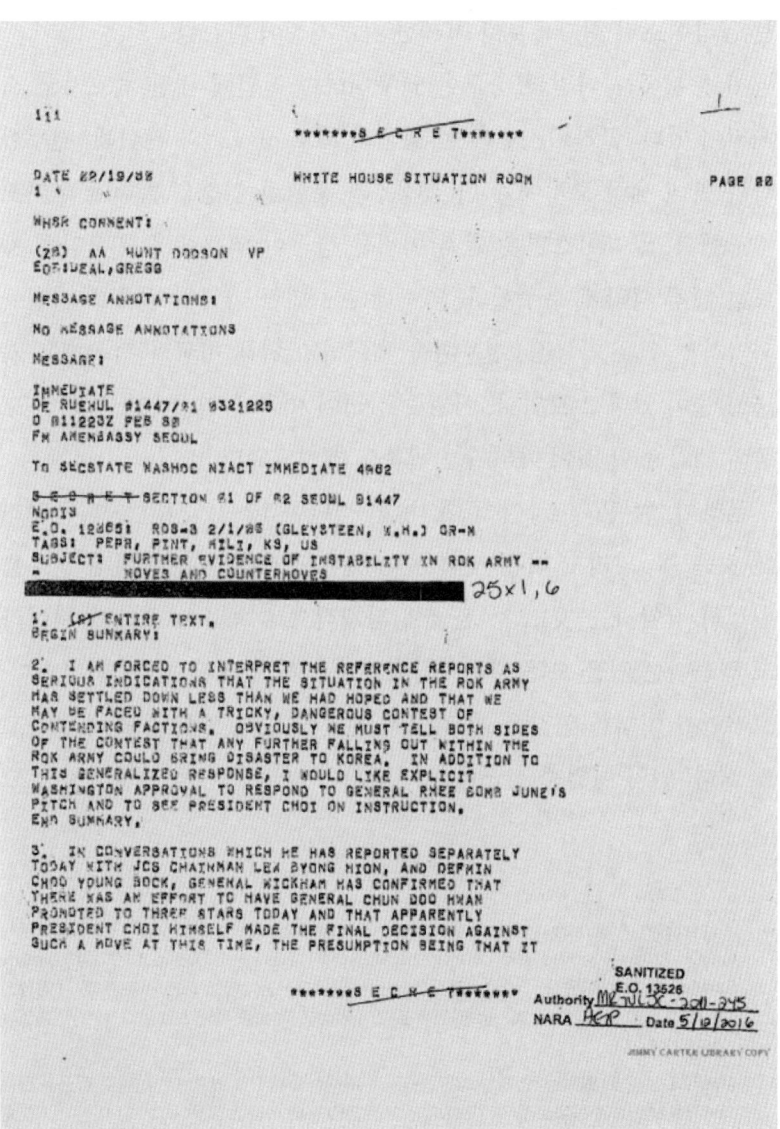

그림 4. 글라이스틴 주한 미국대사가 국무장관에게 보낸 전보: 「향후 한국군의 불안정에 대한 정보 – 쿠데타와 역쿠데타」(1980.2.1)

는 글라이스틴 회고록보다 자세한 자초지종이 나온다.[14]

이 문서에는 이범준 장군이 역쿠데타 움직임에 대한 제보자로 적시되어 있다. 글라이스틴은 이 장군의 제보(pitch)[15]와 관련해, 전두환 측과 반대 세력 모두에게 미국 정부가 분명한 입장을 밝혀야 한다고 강조했다. 글라이스틴은 먼저 이범준 장군이 역쿠데타 움직임을 제보한 배경 파악에 분주했다. 역쿠데타에 대한 미국의 반응을 사전에 파악하려 했을 가능성, 전두환을 제어하기 위해 미국과 접촉했을 가능성 등이 있다고 보았다. 이범준 장군이 미국에 역쿠데타에 대한 모종의 제안을 한 것이 아니냐는 관측도 제기되었다.[16]

글라이스틴은 "미국이 군대 내 한 집단이 12·12 사건을 되돌리려고 하는 것, 그리고 다른 세력(신군부)이 입지를 더욱 강화해 정부를 완전히 장악하는 것 모두 한국에 잠재적으로 재앙을 초래할 것이라고 믿는다는 점을 모든 관련자들에게 분명히 알려야 한다"고 밝혔다. 그러면서 이러한 입장을 이 장군에 전달할 수 있도록 승인해 달라고도 했다. 만약 이범준 장군에게 미국의 부정적 입장을 전달하지 않으

---

14 "Cable from AmEmbassy Seoul (Gleysteen) to SecState: Further Evidence of Instability in ROK Army – Moves and Countermoves," O 011223Z Feb 80, Seoul 91447, Jimmy Carter Library, 김유진, 「미국, '전두환 축출' 역쿠데타 움직임 알고도 반대했다」, 〈경향신문〉(2021.9.16); 김치관, 「美, 반(反)전두환 쿠데타 정보 '이범준 장군'으로부터 입수」, 〈통일뉴스〉(2021.9.16).

15 제보라고 볼 수도 있지만 '던지는 행위(투구)'라고 해석될 여지도 있으므로 이범준 장군을 단순 제보자를 넘어선 주동자로 볼 여지도 있다. 이 문건을 통해 이범준 장군이 최소한 메신저 역할을 했음이 확인된다.

16 김영선, 「미국, 전두환 몰아내려는 '역쿠데타' 모의 알았지만 반대했다」, 〈국민일보〉(2021.9.16).

면 역쿠데타를 미국이 묵인할 것으로 오인할 가능성도 있다고 우려했다. 글라이스틴은 또 최규하 대통령에게도 미국이 이처럼 전두환 측과 반대 세력 모두에 강하게 경고한 사실을 공유하도록 국무부의 지시를 요청했다. 전문은 이 장군의 제보에 대해 "제보 내용은 신빙성이 있지만 전달 과정에서 왜곡했을 수도 있다"고 평가했다.[17] 전두환이 아직 정권을 잡았다고 보기 어려운 상황에서 미국은 양측을 자제시키는 것 외에 뚜렷한 묘수가 없었다. 만약 미국이 역쿠데타를 후원한다면 더 처참한 상황[18]을 초래할지도 모른다고 우려했다.

이렇듯 글라이스틴은 이범준 장군으로부터 거사 계획을 제보받고 지원 요청[19]까지 받은 것에 대해 이를 후원하지 않는다는 지침을 내려 보내자고 건의했다. 글라이스틴의 회고록에 따르면, 당시 미국은 단독으로 전두환 제거 계획을 모색하고 있었으므로 워싱턴은 즉각적인 지침 하달을 주저했다.[20] 미국 주도의 전두환 제거 계획은 암살 계획이었으며 CIA가 주도한 것으로 추정된다.[21] 한편 글라이스틴이 면담했던 역쿠데타 세력의 구상은 '전두환 축출 계획'이었다. 워싱턴은 양

17　김유진, 「미국, '전두환 축출' 역쿠데타 움직임 알고도 반대했다」, 〈경향신문〉(2021.9.16); 김유진, 「미국 '전두환 축출 역쿠데타' 알았지만 막았다」, 〈경향신문〉(2021.9.16).

18　서혜연, 「미국, 전두환 반대 '역쿠데타' 모의 알고도 반대⋯제보자는 '이범준'」, 〈MBC뉴스〉(2021.9.16).

19　William H. Gleysteen, Jr.(1999), 앞의 책, 95쪽; 윌리엄 H. 글라이스틴, 황정일 역(1999), 앞의 책, 142쪽.

20　William H. Gleysteen, Jr.(1999), 위의 책, 95쪽; 윌리엄 H. 글라이스틴, 황정일 역(1999), 위의 책, 142쪽.

21　하윤해, 「[美정부 기밀해제 문서 단독 입수 〈1〉] "전두환에 불만 군부 세력, 美에 '逆쿠데타' 지원 요청"」, 〈국민일보〉(2016.5.3).

측에 동일한 메시지를 보내는 것의 미묘함에 대해서도 고민했다. 특히 전두환 측에게 역쿠데타가 모의되고 있다는 정보를 준다면 사실상 역쿠데타는 성공하기 어렵다는 점도 고려했을 것이다.

워싱턴이 주저하고 있다는 것을 알게 된 글라이스틴은 역쿠데타를 단념시켜야 한다고 생각했으므로 계속 움직였다. 전두환 제거를 실제로 모의했던 워싱턴에 비해 글라이스틴은 이 제거 계획의 성공 가능성에 더 회의적이었음을 알 수 있다. 그는 무력 충돌의 위험을 없애기 위해서는 양측과 접촉하는 것이 필요하다는 것에 위컴과 브루스터도 동의했다고 회고했다. 이에 글라이스틴은 홀브룩 및 다른 인사들과 전화로 의견 일치를 보았다며 며칠 후인 2월 2~4일경 워싱턴에 다시 전문으로 보고했다.

글라이스틴은 "가장 큰 위험은 전두환이나 그의 적들이 정국 불안을 기회 삼아 정권 탈취를 정당화하는 것"이라고 주장했다. 그는 이를 막아야 한다는 사명의식으로 불타고 있었다고 할 수 있다. 그러면서 "우리는 (역–인용자)쿠데타 발생 억제에 최선을 다해야 하지만 그런 일이 있을 경우 수용하는 수밖에 없"다는 결론을 내어놓았다. 그런데 문제는 미국이 역쿠데타 모의 세력들에게 그들을 지원하지 않을 것이라고 통보해 그 기도를 단념시킨다면 미국이 전두환을 보호한다는 인상을 줄 수밖에 없다는 것이다. 그렇지만 전두환에 대해서도 정권을 탈취하지 말라고 경고했다는 사실을 역쿠데타 세력에게 알린다면 미국에 대한 역쿠데타 세력의 비난을 어느 정도 잠재울 수 있을 것이라는 주장도 첨부했다.

한편 1980년 2월 4일 백악관의 데이비드 아론(David Aaron) 국가안보 부보좌관은 백악관 일일보고를 통해 카터 대통령에게 아래와 같이 보고했다.

> 글라이스틴 대사에 따르면 12월 12일과 13일 사이에 있었던 사건보다 훨씬 더 심각한 한국 군부 내부의 폭발이 임박한 것으로 보인다. 대다수 장교들이 12월 사건에 대해 격분하고 있으며, 그 책임자들을 겨냥한 보복 공격을 준비하고 있다는 정보가 있다.[22]

이렇게 역쿠데타 계획이 백악관 보좌진들에 의해 카터 대통령에게까지 보고된 즈음에 워싱턴은 글라이스틴의 요청을 즉각 승인하고 양측과 접촉하라고 지시했다.[23] 글라이스틴은 전두환의 군부 내 지지 세력 때문에 그를 제거하기 힘들며 그를 대신할 강자가 있는지도 문제라고 같은 전문에서 주장했는데, 이는 워싱턴 단독의 전두환 제거 계획에 대한 비판이기도 했다. 이 시점부터 워싱턴 단독의 제거(암살) 계획은 보류되었다고 할 수 있다.

이미 1980년 2월 1일경 전두환에게 경고한 바 있는 브루스터는, 12·12에 반대하는 장교들에게 미국은 민간정부를 넘보는 행위를 하지 말 것을 경고하는 등 강경하게 대응했다고 전두환에게 말하면서 전두환에게도 정권 탈취를 하지 말라고 2월 4~5일경 재차 경고했다.

---

22 하윤해(2016), 위의 글.
23 William H. Gleysteen, Jr(1999), 앞의 책, 95~96쪽; 윌리엄 H. 글라이스틴, 황정일 역(1999), 앞의 책, 143~144쪽.

글라이스틴 측은 이와 별도로 불만(역쿠데타 모의) 장교들 및 자신들과 접촉했던 장군에게 회신을 보냈다. 그 날짜는 1980년 2월 5~6일경으로 추정된다.[24] 복수의 장성으로 구성된 역쿠데타 모의 세력들은 실망할 수밖에 없었다. 장군은 장교들이 말을 잘 들을지 의문이라면서 그들 중 한 명을 만나 달라고 했지만 글라이스틴 측은 이를 거부했다.[25] 미국 측과 장군이 직접 만났는지 아니면 전화나 서신 메시지를 통했는지는 확인이 불가능하지만 회고록의 행간을 통해 유추해 보면 미군 메신저가 장군을 만나서 메시지를 전달한 후 다시 이에 대한 답신 메시지가 전달되었거나 아니면 미군 메신저와 장군이 직접 만났을 가능성이 크다. 왜냐하면 이러한 메시지를 서신이나 전화로 전달하는 것은 보안 문제가 있기 때문이다. 결국 미국은 12·12 반대 세력의 역쿠데타와 전두환 세력의 정권 탈취 모두 파멸적이라는 점을 2월 초순 양측에 전달한 셈이다.

한편 브루스터는 위컴이 1980년 2월 13일경 워싱턴에서 돌아오자, 미국 측에 접근했던 인사에게 미국의 부정적 입장을 강조하여 전달하기 위해 만나야 한다고 위컴과 합의했다. 글라이스틴의 회고록에 의하면 2월 14일 위컴은 역쿠데타 측 장군을 만나 계획이 취소되었다고 분명히 밝혔다고 한다.[26] 그런데 '취소되었다'는 대목에서 미국이 역

---

24 글라이스틴은 역쿠데타 세력에게 미국의 경고 메시지를 전달한 뒤인 1980년 2월 6일 최규하 대통령을 만났는데 최규하가 그 문제와 관련된 아무런 보고도 받지 못했다면서 미군의 정보 능력을 치하하며 미국의 조치가 현명했다고 극찬했다고 회고했다.
25 William H. Gleysteen, Jr.(1999), 위의 책, 96쪽; 윌리엄 H. 글라이스틴, 황정일 역(1999), 위의 책, 144쪽.
26 William H. Gleysteen, Jr.(1999), 위의 책, 96쪽; 윌리엄 H. 글라이스틴, 황정일 역(1999), 위

쿠데타를 한때 지원하려고 심사숙고했음을 확인할 수 있다. 글라이스틴은 당시 전두환 장군의 신군부에 대해서 큰 반감을 갖고 있었지만 전두환 장군을 제거하려는 그 반란 집단이 어느 정도의 병력을 갖추고 있는지 알 수 없는 데다가 엄청난 충돌이 예상돼 반대했다고 회고했다. 글라이스틴은 역쿠데타를 제의한 장성들이 전두환 그룹의 내부에도 있었다고 주장했고, 전두환 장군이 역쿠데타 시도를 알게 된 이후에도 주모자는 전보 조치만 받고 다치지 않았으며 공직에 계속 남아 있었다고도 했다. 글라이스틴은 그들의 이름이 기억나지만 보호할 필요가 있다며 밝히기를 거부했다.[27] 1980년 8월 인터뷰에서 역쿠데타가 있었다는 단순 사실만을 발설했던 위컴과는 달리 글라이스틴은 1999년 5월 최초 인터뷰에서 비교적 자세하게 말했으며, 역쿠데타 주모자를 기억하고 있지만 숨긴다고 했다. 사실과 거짓을 섞어서 헷갈리게 증언했을 수 있으므로 다른 자료와 교차 비교할 필요가 있다.

3. 역쿠데타 계획을 설명한 한국군 장군

글라이스틴 회고록에는 1월 30일경(1월 마지막 주의 며칠 후이며 2월 1일 이전이므로 30일이거나 31일) 서울에 주둔해 있던 참모총장직에 야심

의 책, 144쪽.
27 「12.12직후 전두환 제거 역쿠데타 모의있었다[이우호]」, 〈MBC 뉴스〉(1999.5.16).

이 있는[28] 한 고위 전투지휘관[29] 역임 인사(an official)[30]가 우리에게 접근해 왔다고 적혀 있다. '우리'라는 표현에서 글라이스틴이 직접 만나지 않고 위컴 혹은 다른 미군 간부가 그를 만났던 것으로 추정된다.

그런데 같은 글라이스틴 회고록에서 1980년 2월 14일 그 인사(the official)가 위컴과 만났다고 했으므로[31] 1월 말에는 위컴이 그를 만나지 않았을 가능성이 높다. 만약 1월 30일경에도 위컴이 그와 만났다면 위컴이라고 적었을 것이다. 따라서 위컴보다 낮은 직급의 관계자가 아닌가 생각된다. 주한 미국대사관 무관보 제임스 영은 회고록에서 "1980년 1월의 겨울날 밤에 (국방부와 육본에서 멀지 않은-인용자) 삼각지의 다방에서 한 장교를 만났다"고 밝히고 있어 제임스 영 무관보가 그 인사와 만났을 가능성이 한층 높아진다. 그 장교(맥락상 장

---

28 William H. Gleysteen, Jr., *Massive Entanglement, Marginal Influence: Carter and Korea in Crisis* (Washington, DC: Brookings Institution Press, 1999), p. 97; 윌리엄 H. 글라이스틴, 황정일 역,『알려지지 않은 역사: 전 주한미국대사 글라이스틴 회고록』(중앙 M&B, 1999), 145쪽에는 접촉했던 장성이 "육군참모총장 자리를 노렸던 것임에 틀림없다"고 적혀 있는데 이는 다분히 주관적인 판단이다.

29 3성 장군으로 추정된다. 사단장은 소장 보직인데 통상 사단장을 '고위'라고 하지는 않는다. 중장 보직인 군단장급 이상을 고위라고 한다. 전투지휘관이라는 말은 실병력을 지휘하는 위치에 있는 사람을 뜻하는 듯하다. 그렇다면 군수통인 방산차관보 이범준 중장은 사단장과 군단장 경력이 있어 이에 부합되는 면이 있다. 군수통인 공병 출신 안종훈 12·12 당시 육군본부 군수참모부장은 사단장밖에 하지 못했으므로 고위 전투지휘관 역임 인사라는 설명에 부합하지 않는다. 그런데 글라이스틴의 회고담이 부정확할 가능성도 있다. 비록 부사령관이지만 실병력을 거느린 3군 사령부 부사령관 김복동 소장이 여러 접촉선과 별개 혹은 집단으로 접촉했을 가능성도 있다. 전투군 부사령관과 전투지휘관을 혼동했다면 김복동 소장도 유력한 후보군의 한 사람이라고 할 수 있다.

30 글라이스틴이 사용하는 이 표현은 한 장군을 지칭한다. William H. Gleysteen, Jr.(1999), 앞의 책, 94쪽; 윌리엄 H. 글라이스틴, 황정일 역(1999), 앞의 책, 140쪽.

31 William H. Gleysteen, Jr.(1999), 위의 책, 96쪽; 윌리엄 H. 글라이스틴, 황정일 역(1999), 위의 책, 144쪽.

군)는 정승화 장군(육사 5기)과 가깝고 육사 11기와 12기 후배들로부터 쫓겨난 8기 그룹과 강한 유대가 있다고 제임스 영은 회고했다.[32] 그렇다면 그는 8기이거나 8기와 친한 인사일 가능성이 있다.[33] 따라서 8기 이범준 중장과 8기의 중심 김종필과 친했던 안종훈 소장(공병 3기, 1979년 12월 12일에는 소장이었으나 12월 27일 중장 진급)으로 후보군이 좁혀진다.

그런데 이들 증언에 언급된 장군이 동일인인지 아닌지는 논란의 여지가 있다. 글라이스틴 회고록에는 1월 말(우리 측과의 만남)과 2월 14일(위컴과의 만남)의 한국 장군이 동일인인 것처럼 기술되어 있다.[34] 제임스 영 회고록에 나오는 장교는 위컴·글라이스틴 회고록에 나오

32　James V. Young, *Eye on Korea: An Insider Account of Korean-American Relations* (College Station, TX: Texas A&M University Press, 2003), p. 87; 정진석,『총성 없는 전선』(한국문원, 1999), 122쪽.

33　12·12 주도 세력 중 하나인 김윤호 장군(육사 10기)은 당시 "우리 군은 지난 18년간 육사 8기에 의해 지배당했다. 꼭 필요한 사람만 남기고 육사 8기 출신은 물러나야 한다"고 주장했다. 육사 8기 등 40여 명의 비정규 육사 출신들이 옷을 벗자 군부 내에서는 최초의 정규 육사를 자처했던 11기 출신을 중심으로 승진 바람이 불었고 군은 안정을 찾았다고 했다. 조갑제,『제5공화국: 전두환의 신군부, 정권을 향해 진격하라!』(월간조선사, 2005), 141~142쪽. 이런 맥락에서 보면 12·12는 육사 5기(정승화)·8기 그룹과 육사 12기 그룹 간의 진급을 둘러싼 파워게임의 측면이 있다.

34　글라이스틴은 "1979년과 1980년에 나를 찾아와 그들이 선택한 사람을 대통령직에 앉히기 위해 미군을 사용하자고 요청했던 바로 그 사람들"이 있었었다고 1982년 6월 학술세미나에서 회고했다. William H. Gleysteen, Jr., "Toward a Wiser Relationship," Academy of Korean Studies and the Wilson Center, eds., *Reflections on A Century of United States-Korean Relations: Conference Papers, June 1982* (Washington, D.C.: University Press of America, 1983), p. 360; 윌리엄 글라이스틴,「미래를 바라보는 시각」, 한국정신문화연구원 편,『한·미수교 1세기의 회고와 전망』(한국정신문화연구원, 1983), 377쪽. 1979년 12월 미군의 자체적인 시도와 1980년 1~2월 한국군 장성의 역쿠데타 시도를 지칭한 것으로 추정된다. 이 회고에서는 그러한 시도를 했던 사람이 복수임을 암시했다.

는 장군과 동일인이거나 같은 급의 사람으로 추정된다. 장군이 일개 무관을 다방에서 만난다는 것이 다소 어울리지 않지만 비상 상황이라면 전혀 불가능한 일은 아니며 1979년 당시에는 다방이 다양한 만남의 장소로 활용되었다. 글라이스틴 회고록에는 다른 정보원들이 1월 말의 그 장군을 반전두환 그룹의 리더라고 확인하는 부분이 나온다.[35] 그렇다면 복수의 정보원들이 그 장군을 만났거나 역쿠데타에 대한 다양한 정보를 이미 수집해 대비하고 있었음을 확인할 수 있다. 여러 자료를 교차 비교해 보건대 제임스 영 무관보가 그 육군 장군을 만났던 것은 확실하다.

  그 한국 장군은 자신의 역쿠데타 계획을 설명하며 장성 30여 명이 동조한다고 주장했다. 자신은 30여 명을 대표하는 지도자가 아니라 동조자라고 말했다. 단순한 메신저라는 주장이었다. 그런데 글라이스틴이 다른 정보원들을 통해 그가 반전두환 그룹의 리더로 간주된다는 사실을 확인했다는 것은 전술한 바와 같다. 그는 "미국의 지원을 묵시적으로 요청"했다. 반전두환 그룹이 미국의 지원을 바라고 있다는 사실은 다른 정보원들도 확인했다. 또한 그 장군은 비육사 출신 장교의 90%와 육사 출신 장교의 50%가 전두환에 반대한다고 말했다고 했다.[36] 이러한 언사는 비육사 출신의 전형적인 편 가르기식 표현이지만 비육사 출

---

35 William H. Gleysteen, Jr(1999), 앞의 책, 94쪽; 윌리엄 H. 글라이스틴, 황정일 역(1999), 앞의 책, 141쪽.

36 William H. Gleysteen, Jr.(1999), 위의 책, 94쪽; 윌리엄 H. 글라이스틴, 황정일 역(1999), 위의 책, 141쪽. 그런데 James V. Young(2003), 앞의 책, 177쪽의 각주 9에는 William H. Gleysteen, Jr.(1999), 위의 책, 93~96쪽에 의존해 위컴은 그 장군을 직접 만났음에 비해 글라이스틴은 간접 정보만을 접했다고 평가했다.

신에 온정적인 '비주류'(비하나회) 육사 출신일 가능성도 있다.

그 장군에 의하면 전두환 장군의 당초 계획은 우선 군을 장악한 후 정권을 탈취하는 것이었는데 미국의 완강한 태도로 인해 정권 탈취를 잠시 미루고 있는 상황이라고 했다.[37] 그렇다면 전두환은 12·12 직후 미국의 부정적 태도를 자신에 대한 일종의 제거 작전으로 받아들여 후일을 도모했다고 해석할 수 있다. 12·12 직후 미국의 전두환 제거 공작은 더 높은 단계를 향한 연속적인 쿠데타를 저지하는 데 일조했다고 할 수 있다.

글라이스틴의 표현대로 한국인들은 군인이나 민간인을 막론하고 미국의 태도에 깊은 관심을 가지고 있었으며 미국의 승인 혹은 적어도 이해를 바랐다. 글라이스틴은 이 점이 미국에게 강력한 무기였다고 평가했다.[38] 냉전 시대 한국의 최고 지도자들은 자신의 정권이 미국으로부터 '승인'을 받아야 안정적인 정치 운용이 가능하다고 생각했으며 전두환과 같이 정통성이 없는 정권의 경우는 이것이 핵심적인 안정 요인이었고 미국으로서는 이것이 레버리지였다. 그 장군은 미국이 12월 12일 전두환의 행동에 한층 강경하게 대응하거나 그럴 의사가 없었다면 전두환의 정권 장악에 눈을 감았어야 했다고 강조했다. 역쿠데타에 대해서는 1월 마지막 주 이래로 정보를 수집해 알고 있던 미국이 협조하지 않겠다는 의사를 표명하지 않았다는 것은

---

37 William H. Gleysteen, Jr.(1999), 앞의 책, 94쪽; 윌리엄 H. 글라이스틴, 황정일 역(1999), 앞의 책, 141쪽.

38 William H. Gleysteen, Jr.(1999), 위의 책, 66쪽; 윌리엄 H. 글라이스틴, 황정일 역(1999), 위의 책, 106쪽. 그러나 광주항쟁 이후 미국을 보는 시각은 달라졌다.

미국이 이에 대한 지원을 심각하게 고민하고 있었음을 의미한다.

4. 이범준 장군과 위컴 사령관의 만남

역쿠데타에 대한 미국 측 자료로는 글라이스틴 대사와 위컴 주한 미군 사령관의 회고록 외에 제임스 영 주한 미 대사관 무관보의 증언록을 들 수 있다. 영 무관보는 영관급이라는 비교적 낮은 직급이었지만 한국어에 능통했으므로 한국인 장교들과 언어 장벽 없이 소통했다. 그런데 이 자료들은 모두 과거의 일을 회고한 회고록류이다. 글라이스틴은 자신이 작성했던 문서를 참조해 인용하면서 회고록을 작성했음에 비해 위컴은 주로 기억에 의존했다. 그렇다면 글라이스틴의 회고록이 더 정확할 것으로 판단되지만 두 자료 모두 변명, 과장, 자화자찬, 은폐, 왜곡이 들어 있어 부정확한 면이 있다고 할 것이다. 제임스 영의 회고록도 마찬가지이다. 이러한 사후 회고의 부정확성은 문헌자료 등과의 교차 비교를 통해 보완해야 한다.

　이런 면들을 염두에 두고 세 회고록 자료를 종합하면 한국군 장성과 미군 측의 만남은 1980년 1월 말과 2월 14일 적어도 두 번 이상 이루어졌으며, 1월 말에는 미국에 정보 제공과 지원을 묵시적으로 요구했고, 2월 14일에는 지원 요청을 한 것으로 추정된다. 세 회고록과 한국 자료들을 교차 비교하며 미국 측과 한국군 장성 간의 만남을 재구성해 보고자 한다.

먼저 이범준 중장의 2000년 2월경 인터뷰에 주목할 수 있다. 이범준 중장은 『월간조선』 우종창 기자와의 전화 인터뷰에서 자신은 역쿠데타의 주모자가 아닌데도 역쿠데타의 주범으로 오해받아 1980년 4월 예편당했다고 아래와 같이 증언했다.

> 12·12 이틀 후인 1979년 12월 14일, 나는 미8군 영내에서 미군 장성과 점심 약속이 있었습니다. 그 자리에 사전 약속이 없었던 위컴 장군이 나타났습니다.[39] 세 명이 같이 점심을 먹게 되었는데 그 자리에서 위컴이 12·12에 대해서 어떻게 생각하느냐고 나에게 물었습니다. 나는 12·12는 대세이기 때문에 미국이 무력을 동원해 저지하면 안 된다고 말했습니다. "미국은 12·12를 인정해야 한다"고 위컴에게 말했습니다.
>
> 그날 내가 미8군 영내에서 위컴과 점심을 먹었다는 사실을 보안사에서 알게 되었습니다. 12·12 직후의 아주 민감한 시기여서 보안사는 대화 내용을 파악하려고 애를 썼습니다. 그런데 보안사 중령이 내가 위컴에게 12·12는 잘못된 것이라고 말했다며 내 말을 거꾸로 보고하고 말았습니다.
>
> 그 바람에 나는 역쿠데타 주동자로 지목돼 1980년 4월 1일 갑자기 예편되고 말았습니다. (실제 예편 일자는 2월 21일이므로 기억에 따른 착오

---

39 연합사령관이 사전 약속 없이 나타났다는 설명은 다소 부자연스럽다. 이동형의 『영원한 라이벌 김대중 VS 김영삼(정의를 위한 처절한 2인의 전쟁 국민 90%가 모르는 이야기)』(왕의서재, 2011), 179쪽에는 위컴이 이범준 장군을 12월 15일 호출해서 12·12가 반란이라고 생각하는지 물었다고 나와 있다.

로 추정됨 – 인용자) 예편 후에 그런 일이 있었다는 것을 알았습니다. 나중에 위컴이 전두환 대통령에게, 12·12 직후에 있었던 점심 식사 자리에서의 대화를 정확히 전달해 오해가 풀렸습니다. 덕분에 전 대통령으로부터 훈장[40]도 받았습니다.[41]

이범준은 역쿠데타에 대해서 자신이 아는 것은 이것이 전부라고 덧붙였다. 그러나 다른 인터뷰 등을 종합해 보면 그것이 전부가 아니었음을 확인할 수 있다. 1994년경 『뉴스피플』 김문 기자와의 인터뷰에서는 만난 날짜와 만나게 된 경위를 엇갈리게 증언했다. 1979년 12월 15일 상오 평소 잘 알고 지내던 미 군사고문단장이 이범준 장군을 급히 찾아 미8군 영내 고문단장실로 갔더니 위컴 사령관이 혼자 앉아 있어 독대를 하게 되었다고 했다. 위컴은 12·12가 반란인지 혁명인지 규정해 달라고 했다. 본국에서도 성격 규정을 빨리 해 달라는 주문이 왔으며 국방부 장성 중에서 가장 객관적인 사람이 이범준 장군이므로 다시 묻겠다고도 했다. 위컴이 "분명히 반란이죠?"라는 질문을 세 번씩이나 했으며 이범준 장군은 "노"라고 대답했다는 것이다. 이범준 장군은 또 12·12를 인정할 수밖에 없다고 거듭 강조했다는 것이다. 그러자 위컴 사령관은 "내가 생각하기엔 당신 얘기도 틀렸다. 분명히 반란이다."라고 선을 그었다고 했다. 이튿날 또 연락이 와

---

40 1980년에 보국훈장 통일장을 받았는데, 훈장 수여는 적극적인 진압군 측 강제 예편자에게도 일종의 선무책으로 모두 주어졌다.
41 우종창, 「위컴 회고록에 대한 노재현·류병현의 반론」, 『월간조선』 (2000.3).

서 같은 장소에서 위컴 사령관을 다시 만났는데 똑같은 질문을 반복하기에 이범준 장군은 "12·12를 인정해야만 한반도가 평화스럽다"는 말만 되풀이했다고 증언했다.[42]

이범준 장군은 위컴 사령관과 만났던 사실을 적시하면서 그와 12·12의 성격 규정을 가지고 논쟁을 벌였다고 주장했다. 이미 글라이스틴이 1979년 12월 13일 본국에 전문을 보내 사실상의 쿠데타를 겪고 있다고 보고했으며[43] 다음 날의 전문에서는 이를 철회했으므로 논쟁이 있기는 했다. 그렇지만 과연 위컴 사령관이 성격 논쟁을 하려고 그를 비밀리에 두 번이나 호출했을까는 의문이다. 위컴이 주위의 눈을 피하기 위해 고문단장 이름을 대신 사용했다고 증언했으므로[44] 매우 비밀스러운 대화가 오갔을 것이다. 따라서 성격 규정을 위한 만남은 단연코 아닐 것이라는 추정이 가능하다.

계속 김문 기자와의 인터뷰를 인용하면 이범준 장군은 위컴 사령관과의 만남이 한국의 보안사 요원들에 의해 체크되었으며 전두환 소장에게 즉각 보고되었다고 첨언했다. 그 보고 내용에는 "이범준 장군이 위컴 사령관을 만나 사태 제압을 권유하고 있다는 거짓 내용도 첨부되었다"고 나와 있다. 그 결과로 "이범준 장군은 즉시 예편 조치

---

42 김문, 『장군의 비망록: 격동의 현대사를 주도한 장군들의 이야기 Ⅰ』(벌방, 1998), 263쪽.

43 "Telegram from Gleysteen to Secretary of State: Younger ROK Officers Grab Power Positions," Seoul 18811, O 130927Z Dec 79, http://nsarchive.gwu.edu/dc.html?doc=3696540-Document-13-Cable-Seoul-18811-Amembassy-Seoul-to (검색일: 2017.6.4);「미국대사관에서 국무장관급에 보낸 전문: 대한민국 젊은 장교들 요직 탈취」(1979.12.13), William H. Gleysteen, Jr.(1999), 앞의 책, 210쪽; 윌리엄 H. 글라이스틴, 황정일 역(1999), 앞의 책, 294쪽.

44 김문(1998), 앞의 책, 263쪽.

되었다"고 김문 기자는 적었다.⁴⁵ 그런데 한국 보안사가 그렇게 허술하게 거짓 보고를 자행했을지 의문이다. 사후적 증언보다는 보안사의 보고가 물증이 될 가능성이 높다. 따라서 이범준 장군이 위컴 사령관에게 사태 제압(역쿠데타)을 권고했던 것이라고 추정할 수 있다.

위컴은 1979년 12월 14일, 혹은 15일과 16일 이범준 중장을 만났으며 1980년 1월에 다시 만났을 가능성이 있다. 그런데 위컴은 회고록에서 날짜를 특정하지 않은 채 한국 육군 3성 장군과의 만남을 기술하고 있다. 어느 날 아침 일찍 연락도 없이 서울에 배치된 육군 중장이 찾아와 만났다고 적혀 있다.⁴⁶ 이 육군 중장은 정색을 하고 "미국이 역쿠데타를 지지할 준비가 되어 있느냐"며 물었고, 이에 위컴은 "미국은 쿠데타를 지지할 입장에 있지도 않지만 그렇다고 이에 반대하는 또 다른 한국 군부 내 반대 행위도 지지하지 않을 것"이라고 응답했다고 회고했다. 방관하려는 입장을 표명한 것으로 들리기도 한다. 그렇지만 위컴은 글라이스틴, 브루스터, 자신의 상관 등과 상의하지

---

45 김문(1998), 위의 책, 263~264쪽.
46 John Adams Wickham, Jr.(1999), 앞의 책, 77쪽; 존 위컴, 김영희 감수, 유은영 외 공역(1999), 앞의 책, 127쪽. 이에 대해 류병현 장군은 한국군 중장이 위컴 한미연합사령관을 약속 없이 만난다는 것은 불가능하다고 주장했다. 우종창(2000), 앞의 글. 쿠데타를 지지하는 편에 섰던 류병현 장군이 당시 역쿠데타 움직임을 역사에서 지우려는 시도가 아닌가 한다. 그런데 1999년 5월 안기석 『신동아』 기자와의 인터뷰에서 류병현 장군은 "한국군 장성이 예고도 없이 주한 미8군 사령관실을 찾아가는 것이 가능합니까?"라는 질문에 대해 "얼마든지 가능합니다."라고 다르게 증언했다. 안기석, 「영어 잘하는 신군부내 장군 12·12 역쿠데타 모의했다」, 『신동아』(1999.6), 178쪽. 따라서 그의 증언에 대한 신빙성은 다소 떨어진다고 할 것이다. 류 장군은 위 인터뷰에서 12·12 직후 역쿠데타 움직임에 대해서는 "조금 들은 것 같은데…."라고 대답했다. 또한 위컴 사령관이 "역쿠데를 제의하는 사람이 있으면 어떻게 하면 좋겠느냐고 물은 적은 있어요." 라고 증언했다. 신군부를 몰아내겠다는 사람들이 일부 있었다고도 했다. 그 당시에 불만을 품고 몇 마디씩 하고 다니는 사람들이 있었다면서도 누구인지 기억나지는 않는다고 증언을 끝맺었다.

않고 처음부터 3성 장군의 역쿠데타 지원 제의를 일축했다고 적었다. 이 육군 중장의 파벌에 대해 아는 것이 전혀 없었다고 회고했다.[47]

글라이스틴 회고록에 의하면 미국은 1월 마지막 주 이후 많은 정보를 가지게 되었으므로 이 만남은 1월 마지막 주 전(1월 26일 토요일 이전)에 이루어진 것이 아닐까 한다. 왜냐하면 글라이스틴 회고록에 의하면 전술한 바와 같이 1월 마지막 주에 한국 장성들의 역쿠데타 모의 정보를 접했다고 나와 있기 때문이다.

그런데 이범준 장군이 위컴과 만났다고 주장하는 1979년 12월 14일의 사적인 식사 자리와 위컴 회고록의 기술에 일치되지 않는 부분이 있다. 위컴 회고록에서는 '아침 일찍' 둘이 문을 잠그고 30분 넘게 독대했다고 했지만 이범준 중장은 우연히 점심 식사에 합석했다고 주장했다. 따라서 위컴 회고록에서의 만남과 이범준 증언의 12월 14일은 별개의 모임일 가능성이 높다. 또한 12월 14일에는 이범준을 만나고 그 후에는 다른 장군을 만났을 가능성도 있다. 그러나 연락 없이 찾아와도 만날 수 있는 사람이 그렇게 많지 않았을 것이므로 이범준을 두 번 (이상) 만났을 가능성도 높다. 이범준의 또 다른 증언에 나타난 12월 15일과 16일이 그것이다. 그런데 위컴 회고록에는 몇 달 전에 만났으나 공적인 만남뿐이었고 그나마 자주 만나지도 않았으며 사적으로는 거의 접촉한 일이 없었다고 나온다. 이는 이범준과 자주 접촉하면서 역쿠데타를 모의했음을 은폐하기 위한 위증일 가능성도

---

47 John Adams Wickham, Jr.(1999), 앞의 책, 78~79쪽; 존 위컴, 김영희 감수, 유은영 외 공역 (1999), 앞의 책, 128~129쪽.

있다. 따라서 만났던 사람은 이범준이 아닐까 한다.

그렇다면 이범준과 위컴은 1979년 12월 14일 혹은 15일과 16일에 만난 후에 1980년 1월 26일 이전 아침에 다시 만났다고 할 수 있다. 아니면 12월 15일과 16일의 만남이 1월 26일 이전 아침의 만남일 수도 있다. 이범준의 증언들에서 12월 14일은 우연한 만남이었고 12월 15일과 16일은 위컴이 비밀리에 요청했던 만남이었다고 엇갈리게 나와 있고, 위컴의 증언에서는 장성이 사전 약속 없이 불쑥 찾아왔다고 했다. 따라서 이범준과 위컴 모두 자신은 만남을 주도하지 않았다고 증언한 셈이다. 그러나 고위급 장성들의 만남이 이렇게 불쑥 이루어지기는 어렵다. 따라서 이들 증언은 무엇인가 숨기려는 의도가 개재되어 있어 자연스럽지 못한 부분이 많다. 이는 주도적으로 모의했던 과거 전력을 숨기기 위한 은폐 전술이거나 책임 회피성 발뺌이라고 할 수 있다.

그런데 1979년 12월 20일 밴스 국무장관과 브라운 국방장관이 카터 대통령에게 연명으로 제출한 비망록에 의하면 이 시점에 전두환파와는 다른 군부 내 파벌들이 역쿠데타를 감행할 가능성이 아직 남아 있으므로 위험한 상황이라고 지적되었다.[48] 따라서 12월 14일, 15일에 역쿠데타를 주도하려는 파벌의 장성이 위컴 등과 접촉한 상황을 이 보고서가 반영했다고 할 수도 있다.

---

[48] "Memorandum for the President from Cyrus Brown and Harold Brown, Subject: The Situation in the Republic of Korea," December 20, 1979, Secret, p. 1, nsarchive.gwu.edu/document/22889p-document-15-memorandum-president (검색일: 2017.6.4).

5. 역쿠데타 지원
   거부 의사를 밝힌 미국

전술한 바와 같이 1980년 2월 1일 이후 글라이스틴과 워싱턴 간에 전문 교환이 이루어졌다. 결국 글라이스틴이 워싱턴을 설득해 한국군의 역쿠데타를 지원하지 않는 방향으로 결정이 났으며, 1980년 2월 5~6일경 글라이스틴 측은 자신들과 접촉했던 역쿠데타 모의 장군에게 회신을 보냈다. 또한 글라이스틴 회고록에는 1980년 2월 14일에 위컴이 한국 육군 장군을 만나 역쿠데타 지원 요구에 대한 미국의 거부 의사를 전달했다고 나온다.[49]

이에 앞서 1980년 2월 12일 위컴은 주영복 국방장관과 만나 전 장군의 인사 문제를 언급하면서 "한국군 내에 동요가 있으며 이는 전두환 장군에 대한 적대 감정과 전두환이 3성 장군이 되려고 하는 데 대한 반발에 기인한다. 불만 요소를 제거하는 방법으로 전두환 장군에게 군단장 같은 직책을 부여하여 서울 지역으로부터 떠나게 하여 냉각기를 갖는 것이 어떨까 한다"고 직접 발언했다.[50]

이 발언 중 '한국군 내의 동요'라는 표현은 역쿠데타를 포괄하고 있다. 또한 전두환이 중장으로 승진하면 역쿠데타를 주도했던 인사와 같은 계급이 되어 모의가 위기에 봉착할 수도 있다고 생각해 이렇게 발

49　William H. Gleysteen, Jr., *Massive Entanglement, Marginal Influence: Carter and Korea in Crisis* (Washington, DC: Brookings Institution Press, 1999), p. 96; 윌리엄 H. 글라이스틴, 황정일 역, 『알려지지 않은 역사: 전 주한미국대사 글라이스틴 회고록』(중앙 M&B, 1999), 144쪽.

50　「『5共 前史』독점공개」, 『월간조선』(1996.5), 630쪽.

언했을 가능성도 있다. 전두환을 서울 지역(수도권) 밖으로 전출시키는 것도 수도권 주둔 역쿠데타 주도 장군의 거사를 편하게 하기 위한 포석이라고 할 수 있다.[51] 어찌되었든 위컴은 전두환 소장의 제거 카드를 주영복 장관에게 직접 꺼내는 대담한 작전을 구사해 압박했다. 성과는 없었지만 미국이 전두환을 제어하기를 원하고 있다는 사실을 직접 전달해 그의 정치적 야심을 가라앉히려고 한 것으로 보인다.

글라이스틴은 모의에 참가했던 장군들이 자신들이 생각했던 것보다 군사적으로 약했던 것 같다고 판단했다. 접촉했던 인사가 3주 내에 다른 직책으로 전보되었다고 회고했다. 비록 군 내부에 숙정(肅正)이 있었다는 보고서는 기억나지 않지만 그의 동료들도 같은 일을 당했을 것으로 추정된다고 회고했다.[52]

한편 위컴은 자신을 찾아왔던 육군 중장은 12·12 여파로 제거된 15명의 고위 장성(대부분 정승화 대장에 충성하던 인사)에 포함되지 않아 역쿠데타 모의는 비밀로 남겨졌다[53]고 회고했다.[54] 비밀스러운 공작이었으므로 널리 유포되지는 않았지만 완전한 미지의 세계에 머무

---

51 한편 같은 날 이희성 육군참모총장(계엄사령관)은 위컴에게 12·12 관련 장성들이 정치에 관여해서는 안 된다는 점에 동의한다고 밝혔다. 대통령 비서실, 「위컴 장군 및 NSC 보좌관 면담」(1980.2.19), 외교부 자료, 14437, 6009US, 724.62US. 그러나 이러한 이희성의 동의는 원론적 입장이며 실제로는 전두환의 정치 참여를 막으려고 하지 않았으며 막을 힘도 없었다.

52 William H. Gleysteen, Jr.(1999), 앞의 책, 97쪽; 윌리엄 H. 글라이스틴, 황정일 역(1999), 앞의 책, 144쪽.

53 『중앙일보』 1999년 4월 27일자 번역.

54 John Adams Wickham, Jr., *Korea on the Brink, 1979–1980: From the '12/12' Incident to the Kwangju Uprising* (Washington, DC: National Defense University Press, 1999), pp. 87–88; 존 위컴, 김영희 감수, 유은영 외 공역, 『12·12와 미국의 딜레마: 전 한미연합사령관 위컴 회고록』(중앙 M&B, 1999), 142쪽.

르지는 않았다고 할 것이다. 어쩌면 그 중장이 예편되지 않았다는 주장도 그의 신원이 확정되거나 노출되는 것을 방지하기 위한 거짓말일 수 있다.

이제 필자는 이범준 장군이 역쿠데타 모의의 주동자로 간주되어 1980년 2월 21일에 예편당했다고 주장하려고 한다. 1980년 2월 중순경에 이범준 장군이 역쿠데타 세력의 중심인물임을 확인한 전두환 측은 바로 그를 예편시켰다. 그러나 미국이 배후에 있음을 의식해서 공직에서 계속 일할 수 있도록 배려했다. 위컴은 이범준 장군이 15명의 징계성 인사에서 제외되었다고 기억했는데, 이처럼 예편되었지만 공직자로 선무되었기 때문일 수 있다. 또는 12·12 직후 예편된 것은 아니므로 15명에서 제외되었다고 기억했을 수도 있다. 아니면 그를 보호하기 위해 위증을 했을 수도 있다. 회고에 완전히 부합되는 인물은 없다. 이는 오래된 기억의 부정확성 때문이거나 한때 역쿠데타를 같이 논의했던 인사를 보호하려는 의도적 거짓말 때문일 것이다. 따라서 회고담에 가장 근접하는 인사를 찾는 것이 차선의 방법일 것이다.

글라이스틴의 회고에 의하면 위컴은 12·12 이후부터 대면을 요청했던 전두환과 1980년 2월 16일 용산 미8군 영내 한미연합사 사령부에서 처음으로 잠시 독대했다. 그 자리에서 위컴은[55] 12·12에 반대하

---

[55] 부산에 있던 마크 피터슨 브리검영대 교수를 1987년 초 만난 위컴은 연합사 사령관 정치고문실과 허화평 보안사 비서실장의 주선으로 전두환과 첫 대면이 1980년 2월 14일 연합사 사령관실에서 이루어졌다고 증언했다. 조갑제, 『제5공화국: 전두환의 신군부, 정권을 향해 진격하다!』(월간조선사, 2005), 134쪽. 그러나 이는 기억에 의한 착오로 추정된다. 노가원, 『264일의 쿠데타 2: 12.12 군사반란』(시아, 2017), 467~468쪽에도 2월 14일로 잘못 나온다.

는 장교들에게 자신이 강경하게 대응했다고 말하는 한편 (전두환에게도-인용자) 민간정부를 넘보는 일이 없도록 하라고 경고했다.[56] 역쿠데타를 제어하면서도 동시에 전두환의 권력 찬탈도 제어하려는 양면 전술을 구사했던 것이다. 양측의 자제를 촉구했으며 전두환의 즉각적인 정권 찬탈을 막았으므로 단기적으로는 성공했다고 할 수 있다. 그러나 전두환 제어는 실패로 귀착되었으며, 쿠데타를 연기하게 만드는 데 성공했을 뿐인 아주 초라한 성과를 얻었다고 평가할 수 있다.

이렇듯 서울 현지의 미국 당국자들은 전두환에게 역쿠데타에 대한 정보를 2월 5~6일경과 2월 16일 등 적어도 두 번 이상 넘겨주었다. 미국 당국자들로부터 정보를 넘겨받았을 것으로 추정되는 노태우 수도경비사령부 사령관은 김진영 수경사 33단장(대령), 수경사 작전참모 안병호 대령을 배석시켜 놓고 1980년 2월 7일 호텔신라에서 가진 언론사 사회부장들과의 면담(일종의 기자회견)에서 "군은 절대로 정치에 관여하지 않는다. 나 자신도 정치엔 관심이 없고 할 줄도 모른다. 정치할 수 있는 기회도 많았고 또 유도하는 측도 많았다. 그러나 지금 군이 정치를 한다 해도 누가 믿어 주겠는가."라고 말했다. 전두환 합수부장도, "군이 정치나 경제에 개입할 수도 없고 개입해서도 안 된다."라고 확언했다.[57] 결과적으로는 연막 작전으로 판명되었지만 이러한 선언에 미국도 주목했을 것이다.

56　William H. Gleysteen, Jr.(1999), 앞의 책, 96쪽; 윌리엄 H. 글라이스틴, 황정일 역(1999), 앞의 책, 144쪽.
57　김충식, 『남산의 부장들』(개정증보판)(폴리티쿠스, 2012), 771~772쪽.

6. 미국이 역쿠데타를 지지하지 않은 이유

카터 행정부는 전두환을 혐오했으며 그의 쿠데타 감행 동기를 의심했음에도 불구하고 역쿠데타 계획을 즉각 지지하지 않았다.[58] 이것이 역쿠데타 실패의 한 요인이 되었다. 또 다른 요인은 실제 병력을 동원할 수 있는 육사 17기 이하 장교들이 전두환 측에 충성하고 있었기 때문에 역쿠데타가 일어난다고 해도 성공할 가능성이 거의 없었던 점이다. 또한 당시 한국의 민간정부는 아직 정치 개혁을 포기하지 않았던 상황이었으므로 제임스 영 무관보 등은 역쿠데타 계획에 강하게 반대했다.[59]

전술한 바와 같이 1980년 1월 30일경 제임스 영은 육사 8기 그룹과 친한 한 장교를 만났을 때 "루머에 대해 들어봤느냐"고 물었다. 이에 대한 대답으로 그는 "물론이다. 그 루머는 사실이다. 뿐만 아니라 전두환 세력에 대한 역쿠데타를 적극 모색하고 있는 조직적인 그룹까지 있다. 나도 그 그룹과 계속 접촉하고 있다. 당신이 근무하는 미 대사관에서는 그런 역쿠데타를 어떻게 생각하는가."라고 물었다. 영은 "그와 같은 한국군 지도자들 사이의 분열은 한미 양국에 어려움만 가중시킬 것이다."라며 장교의 질문 의도에 즉각적으로 딱 잘라 선을

---

[58] James V. Young, *Eye on Korea: An Insider Account of Korean-American Relations* (College Station, TX: Texas A&M University Press, 2003), p. 88.
[59] James V. Young(2003), 위의 책, 88쪽.

그었다. 제임스 영이 다음 날 브루스터 지부장에게 보고하자 브루스터는 "나도 그와 비슷한 이야기를 들었다"면서 "앞으로 이런 정보에 계속 귀를 기울여 달라"고 당부하고, 분명한 어조로 "우리 미국 정부의 정책은 그런 역쿠데타 기도를 억제하는 데 있다"며 반역쿠데타에 반대하는 입장을 확실하게 표명했다고 했다.[60]

제임스 영은 1980년 1월 말부터 2~3주 후에 대사관 내부의 믿을 만한 소식통으로부터, 역쿠데타 모의가 있었으며 미 대사관 고위 간부 가운데 한 사람(영은 브루스터라고 추정)은 역쿠데타 주도자들로부터 미국 정부의 지지 의사를 아주 노골적으로 질문받았다는 엄청난 얘기를 들었다며 아래와 같이 회고했다.

> 아무튼 미국 정부는 여러 가지 이유에서 그런 역쿠데타 시도를 적극 말렸다는 것이 이 소식통의 이야기였다. 첫째 그런 역쿠데타 지지는 한국의 군부로 하여금 안보 임무에 충실하도록 유도하고 그들의 초법적 정치 활동을 억제하겠다는 우리의 기본 정책에 반하는 것이다. 둘째는 그런 역쿠데타 지지는 기존의 외교적 관행에서 크게 벗어나는 일이다. 더구나 카터 정부는 전두환 세력에 대한 혐오감과 그 활동 동기에 대한 의구심에도 불구하고 미 대사관의 그러한 지원을 결코 승인하지 않을 것이다. 이런 법률적 사항 이외에도 다른 요인이 있었다. 전두환 장군 세력은 쿠데타 기도에서 아주 중요한 역할을 할 수 있는 일선

---

60 노가원, 『264일의 쿠데타 2: 12.12 군사반란』(시아, 2017), 464~465쪽. 노가원은 브루스터의 입장을 통해 당시 미국 정부가 전두환 그룹을 지지하고 있었다고 해석했다.

부대들을 아주 효과적으로 통제하고 있었다. 따라서 그런 역쿠데타 시도는 실패할 공산이 컸다. 전두환 장군의 세력 또한 당시 연대와 대대를 통솔하고 있었던 육사 17기 이하의 젊은 장교들로부터 지지를 받고 있는 것 같았다. 그들이 어디에 충성하느냐는 거사의 성패와 곧바로 직결되는 것이었다. 또한 한국 정부에 의해 예전에 발표되었던 정치 개혁 약속들이 존중될 조짐도 보였다. 이때 대사관과 워싱턴에서는 아직도 한국에 민주주의 정부가 출현할 것이라는 희망에 매달리고 있었다. 이런 상황에서 미국 정부가 또 다른 쿠데타를 원할 리 없었다. 그리고 우리는 당시 우리가 그토록 원하지 않았던 쿠데타의 악몽으로부터 서서히 벗어나고 있는 중이었다. 이런 이유들 때문에 미국 측에서는 역쿠데타 계획을 적극적으로 막았다.[61]

1980년 2월 들어 일부 정치범들이 석방되었고 초기의 우려에도 불구하고 헌정 질서는 보존되었다. 언론에 대한 검열은 계속되었지만 유신 시대처럼 심하지는 않았다. 대학의 학생운동에 대해서도 통제가 완화되고 김대중의 정치 활동이 재개되는 등[62] 한국 정가에 불기 시작한 '서울의 봄' 분위기 때문에 미국은 신군부 측에 낙관적인 입장으로 돌아섰다고 할 수 있다.

브루스터는 일본 언론사(『아사히신문』과 『산케이신문』) 기자에게 보안사령관이 위기에 빠져 있으며 곧 예편될 것이라는 정보를 흘린 전

61 　노가원(2017), 위의 책, 465~466쪽.
62 　노가원(2017), 위의 책, 466~467쪽.

력이 있었다.[63] 이미 친해져 있던 전두환을 어느 정도 통제할 수 있다고 생각했던 브루스터는 "전두환과 거리를 유지해야 함에도 불구하고 다른 방법이 없으므로 그와 같이 일할 수밖에 없다"면서 "만일 전두환이 정치권을 완전히 장악하려는 의도를 가지고 있다면 우리는 그것이 국가 안보를 위태롭게 하거나 북한의 개입을 도발하는 일 없이 합법적인 방법으로 이루어져야 함을 그에게 확신시키기 위해 최선을 다해야 한다"고 말했다.[64] 이러한 처방은 현실적인 것으로 박정희 군정의 민정이양 과정에서도 사용되었던 방식이다. 미국의 최고 목표는 역시 반공국가 유지에 의한 안정에 있었음을 확인할 수 있는 대목이다. 특히 미 CIA 한국 지부는 가장 일찍부터 전두환의 정권 장악을 묵인하려 했다.

한편 1980년 3월 전두환은 그의 정보장교들에게 김재규가 박 대통령 살해에 미국을 연루시켰다면서 비판적인 발언을 하기도 했다. 이에 대해 글라이스틴은 미국이 전두환에 반대하는 행보를 보인 것에 대한 반발이었다고 회고했다.[65] 당시 미국의 반전두환 행보라 함은 한국군 내부의 역쿠데타 도모에 대한 미국의 지원 검토 등 전두환 제거 작전이었다.

---

63 이에 대해 전두환 세력은 브루스터의 '장난'이라고 인식했다.
64 John Adams Wickham, Jr., *Korea on the Brink, 1979–1980: From the '12/12' Incident to the Kwangju Uprising* (Washington, DC: National Defense University Press, 1999), p. 78; 존 위컴, 김영희 감수, 유은영 외 공역, 『12·12와 미국의 딜레마: 전 한미연합사령관 위컴 회고록』 (중앙M&B, 1999), 129쪽.
65 William H. Gleysteen, Jr., *Massive Entanglement, Marginal Influence: Carter and Korea in Crisis* (Washington, DC: Brookings Institution Press, 1999), 60쪽; 윌리엄 H. 글라이스틴, 황정일 역, 『알려지지 않은 역사: 전 주한미국대사 글라이스틴 회고록』(중앙M&B, 1999), 99쪽.

역쿠데타 계획은 한국군 일각에서 기획 또는 비밀스러운 모의 수준으로 전개되었다. 미국은 이에 대해 비교적 관심을 가지고 지켜보았으므로 역쿠데타 세력의 입장에서는 미국이 이를 조장하는 듯한 태도를 보였다고 과장할 수도 있었다. 그러나 역쿠데타 주도 세력들의 지지 기반이 탄탄하지 않다고 판단한 미국은 시간이 갈수록 이에 관여하지 않고 손을 떼었다. 또한 미국은 전두환 측에 정보를 제공하는 등 이중 플레이를 하고 양측에 자제를 촉구했으므로 역쿠데타 세력으로서는 미국이 역쿠데타를 오히려 막는 듯한 태도를 보인다고 판단했을 수 있다. 결국 역쿠데타는 '찻잔 속의 태풍'으로 그쳤다. 미국은 군사적 안정과 정치적 안정을 택했던 것이다. 1980년 전후 한국 국내 정치에 대한 미국의 영향력은 1950년대에 비해 약화되었지만 군부 세력들은 아직도 미국의 영향력 아래에서 완전히 벗어나지는 못했음을 보여 주는 사례라고 할 것이다.

3장

신군부의 대미 보안 조치와 철회된 역쿠데타 계획

1980년 1월 하순 이후 전두환은 군부 내에 반대 세력이 형성되고 있음을 눈치챘다. 전두환 세력들은 한국 군부 내 거사를 미군이 어떻게 알았는지 마음 불편해 했지만 미군을 대할 때는 더욱 조심스럽게 행동했다. 전두환은 조금이라도 수상한 모임이나 비밀 회합, 자신에게 반대하는 기미를 보이는 상급 장교들의 언행을 즉각 보고하도록 보안사령부에 지시를 내렸다. 정승화 총장에게 충성했던 장교들은 빈틈없는 감시를 받았고 사령관 자리는 전두환에게 충성하는 장교들로 신속하게 채워졌다. 전두환은 잠재적인 역쿠데타 세력이 미국 측에 접근할 수 있음을 알아차린 듯 미 공직자들과 접촉하는 고관들은 모두 보안사령관의 승인을 받아야 한다는 지시를 내렸다. 모든 고위급 모임은 녹음되었다.[1] 심지어 전두환은 위컴 한미연합사령관의 신임

---

1   John Adams Wickham, Jr., *Korea on the Brink, 1979–1980: From the '12/12' Incident to the*

한국군 부관에 보안사령부 출신 중령을 새롭게 파견해 정보를 수집하고 보안사에 보고하게 했다. 위컴은 이 중령이 있는 자리에서는 어떤 민감한 대화도 하지 않았고 그가 사무실의 어떤 서신에도 접근하지 못하게 했다.[2]

또한 대한민국 국방부는 1980년 2월과 3월 한국군 지휘관들에게 정치적으로 민감한 정보를 미 정부 관리에게 제공하지 말라는 지시를 내렸으며 이는 곧 미군 정보망에 포착되었다. 위컴은 회고록에서 1980년 3월 14일 중장 진급 인사차 자신을 찾아온 전두환과의 대화 상황을 아래와 같이 적었다.

> 나는 한국군과 미군 사이의 보다 긴밀한 협조 관계를 구축해야 한다고 주장했다. 당시 한국군과 미군 사이에는 지나치게 비밀이 많았기 때문에 서로 신뢰가 쌓이지 않고 있었다. 전두환은 한미 두 나라의 신뢰 형성에 대한 나의 의견에 동의했다.
>
> 나는 비밀과 관련된 몇 가지 사항을 지적했다. 전두환이 바로 몇 주 전 한국군 전체의 보안을 강화하라는 명령을 내렸기 때문이다. 이미 실행에 들어간 새로운 보안 규정이란 군 당국의 허가 없이는 한국 장교와 외국인 간의 접촉을 일절 불허한다는 내용이었다. 외국인 중에는

Kwangju Uprising (Washington, DC: National Defense University Press, 1999), pp. 79-80; 존 위컴, 김영희 감수, 유은영 외 공역, 『12·12와 미국의 딜레마: 전 한미연합사령관 위컴 회고록』(중앙M&B, 1999), 131~132쪽.

2   John Adams Wickham, Jr.(1999), 위의 책, 81쪽; 존 위컴, 김영희 감수, 유은영 외 공역(1999), 위의 책, 132쪽.

미국군 장교도 포함되었다. 또한 군 당국의 허가를 받았다 하더라도 미리 승인받은 주제에 한해서만 이야기할 수 있으며 대화 내용은 차후에 모두 전두환의 보안사령부에 보고해야 했다. 전두환은 정치적으로 민감한 정보가 미국으로 유출되는 것을 막으려 했다. 이러한 규정은 역쿠데타 가능성과 역쿠데타에 대한 미국의 지원 가능성에 대해 그가 지나치게 신경을 곤두세우고 있음을 여실히 보여 주었다. 브라운 국방장관은 이미 나에게 새로운 보안 규정에 대해 깊은 우려를 나타낸 바 있다. 그 규정은 한미 간 연합 국방의 개념 자체를 근본적으로 뒤흔드는 것이었다.[3]

위와 같이 전두환이 역쿠데타를 의식해 보안 조치를 강화했음을 위컴은 잘 알고 있었다. 한국 보안사령부 문건에 의하면, 위컴이 군 내부의 불만(아마도 역쿠데타 기도 등으로 인한 군부 내 갈등으로 추정됨 – 인용자)을 언급하면서 미국으로서도 더 이상의 군 내부의 불안정을 용납할 수 없다는 입장을 분명히 했으며 이러한 불만은 국내 안정에 매우 해로운 것이라고 말하자 전두환은 "그 당시에도 언급했듯이 군 내부에는 불안정이란 있을 수도 없고 앞으로 있지도 않을 것"이라고 대답했다.[4] 이에 위컴이 긴밀한 한미 관계 유지를 위한 더 좋은 방법이 있다면 어떤 것이 있겠느냐고 물었다. 그러자 전두환은 "아무리 친

3 John Adams Wickham, Jr.(1999), 위의 책, 1119~120쪽; 존 위컴, 김영희 감수, 유은영 외 공역(1999), 위의 책, 186쪽.
4 미국이 이전에도 한국군 내부의 불안정에 대해 우려했으며 그때도 역시 문제가 없다고 말했음을 확인할 수 있는 대목인데 12·12 직후로 추정된다.

한 친구 간이나 형제간이라 할지라도 때로는 다툴 일이 있으며 다투고 난 뒤에 오히려 더 가까워질 수 있는 경우가 많다"면서 미국과 "우리는 언어, 풍습, 사고방식의 차이로 인해 한때 불편한 관계에 있었던 것은 사실"이라고 지적했다. 그러면서 "귀하와 같은 높은 지위의 인물이 실수했다"면서 신중히 처신하라고 위컴을 노골적으로 나무랐다.[5]

여기에서 말하는 위컴의 실수란 역쿠데타 세력에 대한 미국의 방조인 것으로 추정된다. 그런데 위컴 회고록에는 전두환이 이러한 위컴의 실수를 지적하고 나무랐던 내용은 물론 나오지 않는다. 굴욕적인 훈계를 들은 부분이라 위컴 대장으로서는 전두환 중장이라는 부하급 장교에게 약점 잡힌 부분을 은폐하고 싶었거나 '실수'했다는 사실 자체를 회고록에서 지우려 했을 수도 있다. 아니면 한국 보안사 기록이 우월한 입장을 자기중심적으로 과장했을 가능성도 있다. 한미 군인 사이의 통상적 계급 질서, 상하 관계가 역전된 것으로 볼 수 있다. 다국 사료의 교차 비교와 검증이 필요한 부분이다.

배진영 기자는 갓 중장으로 진급한 전두환이 위컴을 찾아간 자리에서 훈계성 발언을 했다고 평가했다. 전두환 자신은 스스로 명실상부한 한국 군부의 실권자라 여기면서 한국군에 대한 작전지휘권을 가지고 있는 상급자 위컴을 대했다는 것이다.[6] 물론 모두 결과론적인 해석이지만 당시 위컴은 전두환이 단순한 보안사령관이 아니라 강력

---

5 「위컴 사령관과의 대담내용」, 대한민국보안사령부문건, 대담자: 위컴 사령관–보안사령관, 일시: 1980.3.14(금) 10:30~12:00, 배진영, 「미, 신군부에 끌려가면서 당혹스러워 해: 1980년 '서울의 봄' 당시 한미관계를 보여주는 3건의 문건」, 『월간조선』(2013.5), 342~344쪽.
6 배진영(2013), 위의 글, 339쪽.

하고 중요한 위치의 지도자를 꿈꾸는 사람이었다고 회고했다.[7] 한국 보안사령부 문건에서도 위컴이 "한미 군부 간에 보다 더 개방적인 관계 유지가 중요하다고 생각"하며 "서로 비밀을 갖게 되면 의심을 낳게 되"므로 "더 긴밀한 협조와 신뢰를 얻기 위해 밀접하고 개방적이며 상호 신뢰 속에 같이 일하는 것이 필요할 것"이라고 주장했다고 했다. 이렇듯 위컴은 한국군의 보안 강화 조치를 의식했다.

또한 위컴 회고록과 보안사 문서에서는 미군 철수 문제에 대해서 사뭇 다르게 기술했다. 1981년 주한 미군 철수 문제가 논의될 것이라고 위컴이 언급했다는 부분에서는 두 자료의 내용이 거의 같다. 그러나 이에 대한 전두환의 반응은 완전히 다르게 기술되어 있다. 보안사 문건에는 특별한 반응이 없었던 것으로 나오지만 위컴 회고록에서는 전두환의 표정이 사뭇 굳어지더니 카터 정부의 1차 미군 철수를 언급하면서 또 한 번의 미군 철수가 이루어진다면 한국 국민의 사기는 큰 타격을 입을 것이라고 공격적으로 말했다는 것이다.[8] 전두환은 미군 철수 문제를 자신의 기반을 와해시키는 일종의 제거 구상으로 받아들여 과민하게 반응했으며 한국의 자존심이 손상될 수 있는 '굴욕적인 압력'을 한국의 공식 문서의 기록에서 삭제해 이를 의도적으로 은폐했다고 할 수 있다. 이렇게 미국과 한국의 문건을 교차 비교하면 상반된 해석과 기술에서 행간의 의미를 간파해 숨겨진 사실에 보다 더

---

7   John Adams Wickham, Jr.(1999), 앞의 책, 121쪽; 존 위컴, 김영희 감수, 유은영 외 공역(1999), 앞의 책, 188쪽.
8   John Adams Wickham, Jr.(1999), 위의 책, 119~120쪽; 존 위컴, 김영희 감수, 유은영 외 공역(1999), 위의 책, 187쪽.

가깝게 접근할 수 있다.

위컴 주한 미군 사령관은 1980년 3월 28일 오후 2시 17분에 보낸 전문에서 한국 보안사의 대미 정보 차단 조치에 대해 아래와 같이 분석했다.

> 군부의 내적 안정, 전두환과 12·12 그룹에 대한 역쿠데타 가능성, 전두환이 지휘하는 보안사령부의 정치적으로 민감한 활동[9] 등, 그리고 육군 정보사령부의 비밀 작전들과 같은 이슈들에 대해 대한민국 관리들과 함께 우리가 했던 최근의 항의들 때문에 아마도 이와 같은 명령이 나왔을 것이다.[10]

이처럼 미국은 자신들이 조종한 역쿠데타 공작이 전두환의 반발을 불러일으켰음을 명백히 인지하고 있었다. 12·12 이후 1980년 2월 사이 전두환과 그의 지지자들은 특별히 글라이스틴을 지목해 '식민지 총독'을 연상시키는 행동을 한다며 반(半)공개적으로 미국의 간섭을

---

9 1980년 2월 중순 보안사 언론대책반에서 계엄사의 언론 검열 업무를 조정·감독케 했다. 3월 4일 이상재 언론대책반장(허삼수 인사처장 겸 합동수사본부 조정국장이 추천)은 전두환을 왕(King)으로 만들겠다는 'K-공작'을 수립하기까지 했다. 『조선일보』 1996년 4월 23일, 6면; 진방식, 『분단한국의 매카시즘』(형성사, 1997), 202~203쪽; 김영택, 『5월 18일, 광주』(역사공간, 2010), 202~205쪽.

10 "Cable from Gen. Wickham to SecDef Brown (SSO DIA): ROK Security Procedures," Z 281417Z MAR 80Z(28 March 1980), National Security Affairs, Collection # 6, Brzezinski Material, Country File, Folder: Korea, Republic of, 1-5/80, Box 44, Jimmy Carter Library. 이는 #9B이다.

비난했으므로[11] 미국이 전두환 세력의 미국에 대한 반발을 모를 리 없었다. 그렇지만 1980년 3월 28일이라는 시점은 역쿠데타 공작이 이미 거의 철회된 때였으므로 위컴은 "오해가 풀리면 제한 조치는 철회될 것이"[12]라고 전망했다.

1980년 3월 29일 해럴드 브라운 미 국방장관이 카터에게 보고한 메모랜덤에서는 "현재의 국내 정세에 불만인 장교들이 미군 관리들에게 그들의 울분을 전달하는 것을 최소화하려는 것으로 관측된다"[13]고 했다. 3월 28일자 전문과 3월 29일자 메모랜덤을 통해서 확인할 수 있는 것은 브라운 장관이 카터 대통령에게 전두환의 보안 조치를 보고했다는 사실이다. 작은 나라의 군부가 내린 보안 관련 조치가 대통령에게까지 보고된 것은 이례적이다. 따라서 이 조치가 가진 정치적 함의가 심상치 않으며 역쿠데타 계획이 대통령에게까지 보고되었음을 확인할 수 있는 간접적인 자료라고 할 수 있다.

1980년 4월 4일 백악관 NSC의 도널드 그레그(Donald P. Gregg) 위

---

11 William H. Gleysteen, Jr., *Massive Entanglement, Marginal Influence: Carter and Korea in Crisis* (Washington, DC: Brookings Institution Press, 1999), p. 98; 윌리엄 H. 글라이스틴, 황정일 역, 『알려지지 않은 역사: 전 주한미국대사 글라이스틴 회고록』(중앙 M&B, 1999), 146쪽.

12 "Cable from Gen. Wickham to SecDef Brown (SSO DIA): ROK Security Procedures(U)," Z 281417Z MAR 80Z(28 March 1980), National Security Affairs, Collection #6, Brzezinski Material, Country File, Folder: Korea, Republic of, 1–5/80, Box 44, Jimmy Carter Library. 이는 같은 폴더에 있는 앞 전문(#9B)과 이어진 #9C이다.

13 "Memorandum of Harold Brown to the President: Republic of Korea (ROK) Security Procedures," March 29, 1980, National Security Affairs, Collection #6, Brzezinski Material, Country File, Folder: Korea, Republic of, 1–5/80, Box 44, Jimmy Carter Library. 이는 위 폴더의 #9A이다.

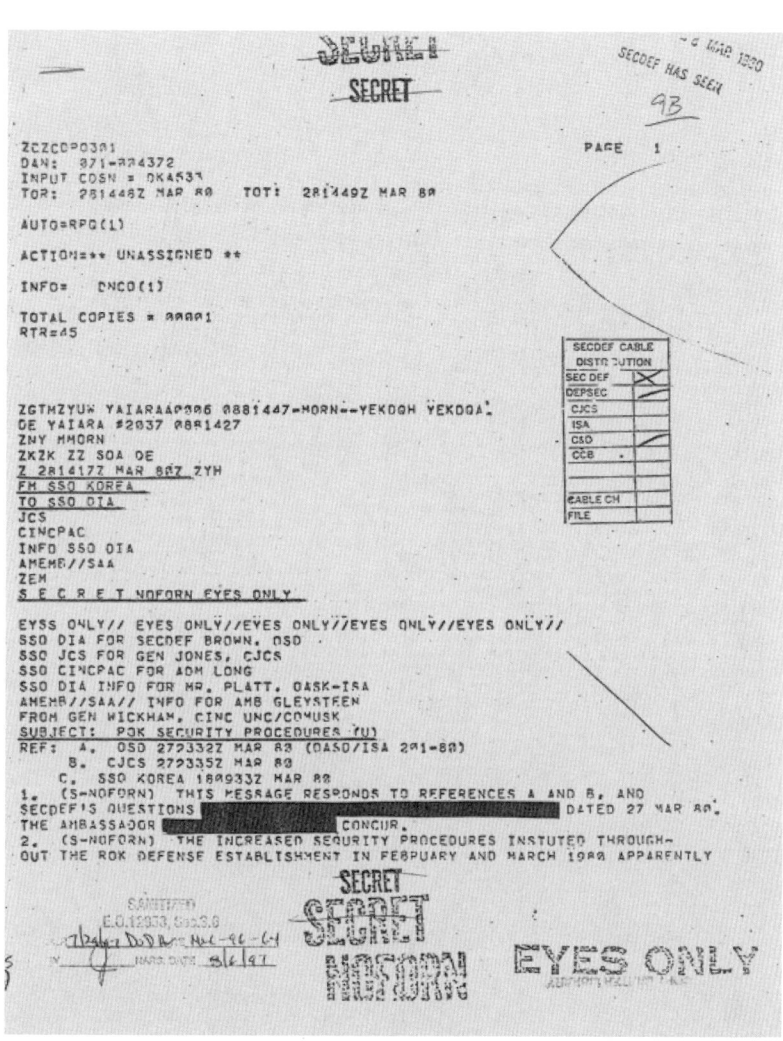

그림 5. 위컴 사령관이 브라운 국방장관에게 보낸 전문: 「대한민국의 보안 절차」(1980.3.28)

SECRET

PAGE 2

ARE AN ATTEMPT BY THE ROK MILITAARY LEADERSHIP TO STOP LEAKS OF POLITICALLY SENSITIVE INFORMATION TO U.S. GOVERNMENT OFFICIALS. THE PROCEDURES ESTABLISHED BY THESE NEW REGULATIONS ARE DESIGNED TO CONTROL UNUATHORIZED CONTACTS BETWEEN ROK MILITARY PERSONNEL AND FOREIGN COUNTERPARTS, AND TO INSURE THAT WERE AUTHORIZED CONTACTS DO TAKE PLACE, THAT ONLY THE APPROVED SUBJECTS ARE DISCUSSED AND A RECORD OF THE CONTACT IS MAINTAINED. THE PRIMARY REASONS FOR THESE NEW DIRECTIVES PROBABLY STEM FROM OUR RECENT REMONSTRATIONS WITH ROK OFFICIALS OVER SUCH ISSUES AS INTERNAL STABILITY WITHIN THE ARMY, THE POSSIBILITY OF COUNTER ACTIONS AGAINST CHON DU HWAN AND THE 12 DECEMBER GROUP, POLITICALLY SENSITIVE ACTIVITIES OF CHON'S DEFENSE SECURITY COMMAND, AND CLANDESTINE OPERATIONS BY THE ARMY INTELLIGENCE COMMAND. THE RECENT JAPANESE SCANDAL ALSO MAY BE A CONSIDERATION IN TIGHTENING SECURITY. MINISTER CHOO, CHON AND OTHERS APPARENTLY FELT IT NECESSARY TO REINFORCE EXISTING SECURITY PROCEDURES TO MINIMIZE OPPORTUNITIES FOR MALCONTENT ELEMENTS WITH THE ROK MILITARY TO COMMUNICATE THEIR GRIEVANCES TO U.S. OFFICIALS. THE OBJECTIVE MOST PROBABLY IS TO

MAINTAIN INTERNAL CONTROL, ENFORCE POLICY GUIDELINES, AND CONVEY THE IMAGE OF A UNITED, CONTENT ROK ARMY.
3. (S-NOFORN) IN THE APPLICATION OF THESE DIRECTIVES, WE HAVE NO EVIDENCE TO SUGGEST INTENT ON THE PART OF THE ROK AUTHORITIES TO STIFLE OR INHIBIT NORMAL OFFICIAL RELATIONS. SENIOR LEVEL COUNTERPARTS FROM MINISTER CHOO ON DOWN HAVE EMPHASIZED THE NEED FOR CONTINUED CLOSE PERSONAL AND PROFESSIONAL COOPERATION AT THE COMMAND AND WORKING LEVELS. I DISCUSSED THE MATTER WITH CHON AND HE AGREES ON THE NEED FOR ESTABLISHING OPEN RELATIONSHIPS (REFERENCE C). NEVERTHELESS, APPARENTLY THE KOREAN WORKING LEVELS HAVE TENDED TO APPLY THE NEW REGULATIONS LITERALLY TO BE ON THE SAFE SIDE AND ROK OFFICERS STILL ARE CAUTIOUS WITH THEIR VIEWS AS WELL AS CONTACTS BECAUSE OF PERSONAL INSECURITY. PARTICUALPLY AT THIS TIME WHEN THERE IS INCREASED SENSITIVITY TO THE ROLE OF THE DEFENSE SECURITY COMMAND AND CHON. ROK SUBORDINATES MAY TEND TO TAKE REFUGE BEHIND STRICT INTERPRETATION
#2037

NNNN

SECRET
NOFORN EYES ONLY

원은 카터 대통령이 미 국방부에 직접 한국군의 접촉 제한 조치에 대해 조사하라고 지시를 내렸다면서 이를 복명한 브라운 국방장관의 자필 메모를 첨부해서 카터 대통령에게 보고해 달라고 백악관 NSC 상관인 데이비드 아론 부보좌관에게 권고했다.[14] 이에 1980년 4월 8일 아론은 대통령에게 아래와 같이 보고했다.

> 브라운 장관은 제한 조치가 정보 교환이나 연합사 기능까지 저해하지 않을 것이라고 믿었다. 지금 현재의 군 리더십이 더 확고해지면 통제는 자연스럽게 사라질 것이다. […] 따라서 워싱턴 차원의 개입은 필요 없다고 믿는다.[15]

한국군의 주한 미군에 대한 정보 차단 조치 문제는 서울 현지에서 처리할 수 있으므로 백악관이나 국무부, 국방부 등 중앙정부 차원의 정치적 대응이 필요 없다는 주장이었다. 이제 전두환의 리더십이 확고해지는 것을 방관하는 것 외에 대안이 없다는 것에 최고위층도 암묵적으로 동의하는 상황에 와 있었음을 간접적으로 확인할 수 있다. 민주주의와 인권을 말하는 카터였지만 무엇보다도 안보가 중요했으

---

14 "Memorandum of Donald Gregg to David Aaron: ROK Restrictions on Contracts between US and Korean Officers," April 4, 1980, National Security Affairs, Collection # 6, Brzezinski Material, Country File, Folder: Korea, Republic of, 1-5/80, Box 44, Jimmy Carter Library. 이는 위 폴더의 #9D이다.

15 "Memorandum of David Aaron to the President: Effect of ROK-Initiated Restrictions on Contracts between US and Korean Military Officers," April 8, 1980, National Security Affairs, Collection # 6, Brzezinski Material, Country File, Folder: Korea, Republic of, 1-5/80, Box 44, Jimmy Carter Library. 이는 위 폴더의 #9이다.

므로 당시로서는 전두환의 등장을 기정사실화하는 것 외에 뾰족한 대안이 없었던 것이다.

글라이스틴은 최광수 청와대 비서실장과 한미 군사 협력의 복원에 대해 논의한 사실을 밴스에게 1980년 4월 11일자로 보고했다. 이 보고문을 당시 백악관 상황실 문서철에 철해 놓을 정도로 민감한 이슈였다. 최광수 실장과 박동진 외무장관 등은 미 군부가 한국 군부 즉 전두환과의 관계를 정상화하라고 강권했다. 이에 글라이스틴은 자신이 위컴과 함께 관계 정상화를 위한 행동을 이미 취했다고 말했다.[16] 특별히 글라이스틴은 위컴의 동의 아래 모든 미군 지휘관들에게 한국군 카운터파트와의 관계를 발전시키고 좋은 관계를 유지하라고 지

---

16 미 국무부가 1980년 3월 13월 작성한 문서에는 글라이스틴 대사와 전두환의 3월 5일자 면담에 대한 평가가 담겼다. 미 국무부는 "전두환이 이번 만남을 자신에 대한 '적극적인 구애'나 화해의 뜻을 담은 '올리브 가지'로 해석할 수 있다. (미국이) 그의 높아진 위상을 수용하고 미 대사에 대한 접근이 가능하다는 약속으로 받아들일 수 있다"고 지적했다. 따라서 "전두환에게 특별한 명성이나 주목을 부여하는 것은 도움이 되지 않을 것"이라고 주지시켰다. 전두환이 미국 당국자와의 만남을 '미국이 자신을 지지하고 있다'는 신호로 이해했을 가능성이 있다고 국무부가 지적한 것이다. 전두환과 접촉하면서도 외부에 알려지지 않게 조심하라는 미국 정부의 메시지도 계속 나오던 상황이었다. 한상용, 「미대사관, 5·18 직전 "전두환이 군부실세...최규하는 무기력"」, 〈연합뉴스〉(2021.6.2). 전두환에 대한 카터 행정부의 경계심이 깔려 있음이 확인된다. 또한 3월 3일자 미 국무부 문서 「군부에 대한 미국 측의 입장」에 따르면 크리스토퍼 국무차관은 군 내부의 갈등이 지속되고 있고 이런 상황이 안정되지 않는 한 6월로 계획된 한미(연례)안보협의회(SCM) 개최가 어렵다는 점을 군의 실권자인 전두환 측에 직접 전달해 압력을 가할 필요가 있다는 의견을 밝혔다. 미국이 계엄사령관이나 국방부가 아닌 신군부를 사실상 공식 채널로 인정한 것으로 볼 수도 있다. 김유진, 「기밀문서로 확인된 미국의 5·18 인식..."전두환이 실세, 최규하는 무력"」, 〈경향신문〉(2021.6.2). 그러나 역시 전두환에 대한 경계심을 반영한 것으로 볼 수 있다. 권오혁, 「美, 5·18 비밀문건 추가 공개…"최규하는 무력한 대통령"」, 〈동아일보〉(2021.6.2). 1980년 3월 중순까지만 해도 전두환을 인정하지 않으려는 분위기가 미국 조야의 대세였다. 전술한 바와 같이 4월에는 전두환을 대화 상대로 인정할 수밖에 없다는 분위기가 강력하게 등장했다. 따라서 위 4월 11일자 보고문에서는 글라이스틴과 위컴이 전두환 측과 관계 정상화를 위한 행동을 이미 취했다고 기술되어 있는 것이다.

시했다는 것이다. 자신과 위컴은 미군 장교들이 효과적인 관계를 복원하기 위해 노력을 많이 한다는 인상을 받았다고도 말했다.

글라이스틴은 한국 정부도 같은 조치를 취하고 있는지 물었고, 특별히 한국 정부의 고위 관리들이 한국 군인들에게 미국 카운터파트와 협조할 것을 지시해야 한다고 주장했다. 그러면서 한국군은 보안 누설을 우려해 이러한 조치 해제를 주저하고 있다고 했다.[17] 글라이스틴은 브라운 국방장관이 SCM 참석차 6월에 방한하기 전에 이러한 문제를 해결해야 한다고 주장했다. 위컴은 이미 주영복 국방장관을 만나 매우 솔직하게 의견 교환을 했으며 전두환 장군에게도 전달되었다고 했다. 글라이스틴은 최규하 대통령도 주의를 기울여 줄 것을 최광수 실장에게 부탁했다.[18] 보안 누설의 방지 방안이라는 숙제는 남았지만 실무자보다 상층부의 정치적 해결은 이미 이루어졌다고 할 수 있다.

그런데 워싱턴의 몇몇 인사들은 전두환과 그 추종 세력 제거를 위해 군부 내의 전두환 반대 세력을 동원하는 계획을 2월 말까지도 포기하지 않았다. 이에 대해 글라이스틴은 1980년 3월 하순경 다음과 같이 반대 의견을 피력했다.

---

17 그런데 전술한 바와 같이 위컴도 신임 보안사 출신 부관이 정보를 누설한다고 의식해 일종의 정보 차단 조치를 취했던 전력이 있으므로 한미 양군이 공히 의식하고 있었다고 할 수 있다

18 "Cable from AmEmbassy Seoul (Gleysteen) to SecState: Conversation with Blue House SYG RE U. S./ROK Military Cooperation" O 110959Z Apr 80, Seoul 04585, NODIS, National Security Affairs, Collection # 6, Brzezinski Material, Country File, Folder: Korea, Republic of, 1-5/80, Box 44, Jimmy Carter Library. 이는 위 폴더의 #11이다.

현실적인 문제로 우리는 이전의 시도에서 완전히 실패했다. 이승만 대통령 시절의 한국과 그 후의 베트남이 그 예이다. 노출될 위험이 많고, 거사 과정에서 인명 살상 사태가 발생하면 우리로서는 달갑지 않은 민족주의적 반향을 불러올 것이다.

무엇보다도 우리가 제거하려는 까마귀를 대체할 완전히 신뢰할 수 있는 백로를 찾을 수 없을 것이다.[19]

이 당시 전두환 제거 계획을 검토했던 인사들은 미국의 대북한 정책의 변화(미북 대화)나 대한 안보공약의 변화(철군) 등을 의식했다. 글라이스틴은 한국 국민을 미국으로부터 멀어지게 하고 동아시아 전체에 걸친 미국의 이익에 타격을 줄 수 있다며 이를 반대했다.[20] 미북 관계 개선이나 미군 철수 등을 통해 전두환 퇴진 계획이 더 구체화되었음은 앞으로 논의할 바와 같다. 한국 정부는 12·12 직후에도 주한 미군 철수 등을 통해 미국이 한국 정부에 압력을 가할 수 있음을 이미 우려하고 있었다. 카터 행정부와 미 의회가 주한 미군 철수 문제를 어떻게 다뤄 나갈지를 놓고 한국 정부는 촉각을 세웠던 것이다. 1980년 1월 10일 박동진 당시 외무부 장관은 미 행정부가 한반도 정세에 관한 비밀 보고서를 각각 상·하원 외교위에 제출했다는 정보를 입수하

19　William H. Gleysteen, Jr.,(1999), 앞의 책, 105쪽; 윌리엄 H. 글라이스틴, 황정일 역(1999), 앞의 책, 154쪽; 하윤해, 「美정부 기밀해제 문서 단독 입수 〈1〉」 "까마귀 대체할 백로를 찾을 수가 없었다"」, 〈국민일보〉(2016.5.3).

20　William H. Gleysteen, Jr.(1999), 위의 책, 104~105쪽; 윌리엄 H. 글라이스틴, 황정일 역(1999), 위의 책, 154쪽.

고, 김용식 주미대사에게 "사실 여부를 확인하고 보고서 내용을 입수·보고하라"고 지시했다.[21]

    1980년 3월에 이르러 역쿠데타 계획은 거의 철회되었다. 전두환·노태우 등의 정치 불간여 서약이 미약하나마 영향을 미쳤을 수도 있다. 이후에도 대안 세력 모색은 계속되었지만 결국 전두환보다 더 나은, 현실에 적용 가능한 대안을 찾는 데는 실패했으므로 그러한 모험이 더는 감행되지 않았다. 1980년 초 역쿠데타 논의가 있었다는 사실과 미국이 전두환 장군을 제거하려는 계획을 수립했던 사실을 아는 사람은 당시에도 별로 없었으며 지금까지도 완전히 규명되지 않았다. 전두환 제거 계획은 추진 과정에서 그다지 힘을 받지 못했으며 제대로 성안되지도 못했다. 따라서 글라이스틴 주한 미 대사가 위 인용문에서 인정했던 대로 1950년대 이승만 제거 계획과 같이 도상작전으로 끝났다. 이는 당시 미국 영향력의 한계를 보여 주는 사례였다. 그런데 1952년과 1980년이라는 30년 가까운 시간 격차에도 불구하고 미국의 행태는 놀라울 정도로 유사하다. 이런 작전을 대한민국 정부 수립 초기는 물론 1980년대에도 여전히 검토했다는 것은 미국이 한국 정치에 지속적으로 영향력을 행사하려 했음을 보여주는 사례이다. 1980년 초는 그해 5월 광주에서 벌어진 갈등을 방지할 수 있는 기회였지만 미국은 이를 놓쳐 버렸다.

    글라이스틴은 그의 회고록 에필로그에서 아래와 같이 회고했다.

---

21 김태경, 「정부, 30년 지난 외교문서 전격 공개..역사적 사실 공식 확인 계기」, 〈파이낸셜뉴스〉(2011.2.21).

우리는 전두환이 대통령이 되는 것을 막을 수 있었을까? 가능했을 것 같지 않다. 전두환의 '청년혁신파(young turk)'로서의 최초 행동은 군 내부의 호응을 얻었고, 그는 전군과 보안기관에 자신의 심복들을 전격적으로 포진시켰다. 만약 우리가 그에게 공공연히 대항했다면 많은 장교들이 그를 돕기 위해 나섰을 것이고, 민족주의적 반발과 한국군 내부의 충돌 위험도 배제할 수 없었을 것이다. 만약 전두환이 덜 유능하고 새로운 것을 재빨리 숙지하지 못하는 인물이었다면 큰 약점으로 작용했을 것이다. 내가 신중할 수밖에 없었던 까닭은 우리가 그런 교묘한 술수에 대항해 본 경험이 거의 없다는 점과 전두환보다 못한 군부가 갑자기 등장할 수도 있다는 염려 때문이었다.²²

당시 미국은 역쿠데타를 비롯한 전두환 제거 계획을 구상했으나 이것이 초래할 민족주의적(반미적) 반발에 대한 우려와 전두환보다 나은 대안 세력의 부재 등을 이유로 실행에 옮기지 못했다. 최규하 정부라는 정당성 있는 권력에 대한 미미한 기대, 그러나 결과적으로는 헛된 기대도 한몫했다. 형식적으로나마 존재하는 민간정부를 뒤엎고 새로운 군사정부를 세운다는 것은 부담스러운 일이었다. 만약 역쿠데타가 실패한다면 전두환의 집권이 시도될 우려도 있었다. 당시 미국은 전두환이 집권할지 반신반의했던 것으로 보인다. 위컴의 회고에 따르면 1980년 2월에 만났던 전두환은 미국과 국제관계에 대한 지식이 정

---

22 William H. Gleysteen, Jr. (1999), 앞의 책, 196쪽; 윌리엄 H. 글라이스틴, 황정일 역(1999), 앞의 책, 275쪽.

리되어 있지 않았지만 극도로 민족주의적이며 보수적이면서도 반미 감정이 배어 있었다.[23] 소장파는 물론 전두환도 반미적이었다는 평가는 다소 의외이다. 미국은 일단 민족주의적이면 사상이 불온한 반미로 간주하는 경향이 있다. 권력 기반을 다진 이후의 대통령 전두환은 어떤 대한민국 대통령보다 친미적이었으므로 1980년 당시 미국은 전두환을 편향되게 평가했던 면이 없지 않았다고 할 것이다.

1980년 3월 14일 글라이스틴의 분석에 의하면 한국 국민들이 군의 정권 탈취를 받아들이지 않을 것임을 신군부가 알아 가고 있었지만 정보망을 군 전체로 확대한 전두환의 막강한 힘은 여전히 걱정거리였다. 전두환의 개인적 결정이 한국의 운명을 좌지우지할 것이지만 단기적으로는 그가 정치에 개입하지 않는다고 공언하고 있으며 이를 자제하고 있다는 것이었다.[24]

1980년 1~2월에 걸친 역쿠데타 모의는 미국의 전두환 제거 구상 중 가장 구체적인 것으로 가히 '전두환 제거 작전'이라고 할 만하다. 그런데 역쿠데타가 실패한 이유는 무엇보다 그 주도 세력의 힘이 미

---

23 조갑제, 『제5공화국: 전두환의 신군부, 정권을 향해 진격하다!』(월간조선사, 2005), 139쪽. 그런데 1987년 초에 글라이스틴과 위컴을 만났던 마크 피터슨 교수는 다음과 같이 엇갈리게 평가했다. 위컴은 한 나라의 경제력이 미국을 따라잡으면 자연스럽게 반미주의가 생성된다고 보아 이를 그다지 염려하지 않았던 반면 글라이스틴은 반미 감정을 우려했다는 것이다. Mark Peterson, "Americans and the Kwangju Incident: Problems in the Writing of History," Donald N. Clark, ed., *The Kwangju Uprising: Shadows over the Regime in South Korea* (Boulder, CO: Westview, 1988), p. 64; 마크 피터슨, 「「光州」는 全斗煥집권의 단계적 쿠데타였다: 특별기획 외국인이 證言하는 80년 5월 光州」, 『신동아』(1989.5), 317쪽.

24 "Memorandum of the Situation Room to Zbigniew Brzezinski: Additional Information Items," March 14, 1980, National Security Affairs, Collection # 1: President Daily Report File, Box 14, Folder: 3/11/80-3/20/80, Jimmy Carter Library(NLC-1-14-5-12-7).

약한 데에 있었다. 1980년 3월 12일 주한 미국대사관이 국무부에 보낸 전문에 의하면 "대부분 능력 있는 새로운 장교들이 주요 지휘관 직책을 차지하면서 역쿠데타의 전망도 희미해졌다"고 평가되었다. 또한 "회고해 보면 반격 행동에 대한 우리의 반응을 떠보던 장교들은 동원 가능한 병력이 거의 없었음이 명백했다"고 판단되었다.[25] 이외에 미국이 역쿠데타를 후원하지 않은 것도 중요했다. 또한 전두환의 정보력이 이를 막았던 면이 있다. 전두환은 '코미사르(komissar)[26] 시스템'을 통해 군부 전체에 자신의 정보망을 확장했다. 이 시스템 덕에 전두환은 역쿠데타를 모면했다는 평가가 있다.[27] 반면 정보 요원을 요소요소에 배치하지 못한 정승화 측은 패배할 수밖에 없었다.

미국은 자신들의 후원으로 역쿠데타가 실행되었다가 전두환 측이 격하게 저항해 내전적 상황이 발생하게 되면 북한이 이를 이용하여 남침할 가능성도 있다고 판단했을 것이다. 냉전 시대 반공정권 유지가 미국의 한반도 정책 최고의 목표였으므로 이를 위협할 가능성이 조금이라도 있는 역쿠데타 후원은 실현될 수 없었던 것이다. 다만 미국의 전두환 후원이 한국인들의 저항에 직면해 반공정권이 무너질 수도 있다면 다시 전두환 제거를 검토할 수도 있었는데 이러한 상황

---

25 "Cable from AmEmbassy Seoul (Gleysteen) to SecState: Yet Another Assesment of ROK Stability and Political Development," O 120623Z Mar 80[12 March 1980], National Security Affairs, Collection # 6, Brzezinski Material, Country File, Folder: Korea, Republic of, 1-5/80, Box 44, Jimmy Carter Library; http://timshorrock.com/wp-content/uploads/korea-foia-_5-gleysteen-march-1980.pdf (검색일: 2011.7.23).
26 코미사르는 제정러시아와 소련이 활용했던 정치장교인데, 정식 군 지휘계통을 무시한 하나회에 대한 적절한 비유이다.
27 고나무, 『아직 살아있는 자 전두환』(북콤마, 2013), 189쪽.

이 1980년 광주 이후에 출현했다. 그렇지만 1980년 5월 이후에도 역시 1980년 1~2월과 같이 대안이 부족했고 미국의 내정간섭에 따른 전두환의 저항이 민족주의·반미주의를 고무시켜 역풍이 불 것을 우려했기 때문에 전두환 제거가 검토만 되었을 뿐 실행되지 못했음을 후술하고자 한다. 역시 친미정권 유지가 가장 중요한 목적이었고 전두환 제거는 이를 복무하는 수단이었으므로 전두환이 계속 집권하는 것이 유리하다고 판단했다. 따라서 1980년 5월 미국은 전두환 제거 구상을 다시 접고 한국인들의 민주화 요구에 응답하지 않았다. 그렇지만 1987년에는 상황이 급변해 전두환 제거가 우회적으로 달성되었는데 역시 후술하고자 한다. 종합적으로 볼 때 미국의 전두환 제거 구상은 반공정권 유지라는 목표를 구현하기 위한 수단으로서 한계가 명확한 공작(술책)이었다고 할 것이다.

4장

역쿠데타 모의 주동자는
누구였을까

그렇다면 영어를 잘하며, 육군참모총장직에 관심 있다고 글라이스틴이 평가할 만하고, 당시 서울에 있었던 고위 전투지휘관을 역임한 육군 중장은 과연 누구일까? 그는 12·12 이후 순차적으로 이루어진 숙군[1] 과정에서 제외되었고, 1980년 3월 6일부터 9일 사이에 다른 직책으로 자리를 옮겼으나 예편 당하지는 않았다고 한다. 따라서 12·12의 결과로 예편된 장성들은 역쿠데타 모의 주동자 후보군에서 일단 제외될 수 있다.

---

1 1980년 1월 20일자로 정승화 '추종 세력'인 이건영 3군사령관과 정병주·장태완 등을 모두 예편시켰는데 이는 전형적인 반대 세력 제거였다. 전두환 합수부장은 1979년 12월 24일 오전 10시에 국방부로 하여금 '12·12사태의 수사결과'를 발표하게 했다. "육본 측 장성들이 병력을 동원하여 조직적인 저항을 했다"는 것이었다. 후일 김진기 전 육군 헌병감 겸 계엄사령부 치안처장은 정승화 총장에게 충성한 장군들을 정승화 추종 세력으로 몰았다면서 그들은 권력투쟁을 하다가 거세된 것이 아니라고 주장했다. 정승화, 『12·12사건 정승화는 말한다』(까치, 1987).

✱ ✱ ✱
참고
12·12 이후 강제 예편된 장성들

　12·12 군사 쿠데타 직후 신군부 핵심에 의해 작성된 문건인 「인사처리 대상자」, 「전역장성 취업 건의」 2건이 2004년에 공개되었다. 이는 '거사' 후 완벽한 군부 장악을 노린 신군부 세력이 자신들에 반대하는 현역 군 장성들을 솎아내기 위해 작성한 '살생부' 리스트였다. 이 명단에 오른 군 장성들은 당초 12·12 사태를 거치면서 자의반 타의반으로 예편된 것으로 알려졌으나 실제로는 이 명단에 오른 전원이 동시에 강제 예편 조치된 사실이 밝혀졌다. 「인사처리 대상자」 문건은 1979년 12월 중순에 김홍한 육본 인사참모부장과 장군인사장교 실무자인 홍인호 중령이 작성하고, 전두환 보안사령관이 직접 승인하였다. 김 장군과 홍 중령은 육군 소장과 준장을 대상으로 신군부에 반하는 소위 정승화 계엄사령관 측근 21명을 엄선했다. 역쿠데타의 화근도 미리 막고, 장군들의 예편을 통해 신군부 세력의 조기 진출도 꾀할 수 있는 일거양득을 노린 결과였다. 이 문건의 실체가 드러남으로써 '12·12 사태 직후 신군부에 의한 반대 세력 숙청 작업은 없었다'는 그간의 정설도 뒤집히게 되었다.

　홍인호 중령은 "12·12가 발생하자마자 곧바로 인사참모부장으로 부임해 온 김홍한 장군과 함께 단 둘이서" 명단을 작성했다고 했다. "당시 전 사령관과 그의 전폭적인 신뢰와 권한을 위임받은 김 장군의 결정이 곧 국가의 결정이었으며 (최규하) 대통령의 결재란은 형식에 불과했다. 내 손으로 작성한 결재 문건 가운데 단 한 건도 반려된 것이 없었다"고 밝혀 두 사람의 막강한 영향력을 짐작케 했다. 한국 군부의 동향을 세밀히 관찰했던 글라이스틴 대사도 이같은 신군부의 '군 장악 프로그램'을 전혀 알지 못했다고 했다. 글라이스틴은 회고록 『알려지지 않은 역사』(1999)에서 "당시 한국군 내부에 숙청이 있었다는 정보는 받지 못했다"고 밝혔다. 홍인호 중령은 "당시 숙청 대상 명단을 전 사령관과 김 장군이 선정했고, 그 명단 작성을 내가 직접 이 손으로 썼다"면서 "정보력이 밝은 미국의 감시망도 피할 만큼 아주 극비리에 전격적으로 단행된 조치였다"고 밝혔다.

　살생부를 구체적으로 살펴보기 전에 우선 쿠데타 세력의 반쿠데타 세력에 대한 숙청 과정을 약술하고자 한다. 계엄사령관인 정승화 대장(육사 5기) 전격 연행과 함께 그의 측근 인사들이 연행되었다. 최측근으로 알려진 특전사령관 정병주 소장(육사 9기), 수경사령관 장태완 소장(육군종합학교(갑종) 11기), 3군 사령관 이건영 중장(육사 7기)은 1980년 1월 20일에 강제 예편되었다. 특히 이건영 장군은 12·12 당시 연행된 후 54일간 조사받던 도중에 강제 전역된 경우이다. 합참본부장 문홍구 중장(육사 9기) 역시 1980년 1월 합참본부장에서 보직 해임된 1년 후 예편되었다.[2] 문홍구 중장은 윤성민 육군참모차장과 함께 육사 9기의 선두 주자로 신군부의 회유 대상이었는데 둘 중 윤성민이 선택되었다. 문 중장은 군에서 물

---

2 「최초공개 전두환 신군부 '살생부' 리스트」, 〈일요신문〉(2004.10.24).

러났고, 후일 전두환 측의 배려로 선무되었다고 증언했다.[3] 1군 사령관 김학원 중장(육사 5기)은 12·12 다음 날 사령관직에서 쫓겨났으며 1980년 5월 1일 강제 전역되었다. 용산 공관에 있던 합참의장 김종환 대장(육사 4기)은 12·12 이후 전역되었으나 1979년 12월 14일 내무부 장관으로 컴백해 신군부에 적극 협력했다.

강제 예편자를 분류하면, 우선 육군 병력에 대한 군정권과 군령권을 동시에 행사하는 육군본부의 주요 장성으로 정승화 총장, 하소곤 작전참모부장, 황의철 정보참모부장, 채항석 교육참모부장, 안철원 작전참모차장, 이호봉 예비군참모차장 등이 있다. 육군의 3개 군사령관 중 진종채 2군 사령관은 서종철, 윤필용, 노재현과 함께 대표적인 하나회 후원 장성이었기에 유임되었고,[4] 나머지 2인(김학원, 이건영)이 강제 예편되어 3군 사령관 모두 하나회의 통제 하에 들어갔다. 비상시국인 계엄 상황에 각 지역의 국방은 물론 행정권까지 총괄하는 막강한 힘을 발휘할 수 있는 각 군관구 사령관, 즉 부산 경남 지역을 맡았던 2관구 사령관 정상만 소장(육사 8기), 충청 지역을 담당했던 3관구 사령관 김종구 소장(육사 7기), 대구 경북 지역을 맡았던 5관구 사령관 김명수 소장(육사 10기)도 숙청 대상에 올랐다. 향후 계엄 정국에 정권 찬탈 과정에서 각 지역에 대한

---

3   문홍구 장군은 "그때 이사장직을 받은 것이 지금 조금은 후회스럽다"고 변명했다. 문홍구, 『나의 군 나의 삶 문홍구 회고록』(서문당, 1993); 김창엽, 「〈인터뷰〉12.12강제예편 회고록낸 前합참본부장 문홍구」, 『중앙일보』 1993년 9월 17일, 17면.
4   안두환, 「군부권위주의 체제 내 권력승계에 관한 연구: 박정희에서 전두환, 전두환에서 노태우로의 권력승계를 중심으로」, 연세대학교 석사학위논문(2019), 51쪽.

민사·행정 업무를 자신들의 뜻에 따라 이행할 지휘관을 심기 위함이었다.[5]

「인사처리 대상자」 문건에 나타나는 21명을 살펴보면 다음과 같다. 먼저 육본 작전참모부장 하소곤 소장(갑종 1기)은 정승화 사령관이 연행된 직후 각 지휘관들에게 일일이 전화를 걸어서 "예하부대를 철저히 장악하고 육본 명령 이외의 지령에 흔들리지 말 것"을 엄중 지시했던 인물이다. 보안사에 의해 포섭된 신윤희 수도경비사령부 헌병단 부단장의 병력이 수경사에 들이닥치자 "뭐야, 웬 놈들이냐"라며 권총을 뽑았지만 헌병 중대장 한영수 대위의 M16 총탄에 쓰러졌다. 부상당한 하 소장은 다음 해 2월 신군부에 의해 강제 전역 조치되었고, 1983년 4월 선무 차원에서 은행협회 감사, 1990년부터 1993년 4월까지 교통안전진흥공단 이사장을 역임했다.[6] 하소곤 장군은 1993년 신군부 고소인 명단에 이름을 올렸다.

다음으로 육본 정보참모부장 황의철 소장(육사 8기), 교육참모부장 채항석 소장(육사 10기), 작전참모차장 안철원 소장(육사 8기), 예비군참모차장 이호봉 소장(육사 10기), 국방부 인력차관보 유병하 소장(육사 7기), 민사군정감 신정수 소장(육사 8기) 등이 포함되었다.

각 군관구 사령관(정상만, 김종구, 김명수)이 명단에 포함되었고, 광주에 위치하고 있는 전투병과교육사령부(전교사) 부사령관 백윤

---

5   안두환(2019), 위의 글, 51쪽.
6   문학진, 「명백한 범법행위 왜 역사에 맡기나: 12·12당시 진압군쪽의 사람들」, 『한겨레신문』 1993년 7월 12일.

기 소장(육사 7기)도 여기에 포함되었다. 1관구(호남 지역)와 6관구(경인 지역) 사령관이 제외된 것으로 볼 때 숙청 대상에 오른 세 명의 사령관은 신군부에 '요주의 인물'로 찍힌 것으로 보인다.

야전군 부사령관인 1, 2, 3군 부사령관도 인사처리 대상자에 포함되어 있다. 박승옥 소장(육사 9기), 곽웅철 소장(육사 9기), 김수중 소장(육사 9기)이 그들이다. 이외에도 육군대학 총장 김한용 소장(육사 8기), 포병학교장 박재종 소장(육사 8기), 제2훈련소 소장 이필조 소장(육군종합학교 12기)이 있으며, 제2훈련소 부소장 김병삼 준장(육군종합학교 1기), 육군행정학교 교수부장 정우봉 준장(육군종합학교 2기), 육본 감찰차감 장영돈 준장(육군종합학교 2기) 등이 숙청자 명단에 포함됐다. 12·12 당시 반란군에 저항하다 보안사령부에 연행되어 조사를 받았으며 숙청 대상자 명단에 올랐으나 스스로 자진 전역 의사를 밝힌 김진기 헌병감까지 포함하면 실제 숙청 대상자는 모두 21명이다.

반쿠데타 장성들의 전역 일자에 대해서는 12·12 사태 일주일 후 40여 명이 예편되었다는 주장이 있으며,[7] 이틀 후인 12월 14일에 전두환이 대대적인 군 인사를 단행해 선배 장성들을 몰아내고 육사 동기들과 측근들을 핵심 요직에 앉혔다는 주장도 있다.[8] 그런데 이는 예편 당사자나 지인 등의 증언과 소문에 의존한 것으로 급박

---

[7] 이동형, 『영원한 라이벌 김대중 VS 김영삼(정의를 위한 처절한 2인의 전쟁 국민 90%가 모르는 이야기)』(왕의서재, 2011), 182쪽.

[8] 전재호, 「전환기 한국 민주주의와 한미관계(1980-1997)」, 정일준 외, 『한국의 민주주의와 한미관계』(대한민국역사박물관, 2014), 228쪽.

하게 이루어진 상황을 드러낼 뿐이다. 실제 인사발령은 시간과 절차가 필요했으므로 추후에 이루어졌다. 이건영, 장태완, 정병주는 1980년 1월 20일에, 하소곤은 2월 1일에, 김학원은 5월 1일에 예편되었다.

한편 1980년 1월 31일부로 군인명 제34호로 조기 용퇴라는 미명 아래 강제 예편당한 장성 19명은 다음과 같다. 유병하, 황의철, 채항석, 신정수, 박승옥, 곽응철, 김수중, 백윤기, 안철원, 이필조, 박재종, 정상만, 김종구, 김명수, 김한용,(이상 소장 15명) 정우봉, 장영돈, 김병삼, 연명수.(이상 준장 4명) 이 중에서 연명수 준장(육사 10기)은 「인사처리 대상자」 21인에 포함되지 않았다. 「인사처리 대상자」 21인 중 하소곤, 김진기, 이호봉을 제외한 18명의 예편 일자는 1980년 1월 31일이며, 김진기와 이호봉은 1980년 3월 31일부로 예편되었다. 1979년 12월 중순에 「인사처리 대상자」 문서가 기안되고 한 달의 시간이 경과된 뒤에야 실제 예편이 이루어졌다는 것은 상황이 그다지 긴박한 것은 아니었다고 할 수 있다. 소장·준장급에는 그만큼 공세적으로 신군부에 저항한 인사가 별로 눈에 띠지 않았던 것이 아닐까 한다.

이 밖에 1980년 9월 30일부로 전역한 김종찬 소장도 강제 전역 사례이다. 김종찬 소장의 경우는 정승화가 육사 교장 재직 시 육사 참모장으로 근무했고, 정승화가 총장으로 부임한 후 그를 제38사단장으로 기용한 사실 등으로 인해 정승화 추종 세력(심복)으로 몰

려 보직 해임 후 예편 지원서 제출을 강요당했던 경우이다.[9]

21명 소장·준장과 위에서 언급한 중장급 이상 외에 강제 예편된 장성은 다음과 같다. 2군단장 최영식 중장(육사 8기)은 12·12 직후에는 오히려 영전했으나 1981년 2월에 예편되었다. 국방부 특명검열단장 신현수 중장(육사 10기) 역시 12·12 직후에는 오히려 영전했고 1981년 7월에 예편되었다. 국방부 방산차관보 이범준 중장(육사 8기)은 12·12 반대 세력으로 확인된 후 얼마 지나지 않은 1980년 2월 21일 예편되었지만 이후 본인의 소명으로 공직에 안배되었다. 부산 주둔 군수기지사령관 안종훈 중장(공병 3기)도 12·12 직후 승진했다가 1980년 강제 예편당했다.

소장급으로 육본 예비군참모부장 정형택 소장(육사 8기)는 1981년 12월 31일 예편되었고, 38사단장 김종찬 소장(육군종합학교 10기)은 역쿠데타 모의 내지는 동조 그룹의 일원으로 떠오른다. 중앙정보부 감찰실장 김학호 소장(육군종합(군수)학교 11기[10]), 중앙정보부 서울분실장 김병수 소장(현지 임관)[11], 국방통신정보대 부부대장 김계일 소장(포병 간부 3기) 등도 있다.

준장급으로 국방대학원 교수부장 원호영 준장(육사 12기)은 이후 특이 이력이 나오지 않는 것으로 보아 예편된 것으로 추정된다. 6사단 부사단장 박경석 준장(육사 생도 2기)은 5.18 직후 전두환 등

---

9 대한민국재향군인회 편, 『12·12, 5·18 실록』(대한민국재향군인회 호국정신선양운동본부, 1997), 129~130쪽.
10 〈국립대전현충원〉 공훈록보기, '육군소장 김학호'.
11 김학호, 김병수 소장은 김재규계 물갈이 차원에서 물러난 것으로 추정된다.

의 무공훈장 심사를 거부했다가 신군부의 눈 밖에 나 1981년 7월 군복을 벗었으나,[12] 역쿠데타를 모의한 장성으로 분류하기는 부족하고 12·12 당시 진압군 편에 섰던 인물도 아니다.

1980년 말까지 96명의 장성들이 강제로 예편되었다. 30여 명의 장군들이 한 번에 잔여 군생활 1년당 500만원씩 계산된 특별 보조금과 공로훈장만을 받은 채 전역식도 없이 전역해야 했다고 한다. 이들은 대부분 육사 8~10기 혹은 갑종, 육군 종합학교 출신들로, 6·25 전쟁에서 혁혁한 공로를 세운 이들이 많았다. 이런 이들을 전쟁 중이던 1951년 입교하여 후방인 진해에서 안전하게 지내다가 전쟁이 완전히 끝난 1955년 10월 4년의 정규 과정을 모두 마치고 임관한 육사 11기 후배들이 숙청한 것이었다.[13] 1980년 1월 군장성들의 대대적인 물갈이가 있었고, 그 이후에도 공사석에서 12·12 군사 반란에 대해 비판적인 발언을 했던 장성들은 내쫓기거나 보직이 변경되는 등 군부가 정권 장악의 도구로 이용될 준비가 갖추어졌다고 할 수 있다.[14]

* * *

---

12 소중한, 「지만원과 가까웠던 장군, 왜 절연했을까 "5.18 북한군 침투설 주장해 소리질렀다"」, 〈오마이뉴스〉(2019.2.26).
13 「12.12: 군벌과 군조직 -完- (상)」(2015.12.9), https://blog.naver.com/joo99416/220563840681 (검색일: 2021.1.14).
14 이계성, 『(청와대 실록) 지는 별 뜨는 별: 이것이 12·12 진상이다』(한국문원. 1994), 280쪽.

1. 이범준 중장

이범준은 2000년 2월경 『월간조선』 우종창 기자와의 전화 인터뷰에서 자신은 역쿠데타 주모자가 아니라고 주장했으나, 위 전화 인터뷰를 제외한 다른 자료들은 모두 이범준 장군을 역쿠데타 주범으로 간주하게 만든다. 미국은 이범준 장군이 12·12에 불만이 있다는 사실을 잘 알고 있었으며 국회의 문형태 의원, 청와대의 최광수 실장, 한국군 장성들도 이를 인지하고 미국에 제보했다. 신군부도 이범준 장군이 신군부에 적대적인 세력의 대표 격이라는 사실을 알고서 1980년 2월 21일 예편시킨 후 입을 막기 위해 바로 해운항만청장 자리를 배려했을 것이다. 위컴이 전두환에게 이범준 장군의 역쿠데타 개입설을 해명해 오해가 풀렸다는 부분은 위컴이 이범준을 보호하기 위해 거짓말을 했을 가능성이 높다. 이범준이 전 대통령에게 받았다는 훈장도 전향자에 대한 일종의 배려일 가능성이 크다.

육군참모차장과 합동참모회의 의장을 역임한 문형태 국회 국방위원장은 글라이스틴에게 먼저 만나자고 제의해 1980년 2월 14일에 점심을 함께했다. 문형태 의원은 12·12에 불만을 가진 장교들을 모을 수 있는 잠재적인 인물로 이범준 장군을 지목하면서도 그가 실제로 움직일 수 있는 병력이 없음을 적시했다.(이범준 장군은 자신의 주장과는 달리 12·12 반대파였다.) 이 만남을 보고한 전문에서 글라이스틴은 문형태 의원이 이범준 장군의 존재를 이제 막 파악하고 처음 제보한다고 했지만, 문 의원이 그 자신의 정보에 의거해 이범준 장군을 이미 주목하고 있었음을 느낄 수 있었다고 첨언했다. 글라이스틴이 이범준 장군을 위와 같이 의식하는 것에서 이범준 장군이 미국의 역쿠데 타 계획의 영향권 내에 있었다고 추정하는 것은 매우 자연스럽다. 또한 문 의원은 박정희가 많은 병력을 수도권에 집중시키는 근본적인 오류를 범했다고 불평했고, 서울에서 문산에 이르는 제3군 야전군 사령부, 수도방위사령부, 특전사령부를 통제할 수 있는 사람은 스위치를 당기는 것만큼 매우 쉽게 쿠데타를 성공시킬 수 있다고 말했다. 그러나 글라이스틴이 군부 내 불만분자들의 역쿠데타 가능성에 대해서 물어보자 문 의원은 그렇게 높게 보지 않는다고 했다.[15] 글라이스틴의 질문은 한국군 출신 인사에게 신군부의 쿠데타와 정치 참여, 역쿠데타 가능성 등에 대한 견해를 타진한 일반적인 정세 파악용이었지만, 역쿠데타의 가능성을 물었다는 것은 미국이 모종의 계획을 가지고 있었음을 의심할 수 있는 대목이기도 하다.

1980년 2월 20일에 글라이스틴을 만난 최광수 청와대 비서실장은 이범준 장군이 방금 전에 파면당했다고 제보했다. 최 실장은 군 내부에 더 이상의 반란 위험은 존재하지 않는 것이 확실하다며 새로운 군 리더십(후일 신군부로 지칭됨)이 부적절한 갈등을 조성하지는 않을 것이라고 근거가 있는 듯 확언했다. 이에 대해 글라이스틴은 아직 염려스럽다고 대답했다.[16] 이범준 장군이 군 내부 반란(역쿠데타)의 주동

---

15 "Cable from Ameembassy Seoul (Gleysteen) to SecState: Conversation with Assemblyman and Retired Chief of Staff Mun Hyong-tae," O 160416Z Feb 80, Seoul 02019, National Security Affairs-Brzezinski Material, Collection # 16: Cables File, Folder: Far East, 2/80-1/81, Box 13, Jimmy Carter Library. RAC 상으로도 공개되었다(NLC-16-13-5-12-2).

16 "Cable from AmEmbassy Seoul (Gleysteen) to SecState: Brief Conversation with Blue

자라는 명시적 언급은 없지만, 그의 파면과 군 내부 반란이 함께 언급되고 있는 것은 그가 역쿠데타 관련자임을 전제로 한 것이다.

이범준 장군의 역쿠데타 연루에 관한 또 다른 정황증거는 크리스토퍼 부장관의 1980년 2월 21일자 일일보고에서 확인된다. 이 보고서에는 한국 문제가 제일 먼저 등장하는데 세계 각국의 문제를 다루는 국무부 일례보고서에서 한국을 제일 먼저 언급한 것은 이례적이다. 이에 의하면 전두환 소장은 군부 내 권력을 공고화하기 위해 육군 내 적대자인 이범준 중장을 2월 21일(미국 시간) 예편시켰다는 것이다. 전두환 자신은 중장으로 진급했으며 이범준의 후임으로는 박찬긍 중장[17]이 임명되었으며 연합사 부사령관 백석주는 대장으로 진급했다. 위컴 사령관은 박찬긍 중장의 선임을 좋은 선택이라고 평가했다. 위컴에게는 주영복 국방장관을 통해 군 인사가 사전에 통보되었다. 주영복 국방장관은 군 위계질서를 준수했으며 최규하 대통령의 결재를 받은 정상적인 인사라고 위컴에게 강조했다.[18] 카터에게 보고한 문서에서 위컴과 크리스토퍼 등이 이범준 중장의 예편을 제일 먼저 언급하며 그가 전두환에 대한 적대자임을 강조하는 것에서 그에

House SYG Choi Kwang Soo," O 210923Z Feb 80, Seoul 02193, National Security Affairs-Brzezinski Material, Collection # 16: Cables File, Folder: Far East, 2/80-1/81, Box 13, Jimmy Carter Library. RAC 상으로도 공개되었다(NLC-16-13-5-18-6).

17 육사 7기로 부마항쟁 당시 계엄사령관을 역임했고 이범준 중장과 같은 군수통이다. 「박찬긍 총무처장관: 국방부차관 거친 군수통」, 『동아일보』 1982년 5월 21일, 6면.

18 "Memorandum of Warren Christopher, Acting to the President[: Evening Report]," February 21, 1980, p. 1, Plains File, Subject File, Box 40, Folder: State Department Evening Reports, 2/80, Jimmy Carter Library. 이 자료는 RAC 상(NLC-128-15-2-15-5)으로 확인한 것이다.

대한 관심이 지대했음을 알 수 있다. 이범준은 미국이 역쿠데타를 후원한 당사자일 가능성이 있으며 최소한 후보자의 하나로 간주했음을 추정할 수 있다. 또한 카터가 역쿠데타의 중심인물로 추정되는 이범준 장군에 대해 보고받았음을 확인할 수 있다. 물론 이 문서에도 이범준이 역쿠데타의 주동자라는 직접적인 표현은 없다. 그러나 그가 전두환의 적대자임은 명확히 적고 있다.

미국 문서 세 건에서 이범준 장군이 언급된 것은 이범준과 미국의 역쿠데타 계획의 관련성을 의심할 만한 충분한 근거이다. 미국도 이범준을 주목하고 있었음을 확실히 증명하고 있으며, 다른 장성들에 대한 자료는 거의 없는 가운데 이범준만 주목하는 것에는 뭔가 석연치 않은 흑막이 존재했다고 보아야 한다. 위컴 등과 1980년 2월 14일 등에 수차례 접촉했던 인물도 이범준이며, 만난 지 일주일 만에 그가 예편되자 미국이 그의 귀추에 주목했음을 위 문서들에서 확인할 수 있다. 이범준과 주한 미군이 역쿠데타 등 전두환 제거를 협의했던 단서의 일단이 이렇게 남아 있는 것이다. 비록 이범준이 역쿠데타의 주동자라는 명확한 표현은 없지만 여러 정황증거로 볼 때 이범준은 역쿠데타 주도 인물이었음이 거의 확실하다. 만약 그 인물이 복수였다면 이범준은 최소한 그들 중 하나이다.

이범준 장군은 1928년 강원도 강릉(당시 명주군)에서 출생했고 17세 때 평양에서 광복을 맞이했다. 1946년 강릉에서 국방경비대 장교로 임관했으나 19세에 사고로 인해 강등되어 이등병이 되었다. 1948년 20세에 육사 후보생 시험에 합격한 그는 1949년 21세에 육사 8기 소위로 임관하여 8사단 10연대에 부임했다. 1950년 6·25 당시 각종 전투에 참가했고, 24세에 보병학교 고등군사반을 졸업했다. 30세에 육군대학 2기 정규 과정을 수료했다. 1965년 육군 준장으로 진급하여 주월(駐越)맹호사단 부사단장, 1965~1966년 주월100군수사령관(십자성부대장)으로 부임했고, 1968년 육군 보병 제15사단장을 역임했다. 1969년 국방부 군수국장, 1970년 8월 육군본부 군수참모부 차장을 지내면서 1972년 1월 20일 군사정전위원회 한국 측 수석대표에 임명되었다.[19] 1975년(47세) 9월 중장으로 진급해 육군 제2군단장(춘천), 1977년 육군 군수사령관, 1977년 9월 국방부 방위산업차관보, 군수차관보 등의 고위 지휘관을 포함해 요직을 두루 역임했다. 전투지휘관으로는 15사단장, 2군단장을 거쳤다. 주월100군수사령관으로 재직 시에 한국 첫 해외원정부대의 보급지원체제를 확립했으며 군수 지원 솜씨를 인정받아 군수계의 요직을 거쳤다.[20] 이렇듯 군수전문가이므로 전투지휘관으로 특화된 인물은 아니다. 야전형 군인이라기보다는 작전·정책통에 가깝다. 1970년 1월 1일자로 소장에 진급했을 때 8기 중 선두 주자였고[21] 군수통·방위산업 전문가로 박정희 시대에는 '자주국방'이라는 구호에 부합되었으므로 육군의 꽃인 참모총장의 꿈을 가질 수도 있었다.

그러나 국방부 방위산업차관보 재직 시 불운하게도 12·12를 겪었다. 이범준 중장은 박희도 준장이 이끄는 1공수특전단이 국방부 청사

19 「군사정전위원회한국측 대표 이범준소장으로 교체」, 『동아일보』 1972년 1월 20일, 1면.
20 「李範俊(이범준) 항만청장 방위산업 본궤도 올린 군수통」, 『조선일보』 1980년 2월 22일, 2면.
21 김문, 『장군의 비망록: 격동의 현대사를 주도한 장군들의 이야기 Ⅰ』(별방, 1998), 246쪽.

를 점령했을 때 피점령군의 편에 서서 점령군 박희도와 새벽 2시부터 6시까지 4시간 동안 대치했다고 증언했다. 당시 이범준 중장은 육사 기수로 4기 후배인 박희도 준장과 통성명을 한 후 그에게 다음과 같이 훈계했다고 회고했다.

> 지금은 국가의 흥망성쇠가 달린 순간이다. 국민의 한 사람인 나로서도 좋은 결과가 오면 좋게 생각할 일이다. 그러나 계엄사령관인 육군참모총장을 잡아놓고 하는 것은 시작부터 잘못된 것 아니냐. 만약 결과가 잘못되어 일어날 막중한 책임을 어떻게 감당해야 할 것인가. 역사의 심판은 냉엄하다는 것을 잊지 말아야 한다.[22]

이범준 장군은 이후 전두환의 신군부에 잠깐 협력했다고 전해지기도 하는데 미국에 신군부의 진의를 전달했다는 것이다.[23] 극단적인 무력 충돌을 막기 위한 일종의 조정·중재 역할이었다고 평가된다. 신군부와 협조했다거나 조정자로 나섰다는 것은 역쿠데타 주도 장성의 공격적 이미지에 배치되는 것이다. 이는 진심을 숨긴 위장이거나 아니면 급변하는 상황을 반영한 융통성 있는 변신이었을 가능성도 있다. 아니면 신군부가 총칼을 동원해 공포 분위기를 조성하던 서슬 퍼런 시절에 살아남기 위해 자신의 특기인 영어 실력과 위컴 사령관과

---

22 김문, 「12.12거사는 4일전 경복궁 30단 예비모임에서 시작됐다[김문 작가 칼럼]」, 〈미디어파인〉(2019.1.2).
23 「이범준」, 〈나무위키〉(검색일: 2020.12.29).

의 관계를 이용해 나선 것이 아닌가 한다.

1980년 2월 21일 육군 중장 예편과 동시에 일종의 선무 공작 격으로 정부 내의 비교적 한직인 해운항만청장으로 임명되었다.[24] 전임 강창성 초대 청장은 1980년 2월 전두환 보안사령관 겸 합수부장의 초대로 국정 문제에 대해 담화하던 중 전두환이 집권욕을 드러내자 "이번만은 국민들이 자유롭게 뽑은 민간 정치인에게 정부를 이양하는 것이 가장 현명한 길"이라며 강하게 비판한 일로 며칠 후 보안사 서빙고 분실로 연행되었으며 2월 21일자로 의원면직 처리되었다.[25] 이렇게 해운항만청장 자리가 공석이 되자 이 자리에 임명한 것이라고 할 것이다. 만약 이 장군이 위컴과 역쿠데타 논의 등을 하지 않았다면 이 시점에 신군부에게 유용한 미국통을 예편시킬 이유가 있었는지 의심해 볼 수 있다.

이범준 장군은 항상 미소 띤 외유내강형의 강직한 장군으로 소문이 나 있었고 영어·일어 등 외국어 실력이 전군에서 손꼽혔다고 한다.[26] 1981년에는 미 공로훈장(The Legion of Merit)을 받았는데, 이범준의 주장에 의하면 본국으로 돌아가는 위컴 사령관[27]이 미국 정부에 훈장 서훈을 요청해 받은 것이다. 12·12 사건 직후 위컴에게 해 준 자

---

24   「해운항만청장에 이범준씨를 임명」, 『동아일보』 1980년 2월 22일, 1면.
25   「항만청장에 이범준씨 내정」, 『경향신문』 1980년 2월 21일, 1면; 「해운항만청장 이범준씨 발령」, 『경향신문』 1980년 2월 22일, 1면.
26   「신임해운항만청장 이범준씨 방위산업에 공로큰 예비역중장」, 『동아일보』 1980년 2월 22일, 2면.
27   레이건 행정부 시절인 1983년 육군참모총장으로 영전되어 1987년까지 재임했다.

신의 조언이 한반도 평화에 결정적인 기여를 했다고 이범준 장군은 주장했다. 자신이 아니었다면 위컴은 어떻게 해서든 12·12 반란군을 제압하려 했을 것이라는 주장이다. 그러면서 이 훈장은 미 연방정부에서 수여하는 것 중에서 최고 명예라는 평가도 부기했다.[28]

과연 미국이 최고의 훈장을 이런 추상적 이유로 수여했을까? 미국과의 역쿠데타 모의 때문에 예편당했던 과거를 보상하기 위한 것은 아니었을까? 위컴은 자신이 12·12를 좋지 않게 본 것은 사실이지만 전술한 바와 같이 역쿠데타를 모의하는 한국군 장성을 말렸다고 증언했다. 이는 위컴이 12·12 반란군을 제압하려 했다는 이범준의 증언과 완전히 배치된다. 이 대목에서 위컴은 12·12 반란군을 제압하려고 역쿠데타를 모의했던 자신의 과거를 숨기기 위해서 정반대로 증언했고, 이범준은 자신의 역쿠데타 모의 전력을 숨기기 위해 '자신 때문에 위컴이 12·12를 인정했다'고 역시 반대로 증언했다고 추정할 수 있다. 양인 모두 역쿠데타 모의에 적극적이었고 공동으로 모의했으나 도상작전으로 그치게 되자 자신들의 과거 전력을 부인하고 있는 점이 교묘하게 일치한다.

강규형 교수는 이범준 장군이 역쿠데타를 주도할 만큼 강한 성격이 아니었다고 평가했다.[29] 이 점 때문에 미국이 최종적으로 결행을 고무하지 못하고 신군부의 권력 장악을 방관할 수밖에 없었는지 모른다.

---

28 김문(1998), 앞의 책, 264~265쪽.
29 배진영, 「미, 신군부에 끌려가면서 당혹스러워 해: 1980년 '서울의 봄' 당시 한미관계를 보여주는 3건의 문건」, 『월간조선』(2013.5), 338쪽.

이범준은 1980년 7월 1일 해운항만청장으로서 미국을 방문해 리처드 쿠퍼 국무부 경제 담당 차관, 새뮤얼 네미로우 상무부 해운 담당 차관보 등을 만나 한국 선박에 일정한 선적률을 보장하는 웨이버 시스템 채택 문제를 토의했으나 채택에는 실패했다.[30] 민간 관리자로서 짧은 보직을 역임한 이범준은 전두환의 신군부가 중심이 되어 조직한 여당 민주정의당 창당 멤버로 참여했다. 1981년 강릉(양양·명주 포함)에서 제11대 국회의원에 당선되었고 국회 농수산위원장을 지냈다. 1985년 같은 지역구에서 12대 국회의원에 재선되었으며, 당 중앙위원회 수석부의장에 선임되었다. 1988년 강원도 명주·양양에 민정당 제13대 국회의원 후보로 공천 신청을 했지만[31] 낙천했다. 그러나 그 후에도 배려되어 노태우 정부 출범 직후인 1988년(60세) 제32대 교통부장관, 1989~1990년 한국조폐공사 이사장 등을 역임했다. 2007년 11월 30일 79세로 작고했으며 대전 국립묘지 장군 제1묘역에 안치되었다.[32]

---

30 워싱턴2일동양, 「대미 선적률보장 협상타결에 실패」, 『매일경제신문』 1980년 7월 3일, 1면.
31 「전국 지구별 민정당 공천신청자 명단」, 『경향신문』 1988년 1월 9일, 5면.
32 고희기념집 『반추』; 김문(1998), 앞의 책, 215~263쪽; 이범준, 『李範俊(Bomb-June Rhee): 이범준 육군중장 사진첩』(한국문연, 1998).

2. 안종훈 장군

역쿠데타 모의 장성이 하나가 아니고 그룹이라는 설도 있으므로 다음으로 유력한 후보자인 안종훈 장군을 살펴보고자 한다. 그는 보다 공개적으로 신군부에 저항했고, 1993년 7월 19일 전두환·노태우 고소인 명단에도 이름을 올렸다.[33]

1979년 12·12 당시 육군본부 군수참모부장이던 안종훈 소장은 정승화 총장 연행이 반란이라고 주장했다고 전해진다. 또한 1979년 12월 13일 오전 1시 30분 제1공수여단이 국방부와 육군본부를 점령해 쿠데타군의 승리가 거의 확정되었을 때 안종훈 소장만 유일하게 장태완 수경사령관의 진압 강행론에 소신껏 동조했다고 한다. 다음은 장태완 장군이 1987년 병상에서 유언장 형식으로 작성한 수기 내용이다.

> 이번 쿠데타가 아무리 세밀하게 오래전부터 계획되어 진압이 불가능하다 하더라도 국민의 군대요 군인의 사명에 따라야 하는 우리 고급 장성들이 우리만 살겠다고 손을 들자는 거요? 나는 장 장군의 의견에 이유가 있을 수 없는 찬성이오.[34]

---

[33] 12·12 당시에는 연행되지 않았던 이범준 장군은 미국과 접촉한 사실이 1980년 1월 말~2월 초에 신군부에 의해 감지되면서 잠재적인 역쿠데타의 중심으로 떠올라 2월 21일 예편되었지만 그 이후에도 계속 미국통으로서 미국 측과 접촉했으므로 미국이 신군부를 반대하는 것을 막으려는 신군부에 의해 보다 적극적으로 배려(선무·회유)되었다. 따라서 이범준 장군은 신군부의 배려에 대한 보답으로 고소인 명단에 자신의 이름을 올리지는 않았다.

[34] 장태완, 「12·12 당시 수도경비사령관 장태완 장군 육필 수기(진압 실패 10시간)」, 〈시사저

이러한 안종훈의 발언에 이어서 신정수 소장은 "이 어수선한 시국에 아군끼리 충돌해서는 안 된다"는 말을 거듭했다고 한다.[35] 신정수 소장은 12·12 이후 안종훈을 보증했던 사람으로[36] 12·12 당시 곁에서 안종훈 장군의 강경 발언을 누그러뜨리려고 노력했다고 할 수 있다. 당시 진압군 사이에서는 진압의 필요성과 실행 가능성을 두고 논쟁을 벌였다. 진압의 필요성은 대체로 인정했으나 실행을 위한 수단과 방법, 즉 가능성이 없다는 의견이 대세였다. 그리고 가용 수단을 동원하고 방법을 창출해야 할 주무 참모들이 무기력하게 조기 체념하고 말았으므로 진압은 실패했다. 뚜렷한 대책을 내놓지 못한 진압군은 비교적 치밀하게 하극상의 계획을 세워 준비한 전두환 측의 집요한 회유 공작과 정보 통제에 압도당해 진압의 예봉을 거둘 수밖에 없었다.

그런데 안종훈 소장은 육군본부 소속이었으므로 상관인 참모총장을 옹위하려 했을 뿐 야전 지휘관이 아니어서 수하 병력을 적극적으로 동원할 입장은 아니었으므로 숙청 대상에서 제외되었다. 그뿐만 아니라 12·12 직후인 1979년 12월 27일에 중장으로 진급했다. 물론 12월 27일자로 발표된 중장 진급에 대한 심사가 12·12 이전인 12월 11일에 이루어졌고, 이미 심사 완료된 진급을 뒤집을 수는 없었기 때

널〉(2006.5.16). '국민의 군대'라는 표현은 후술할 1980년 5월 17일 안종훈 소장의 '국민의 합의'라는 표현과 일맥상통한다. 평상시 말투에서 유난히 국민을 강조한 것으로 추정된다.
35 장태완(2006), 위의 글.
36 안종훈 소장은 장태완 수경사령관의 병력 동원 주장에 동조했으므로 예편 대상이었으나 민사군정감 신정수 소장의 반대로 예편되지 않았다.

문일 수도 있다. 안종훈의 애매한 성향을 눈치챈 신군부는 중장 진급을 뒤집을 수는 없었으므로 12월 28일 소장급 보직이며 비교적 한직인 진해 육군대학 총장으로 전출시켜 1980년 2월 20일까지 재직하게 했다. 진해 육군대학 총장은 수도권과 가장 거리가 멀고 동원할 실병력도 없는 보직이었다. 다시 3월 3일에는 중장급 보직에는 맞췄지만 역시 수도권과 멀리 떨어진 부산 군수기지사령관으로 전보시켰다.

위컴 회고록에는 "육군 내 일부 상급자들을 회유하기 위해 소장 3명을 진급시키되 임기를 2년으로 제한하여 2년이 지나면 퇴역 조치하기로 결정했다"는 이희성 육군참모총장과 주영복 국방장관의 언급이 있다.[37] 일종의 임기제 진급이었던 셈이다. 이들 세 명 중에 안종훈 소장이 포함되어 있을 것으로 추정된다.(나머지 두 사람은 천주원 소장과 정형택 소장으로 추정된다.) 따라서 안종훈의 예편은 얼마 남지 않았던 것으로 예견되었다. 신군부에 대한 핵심 반대파는 아니고 회유 대상이었지만 미국과 함께 역쿠데타를 꾀할지도 모르는 요주의 인물이었으므로 서울에 두지 않고 진해와 부산 등으로 돌린 것이다.

1980년 5월 17일 오전 11시 국방부 제1회의실에서 군단장급 이상 육해공군 지휘관 44명[38]이 참석한 가운데 열린 전군 주요 지휘관회의

---

37 John Adams Wickham, Jr., *Korea on the Brink, 1979–1980: From the '12/12' Incident to the Kwangju Uprising* (Washington, DC: National Defense University Press, 1999), p. 87; 존 위컴, 김영희 감수, 유은영 외 공역, 『12·12와 미국의 딜레마: 전 한미연합사령관 위컴 회고록』 (중앙 M&B, 1999), 142쪽.

38 국방부과거사진상규명위원회 편, 『12·12, 5·17, 5·18 사건 조사보고서』(국방부과거사진상규명위원회, 2007), 232~234쪽. 그 명단은 김영택, 『5월 18일, 광주』(역사공간, 2010), 232쪽 각주 330에 있다.

에서 안종훈 중장은 참석자 44인 가운데 가장 적극적으로 신군부를 비판한 인물이었다. 이 자리에서 주영복 국방장관은 계엄하 학원소요가 진정되기는커녕 오히려 과열·폭력화되어 가고 있고 북괴의 동향도 심상치 않으므로 지역 계엄을 전국 계엄으로 확대하고자 하니 의견을 개진해 달라고 했다. 이에 대부분의 참석자들이 계엄 확대에 이견이 없다고 발언하는 가운데 안종훈 육군 군수기지사령관은, 비상계엄 전국 확대 조치(군의 직접 개입)는 국민의 합의에 의해야 하므로 시기상조라며 이미 결정된 것을 추인하는 것에 반대 의견을 표명했다.

> 군이 직접 개입한다는 것은 중요한 결과가 됩니다. 3천 7백만 명 모두 똑같이 생각할 수 없습니다. 학생이 몇 명이 되는가, 지금까지는 군과 경찰이 잘했다, 국민들이 절대 호응하고 있다, 군이 개입하는 것은 마지막이다, 전체 여론이 그렇게 하기를 원할 때 국민 합의에 의해서 해야 합니다. 국민의 합의, 총화를 가지고 그렇게 되기를 바랍니다. 회의는 그 대책을 마련하는 방식에 있어서 미리 결정해 놓고 하면 의의가 없습니다.[39]

안종훈 장군의 발언에 대해 정호용 특전사령관은 소수 의견이라며 정면으로 비판했고, 주영복 국방장관은 안종훈 장군의 소신 발언을 무마시키며 비상계엄 전국 확대에 대한 찬성 분위기를 조성하고자

---

39 김용삼, 「1980년 5월17일 전군주요지휘관회의 회의록, "軍은 최후의 보루, 제2의 월남 막아야…"」(1980.5.17), 〈펜앤드마이크〉(2019.1.16).

했다. 안종훈 장군은 다른 사람들의 눈을 의식해 묵시적으로 동의할 수밖에 없었다. 정호용 특전사령관은 사회 안정을 위하여 군이 적극적으로 나서는 것이 필요하다며 총대를 멨고, 이어 노태우 수경사령관, 황영시 육군참모차장도 그에 동조하는 발언을 했다. 결국 비상계엄 전국 확대를 전군 주요 지휘관들의 일치된 건의로 국무회의에 상정하기로 결론을 내렸다.[40]

혼자서 돌출 발언을 하면서 반기를 든 안종훈 장군의 용기가 돋보이는데, 배후에 전두환 장군에 비판적인 미국이 있었기 때문이라는 추정도 가능하다. "군을 떠날 각오가 되어 있지 않으면 반대 의견을 낼 수 없는 분위기"였다는 회의 참석자 전성각 장군의 증언[41]을 통해서도 안종훈 장군의 용기가 이례적임을 확인할 수 있다. 그렇지만 '2년 정도의 시한부 중장'으로서 할 말을 했으며 보직 해임을 다소 앞당긴 것으로 볼 수도 있다.

1980년 5월 17일 다음 날에 이희성 육군참모총장(계엄사령관)은 안

---

40 「전-노씨등 8명 내란혐의 공소장(전문)」, 『한겨레신문』 1996년 1월 24일, 19면; 「[12.12] [5.18] 항소심 판결문 요지-3」, 〈조선일보〉(1996.12.16); 이도성, 「남산의 부장들: 군지휘관회의 '5·17조치' 백지 결의」, 『동아일보』 1993년 3월 13일, 11면; 양기대, 「회유-협박속 목숨건 소신」, 『경향신문』 1996년 5월 17일, 3면; 대한민국재향군인회 편, 『12·12, 5·18 실록』(대한민국재향군인회 호국정신선양운동본부, 1997), 229쪽. 한편 1996년 4월 1일 열린 12·12, 5·18 4차 공판에서 임성덕 검사가 "그날 대부분 참석자들이 계엄 확대 조치에 찬성한다는 발언을 했지만 안종훈 군수사령관이 '계엄 확대는 국민적 합의에 의해야 하는데 시기상조'라며 반대 의견을 표명했지요?"라고 질문하자 노태우 피고는 "안종훈 장군인지 누구인지는 잘 기억나지 않지만 누군가가 반대한다는 의미보다는 시기를 늦춰야 한다는 발언을 한 것은 맞는 것 같습니다."라고 대답했다. 「공판중계-1」, 〈조선일보〉(1996.4.1). 따라서 안 중장이 정면으로 반대한 것은 아니라고 노태우는 인식했을 가능성이 있다.
41 김문(1998), 앞의 책, 278~279쪽.

종훈 중장이 보직 해임되었음을 확인했다.[42] 안종훈 장군의 군수기지사령관 공식 재임 기간은 1980년 3월 3일부터 1980년 8월 19일이었다. 그러나 바로 조치를 취하는 것은 무리라고 생각해 1980년 8월 19일 보직 해임한 뒤 다음 해에 예편시켰다.[43] 즉각적인 해임과 예편이 무리라고 판단한 것은 무엇보다도 신군부 주체 세력의 비민주적인 정권 장악에 문제가 있으며, 국민들의 여론을 의식했기 때문이었겠지만 미국의 힘이 작용했을 가능성도 있다.

그런데 1993년 7월 19일 안종훈 장군이 전두환·노태우 등을 고소한 것은 역사를 바로 세우는 의로운 행동이었지만 변화된 정세를 반영한 정치적 행동으로 볼 여지도 있다. 그는 1996년 김종필 총재(육사 8기)의 자유민주연합 후원회 부회장을 역임했으며,[44] 1997년 9월 대통령 선거전 당시에는 개인적으로 친분이 있는 민주당 강창성 총재 권한대행(육사 8기)으로부터 영입 제의를 받았다.[45] 이 대목에서 안종훈 장군이 정치적 야심이 없지 않았음을 확인할 수 있다. 정치적 관심 정도는 있어야 역쿠데타 모의를 주도할 수 있을 것이다. 물론 신군부의 정권 탈취 기도에 저항한다는 순수한 목적이 주였겠지만 비판적

---

42 1996년 5월 7일 임성덕 검사의 질문에 대한 답이었다. 「공판중계-2」, 〈조선일보〉(1996.5.7.).
43 「검찰 공소장서 밝혀진 신군부 반대했던 참군인들」, 『경향신문』 1996년 1월 25일, 21면; 김문(1998), 앞의 책, 279쪽.
44 「자민련 회원 천여명… 실적은 저조: 기업 참여회피로 지지부진」, 『동아일보』 1996년 3월 3일, 7면.
45 「[영입전쟁] 영남권-보수인사 잡아라」, 〈조선일보〉(1997.9.14.). 그러나 실제로 영입되지는 않았다. 안종훈 장군은 이에 앞서 1997년 9월 11일 조순 총재를 대통령 후보로 추대하는 민주당 전당대회에도 참석했다. 「[민주당 전대] 장바구니 캐리커쳐… 경제이미지 심기」, 〈조선일보〉(1997.9.11).

군부 인사들 대다수가 이에 저항하는 모험을 감행하지는 않았으므로 그의 저항에 정치적 야심이 어느 정도는 개재되어 있었다고 할 것이다. 이후 행적에서 확인되는 정치권 연루는 비록 주변적인 것이지만 그가 정치적 관심이 없지 않았음을 보여 준다.

12·12 당시 보안사 참모장이었던 우국일 준장은 "국회 해산과 전국 계엄 확대를 논의한 1980년 5월 17일의 전군 주요 지휘관회의에서 유일하게 반대한 사람은 안종훈 군수기지사령관이었다"고 했으나, 그를 포함해 "전두환 그룹에 대항할 만한 세력이 없었다"고 단언했다.[46] 역쿠데타를 모의할 세력 자체가 없었다는 주장이다. 역쿠데타 모의가 있었다는 위컴의 주장을 반박하고자 우국일 준장이 그런 세력이 없었다고 강조한 것인데, 전두환을 모셨던 우국일의 편향적인 주장이라고 평가할 수 있다.[47]

1926년생인 안 장군은 공병 3기로 1949년에 소위로 임관했으며,[48] 1950년 9월 말 백선엽이 지휘하는 1사단에서 중위 계급을 달고 특공대장으로 복무하면서 군위·청주 지역에서 패잔병들을 소탕했

46　우종창, 「위컴 회고록에 대한 노재현-류병현의 반론」, 『월간조선』(2000.3).

47　그런데 우국일은 비육사인 통역 4기 출신으로 하나회가 아니므로 이후 계속 진급해 핵심 요직을 차지했던 신군부 핵심은 아니다. 그는 1997년 7월 1일 열린 전두환·노태우 사건 18차 공판에 증인으로 참석해 옛 상관인 전 피고인에게 깍듯이 인사하는 예의를 갖추었으나 정작 신문이 시작되자 피고인에게 가장 불리한 발언을 해 눈길을 끌었다. 그는 12·12 당시 '신촌모임'을 가진 이유는 육본 측 장성들을 유인·격리하기 위한 조치였으며, 전 피고인이 합수본부장을 겸임하게 되자 기업인으로부터 정치자금을 강압적으로 받는 등 월권행위를 했다고 진술했다. 「우국일씨,옛 상관 전씨에 깍듯이 인사/18차공판 이모저모」, 『서울신문』 1997년 7월 2일, 19면.

48　「[전우광장] 안종훈 前 육군군수사령관 별세」, 〈국방일보〉(2002.9.18.)에는 육사 9기로 임관했다고 나오는데 이는 오류이다. 육사 9기는 1950년에 졸업했다. 『육군사관학교 제9기 졸업기념 사진첩』(1950).

다.⁴⁹ 육사 8기와 친한 사람이었다는 영(Young)의 회고에 부합하며⁵⁰ 12·12 사태 당시 서울에 있었으나 소장이었고, 1979년 12월 28일부터 1980년 2월 20일까지 진해에 있었으므로 '서울권에 있던 3성 장군'이라는 위컴과 글라이스틴의 회고와는 상치된다. 다만 1980년 3월 3일 부산 군수기지사령관으로 보직 이동되었으므로 1980년 3월경 예편당하지 않고 다른 직책으로 자리를 옮겼다는 글라이스틴의 주장⁵¹에 부합한다. 공병 출신으로 육군참모총장직에 대한 야심을 가지는 것은 가능성이 높지 않으므로 이 부분도 위컴의 회고와 상치된다. 이범준과 안종훈이 위컴과 글라이스틴과 영에 의해 착종되고 혼동되어 기억된 것으로도 보인다. 그들이 한국군 장성의 계급과 직위, 주둔지, 예편·전보 일자, 만남 일자 등을 문서나 일기에 기록하지 않았다면 정확하게 기억하기는 어렵다. 또는 역쿠데타 주모자가 한 사람이 아닌 두 사람이어서 식별하지 못하게 의도적으로 섞어서 인용했을 수도 있다.

안종훈과 이범준은 모두 북한에 연고지를 갖고 있었으며, 부산 동아대에 관계했다.⁵² 공병과 보병으로 병과는 다르지만 모두 군수와 관

---

49 백선엽, 「회고록 군과 나 (8): 잔적 소탕하며 북진」, 『경향신문』 1988년 8월 11일, 5면.
50 공병 3기와 같은 해인 1949년의 5월에 임관했다. 『졸업기념 사진첩 제8기 육군사관학교』(1949).
51 William H. Gleysteen, Jr., *Massive Entanglement, Marginal Influence: Carter and Korea in Crisis* (Washington, DC: Brookings Institution Press, 1999), p. 96; 윌리엄 H. 글라이스틴, 황정일 역, 『알려지지 않은 역사: 전 주한미국대사 글라이스틴 회고록』(중앙 M&B, 1999), 144쪽.
52 안종훈은 1961년 3월 동아대 경제학과 졸업했다. 이범준은 동아대를 다녔고, 1998년 동아대 이사장을 역임했다.

계되는 일을 했다. 군수사령관과 군사정전위원회 한국 측 수석대표 경력도 공통된다. 둘 사이에 교분이 있었던 것으로 추정되며 역쿠데타가 구상될 때 교감을 나누었을 가능성이 크다. 미국은 이범준·안종훈 등 복수의 장군들을 역쿠데타 주동자 후보로 간주했으며 그중 대표 격인 이범준 혹은 안종훈과 만났던 것으로 추정된다. 아니면 2월 21일 전에는 이범준을, 2월 21일 이범준 예편 후에는 안종훈을 만났거나 1980년 6월 말 한국군의 자체적인 역쿠데타 모의에 안 장군이 직간접적으로 개입했을 가능성도 있다.

안종훈은 1963년 3월 육군참모대학을 나왔다. 1967년 11월 17일 3군단 공병참모(3군단 공병부장)로 준장 진급[53]했으므로 장군 진급은 빠른 편이었으며 1968년 8월 27일부터 1969년 8월 13일까지 2군 작전사령부 9대 공병참모부장을 역임했다. 1971년 2월 서울대학교 경영대학원(경영학)을 수료했다. 주월한국군사령부 초대 군수참모, 국방부 건설본부장, 육군보병12사단장(1971), 국방부 조달본부장(1975) 등을 역임했다. 강원도 인제군 북면 원통리에 소재한 12사단장을 한 것은 야전 경험으로 볼 수 있다. 특히 공병 출신이 보병부대 사단장을 하는 것은 예외적인 사례였다. 그러나 강원도 산악지대는 육사 출신이 가기를 꺼리는 지역이다. 안 장군은 사단장 외에 야전 경력은 없으므로 글라이스틴이 증언했던 고위 전투지휘관 역임 인사라고

---

[53] 「장성 64명 진급」, 『경향신문』 1967년 11월 18일, 1면; 「將星級64名進級확정」, 『동아일보』 1967년 11월 18일, 1면; 「將星64名 進級」, 『조선일보』 1967년 11월 18일, 1면; 「將星進級者 名單발표」, 『매일경제신문』 1967년 11월 18일, 2면.

보기에는 부족하다.[54]

1977년 8월 22일 안종훈 소장은 군사정전위원회 한국 측 제26대 수석대표로 발령받아[55] 근무하다가 1979년 9월 1일 육군본부로 원대 복귀해 군수참모부장을 지내던 중 12·12를 맞았다.[56] 영어로 의사소통하는 군사정전위원회의 대표 보직을 2년간 맡았던 것에서 그가 영어 실력을 인정받았음을 확인할 수 있다. 1981년 8월 예편한 뒤에는 공병 예비역 장교들의 모임인 공우회 회장을 지냈다.

1967년 준장으로 진급한 안종훈의 소장 진급 일자는 1971년 12사단장 보임으로 추정되며, 12·12 때에 이미 신군부의 눈 밖에 났지만 전술한 바와 같이 신정수 민사군정감의 보증도 있고 배후에 미국이 있다고 여겨져 전역되지 않았으며 1979년 중장 진급까지 했다고 할 수 있다. 군 경력이 참모총장을 노릴 정도로 화려하지는 않았지만 나름대로 차곡차곡 경력을 쌓으며 관리했던 축에 속한다. 그러나 말년의 경력은 화려하다고 할 수 있을 정도의 곡절이 있었다. 그의 배후에 미국이 있었기 때문이라고 판단한다면 지나친 억측일까?

안종훈의 군 경력 말년을 다음과 같이 미국과 연결해 해석해 볼 수 있다. 안종훈 장군은 12·12 당시 육군본부에 있었으므로 진압군 편에 서게 되었다. 영어 실력 덕분에 미국통으로 간주되었으며 미국의

---

54 강규형 교수는 안종훈 장군이 군수병과 출신이어서 실병력을 지휘하는 위치에 있지 않았다고 평가했다. 배진영, 「미, 신군부에 끌려가면서 당혹스러워 해: 1980년 '서울의 봄' 당시 한미관계를 보여주는 3건의 문건」, 『월간조선』(2013.5), 338쪽.
55 「停戰委韓國側代表 安宗勛少將을임명」, 『조선일보』 1977년 8월 23일, 1면.
56 「정전위한국측 대표 김동호 공군 소장」, 『조선일보』 1979년 9월 2일, 6면.

주목을 받았다. 신군부는 그가 미국과 내통하거나 역쿠데타 세력을 규합할지 모른다고 우려해 중장 진급과 동시에 그를 서울에서 먼 진해와 부산으로 보냈다. 그런데 제대를 1년여 앞둔 시점에 5·17 비상계엄 전국 확대에 반대하는 소신 발언을 하는 바람에 쿠데타에 반대하는 평소 속내가 드러났다. 신군부는 즉각 보직 해임하려 했으나 미국과 여론 등을 의식해 8월에 정식 발령을 내고 1년여 후에 예편시켰다고 할 수 있다. 물론 안종훈이 미국과 연결되었다는 직접적인 증거(물증)는 없다. 미국이 그런 물증을 허투루 남길 리 없으므로 방증에 의존한 확대 해석이나 심증에 의한 짜맞추기라는 차선이 동원될 수밖에 없다. 미국이라는 후원자가 있었으므로 그의 화려한 말년 경력을 비교적 매끄럽게 이해할 수 있다.

3. 그 밖의 장성들

1) 천주원 장군

이범준과 안종훈 외에도 1950년 육사 9기 수석으로 임관한 천주원 소장이 역쿠데타 주동자 후보로 주목된다. 육본 인사참모부장이던 천 소장은 12·12 사태가 일어나자 육군본부에서 각 부대에 연락을 취했다. 그러나 전술한 바와 같이 대세가 기울어진 12월 13일 새벽 1시 30분경에는 이번 쿠데타가 1961년 5·16 군사 쿠데타보다 훨씬 더 오래전부터 치밀하게 계획된 것이 틀림없으므로 속수무책이라며[57] 진압에 부정적인 의견을 드러냈다. 그는 12·12 당시 진압군 쪽에 있기는 했지만 적극적이지 않았으므로 12·12 직후에 인사참모부장에서 물러나는 선에서 마무리되었다.

그 후 안종훈 장군과 같이 1979년 12월 27일 2년의 한시적인 조건부로 중장에 진급해 은평구 수색동에 있는 비교적 한직인 국방대학원 원장을 1981년 12월 31일까지 지냈다.[58] 중장 예편 후에는 1982년 2월 26일부터 1985년 2월 25일까지 병무청장에 선무되었다.[59] 1980년 초에 서울에 있었고 보병 출신으로 1974년 육군 제31사단장을 지냈다. 전투부대 사단장을 역임했고 참모총장의 야망이 있었을 법하지만 군단장 경력이 없고 영어를 잘하는 편은 아니었으므로 위컴과 글라이스틴이 언급한 조건에서 다소 벗어난다. 그렇지만 주도자 그룹이 다수였다면 서울에 주재하고 있던 천 장군도 그중 1인이었을 수 있다고 판단된다.

2) 윤성민 중장

1979년 12월 13일 김학원으로부터 1군 사령관직을 물려받은 윤성민 중장도 역쿠데타를 모의한 장성 후보에 포함될 수 있다. 윤성민은 육

---

57 "오늘 밤 상황 전개를 보니 저쪽에서 5·16 쿠데타보다 훨씬 장기간 그리고 치밀하게 준비해 온 것 같다. 우리는 무방비 상태에서 기습을 당한 것이다." 「소장 천주원」, https://blog.naver.com/joo99416/220283989070 (검색일: 2021.1.11).
58 「17대 총장 천주원」, 〈국방대학교〉 역대총장 및 부총장.
59 「천주원」, 〈위키백과〉(검색일: 2021.1 11).

사 9기로 임관했으며, 12·12 사태 당시 육군참모차장으로 직속상관 정승화의 연행 이후 최규하 대통령의 재가 없이 노재현 국방장관의 지시에 따라[60] 육군본부 지휘부를 수도경비사령부로 옮겨 장태완 수경사령관과 함께 진압을 도모했다. 총장 연행이 명백한 불법이라며 육본 병력을 동원해서라도 반드시 제지해야 한다고 거듭 강조했으나[61] 실병력을 동원할 힘이 없어 결과적으로는 총장을 지키지 못했다. 정승화 육군참모총장이 납치된 상태에서 육군본부 2인자인 윤성민은 반란 진압 최고 지휘관이 되었으나 우유부단하고 반란군에 유화적인 태도를 보였다. 윤성민 차장은 12월 13일 새벽 수경사 헌병단 부단장 신윤희 중령에 의해 무장해제 당하고 보안사 서빙고 분실로 연행되었다. 12월 13일 오전 (5시 45분 이후) 8시 5분경 전두환의 호출로 보안사로 갔으며 전두환과의 밀담 후에 방면되어 육군본부로 복귀했다.[62] 노재현 장관은 12월 13일 새벽 5시 10분 총리 공관에서 최규하 대통령의 사후 결재를 득한 후 5시 45분 보안사령부로 왔을 때 윤 차장을 그곳에서 보았다고 국회에서 진술했다. 윤성민 차장은 12·12 당시 제30경비단에 다녀왔다는 소문 등으로 인해 전두환 합수부장 측과의 내통을 의심받기도 했다. 그러나 윤성민은 "그 당시 지휘부가 있던 육본 B-2 벙커와 수도경비사령부를 떠난 적이 없으며, 13일 새벽 장태완 장군, 문홍구

60 김재홍,「군 어제와 오늘 (15), 청와대 근위부대 (9), 윤성민 모반음모 파악: 전두환의 장난인 것 같아」,『동아일보』1993년 5월 27일, 5면.
61 김문,『장군의 비망록: 격동의 현대사를 주도한 장군들의 이야기 Ⅰ』(별방, 1998), 259쪽.
62 대한민국재향군인회 편,『12·12, 5·18 실록』(대한민국재향군인회 호국정신선양운동본부, 1997), 502쪽.

장군의 뒤를 이어 보안사 서빙고 분실로 연행되었다가 거기서 전두환 보안사령관이 만나자고 해서 그쪽으로 가게 된 것이다."라고 해명했다.[63] 따라서 윤성민·전두환 사전 내통설은 사실이 아닐 가능성이 높지만 시간이 갈수록 양인 사이에 교감이 생겨 결국 윤 차장은 신군부 측의 일원이 되었다는 평가에서 자유로울 수 없는 입장이다. 윤성민 장군이 기회주의적인 태도를 보였던 것은 부인할 수 없는 사실이다.

신군부 반란군은 뒷수습을 도모하고 진압군 측을 분열시켜 약화시키기 위해 진압군 지휘부 중 몇몇을 포섭해 화합의 제스처를 보이려 했다. 육사 9기 선두 주자인 윤성민과 문홍구 둘 중 한 명을 회유해 김학원 제1야전군 사령관(강원도 원주 주둔)의 뒤를 잇게 하려 했다. 수도권 안보 및 정권 안보와 직결된 3군은 반란군의 유학성이 차지하고 동부전선 전방 병력이 대부분이어서 사실상 역쿠데타를 도모할 수 없는 1군 사령관 자리를 주려 한 것이다. 둘 중에서 윤성민이 선택되었는데 신군부 핵심의 주류가 영남 출신이었으므로 호남(전남 무안) 출신인 그를 등용해 지역 안배를 할 수 있다는 점과 반란 진압 중 보여준 그의 유화적인 태도가 고려된 것이다. 문홍구가 노재현 장관과 같은 포병 출신이라 배제되었다는 김윤호(당시 인사 담당)의 증언도 있다. 쿠데타 세력을 도와준 격이 되는 노 장관을 유임시키려고 했다가 주영복으로 대체하면서 포병 출신 군 고위 인사는 한 명도 두지 않게 되었다. 당시 신군부는 내각 구성원의 임명도 배후에서 조종했던 것

---

63 여산, 「12.12 군사반란에 윤성민 참모차장(총장 대행)의 대응방법」, https://blog.daum.net/gopcorea/9735859 (검색일: 2021.2.2).

이다. 윤성민은 전두환·유학성·차규헌 등의 권유로 풀려나 1군 사령관에 취임했다고 한다. 윤성민 육군참모차장은 1979년 12월 13일부터 1군 사령관을 대행하게 되었고 12월 24일에 정식으로 취임했다.[64]

윤성민 중장은 1980년 5월 20일에 대장으로 진급했고 1981년 5월 15일 합동참모의장으로 영전했다. 이어 1982년 5월 21일부터 1986년 1월 8일까지 전두환 정권에서 최장수 국방부 장관을 지내며 사실상 전두환 신군부의 일원으로 행동했다. 이후에도 한국석유개발공사 이사장, 대한방직협회장 등으로 배려되었다. 신군부 집권 세력이 그의 변절을 막으려고 애썼다고 할 수 있다.

윤성민은 훗날 인터뷰에서 패장으로서의 책임은 인정하지만 최선을 다했다고 발언했다. 그는 결정적 패인이었던 9공수 회군에 대해 노재현 국방장관, 김종환 합참의장, 이희성 중앙정보부장 서리[65] 등이 전화해 9공수 출동을 말렸기 때문이라며 공동 책임론을 제기했고, 당시 육군 지휘부 내에서는 유혈 사태를 회피하자는 의견이 다수였다고 주장했다. 윤성민은 노재현 장관이 주한 미군 벙커로 자리를 옮겨 가서 지휘에 지장이 많았으며, 26사단과 수기사단을 동원하려 했지만 노재현 장관과 위컴 한미연합사령관이 끝내 동의해 주지 않아서 동원하지 못했다고 말했다. 결국 미국이 12·12를 도와준 셈이 된다. 사전에 병력 동원에 대한 승인을 요청했다면 당시 위컴을 포함한 모

---

64 「윤성민」, 〈위키백과〉(검색일: 2021.1.12).
65 반란군은 윤성민을 신임 육군참모총장으로 추대했고, 그는 반란군의 정권 장악 작업과 5·18 강경 진압에 협조했다.

든 미군 지휘관은 유혈 사태와 북한의 남침을 우려해 승인하지 않았을 것이다. 윤성민은 본인이 책임을 지고 전역하겠다는 의사를 보였으나 받아들여지지 않았다고 한다.[66]

윤성민은 31세인 1957년에 미국 조지아주 포트베닝 육군보병학교 고등군사반(OCA, 28주 과정)을 수료해 영어 구사 능력이 있었던 것으로 추정된다. 1963년 국방대학원 교수를 역임했고, 1968년 월남전에 참전하기도 했다. 그러나 윤 장군은 12월 12일 이후 신군부에 상당히 밀착되었으므로 역쿠데타 주모자가 아닐 가능성이 높다. 다만 역쿠데타가 성공했다면 시류에 잘 편승하는 그가 동조했을 가능성도 없지 않다.

3) 류병현 대장

류병현(육사 특7기)은 12·12 당시 한미연합사 부사령관(대장)으로 정승화 참모총장이 사령관으로 있던 육군본부 측이었으나 합수부 측에 큰 저항을 하지 않았고 북한의 동향을 살펴봐야겠다며 미8군 벙커로 자리를 피했다.[67] 그는 미군의 의중을 읽은 노재현의 부대 이동 금지 지시에 따라 이건영 3군 사령관에게 전화를 걸어 출동 금지 명령을 하달하고 확인하라고 지시했다.[68] 이것이 진압군의 출동을 막는 데

---

66 「윤성민」, 〈나무위키〉(검색일: 2021.1.12).
67 김문(1998), 앞의 책, 261~262쪽. 류 대장은 군부 내 보복 가능성을 우려했으며 옮겨 다니면서 취침을 해야 한다고 판단했을 정도로 자신이 위험에 처해 있다고 생각했다. 이에 위컴은 용산 미8군 내 손님용 객실을 제공했다. John Adams Wickham, Jr., *Korea on the Brink, 1979-1980: From the '12/12' Incident to the Kwangju Uprising* (Washington, DC: National Defense University Press, 1999), p. 66; 존 위컴, 김영희 감수, 유은영 외 공역, 『12·12와 미국의 딜레마: 전 한미연합사령관 위컴 회고록』(중앙 M&B, 1999), 111쪽.
68 「3군사령관 이건영 중장과 윤성민 육군참모차장의 통화」(1979년 12월 13일 2시 3분), 「12·12

일조한 격이 되어 합참의장으로 영전했다. 이어 1981년 7월 주미대사로 영전했다. 류병현 장군은 1953년 미 육군기갑학교를 졸업했고, 1955년 미 육군지휘참모대학을 수료했으며 영어에 능통했다. 후일 신군부 측과 매우 가까워졌으므로 역쿠데타 모의 그룹에 속하지 않았을 가능성이 높다.

4) 김용금 중장

777 부대장 김용금 중장(육사 7기)은 전두환과 사이가 좋지 않은 편이었지만 결국 신군부에 협조했다. 김용금은 주미 한국대사관 무관을 지냈으며 영어를 잘했고 위컴이나 글라이스틴과도 친했다. 한 육군 장성은 "김용금 중장이 위컴이나 글라이스틴을 만났던 것은 사실인데 역쿠데타를 모의하기보다는 12·12 사태에 대한 미국 측의 반응을 떠보기 위한 것으로 판단된다"고 증언했다.⁶⁹ 김용금 중장은 1980년 7월 1일부로 전역했으므로 1980년 겨울과 초봄 역쿠데타가 모의될 당시에는 현직에 있었다. 따라서 최소한 역쿠데타 동조자 그룹으로 분류될 수는 있으며 경우에 따라서는 주모자일 수도 있다. 예편 후 바로 1980년 에너지관리공단 이사장으로 선무되었고, 1987년 대한광

사건-장군들의 현장육성 2」(오디오 테이프, 16:07), 『월간조선』(1995.9) 부록, https://www.youtube.com/watch?v=khdcZGVm5p4&feature=emb_rel_pause (검색일: 2021.1.21).

69 우종창, 「위컴 회고록에 대한 노재현-류병현의 반론」, 『월간조선』(2000.3). 위컴 회고록에 나오는 "한국군 장성에 의한 '反전두환 쿠데타 제의'는 신군부 측의 공작"일 가능성이 있다는 해석도 가능하다. 즉 실체가 없는 역쿠데타설을 퍼트려 신군부에 비판적인 세력들을 제거하려 했을 수도 있다. 당시 보안사의 통제와 전두환 세력의 군부 장악 아래서 반전두환 역쿠데타를 모의하는 것은 불가능했다는 주장이다. 한편 류병현 장군은 "12·12에 대한 미국의 반응을 떠보기 위해 역쿠데타 모의가 있는 것처럼 하여 위컴에게 접근했을 가능성은 있다"고 사후에 주장했다.

업진흥공사 이사장을 역임했으며, 2008년 성남에서 사망했다.[70]

5) 진종채 중장

2군 사령관 진종채 중장(육사 8기)은 위컴과 글라이스틴이 언급한 조건에 어느 정도 부합하는 인물 중의 하나지만 2군 사령부는 대구에 있었으므로 역쿠데타의 리더는 아니었다고 할 수 있다. 또한 진종채는 1, 2군 사령관이 교체되는 와중에도 서종철, 윤필용, 노재현과 함께 대표적인 하나회 후원 장성이었던 관계로 친12·12파로 분류되어 유임되었으므로 역쿠데타 주도 장성에서 제외된다. 그는 1980년 5월 21일 주영복 당시 국방장관실에서 열린 군 수뇌부회의에 참석하는 등 적극적으로 신군부의 일원으로서 직을 수행했다. 따라서 동조자로 분류되었을 가능성도 현저히 떨어진다.

6) 전성각 중장

12·12 당시 3군단장이던 전성각 중장(육사 8기)은 1981년 6월 예편했으므로 역쿠데타 모의자 후보군이 될 수 있다. 1980년 5월 17일 오전 11시에 열린 전군 주요 지휘관회의에서 그는 "육군 지휘관들은 일치단결해 난국을 극복하기로 했습니다."[71]라고 발언해 비상계엄 전국 확대 조치 발동 분위기에 순응했으나, 이후 당시는 군을 떠날 각오가 되

---

70 「대전현충원 장군 제1묘역에는 위아래가 없다?」 https://blog.naver.com/seocheon/222158819928 (검색일: 2021.1.17).
71 김용삼, 「1980년 5월17일 전군주요지휘관회의 회의록, "軍은 최후의 보루, 제2의 월남 막아야…"」, 〈펜앤드마이크〉(2019.1.16).

어 있지 않으면 반대 의견을 낼 수 없는 분위기였다고 회고했다. 전성각 장군은 일단 적극적인 행동파는 아니었으므로 역쿠데타 주동자 후보에서는 제외하는 것이 자연스럽다. 그러나 전두환·노태우 고소인 22인에 이름을 올렸으므로 역쿠데타에 동조했을 가능성은 남아 있다.

7) 윤흥정 중장

12·12 당시 전투병과 교육사령관이던 윤흥정 중장(육사 8기)은 10·26 사건 이후 계엄이 선포되면서 전라남북도 계엄분소장에 임명되었고, 1980년 5월에 광주민주화운동이 일어나자 31사단장 정웅 소장[72]과 함께 광주에 투입된 계엄군의 초기 진압 작전을 지휘했다. 윤흥정은 11공수특전여단의 증파를 비롯하여 광주 시민들에 대하여 강경한 진압을 주장하던 신군부의 개입을 막지 못했으나, 광주민주화운동의 과잉 진압에 비판적이고 시위 진압에 소극적이었다는 이유로 신군부에 의해 계엄분소장에서 전격 교체되었다.[73] 5월 21일 전라남북도 계엄분소장이 소준열 소장[74]으로 교체됨에 따라 윤흥정은 예편

---

[72] 육군호국사관 4기 출신 정웅 장군은 1980년 1월 1일 소장으로 진급함과 동시에 제31향토방위사단장으로 임명되어 광주로 부임했고 광주민주화운동 당시 강경 진압에 미온적이어서 반강제로 예편되었다고 한다.

[73] 임기상, 「12.12 쿠데타의 분수령 "9공수여단의 回軍"」, 〈노컷뉴스〉(2013.8.19).

[74] 육사 10기인 소준열 장군은 12·12 당시 육군종합행정학교장(소장)이었다. 정승화 총장이 연행되어 진압군을 지휘하던 윤성민 차장의 명령에 따라 박준병 20사단장을 체포하려 했으나 박준병 장군이 13일 새벽까지 쿠데타 세력과 같이 있어 이를 실행하지 못했다. 이후 신군부 측에서는 소준열 소장을 진압군 측 적극 가담자가 아닌 것으로 분류해 예편시키지 않았다. 광주민주화운동 국면에 중장으로 진급해 전투병과 교육사령관으로 보임되었으며, 신군부 편에 가담한 결과 1981년 육군참모차장으로 영전했다. 1982년 대장으로 진급해 제1야전군 사령관 등을 역임한 뒤 1983년 예편했다. 1980년 초의 시점에 아직 신군부와 밀착된 관계는 아니었으므로 역쿠데타에 동조했을

되어 다음 날 체신부 장관으로 입각했다. 12·12 당시 광주에 있었으므로 역쿠데타 모의 주동자 후보에서는 제외되지만 동조자 명단에는 들어갈 수 있다. 12·12 군사반란 당시 육군본부 측 진압군으로 출동한 제9공수특전여단장 윤흥기 준장이 윤흥정 장군의 동생이다.

8) 윤흥기 준장

12·12 당시 정승화 편에 서려고 했지만 1공수여단의 기만전술에 속아 병력을 회군시켰던 윤흥기 9공수여단장은 무력 충돌을 막았기 때문인지 적극적 진압파로 분류되지 않았고 12·12 직후 바로 예편당하지 않고 소장으로 진급했다. 한미연합사령부 작전참모차장을 끝으로 1983년 1월 전역했다.[75] 영어에 능통했지만 역쿠데타 모의 당시 준장이었고 고위 지휘관(중장급)이 아니었으므로 일단 역쿠데타 모의 주도자 후보에서 제외할 수 있다. 그러나 동조자로는 충분히 가능한 인물이다. 윤흥기 장군은 정승화, 하소곤, 장태완, 김진기 장군과 함께 신군부의 쿠데타를 저지하기 위해 싸운 핵심 장성 5인 중 마지막 생존자였다.[76] 다른 4인의 장군과는 달리 12·12 직후에 예편당하지 않았으므로 군에 남아서 역쿠데타 모의에 참가했을 가능성이 있다. 또한 그는 1993년 12·12 반란자를 고소할 때 누구보다도 앞장선 인물이다.

가능성도 있다.

[75] 「윤흥기는 누구인가」, https://hellotax.tistory.com/112 (검색일: 2021.1.12); 「윤흥기 예비역 육군 소장 별세」, 『조선일보』 2013년 8월 19일, A31면; 임기상, 「12.12 쿠데타의 분수령 "9공수여단의 回軍"」, 〈노컷뉴스〉(2013.8.19).

[76] 한영익, 「[삶과 추억] 12·12 때 신군부 진압군 윤흥기 장군 별세」, 『중앙일보』 2013년 8월 19일, 27면.

9) 문홍구 중장

12·12 당시 합참본부장이던 문홍구 중장은 진압군의 편에 섰다가 보안사 서빙고 분실로 연행되었다. 1980년 1월 합참본부장에서 보직 해임되었고 1년 후에 예편되었다. 즉시 예편당하지 않았던 것은 정승화 총장 수석부관인 황원탁 대령의 정승화 총장 구출대 출동을 제지한 공이 있고 윤성민과 같이 포섭 대상자의 일인으로 분류되었기 때문으로 볼 수 있다. 일단 보직에서 해임된 상태였으며 반란군의 요주의 대상이었으므로 위컴을 만날 수 있는 여건이 아니었다.[77] 따라서 문 중장이 역쿠데타 주동자가 되기는 어려웠을 것이다. 미국이나 역쿠데타 주모자가 문 장군을 동조자로 규합하기에도 진압군의 감시가 부담스러웠을 것이다. 1993년 출간된 문홍구 장군의 회고록에 따르면 그는 서빙고에서 풀려난 후에도 가택연금을 당했다고 하므로[78] 1980년 초에 위컴과 만난다는 것은 아무래도 불가능했다고 할 수 있다. 문홍구 장군은 1999년 5월경에 이루어진 『신동아』 안기석 기자와의 인터뷰에서도 "당시 정승화 육참총장 '추종자'로 낙인찍혀 합동수사본부의 조사를 받았기 때문에 위컴을 만날 수 있는 여건이 아니었다"고 증언했다.[79]

---

77 박종진, 「고위 장군들 나서 전두환 제거 노렸다」, 『일요시사』 176(1999).
78 문홍구, 『나의 군 나의 삶 문홍구 회고록』(서문당, 1993).
79 안기석, 「영어 잘하는 신군부내 장군 12·12 역쿠데타 모의했다」, 『신동아』(1999.6), 176쪽.

10) 이건영 중장

3군 사령관 이건영 중장도 진압군의 편에 섰다가 12·12 직후 보안사에 연행되었으므로 역쿠데타 모의 주도자 후보군에서 제외된다. 다만 이건영 장군도 1980년 1월 20일 강제 예편된 이후 2년간 바다낚시와 등산으로 소일하다가[80] 1982년 1월 한국마사회장으로 임명되어 1991년까지 재임했으므로 신군부의 선무 공작이 전방위로 진행되었음을 알 수 있다.

11) 김학원 중장

휴전선 일대 동부전선(강원도)을 주로 관할하고 있던 1군 사령관[81] 김학원 중장은 12·12에 비판적이어서 반란군의 요주의 대상이었으므로 역쿠데타를 주도할 상황이 아니었다. 12·12 다음 날 1군 사령관 직에서 물러난 그는 1980년 5월 1일 강제 예편당했다. 선무 차원에서 1980년 5월 교통안전진흥공단 이사장으로 내정되었으나[82] 발령 당시에는 1980년 7월 설립 예정이던 교통안전진흥공단의 발족이 늦어지면서 대신 부산 컨테이너부두운영공사 사장으로 선무되었다. 김학원은 재임 중인 1982년 2월 1일에 사망했다.[83] 따라서 1993년 전두환 세

80　민병욱, 「잠깐⋯5분인터뷰 李建榮」, 『동아일보』 1982년 1월 11일, 2면.

81　1954년 7월 15일 인제를 떠나 원주로 사령부 이전. 조성호, 「"나라에 바친 몸 두려움 없네" 역사 속으로 사라지는 '통일대': 조국 수호에 몸 바쳐온 제1야전군, 오는 12월 31일 해체... 찬란했던 65년 星霜」, 『월간조선』 (2018.12).

82　「國際空港관리공단 이사장 尹鎰均씨 交通안전진흥공단 이사장 金學洹씨」, 『매일경제신문』 1980년 5월 16일, 2면.

83　「예비역陸軍中將金學洹씨」, 『조선일보』 1982년 2월 2일, 11면. 김학원 장군의 주소지는 서울시

력을 고소할 수 없었다. 김학원 장군은 적극적인 진압군 측은 아니었으며 전역 일자가 비교적 늦은 편으로 역쿠데타 주도자였을 가능성은 높지 않다. 그러나 동조자의 반열에 놓일 수 있다.

12) 최영구 중장

12·12 당시 5군단장이던 최영구(육사 7기) 중장은 직속상관인 이건영 3군 사령관으로부터 반란군 진압을 위한 출동 대기 명령을 받고 대기한 전력이 있어[84] 신군부가 그를 진압군 편으로 분류하기도 했다. 그러나 결국 출동하지 않았으므로 즉각 예편되지는 않았다. 당시 보안사의 감청 기록을 보아도 그는 이건영 사령관의 지시를 일방적으로 듣기만 했을 뿐 정치적으로 해석될 여지가 있는 발언은 하지 않았고[85] 다소 어눌한 태도로 일관했다. 최영구 중장은 안종훈 중장의 후임으로 1980년 8월 20일 부산 군수사령관으로 발령받았으며 1981년 6월 1일 예편했다.[86] 경기도 포천에서 부산으로 전보되었으므로 수도권에서 지방으로 좌천된 것이라고 생각할 수 있겠지만 군단장에서 사

마포구 서교동이었으므로 서울 거주자로서 역쿠데타 동조자였을 가능성은 충분한 편이다.

84 김재홍, 「軍 어제와 오늘 〈15〉 靑瓦臺 근위부대 (9) "全斗煥의 장난인것 같아…" 尹誠敏, 모반음모 파악」, 『동아일보』 1993년 5월 27일, 5면; 김재홍, 「軍 어제와 오늘 〈17〉 靑瓦臺 근위부대 (11) 쿠데타지휘부, 경호실 高明昇 차출 "崔대통령 관저 장악" 특명」, 『동아일보』 1993년 6월 3일, 5면.

85 「3군사령관 이건영 중장과 최영구 5군단장의 통화」(1979년 12월 13일 2시 48분), 「12·12 사건-장군들의 현장육성 2」(오디오 테이프, 21:50~23:08), 『월간조선』(1995.9) 부록, https://www.youtube.com/watch?v=khdcZGVm5p4&feature=emb_rel_pause (검색일: 2021.1.21)에서 수기사 출동 준비 명령이 취소되지는 않았지만 부대 이동은 안 할 것이라는 이건영 장군의 통보에 대해 최영구 중장은 알겠다는 말을 반복했다.

86 「육군군수사령부」, 〈위키백과〉(검색일: 2021.1.12).

령관으로 영전했다고 보는 게 보다 합리적일 것이다. 1981년 6월 3일 구미수출공단 이사장으로 선무되었으므로[87] 강제 예편자로 보기 어려우며 역쿠데타를 주도했을 가능성도 떨어진다. 다만 역쿠데타 주모자가 최 중장을 동조 그룹의 일원으로 간주했을 가능성은 있다.

13) 이재전 중장

청와대 경호실 차장 이재전 중장은 10·26 당시 대통령 시해 사실을 알고도 아무런 조치도 취하지 않아 직무유기 혐의로 보안사에 의해 구속되었다. 1979년 10월 26일 오후 7시경 총격 현장에 있던 비서실장 김계원은 사건 발생 즉시 청와대 경호실에 비상을 걸고 경호실 병력을 현장에 출동시켜 대통령과 차지철의 신병을 확보했어야 했다. 그러나 박 대통령을 국군서울지구병원으로 옮긴 뒤 비서실에 도착한 김계원은 경호실 차장 이재전에게 "경거망동하지 말고 병력을 출동시키지 말라. 내가 관련돼 있으니 더 알려고 하지 말라"고 지시했던 것이다. 또한 정승화 육군참모총장은 사건 직후 김재규가 요청한 대로 계엄사령관직을 즉흥적으로[88] 수행하면서 8시 5분에 이재전 경호

---

87 「龜尾工團이사장 崔泳龜씨」, 『조선일보』 1981년 6월 4일, 2면.
88 정 총장은 전두환이 김재규를 체포해 보안사 서빙고 분실에 구금할 무렵 최규하 국무총리가 주재한 국무회의에서 계엄사령관에 정식으로 임명됐고, 동시에 전두환은 정승화에 의해 계엄사 합동수사본부장으로 임명되었다. 합수부장 전두환의 직속상관은 계엄사령관 정승화가 되었던 것이다. 합수부가 김계원을 구속한 10월 28일 정승화는 전두환 합수부장에게 "수사관을 총장실로 보내라"고 지시했고, 10월 29일 오후 8시부터 자정까지 총장실에서 이학봉 합수부 수사국장 등으로부터 조사를 받았다. 이후 10월 31일과 11월 1일 등 모두 세 차례 조사받았다. 그는 조사받던 중 수시로 군 수뇌부 인사를 서울로 호출한 뒤 자신이 10·26에 연루되지 않았음을 강조했고, 전두환에게 "수사를 빨리 종결하라"며 채근했다.

실 차장에게 전화를 걸어 병력 출동을 금지시키는 '불법 명령'을 내렸다.[89] 이재전 중장으로서는 김계원의 지시와 정승화의 명령을 따른 차원이었으나 결과적으로 직무유기가 되었다.

그러나 이재전 중장에 대한 처벌은 선배 및 동기 장성들의 탄원 그리고 정승화의 배려로 예편원을 받는 선에서 마무리되었다. 특히 12·12를 합리화하려는 전두환은 이재전 차장이 구속된 상태에서 조사받을 때 "내가 직무유기를 했다면 나보다 훨씬 권한이 많은 정승화는 내버려두고 나만 구속하는 것이 말이 되느냐."라고 항변했다는 점에 주목했다. 만약 이재전에 대한 재판이 구속 상태에서 진행된다면 사건 당일 정승화 총장이 수경사로 하여금 경호실을 포위하도록 한 조치들이 다뤄질 수 있다고 생각해 자신의 문제가 다루어지지 않도록 정승화가 이재전 차장을 풀어준 것이라는 해석이다. 전두환은 이재전 장군의 석방에서 보여 주듯 앞으로 김재규의 재판이 진행되는 과정에서 군법회의 관할관인 정승화 총장이 어떤 영향력을 미치려고 할지 특히 김재규 구명에 나서지 않을지 우려했다고 회고했다.

후임 청와대 경호실장에는 정동호 청와대 경호실 상황실장이 직무대리로 임명되었다.[90] 이재전 예비역 중장은 1993년 7월 19일 전두환·노태우 두 전 대통령 등 34명을 반란 및 내란죄 등 혐의로 대검찰청에 고소했던 고소인 22명 중의 일인으로 이름을 올렸지만 12·12

---

89 김충립, 「전두환〈보안사령관〉, '보안사령관 교체' 정보에 정승화〈계엄사령관〉 전격 체포」, 『신동아』(2016.7).
90 「10.26 직후의 군 인사이동」, https://blog.naver.com/joo99416/221125572487 (검색일: 2020.12.28).

이후 강제 예편자로 분류[91]하기에는 부족한 점이 있다. 또한 역쿠데 타를 주도할 상황은 아니었다. 그렇지만 미국이 이재전 장군을 역 쿠데타 동조자로 분류했을 가능성은 남아 있다. 선무 차원이었는지 1983년 대한성업공사 사장에 취임하여 1989년까지 재직했다.

14) 신현수 중장

포천 6군단장의 임기를 마친 신현수 중장(육사 10기)은 10·26 직후 12·12 직전에 육본 작전참모부장이던 강영식 소장(육사 10기)[92]에게 6군단장직을 물려주고 포천을 떠나 중앙 무대인 서울 용산의 국방부 특명검열단장으로 부임했다.[93] 신현수 중장은 6군단장을 맡기 전에 특명검열단장을 맡은 적이 있어서 예전 보직을 다시 맡는 것이 이상 하다고 생각해 12·12 직전 정승화 총장을 찾아가 그만두겠다고 했다 가 정승화 총장에게 조금만 참고 기다리라는 말을 들었다고 한다. 만 약 12·12가 발생하지 않았으면 동기인 황영시 장군 대신 육군참모차

---

91 안두환, 「군부권위주의 체제 내 권력승계에 관한 연구: 박정희에서 전두환, 전두환에서 노태우로 의 권력승계를 중심으로」, 연세대학교 석사학위논문(2019), 50쪽.

92 「1980년 5월 17일 전군 지휘관 회의 참석자 주요 명단」, https://blog.naver.com/joo99416/ 220445815204 (검색일: 2020.12.28). 위 전군 주요 지휘관회의에서 강영식 6군단장은 "(용공 세력들이 – 인용자) 거의 무법천지이고 계엄하에서 이런 짓을 하고 있습니다. 오전 중 총장에게 건 의한 바와 같이 총장님의 건의에 따르겠습니다."라고 말했으므로 신군부의 입장을 지지했다고 할 수 있다. 김옹삼(2019), 앞의 글. 강영식은 영어에 능통한 편이지만 1999년 5월경 『신동아』 안기 석 기자와의 인터뷰에서 "당시 위컴과 만나지 않았다"고 말했다. 따라서 안기석 기자는 강영식 장 군을 역쿠데타 모의 장성에서 제외했다. 안기석(1999), 앞의 글, 176쪽.

93 「10.26 직후의 군 인사이동」, https://blog.naver.com/joo99416/221125572487 (검색일: 2020.12.28)에는 그가 합참 대간첩본부장으로 영전했다고 하지만 이는 5·17 이후의 보직이다.

장이 되었을 것이라는 관측도 있다.[94] 신현수 중장은 반란군 측은 아니었지만 진압군 측 핵심 장성이라고 보기에는 부족한 면이 있다.

이후 포섭 차원에서 국방부 특명검열단장에서 합참본부장(문홍구 후임) 겸 대간첩본부장으로 영전해[95] 5·17 전군 주요 지휘관회의에 참석했다. 이 회의에서 신현수 장군은 비상계엄 전국 확대에 대해 아래와 같이 발언했다.

> 별 드릴 말씀 없습니다. 용공 세력이 농후한 기미가 보입니다. 비상계엄이 현시점에서 정국 구출은 당연합니다. 군인이 비상계엄하에서 마지막 난국을 바로잡으려 할 때 시기 문제가 중요하다고 봅니다. 시기가 좋은 방법이 있다면 좋겠습니다. 위의 결심이 언제인지 모르나 그 시기 문제는 상사들이 결정해 주길 바랍니다. 우리들은 사명과 소임을 다하겠습니다.[96]

이후 신현수 장군은 자연스럽게 광주민주화운동을 진압하는 측에 섰다.[97] 국가보위비상대책위원회 상임위원(당연직이 아닌 임명직위원)까지 지냈으므로[98] 신군부에 완전히 동화되었다고 할 수도 있다.

전두환이 1980년 8월 27일로 예정된 대통령 선거에 나가기 위해

---

94 안기석(1999), 앞의 글, 176~177쪽.
95 「大使 10명 異動 발령」, 『동아일보』 1981년 7월 25일, 1면.
96 김용삼(2019), 앞의 글.
97 「光州사태惡用 경계」, 『조선일보』 1980년 5월 24일, 1면.
98 「全斗煥常委長 임명장 「國保委」常委위원 30명 任命」, 『경향신문』 1980년 6월 5일, 1면.

8월 22일 예편한 직후 『조선일보』에 실린 기사에, 전두환이 1952년 1월 육사에 입교했을 때 구대장이 생도 1기(후일 육사 10기로 환산) 신현수 대위였다면서[99] 전두환 대통령 인맥으로 해석하기도 했다. 신현수는 1981년 7월 25일 예편하여 브라질대사로 내정되었다.[100] 1969년부터 3년가량 주일대사관의 무관을 지냈기 때문에 외교 업무가 전혀 낯설다고 할 수는 없지만 32년여 동안 몸담아 온 군문을 떠나 외교관으로 전신하는 것에 대해 아쉬움을 드러내기도 했다.[101] 신군부 측에서는 핵심 세력으로 포섭하려 했지만 본인은 신군부 핵심이 아니라고 생각했던 듯하다. 외국 대사로 나가는 것이 일종의 피신(신군부 핵심으로부터 거리두기)이라고 볼 수도 있지만 대장으로 진급하지 못하고 외국 대사로 나갔으므로 파워 게임에서 밀렸다고 볼 수도 있다. 그 때문인지 신현수 중장은 자의가 아닌 강제로 예편된 장성들의 명단에 오르게 되었으며, 1993년 7월 19일 전두환·노태우 두 전 대통령 등 34명을 반란 및 내란죄 등 혐의로 대검찰청에 고소했던 고소인 22명 중의 일인이 되었다.

미 보병학교의 초등군사반·고등군사반·특수전학교 등 세 차례나 미국에 유학한 신현수 장군의 유창한 영어 실력은 군 내부에서도 정평이 나 있었다.[102] 사단장과 군단장을 거쳤으므로 역쿠데타 모의를 주도한 장성일 수도 있다는 평가가 있다. 그런데 1999년 『일요시사』

---

99 김명규, 「人間 全斗煥」, 『조선일보』 1980년 8월 23일, 3면.
100 「申鉉銖 브라질大使 英語실력뛰어난 外交通」, 『경향신문』 1981년 7월 25일, 2면.
101 이도성, 「잠깐 5분인터뷰 申鉉銖 신임 브라질大使」, 『동아일보』 1981년 7월 31일, 2면.
102 「申鉉銖 브라질大使 英語실력뛰어난 外交通」, 『경향신문』 1981년 7월 25일, 2면.

박종진 기자와의 인터뷰에서 신 장군은 "신군부 측의 감시를 받는 상태에서 위컴을 만난다는 것은 위험한 일"이라며 위컴 접촉설을 부인했다.¹⁰³ 또한 1999년 5월 6일 『신동아』 안기석 기자와의 인터뷰에서도 12·12 직후 한국군 장성이 신군부에 감시받고 있는 상황에서는 위컴을 만난 적이 없다고 단정적으로 대답했다. 또한 역쿠데타 모의 장군을 만났다는 위컴의 회고는 과장된 것이라고 평가했다. 그러면서 광주민주화운동 이후 브라질 대사로 발령이 나서 떠나기 전(정확히는 1981년 7월인데 1980년이라고 잘못 기억하고 있는 듯하다) 한 리셉션에서 위컴을 만나 12·12 사태 이후 미국이 신군부에 제대로 대처하지 못했다고 암시했다고 주장했다. 또한 만약 자신이 실병력을 동원할 수 있는 6군단장을 "12·12 사태 때 계속 맡고 있었다면 가만있지는 않았을 겁니다."라며 당시 12·12에 동조하지 않았음을 회고했다.¹⁰⁴

위와 같이 신현수는 신군부 핵심은 아니었지만 비교적 요직에 중용되었다. 신현수 장군이 만약 1979년 12·12 당시 자신이 진압군 편이라고 스스로 생각했다면 그는 자신의 정체를 잘 숨기고 처신해 살아남았고 비교적 중용되었다고 할 수 있다. 아니면 신군부가 신 장군을 요주의 인물로 판단해 실권이 없는 보직을 주며 대장 승진은 시키지 않고 적당한 선에서 전무하는 보직인 외국 대사로 보냈다고 할 수도 있다. 신현수 중장은 역쿠데타 주모자는 아니었을지 몰라도 동조했을 가능성은 있다. 또한 12·12 당시 중장이었고, 12·12 직후 예편

---

103 박종진(1999), 앞의 글.
104 안기석(1999), 앞의 글, 177쪽.

당하지 않고 영전했으므로 육군참모총장의 꿈을 가질 만했다.

15) 최영식 중장

2군단장 최영식 중장은 쿠데타에 비판적이었으나 비교적 요직인 육군본부 참모부차장으로 영전했고, 1981년 2월에 예편한 후 3월 2일자로 농업진흥공사 사장에 임명되었다.[105] 그는 자신이 강제 예편되었다고 주장하며 1993년 7월 19일 전두환·노태우 등 34명을 고소했던 고소인 22명 중의 일인이 되었다. 최영식 장군이 역쿠데타에 나섰을 가능성은 높지 않지만 동조자로 분류할 여지는 있다.

16) 정형택 장군

육군본부 예비군참모부장 정형택 소장은 12·12에 비판적인 편이었으나 적극 반대파로 분류되지는 않았다. 12·12 이전에 확정된 진급자 명단에 따라 12월 27일 중장으로 진급해 1979년 12월 28일부터 경상북도 영천에 소재한 비교적 한직인 육군3사관학교장으로 보직 이동되어 1981년 12월 31일까지 근무하고 예편했다. 안종훈, 천주원 장군과 같은 2년 한시적인 조건부 진급의 경우로 추정된다. 정형택 중장은 서울에서 지방의 한직으로 좌천된 인사인지라 강제 예편으로 분류되기도 하지만 통상 임기인 2년을 채웠다.[106] 따라서 쿠데타 반대파에 대해 진행된 인사 치고는 회유차 선무·배려된 경우에 해당한다.

---

105 「農振公 사장에 崔永植씨 임명」, 『매일경제신문』 1981년 2월 28일, 1면.
106 「역대학교장」, 〈육군3사관학교〉.

그는 역쿠데타 모의 동조자의 반열에 속한다고 할 수 있다.

정 중장은 1980년 1~2월 역쿠데타가 모의되고 있을 때에 서울에서 먼 영천으로 내려가 있었으므로 역쿠데타를 주도할 여건은 아니었다. 1980년 5월 17일 전군 주요 지휘관회의에 참석해서는 용공 학생을 색출해야 한다고 주장했다.[107] 전두환 장군은 대통령에 취임한 직후인 1980년 9월 5일에 열린 육군3사관학교 졸업식 및 임관식에 참석해 정형택 교장으로부터 보고를 받기도 했다.[108] 따라서 전두환의 반대파에 대한 선무·포섭 공작은 적어도 선배인 정형택 장군(육사 8기)의 경우 성공적이었다고 할 수 있다. 그렇지만 정형택 장군은 1993년 7월 19일 전두환·노태우 등 34명을 반란 및 내란죄 등 혐의로 대검찰청에 고소한 고소인 22명 중의 하나였다.

17) 최명재 소장

육군본부 군수참모부차장 최명재 소장(육사 8기)[109]은 12·12 당시 강제 예편되지 않았고 오히려 1980년 8월 13일 중장으로 진급해 국방부 조달본부장에 보임되어 선무되었고, 1983년에 예편하여 정부 출자 기업인 보훈공단 2대 사장을 역임했다.[110] 그러나 반란군에 비판적

---

107 김용삼(1999), 앞의 글.
108 「生徒 내무반등 시찰」, 『조선일보』 1980년 9월 6일, 1면.
109 「대전현충원 장군 제1묘역에는 위아래가 없다?」, https://blog.naver.com/seocheon/222158819928 (검색일: 2021.1.17).
110 「7명 中將진급」, 『조선일보』 1980년 8월 14일 1면; 「少將7명 中將進級申告 崔大統領이 階級章」, 『동아일보』 1980년 8월 13일, 1면; 「盧泰愚將軍등 7명 中將으로 進級신고」, 『매일경제』 1980년 8월 13일, 1면; "崔대통령에 申告 將星7명 中將진급」, 『경향신문』 1980년 8월 13일, 1면; 「육군

이었으므로 고소인 22명의 명단에 이름을 올렸다. 그의 활동 중 특이 사항은 없는 것으로 확인되므로[111] 역쿠데타 모의 후보군 중 주동자급은 아니며 동조자급으로 볼 수 있다.

18) 김윤호 소장

김윤호 광주 육군보병학교장(소장)은 12·12 직후 신군부 측에 가담했으나[112] 그 전에는 비교적 중립적이었다. 김윤호는 1930년 서울에서 태어났으며 육사 10기이다. 당초 반란군 멤버는 아니었지만 반란군 수뇌부였던 육사 동기 황영시 중장(1군단장)의 도움 요청을 받아 13일 새벽 5시에 서울로 상경하여 군권을 장악한 신군부 세력에 가담했다. 김윤호 소장을 소환한 중요한 이유 중의 하나는 대미 접촉이었다. 1967년 2월 주미공사를 역임한 그는 유창한 영어 실력을 갖추었으며 미군 고위층과 많은 교류가 있었다. 김윤호는 미 대사관으로 가서 글라이스틴 대사에게 12·12에 대해 변호하고 신군부의 정치 개입은 없을 것이라고 약속했다. 이러한 공로를 인정받아 경기도 벽제 주둔 1군단장으로 영전했고, 1981년 7월 대장 진급하여 1군 사령관, 1982년 5월 합동참모의장[113]으로 영전했다. 신군부 측에 밀착되었으

중장 최명재」, 〈국립대전현충원〉 공훈록보기.
111 박종진(1999), 앞의 글.
112 12월 14일 보안사령부 건물 앞에서 거사 기념촬영을 할 때 1열 황영시와 정호용 사이에 앉아 있었다.
113 당시에는 3군 통합 지휘권이 없는 자문 역할을 수행하는 명예직에 가까워서 비교적 한직으로 분류되었다.

므로 역쿠데타를 주모했던 장성 그룹에는 속할 수 없는 인물이다.

19) 정호용·김복동 라인

전두환·노태우 그룹에 경쟁적인 정호용·김복동 라인도 검토할 만하다. 정호용 특전사령관(육사 11기)[114]은 신군부의 일원이면서 전두환에게 가장 비판적인 언사를 구사할 수 있었으므로 고려 대상이기는 하지만 신군부와의 밀착 정도가 강하므로 가능성이 떨어진다. 당시 3군 사령부 부사령관으로 영어를 잘했던 전략통 김복동 소장(육사 11기)도 유력한 후보 중의 하나이다. 김복동은 1977년 5사단장을 역임했으며, 10·26 당시 경호실 작전차장보였으며, 1980년 7월 18일 육군사관학교장에 취임하면서 중장으로 진급했으므로[115] 역쿠데타가 모의될 당시에는 소장이었다. 그런데 김복동이 미국의 공작에 넘어갔을 가능성은 높지 않다.

박종진 기자는 역쿠데타 배후에 경북고·육사 동기인 김복동·정호용 라인이 있다고 추정했다. 주모자는 신군부의 의심을 크게 받지 않으면서도 30여 명의 동조자가 있을 만큼 품성과 지도력을 겸비해야

---

[114] 12월 13일 거사가 종료된 후 대구에서 상경해 합류했다. 그는 전두환의 동기이자 친구로 비교적 할 말을 할 수 있는 인물로 알려졌다. 광주민주화운동 중에는 특전사령관으로서 폭도들을 소탕해야 한다는 강경 발언을 했다고 전해진다. 참모총장까지 역임했다. William H. Gleysteen, Jr., *Massive Entanglement, Marginal Influence: Carter and Korea in Crisis* (Washington, DC: Brookings Institution Press, 1999), p. 130; 윌리엄 H. 글라이스틴, 황정일 역, 『알려지지 않은 역사: 전 주한미국대사 글라이스틴 회고록』(중앙M&B, 1999), 186쪽.

[115] 노태우 보안사령관은 10·26 당시 대통령 경호실 작전차장보였던 김복동 장군을 10·26에 대한 책임을 물어 전역시키려 했지만 정호용 사령관이 나서서 김 장군을 육사 교장으로 승진 발령 나도록 도왔다는 증언이 있다. 김충립, 「'노태우 의리 테스트' 술상 뒤엎은 김복동」, 『신동아』 (2016.9).

한다면서 김복동 장군이 그런 인물이라고 했다. 육사 동기들은 김복동 장군을 따르는 장군들이 적지 않았다고 술회했으며 아울러 하나회 멤버로 위컴이나 글라이스틴을 만나는 데 있어서도 누구보다 의심을 적게 받을 조건을 갖추고 있었다고 주장했다. 또한 당시 군장성들 간에는 위컴이나 글라이스틴을 만난 장군은 역쿠데타의 주모자가 아니고 주모자는 배후에 있다는 주장이 설득력 있게 제기되었다고도 했다. 12·12 당시 군 장악과 개인적인 친소 관계가 전두환·노태우 라인과 김복동·정호용 라인으로 나뉘었으며 김복동과 정호용의 암묵적인 합의가 있었다는 증언을 인용하고 있다. 정호용 장군이 노태우 장군의 연락을 받고도 12·12에 직접 관여하지 않다가 사태가 거의 진압된 상태에서 등장한 것도 눈여겨볼 대목이라는 것이다. 또한 장군 30여 명이 역쿠데타를 모의했다면 그만한 힘을 가진 구심체가 있어야 하는데 김복동이나 정호용만 한 장군이 없었다는 것이 전직 장군 K의 설명이라고 인용했다. 이 전직 장군은, 위컴과 글라이스틴을 만난 장군은 주모자라기보다는 의사 타진을 위한 '전령'으로 보는 것이 타당하다는 견해를 피력했다.[116]

글라이스틴은 1999년 5월 16일 방영된 MBC 이우호 기자와의 인터뷰에서 역쿠데타를 제의한 장성들이 전두환 그룹의 내부에도 있었다고 주장하며 전두환 장군이 역쿠데타 시도를 알게 된 이후에도 주모자는 전보 조치만 받고 다치지 않았으며 공직에 계속 남아 있었다고 했다. 그렇다면 신군부 내부에 있던 정호용·김복동 라인도 역쿠데

---

116 박종진(1999), 앞의 글.

타 동조 그룹에 속했을 가능성이 있다.

또한 글라이스틴이 1999년 12월 1일에 발간한 회고록에 나오는 역쿠데타 주모자의 주장에 따르면 "전두환과 절친한 두 명의 동료조차 자신들의 잘못을 깨닫고 그에게서 등을 돌렸을 가능성이 있다"[117]고 말했다는 것이다. 이번에는 '두 명'이라고 특정했는데, 그 두 명이 정호용과 김복동이 아닌가 하는 추정이 가능하다. 이러한 추정은 어느 정도 타당성이 있다.

육사 11기였던 김복동은 하나회의 전신인 오성회(1951년 전두환, 최성택, 박병하,[118] 노태우, 김복동 5인이 결성)에는 가담했지만 칠성회(1961년 말 전두환, 최성택, 백운택, 정호용, 손영길, 노태우, 권익현 7인이 결성)로 전환될 때는 탈퇴했는데, 그 조직이 1961년, 1963년 혹은 1965년에 일심회(후일 하나회로 개칭)로 재개편되고 난 이후 재가입했다.[119]

그런데 김복동이 전두환과의 주도권 다툼에서 밀려 하나회에서 언제부터인가 이탈했다는 주장도 있다.[120] 김복동은 사단장 보직을 받기는 했지만 군단장을 한 번도 역임하지 못했으므로 고위(중장급 이

---

[117] William H. Gleysteen, Jr.(1999), 앞의 책, 94쪽; 윌리엄 H. 글라이스틴, 황정일 역(1999), 앞의 책, 141쪽. 그런데 James V. Young, *Eye on Korea: An Insider Account of Korean-American Relations* (College Station, TX: Texas A&M University Press, 2003), p. 177의 각주 9에서는 William H. Gleysteen, Jr.(1999), 위의 책, 93~96쪽에 의존해 위컴은 그 장군을 직접 만났음에 비해 글라이스틴은 간접 정보만 접했다고 평가했다.

[118] 박병하는 졸업하지 못해 이탈했는데, 원래부터 박병하가 아니라 백운택이 회원이라는 최성택의 주장도 있다.

[119] 서중석·김덕련, 「박정희가 키운 하나회의 쿠데타, 왜 진압 못했나」, 〈프레시안〉(2016.9.8).

[120] 이문헌, 『하나회』(21세기군사연구소, 1996); 대한민국재향군인회 편, 『12·12, 5·18 실록』(대한민국재향군인회 호국정신선양운동본부, 1997), 523쪽.

상) 전투지휘관 경력이 있다는 글라이스틴의 회고[121]에 부합되지 않는다.(그러나 전투군 부사령관을 전투 군사령관과 혼동했다면 가능성이 있다.) 육사 11기 출신이므로 8기와 친했다는 제임스 영의 진술과도 상이하다. 1982년 1월 15일 타의에 의해 예편당했으나 5월에 광업진흥공사 사장으로 취임했다.

신군부의 핵심인 전두환·노태우의 친구인 김복동과 신군부 측으로 분류되는 정호용은 역쿠데타를 주동했다기보다는 역쿠데타의 잠재적 동조자 그룹에 포함될 수 있다는 정도가 합리적인 생각이다.

✦ ✦ ✦
참고
육군사관학교 11기와
그 이전 기수

육군사관학교는 1949년 7월 정규 2년제 교육 실시 방침을 세워 제1기 사관생도 313명을 선발했으나 입교 1주일 만에 장교 수급 문제로 수업 연한이 1년으로 단축되었다. 6·25 전쟁의 발발로 많은 동기생을 전쟁터에서 잃은 1기생은 1950년 7월 10일 대전에서 소위로 임관했다. 1950년 6월 1일에는 첫 정규 4년제 사관생도 333명(생도 2기생, 경쟁률 28대 1)이 입교했으나[122] 입교 24일 만인 1950년

---

121 William H. Gleysteen, Jr.(1999), 앞의 책, 94쪽; 윌리엄 H. 글라이스틴, 황정일 역(1999), 앞의 책, 140쪽.
122 김재홍, 「군 어제와 오늘 〈30〉 북극성회 (5) '정규출신은 온실의 화초같은 애송이' 단기 출신, 후배명예욕 질타」, 『동아일보』 1993년 7월 29일, 5면.

6월 25일 새벽 4시에 전쟁이 발발하자 육사 교장의 지휘 아래 6월 26일 포천 부평리 고지에서 포병의 지원 없이 소총병으로 참전해 북한군 제3사단의 공격을 방어하다가 100여 명이 전사했다. 태릉 육군사관학교와 시흥 육군보병학교(갑종 장교 배출)는 7월 8일부로 일시 폐교했지만 전쟁 중이라도 정규군 장교 육성은 필요하였으므로 살아 있는 생도 2기생 일부 등을 규합해 부산 동래에 있는 육군종합학교에서 6주 단기 장교 양성 과정을 거쳐 소위로 임관시켜 일선 소대장으로 배치했다.[123] 따라서 생도 2기는 육사의 기칭(期稱)에서 누락되었고,[124] 첫 정규 4년제 졸업생의 자리를 1951년 입교한 11기에게 양보해야 했다.

그 이후 1951년 10월 31일 밀고 밀리는 지루한 진지전·공방전 상태였던 전방의 전장에서 비교적 멀리 떨어져 있는 경남 진해에 육군사관학교를 재개교했다. 그러면서 새로운 정규 4년제 생도들을 입교시켰다.(임관하지 못한 생도 2기생 등도 포함) 1952년 1월 11일 200명이 정식으로 입학식을 거행하고 정규 교육을 실시했으며 1955년 10월 임관 시부터 학사학위를 수여했다. 이들이 졸업할 때쯤인 1955년 4월 27일 육군본부는 참전용사들의 대우를 겸해서 과거에 입학했던 군인들에게 '육사 1~10기'를 부여하도록 명령

123 육군종합학교는 1950년 8월 15일 부산 동래여자고등학교 빌딩을 빌려 개교했으며 1951년 8월 18일까지 1년간 보병 4,757명을 포함해 7,288명을 졸업시켰다. 바로 입교한 육사 생도 2기는 육종 1기가 되었다. 6~9주의 훈련을 거쳐 육종 32기까지 배출했다. 조성관, 「'戰時사관학교' 육군종합학교 출신 장교 7288명」, 〈주간조선〉(2010.6.29). 육종 졸업생들은 전시사관학교라고 여긴다. 「인터뷰| 이영돌 육군종합학교 전우회장」, 〈주간조선〉(2010.6.29).

124 김재홍(1993), 앞의 글.

을 내렸다.[125] 1951년 입학생들은 자연스럽게 육사 11기가 되었다. 1951년 입학생들은 4년제 '정규 육사 1기'가 아닌 '11기'가 되는 이 조치에 반발했고, 그중 김성진(수석 입학, 수석 졸업)과 백운택은 정일권 육군참모총장에게 항의하려다 헌병대에 끌려가기까지 했다. 결국 1951년 입학생 중 유의진 한 명만 퇴학되는 것으로 마무리되었다. 노태우는 회고록에서 자신들의 자존심을 무너뜨린 일이라고 주장했다.[126] 그러나 전시에 비교적 안전한 후방에서 교육받으면서 목숨을 보전했던 이들이 제기할 문제는 아니라는 평가가 있다.

✦ ✦ ✦

참고
하나회의 출발점이 된 박정희

1961년에 일심회가 조직되었다는 설에는 다음과 같은 스토리가 뒷받침되고 있다. 5·16 주도 세력들은 쿠데타 직후 당시 육사 생도들을 동원해 지지 시위를 계획했다. 그런데 육사 교장 강영훈 장군이 중립을 주장했고, 육사 총동창회인 북극성회를 이끌던 사조직 청죽회도 이에 반대해 성사되지 못하는 듯했다. 그러나 서울대학교 학생군사교육단(ROTC) 교관 전두환 대위가 강영훈을 구금시키고 육

---

125 그런데 1949년 5월에 발간된 『卒業記念寫眞帖 第八期』(육군사관학교, 1949)의 겉표지에 8자가 별과 결합되어 형상화되어 있어 이들이 졸업할 당시에 이미 8기로 환산되었음을 확인할 수 있는 사료가 아닌가 한다. 1955년 명령이 내려져 확정되기 전부터 '육사 8기'로 통칭된 것으로 여겨진다.
126 노태우, 『노태우 회고록 상: 국가 민주화 나의 운명』(조선뉴스프레스, 2011), 74~75쪽.

사 생도들의 쿠데타 지지 시가행진을 이끌어냈다. 생도들의 절도 있고 화려한 퍼레이드에 시민들이 호응했고, 이러한 상황을 지켜본 주요 대사관들과 미 CIA는 쿠데타에 민심이 우호적이라고 보고했다고 한다. 이 공로로 전두환은 박정희 국가재건최고회의 의장의 비서관으로 보임되었다고 한다.[127] 청죽회를 견제하며 1961년 육사 생도 지지 시위를 주도한 비청죽회 출신 전두환에 의해 일심회가 조직되었다는 것이다.

그러나 1961년은 일심회가 만들어진 연도는 아니며 오성회의 후계 조직이자 일심회의 모체가 되는 칠성회가 조직된 연도라고 할 수 있다. 1963년에야 비로소 박정희의 명령으로 칠성회를 개편해 육사 내 영남 출신의 배타적 사조직 일심회를 조직했다. 칠성회의 손영길, 전두환, 권익현, 노태우는 이해에 박정희를 찾아갔다가 박정희에게 육사 내에 사조직을 만들라는 지시를 받았다고 한다. 이해 7월 6일 일심회는 육사 8기를 몰아내기 위해 '7·6 친위쿠데타'를 기획했으나 실패했다.

이때 이미 영남 출신 전두환은 육사 8기 김종필과 사이가 좋지 않았다. 결국 전두환 중심의 사조직 하나회 그룹은 1979년 12·12로 육사 5기 정승화를 축출하고 1980년 서울의 봄과 이어진 5·17 비상계엄 전국 확대 국면에서 김종필을 연행해 적대감을 심

---

[127] 그런데 전두환이 박정희에게 주목받게 된 것은 전두환보다 먼저 박정희의 측근이 된 육사 동기 손영길 덕분이라는 주장이 있다. 손영길은 박정희가 7사단장이던 시절 최우수 중대장이 되어 눈에 들기 시작하여 5·16 쿠데타 이전부터 박정희의 전속부관으로 발탁되었다. 이후 손영길이 전두환 대위를 국가재건최고회의 비서실 민정비서로 천거했다는 것이다.

화시켰다. 박정희 대통령이 군부 내 육사 8기 세력을 견제하기 위해 전두환 소령을 중심으로 육성한 육사 11기 인맥이 하나회의 출발점이었다는 설도 있으므로 8기의 리더 김종필에 대해 그 태생에서부터 비판적이었다고 할 수 있다.

이와 같은 스토리에 주목한다면 1961년은 전두환이 박정희를 만났던 해이며 칠성회의 조직 연도이고, 1963년은 초보적 조직으로서 일심회가 결성되어 쿠데타를 모의해 박정희의 신임을 획득한 해이며 1965년은 조직을 체계적으로 정비해 하나회로 확대 개편한 해일 가능성이 있다.

* * *

4. 역쿠데타 모의 그룹 추정

12·12 당시 신군부 세력에 의해 지휘권을 빼앗겼던 정승화 육군참모총장과 장태완 수도경비사령관 등 22명은 전술한 바와 같이 1993년 7월 19일 전두환·노태우 두 전 대통령 등 34명을 반란 및 내란죄 등 혐의로 대검찰청에 고소했다. 이들은 고소장에서 "12·12 사태는 군의 사조직인 하나회를 중심으로 정권 찬탈을 목적으로 일어난 엄연한 군사반란이었으므로 실정법에 따라 모든 범죄 사실을 밝혀 처벌함으로써 다시는 군사반란에 의한 불행한 역사가 되풀이되지 않도록 해야 한다"고 주장했다.

고소인과 피고소인 명단은 다음과 같다.(괄호 안은 12·12 당시 직책)[128]

고소인: 정승화(육군참모총장), 이건영(제3군 사령관), 윤흥정(전투병과 교육사령관), 이재전(청와대 경호실 차장), 문홍구(합동참모본부 본부장), 신현수(국방부 특명검열단장), 전성각(제3군단장), 최영식(제2군단장), 정형택(육본 예비군참모부장), 최명재(군수참모부차장), 안종훈(육본 군수참모부장), 황의철(육본 정보참모부장), 김한용(육군대학 총장), 신정수(육본 민사군정감), 안철원(육본 전술공사통제단장), 한국섭(육본 경리감), 하소곤(육본 작전참모부장), 장태완(육군 수도경비사령관), 김계일(국방통신정보대 부부대장), 김종찬(제38사단장), 윤흥기(제9공수여단장), 김진기(육본 헌병감)

피고소인: 전두환(보안사령관), 노태우(제9사단장), 유학성(국방부 군수차관보), 차규헌(수도군단장), 황영시(제1군단장), 박희도(제1공수여단장), 최세창(제3공수여단장), 장기오(제5공수여단장), 백운택(제71방위사단장), 박준병(제20사단장), 장세동(제30단장), 김진영(수도경비사령부 제33단장), 허삼수(보안사 인사처장), 이학봉(보안사 대공처장), 허화평(보안사령관 비서실장), 정도영(보안사 보안처장), 김정룡(보안사 보안처장), 우경윤(육군범죄수사단장), 성환옥(육본헌병감실 기획과장), 최석립(제33헌병대장), 이종민(육본헌병대장), 조홍(수경사 헌병단장), 신윤희

---

[128] 최원석, 「전-노씨 등 34명 고소/정승화씨 등 22명 반란-내란죄 혐의로」, 〈조선일보〉(1993. 7.20).

(수경사 헌병단부단장), 정동호(청와대 경호실장 직무대리), 고명승(청와대 경호실 작전과장), 박희모(제30사단장), 이상규(제2기갑여단장), 송응섭(제30사단 90연대장), 서수열(제1공수여단 2대대장), 박덕화(제1공수여단 5대대장), 박종규(제3공수여단 5대대장), 신우식(특전사 작전참모), 구창회(제9사단참모장), 이필섭(제9사단 29연대장)

위와 같은 고소인 22인의 명단을 앞에 놓고 "전두환 반대 장성들 그룹이 30명에 달한다"는 글라이스틴의 회고담을 떠올릴 수 있다. 이들 22명 명단 중에서 12·12 당시 구속되었던 정승화나 신군부의 감시 대상으로 구금되어 조사받고 일찍이 예편당하거나 보직 해임되었던 진압군 강경파 장태완(1980년 1월 20일 예편), 이건영(1980년 1월 20일 예편), 문홍구(1980년 1월 보직 해임 1년 후 예편), 하소곤(1980년 2월 1일 예편, 복부 관통상을 입고 입원), 김진기(1980년 3월 31일 예편)는 역쿠데타 모의자 후보에서 제외할 수 있다.

또한 1993년에 이미 고인이 되어 22인 명단에 이름을 올리지 못한 특전사령관 정병주 소장도 진압군 강경파로 신군부의 주시 대상이었으므로 제외된다. 정병주 사령관은 12·12 당시 연행되어 세 달간 조사받고 강제 예편당했으므로[129] 역쿠데타를 모의할 여유가 없었다.

또한 대통령 시해사건으로 구속된 김계원 비서실장의 동생 김계일

---

129 문학진, 「명백한 범법행위 왜 역사에 맡기나: 12·12당시 진압군쪽의 사람들」, 『한겨레신문』 1993년 7월 12일.

소장의 경우 1979년 12월 30일 예편했고[130] 이재전 장군과 같이 12·12 이전에 이미 예편이 결정되었을 것이다. 김계일은 12·12 이후 재판이 진행 중인 형의 입지 때문에 연좌제는 아니더라도 운신의 폭이 제한적이어서 역쿠데타를 모의하거나 동조하기가 어려웠을 것이므로 공모자 명단에서 제외한다. 반면에 이재전 중장은 예비역으로서 역쿠데타를 주동하지는 못해도 군 외부에서 동조·지원하는 것 자체가 불가능하지 않았고 미국이 그를 의식했을 가능성이 있으므로 일단 모의자 명단에 남겨 두고자 한다. 고소인 22명 가운데 추정 공모자 15명을 추리면 아래와 같다.

윤흥정, 이재전, 신현수, 전성각, 최영식, 정형택, 최명재, 안종훈, 황의철, 김한용, 신정수, 안철원, 한국섭, 김종찬, 윤흥기

여기에다가 앞서 논의한 아래의 역쿠데타 모의 주동자 후보 4인을 추가할 수 있다.

이범준(국방부 방산차관보), 안종훈(고소인 22인 명단 중복), 천주원(육본 인사참모부장), 김용금(합참 정보국장 겸 777부대장)

또한 앞서 논의한 아래의 역쿠데타 공모 후보자들도 추가할 수 있다.

---

130 「김계원」, 〈위키백과〉(검색일: 2021.1.12).

정형택(22인 명단 중복), 신정수(22인 명단 중복), 채항석(육본 교육참모부장), 이호봉(육본 예비군참모차장), 유병하(국방부 인력차관보), 전성각(22인 명단 중복), 최영구(제5군단장), 김학원(제1군 사령관), 박경석(제6사단 부사단장)

이들 명단을 종합하여 아래와 같이 전두환 세력에 반대한 역쿠데타 모의 그룹을 정리해 볼 수 있다.

이범준(중장, 국방부 방산차관보, 1980년 2월 21일 예편)
안종훈(소장, 12·12 직후 중장 진급, 육본 군수참모부장, 1980년 8월 19일 보직 해임, 1981년 예편)
천주원(소장, 12·12 직후 중장 진급, 육본 인사참모부장, 1981년 12월 31일 예편)
김용금(중장, 합참 정보국장 겸 777부대장, 1980년 7월 1일 예편)
윤흥정(중장, 전투병과 교육사령관, 1980년 5월 21일 예편)
이재전(중장, 전 청와대 경호실차장, 12·12 이전 예편 확정)
신현수(중장, 국방부 특명검열단장, 1981년 7월 예편)
전성각(중장, 제3군단장, 1981년 6월 예편)
최영식(중장, 제2군단장, 1981년 2월 예편)
정형택(소장, 12·12 직후 중장 진급, 육본 예비군참모부장, 1981년 12월 31일 예편)
최명재(소장, 1980년 8월 13일 중장 진급, 군수참모부차장, 1983년 예편)
황의철(소장, 육본 정보참모부장, 1980년 1월 31일 예편)

김한용(소장, 육군대학총장, 1979년 12월 28일 보직 해임 1980년 1월 31일 예편)

신정수(소장, 육본 민사군정감, 1980년 1월 31일 예편)

안철원(소장, 육본 작전참모차장, 1980년 1월 31일 예편)

한국섭[131](준장, 육본 경리감, 1980년에 예편 추정)

김종찬(소장, 제38사단장, 1980년 9월 30일 예편)

윤흥기(준장, 제9공수여단장, 1983년 1월 소장 예편)

채항석[132](소장, 육본 교육참모부장, 1980년 1월 31일 예편)

이호봉(소장, 육본 예비군참모차장, 1980년 3월 31일 예편)

유병하(소장, 국방부 인력차관보, 1980년 1월 31일 예편)

최영구(중장, 제5군단장, 1981년 6월 예편)

김학원(중장, 제1군사령관, 1980년 5월 1일 예편)

박경석(준장, 제6사단 부사단장, 1981년 7월 예편)

'살생부' 리스트 부분에서 언급된 1980년 1월 31일 예편자 19명 중 6명(유병하, 황의철, 채항석, 신정수, 안철원, 김한용, 모두 소장)은 진압군 편에 섰던 것이 확인되었으므로 위 명단에 포함했다. 위 명단에 포함

---

[131] 육사 8기인 한국섭은 1993년 8월 23일 서울지검 공안1부로 소환되어 고소인 조사를 받았다. 「鄭昇和씨 재소환 방침「12.12」고소 관련」, 『동아일보』 1993년 8월 24일, 30면. 신군부의 육군본부 벙커 공격 상황을 설명한 그는 12·12 당시 진압군 편에서 현장을 지켰다고 할 수 있다. 「당시 경리감韓國燮씨 12.12 고발관련 조사」, 『경향신문』 1993년 8월 24일, 23면.

[132] 수산개발공사 사장을 역임했다. 장창국, 「제79화 육사졸업생들(248): 10기생의 현주소」, 〈중앙일보〉(1983.8.20). 예편 후 전직이 배려되었으므로 역쿠데타 잠재적 동조자 정도의 반열에 오를 만하다.

하지 않은 나머지 1980년 1월 31일 예편자 13명의 이력과 특이사항을 정리하면 아래와 같다.

박승옥(소장, 제1군 부사령관, 육사 9기, 황해도 출신[133])
곽웅철(소장, 제2군 부사령관, 육사 9기, 평북 운산 출신[134])
김수중(소장, 제3군 부사령관, 육사 9기, 강원 삼척 출신[135])
백윤기(소장, 전투병과 교육사령부 부사령관, 육사 7기)

이필조(소장, 제2훈련소장, 육군종합학교 12기, 경북 군위 출신), 비육사 출신이지만 예편 직후인 1981년 교통안전진흥공단 이사장, 1992년 한국조폐공사 이사장을 지냈다.[136] 반발이 우려되어 공직을 배려한 것일 수 있다.

박재종(소장, 포병학교장, 육사 8기), 자원개발연구소 감사로 전무되었으나[137] 소장급에게는 한직이므로 불만을 가졌을 수 있다.

정상만(소장, 제2관구 사령관, 육사 8기), 묘비에 예편 이후 공직으로 전무된 기록이 없으며, 장창국의 기사에도 육군 소장 출신으로만 나와 있다.[138]

김종구(소장, 제3관구 사령관, 육사 7기 후기반, 경남 사천 출신), 포항제철 감사로 전무되었다.[139]

---

133 장창국, 「제79화 육사졸업생들(185): 9기생의 장성」, 〈중앙일보〉(1983.6.8).
134 장창국(1983), 위의 글.
135 장창국(1983), 위의 글.
136 「육군소장 이필조」, 〈국립대전현충원〉 공훈록보기.
137 장창국, 「제79화 육사졸업생들(127): 8기생」, 〈중앙일보〉(1983.3.30).
138 장창국(1983), 위의 글.
139 장창국, 「제79화 육사졸업생들(114): 7기 후기반」, 〈중앙일보〉(1983.3.15).

김명수(소장, 5관구 사령관, 육사 10기), 예편 후 민간 기업인 동진철강 부사장[140]을 역임했다. 선무된 경우는 아닌 것으로 추정된다.

정우봉(준장, 육군행정학교 교수부장, 육사 생도 2기[141]), 예편 후 이력은 확인되지 않는다.

장영돈(준장, 육본 감찰차감, 육군종합학교 2기), 예편 후 경비업을 담당하는 대우그룹 계열사인 동우공영 사장을 역임한 것 외에 별다른 이력이 없다.

김병삼(준장, 제2훈련소 부소장, 육군종합학교 1기), 예편 후 공직으로 선무되지 않은 것으로 여겨진다.

연명수(준장, 육군병참학교장, 육사 10기)

이들은 1993년 고소자 명단에 이름을 올리지 않았으며 진압군 편에 섰던 것이 확인되지 않아 일단 예비 후보자로 간주한다. 진압군 편에 섰던 것이 확인되지 않아 오히려 신군부의 집중 감시 대상에서 벗어나 비교적 자유롭게 역쿠데타 활동에 가담했을 수도 있지만 1980년 1월 31일자 예편자가 1980년 1월 말~2월 초에 진행되었다는 미국과의 역쿠데타 모의에 참여하기란 시간적으로 어려움이 있었을 것이다. 그러나 역으로 글라이스틴 대사가 언급한 "1월 마지막 주 약 30명의 장성급 장교들이 전두환 제거를 모의한다는 정보"[142]를 입

---

140 장창국, 「제79화 육사졸업생들: 생도1기 진급」, 〈중앙일보〉(1983.7.7).
141 「육군사관학교 박경석 시비」, https://cafe.naver.com/llhhtt/32627 (검색일: 2021.1.17).
142 William H. Gleysteen, Jr., *Massive Entanglement, Marginal Influence: Carter and Korea in Crisis* (Washington, DC: Brookings Institution Press, 1999), p. 93; 윌리엄 H. 글라이스

수한 신군부가 이들 중 연루가 확인된 장성들을 급하게 1월 31일자로 강제 예편시킨 것이라고 할 수도 있다. 이들 1월 31일자 강제 예편자 19인은 적극적인 진압파의 주변 세력이 주도하는 역쿠데타에 합세할 것이 우려되어 신군부가 선제적으로 제거한 것이라고 할 수 있다.

글라이스틴이 입수한 정보에서 확인할 수 있듯이 전두환 측에서 역쿠데타 움직임을 사전에 감지했을 가능성이 높다. 많은 수의 소장·준장급 장성이 한꺼번에 예편된 것은 그러한 이유일 수 있다. 그렇다면 이들 19인 리스트가 중요하며 모두 역쿠데타 관련자일 가능성도 없지 않다. 미국이 주목한 주모자는 중장이므로 소장·준장은 동조자일 가능성이 있다. 혹은 많은 수의 장성들이 숙청되자 이에 대한 즉각적인 반발로 1980년 2월 초에 역쿠데타가 모의되었을 수도 있다.

여기에 더하여 역쿠데타 동조자로 간주될 수 있는 새로운 인물들을 발굴하여 추가 예비 후보자 명단을 아래와 같이 정리해 보았다.

김시봉(소장, 육본 관리참모부장, 육사 8기), 1983년 예비역 육군 소장 외에 별다른 직책이 없다.[143] 12·12 이후 진급하지 못하고 예편한 것으로 추정된다.

권익검(소장, 육본 감찰감, 육사 10기), 육본 지휘부의 명령으로 박준병 사단장이 지휘하는 20사단 본부의 동태를 살펴보기 위해 출동했으

틴, 황정일 역, 『알려지지 않은 역사: 전 주한미국대사 글라이스틴 회고록』(중앙 M&B, 1999), 140쪽.
143 장창국, 「제79화 육사졸업생들(127): 8기생」, 〈중앙일보〉(1983.3.30).

므로 진압군 측으로 분류된다. 그러나 13일 새벽까지 박준병 사단장이 신군부와 행동을 함께하면서 자리를 비워 20사단은 출동하지 않았고[144] 충돌은 없었다. 이에 권익검 장군은 12·12 이후 예편되지 않고 제5관구 사령관으로 이동했다. 중장 진급을 하지 못하고 예편 후 신군부 세력의 배려로 전국택시공제조합 이사장[145]으로 재직했다.

이경율(소장, 합참 2국장, 육사 10기), 12·12 당시 노재현 장관이 이경율 소장의 집으로 가족을 대피시켰으므로 노재현 장관의 측근으로 분류된다. 중장 진급은 못했으나 예편 후 울산석유 감사[146]로 배려되었다.

배정도(소장, 제26[기계화]보병사단장, 육군종합학교 6기), 12·12 당시 이건영과 장태완 장군의 지시에 따라 반란군 진압을 위해 출동 대기했으나 26사단 보안부대장 김현 중령의 공작과 상부로부터의 명령 하달이 없어 출동하지 않았다.[147] 1980년 제2훈련소장, 1981년 육본 정보참모부장을 거쳐 1982년 1월 20일부터 1983년 1월 28일까지 국방대학원장 등 비교적 한직으로만 돌다가 중장으로 진급하지 못하고 예편했다.

---

144 「[검찰] '박준병무죄' 뒤집기 공세」, 〈조선일보〉(1996.10.31).
145 장창국, 「제79화 육사졸업생들(248): 10기생의 현주소」, 〈중앙일보〉(1983.8.20).
146 장창국(1983), 위의 글.
147 조갑제, 「공수1여단, 한강을 건너다!」, 〈조갑제닷컴〉(2016.6.28). 조갑제 기자가 배정도 장군에게 "출동 명령이 내렸다면 서울로 들어갈 수 있었을까요. 정규 육사 출신 연대장들이 반발했을 가능성은 없을까요?"라고 물어보자 그는 "세 연대장 중 두 사람이 정규 육사 출신이었습니다. 반발의 가능성을 배제할 수 없습니다. 저 자신도 10·26 사건 때 정 총장의 역할에 대해서 의구심을 갖고 있었으니까요. 그래서 12일 밤에 정 총장이 연행됐다기에, 퍼뜩 과연 혐의가 있었구나 하는 생각이 들었지요. 그런 상황에서 합수본부 측을 진압하려고 출동한다는 것은 선뜻 내키지 않는 일이었습니다. 저는 육본 측이 출동 명령을 포기한 것이 그럴 수밖에 없었지 않았나 생각합니다."라고 대답했다. 조갑제 기자는 정규 육사 출신 장교들의 단결과 정승화 총장에 대한 군내의 의구심이 육군본부로 하여금 과감한 진압 작전을 펴지 못하게 한 요인이었다고 평가했다.

손길남(소장, 수도기계화[보병]사단장, 육군종합학교 29기), 12월 12일 밤 장태완 장군에게 출동 준비 명령을 받았으나,[148] 출동을 만류하는 보안부대장과 참모장의 설득이 있었고[149] 상급 부대로부터 출동 명령이 떨어지지 않아 출동하지 않았다. 신군부의 배려로 2군 부사령관[150]으로 현역 복무를 연장했지만 중장 진급은 하지 못하고 예편했다. 비육사에 전차가 주특기인 기갑여단장[151] 출신이어서 중장 진급은 애초부터 무리였다는 지적도 있다. 1988년 88관광개발주식회사 사장을 지냈으며, 인가 과정에서 전두환 대통령에게 뇌물을 준 혐의로 김영삼 정부 시절인 1995년 12월 수사를 받았다.[152]

신재성(소장, 3군 참모장, 육사 생도 2기[153]), 12·12 직후 예편하지 않고 육본 동원참모부장으로 보직 이동하여 1981년까지 재임했다.[154] 진급하지 못하고 예편한[155] 후 대한주택공사 감사, 전쟁기념사업회 감사 등을 지냈다. 1999년 5월 16일 『신동아』 안기성 기자와의 인터뷰에서 12·12 사태 직후에 위컴 사령관을 만난 적은 없으나 김복동 장군과 자

---

148 조갑제, 「실록 제5공화국(3) – 배반의 총성(2)」, 〈조갑제닷컴〉(2003.6.30).
149 조갑제(2016), 앞의 글.
150 김대중이 주도하는 새정치국민회의는 1995년 10월 손길남 전 2군 부사령관(예비역 육군 소장)을 영입했다. 「새정치회의 영입인사 특징 옛여권·전문가 흡수 큰성과」, 『한겨레신문』 1995년 8월 11일, 4면.
151 손길남, 『내 생명 전차와 함께』(청문각, 1998).
152 「골프」, 『매일경제신문』 1988년 5월 24일 12면; 「孫씨 골프장認可 개입」, 『조선일보』 1995년 12월 11일, 1면. 당시 손길남은 야당인 새정치국민회의에 입당해 있었다.
153 「과거 회고 및 주요부대 방문기념 사진」, 〈城岩 辛在成 將軍의 所懷(성암 신재성 장군의 소회)〉 블로그, https://blog.naver.com/soungamshin/30127995320 (검색일: 2021.1.16).
154 위의 글.
155 최평천, 「[부고] 신재성(예비역 육군 소장)씨 별세」, 〈연합뉴스〉(2020.6.15).

신이 유독 역쿠데타 모의에 앞장섰다고 구체적으로 증언했다.[156] 그러나 그가 역쿠데타를 주동하여 모의했다는 증거는 없다.

이정랑(소장 추정, 육본 통신감, 육사 10기), 대전현충원 장군2묘역에 있는 '육군소장 이정랑의 묘' 비석에 의거하면, 1976년에 준장으로 육군통신학교장에, 1978년 육군본부 통신감에 보임하고, 1979년경 소장 진급하였으며 12·12 직후 혹은 1980년 상반기에 예편 후 1982년 재향군인회 부산지회장을 지낸 것으로 추정된다.[157]

이민영(소장, 한미연합사 정보참모부장), 12·12 당시 류병현 대장의 참모였던 이민영 소장은 진압군과 반란군 양쪽과 소통하면서 양측에 병력 동원을 자제하라는 미군의 입장을 전달하는 메신저 역할을 했다. 군 선배 이건영에게 상당한 정보를 제공했지만 어느 한쪽 편에 서지 않았으므로 예편당하지 않았다. 1980년 6월 18일 군사정전위원회 한국 측 수석대표로 임명되었으며 1981년 5월 25일까지 복무했다.[158] 중

---

156 "그때는 저와 김복동 장군이 유독 앞장섰다고 할 수 있습니다. 술모임이나 골프 회동을 자주 가졌습니다. 이상훈 32사단장도 우리와 어울렸습니다. 아무튼 우리들이 모이면 보안사 요원들이 용케 알고 엿듣곤 했습니다. 우리 보좌관들이 약속 시간과 장소를 정하면 감청을 했나 봅니다. 골프장에서 김복동 장군과 저는 노골적으로 불평을 많이 쏟아 놓았습니다. 그때 혈압이 높아졌어요. 많은 장군들이 개인적으로 만나면 우리 말이 옳다고 하면서도 전두환 측 눈치를 보느라 호응을 해 주지 않았거든요." 안기석, 「영어 잘하는 신군부내 장군 12·12 역쿠데타 모의했다」, 『신동아』 (1999.6), 178~179쪽. 김복동 장군이 당시 위컴을 만났는지는 확인되지 않았고 이상훈 장군은 수도권에 주둔하지 않았으므로 제외된다. 신 장군은 당시 많은 장군들이 역쿠데타에 동조는 했지만 실제로 행동에 나서지는 못했다고 증언했다.

157 이정랑 장군은 진압군 편에 섰으므로 바로 예편됐을 수도 있고 실제 병력을 동원하지는 않았으므로 1980~1981년에 예편됐을 수도 있다. 통상 예편 당년에 향군 지회장을 맡는 경우는 없으므로 예편 시기는 1980~1981년으로 보이며, 1980년 하반기와 1981년 군 경력이 검색되지 않는 것으로 보아 1980년 상반기 이전에 소장 예편한 것으로 구체화할 수 있다.

158 「軍停委 韓國側수석 李敏永少將을 임명」, 『경향신문』 1980년 6월 19일, 1면; 「停戰委 한국측 首席」, 『조선일보』 1980년 6월 19일, 1면; 「停戰委 한국측대표 金震燮少將을 임명」, 『조선일보』

장 진급은 못하고 소장으로 예편했다.¹⁵⁹ 예편 한참 후인 1989년 11월 1일 노태우 정권 하에서 군인공제회 산하기관으로 발족한 군사문제연구소 소장을 역임했다.¹⁶⁰

최연수(준장, 육본 비서실장, 육사 12기), 진급하지 못하고 예편된 것으로 추정된다.

황관영(준장, 육본 본부사령, 육사 12기), 12월 13일 새벽 "새 계엄군이 들어오니 경비병들이 오인사격하지 않게 하라"는 국방부 보안부대장 김병두 대령의 명령을 받았고, 이후 소장으로 진급해 1980년 파주 제1사단장, 1982년 국방부 정책기획관, 1984년 국방부 기획관리실장을 거쳐 1985년 전역했다. 전역 후에도 국방부 기획관리실장을 지내다가 1987년 한국국방연구원장으로 부임했다.

이병구(준장, 육본 작전처장), 12·12 당시 특전사 상황실로 전화해 "9공수여단을 육군본부 본부사령실로 집결시키라"는 명령을 내렸다고 한다.¹⁶¹

이규식(준장, 육본정보처장), 12·12 당시 반란군 측의 통화를 감청하고, 이건영 3군 사령관과의 통화에서 이건영 사령관이 곧 연행될 것임을 암시했다.¹⁶² 그러나 예편을 면하고 1980년 소장으로 진급하여 보병

1981년 5월 26일, 2면.

159 「탈환 40周기념식 가져」, 『조선일보』 1991년 5월 14일, 21면.
160 「군사문제연 현판식」, 『중앙일보』 1989년 11월 2일, 9면.
161 「12. 12 당시 특전사 작전과장 겸 상황실장 박 모 중령의 진술」, http://blog.daum.net/gopcorea/9735892 (검색일: 2021.1.16).
162 김문, 「현대사의 물줄기를 역류시킨 또 하나의 사건 [김문 작가 칼럼]」, 〈미디어파인〉(2018.12.27).

제52사단장으로 영전했다.[163] 사단장 복무 이후 비육사 출신 등의 이유로 요직에 나가거나 진급하지 못하고 예편했다.

한철수(준장, 3군 작전참모, 육사 12기), 12·12 당시 이건영 3군 사령관과 참모총장 납치 관련 대책회의를 했으나[164] 실병력을 동원하지는 못했다. 숙청 대상에서 제외된 한 준장은 1980년 소장으로 진급해 사단장을 지내고, 1983년 중장 진급해 3군단장을 지냈으며 1985년에는 대장으로 진급하고 한미연합사 부사령관을 역임했다.[165] 군 요직을 두루 거치고 1987년 예편 이후 1991~1993년 브라질대사, 1993~1996년 주대북한국대표부 대표를 역임했다.[166]

민태구(준장, 3군 기획참모, 육사 13기, 충북 음성 출신), 한철수 준장과 함께 12·12 당일 3군 사령관 상황실에서 참모총장 납치 관련 대책회의에 참여했다.[167] 1982년 소장 진급하여 보병 제7사단장으로 영전했고, 1987년 국방부 기획관리실장을 지내고 예편했다. 노태우 정부 시절인 1988년 5월부터 1990년 3월까지 관선 충북도지사, 1992년 여당인 민주자유당 소속으로 제14대 국회의원을 역임했다.[168] 육군사관학교 동

---

163 「육군소장 이규식」, 〈국립대전현충원〉 공훈록보기.
164 김재홍, 「육본 정규지휘부와 전두환 반란군의 대결」, 〈프레시안〉(2012.7.10).
165 「대한민국 육군의 4성 장군 목록」, 〈위키백과〉; 「대한민국 육군사관학교 출신의 4성 장군 목록」, 〈위키백과〉.
166 「장군 한철수」, 〈청주한씨중앙종친회〉 가문을 빛낸 인물, http://www.cheongjuhan.net/htmls/6/3-11-45.htm (검색일: 2021.1.16).
167 김재홍, 「육본 정규지휘부와 전두환 반란군의 대결」, 〈프레시안〉(2012.7.10).
168 「국회의원·육군소장 민태구」, 〈국립대전현충원〉 공훈록보기.

기인 최세창, 정동호, 이우재 등과 달리 하나회에 가입하지 않았다.[169]

김기택(준장, 수경사 참모장, 육사 11기), 12월 13일 직속상관인 장태완 수경사령관으로부터 진압군 출동 지시를 받았으나 당시 현장에 있던 윤성민 육군참모차장 등이 야전군 부대를 동원하면 북한의 남침 가능성을 배제할 수 없다며 신중론을 폈고 반란군이 국방부와 육군본부를 점령하자 출동 명령은 집행되지 못했다.[170] 수색의 수경사 헌병단 검문소의 발포를 막아 1공수여단의 서울 진입에 간접적으로 기여했으므로 12월 14일 보안사령부에서 열린 거사 성공 축하 모임에 참석해 기념사진을 찍었다. 김기택 준장은 비하나회 출신이지만 전두환과 동기였고 쿠데타에 간접적으로나마 기여하여 소장으로 진급하고, 1980년 25사단장으로 영전했다. 1981년 1군 사령부 참모장을 거쳐 1983~1985년 비교적 한직인 국방대학원장[171]을 지내다가 예편했다.[172]

이순길(준장, 특수전사령부 부사령관, 육사 8기), 1공수여단장 박희도가 전두환의 명령에 따라 병력을 동원하려 할 때 부사령관 이순길 준장은 육본 지휘부와 사령부의 병력 출동 금지 지시를 이행하고자 박희도를 제지했으며,[173] 이로 인해 예편되었다.[174]

---

169 「민태구」,〈나무위키〉.
170 장태완,「12·12 당시 수도경비사령관 장태완 장군 육필 수기(진압 실패 10시간)」,〈시사저널〉(2006.5.16).
171 「19대 총장 김기택」,〈국방대학교〉 역대총장 및 부총장.
172 「(연구과제) 1979년, 12.12 반란군 수뇌부 기념 촬영, 보안사 법무관 박준광 소령 등」(2019.5.29), http://blog.daum.net/maenginter/16509720 (검색일: 2021.1.14).
173 김재홍,「전두환 노태우 반란군, 옛 상관 정병주를 총격 체포」,〈프레시안〉(2012.7.19).
174 「준장 이순길」, https://blog.naver.com/joo99416/220203429373 (검색일: 2021.1.16).

이범진(소장, 국방부, 육사 8기), 진압군 측에 있었으나 이후 행적이 확인되지 않아 예편된 것으로 추정된다.

위에서 제시한 리스트를 종합하면 다음과 같다.

이범준(중장), 안종훈(중장 진급), 천주원(중장 진급), 김용금(중장), 윤흥정(중장), 이재전(중장), 신현수(중장), 전성각(중장), 최영식(중장), 최영구(중장), 김학원(중장), 정형택(소장, 12월 27일 중장 진급), 최명재(소장), 황의철(소장), 김한용(소장), 신정수(소장), 안철원(소장), 한국섭(준장), 김종찬(소장), 윤홍기(준장), 채항석(소장), 이호봉(소장), 유병하(소장), 박경석(준장) 이상 24명.

박승옥(소장), 곽응철(소장), 김수중(소장), 백윤기(소장), 이필조(소장), 박재종(소장), 정상만(소장), 김종구(소장), 김명수(소장), 정우봉(준장), 장영돈(준장), 김병삼(준장), 연명수(준장) 이상 13명.

김시봉(소장), 권익검(소장), 이경율(소장), 배정도(소장), 손길남(소장), 신재성(소장), 이정랑(소장), 이민영(소장), 최연수(준장), 황관영(준장), 이병구(준장), 이규식(준장), 한철수(준장), 민태구(준장), 김기택(준장), 이순길(준장), 이범진(소장) 이상 17명.

이렇게 본 리스트와 예비 리스트를 합하면 모두 54명으로 역쿠데타에 동조했을 만한 장성들이 적지 않음이 실증된다. 이 책에서 놓친

인원도 상당수 있을 것으로 추정되므로 당시 정권을 탈취하려는 신군부 집단에 저항한 군인들이 상당수였음을 확인할 수 있다. 글라이스틴도 비육사 출신 장교 90%, 육사 출신 장교 50%가 전두환에 반대하고 있다는 역쿠데타 모의 장성의 주장을 인용했는데, 군부 내 엘리트임을 자처하던 소수파 하나회가 주류인 다수파를 제압하고 일으킨 반란이었으므로 이에 반대하는 세력이 다수인 것은 당연하기도 하다. 따라서 신군부는 진압군 편에 선 많은 수의 장성을 회유하여 자기 편으로 귀속시켜야 했고, 이러한 선무 공작이 성공을 거두어 역쿠데타가 실제로 감행되지 못한 측면도 있다. 따라서 선무 공작은 역쿠데타를 막고 쿠데타를 성공으로 이끈 결정적 요인이 되었다.

  신군부를 제어하고자 하는 미국의 비밀공작과 함께 신군부의 교묘한 회유 공작이 비밀 장막 뒤에서 은밀하게 대결하고 있었으며, 결과적으로 신군부의 정권 탈취 공작이 성공을 거두었다고 할 것이다. 그러나 보다 장기적으로 보면 1987년 전두환의 집권 연장은 미국에 의해 무산되어 결국 전두환은 제거되고 김영삼 정부 출범 이후 성공한 쿠데타가 처벌되어 사법적으로 단죄되었으며 거의 동시에 진행된 역사 전쟁에서도 전두환의 신군부 세력은 패자가 되었다. 이제 군부 내 역쿠데타 주도 세력이 나서서 자신들의 거사 계획과 입장을 밝혀야 하지만 이들 대부분이 이미 작고해 역사적으로 조망하는 이 글로 그들의 행동을 대신하고자 한다.

전두환 제거 구상 편 3부 이하는
미국의 한국 정치 개입사 연구 5권에서 계속됩니다.